# 学科发展与服务需求

## ——2003年以来的部分文集

陆大道 著

科学出版社

北 京

## 内 容 简 介

陆大道院士是我国知名的人文与经济地理学家,长期从事经济地理学和区域科学研究,在国土开发、生产力布局、区域可持续发展和城镇化等领域完成大量的实践和理论研究,取得突出成就。本书收录了陆大道院士从 2003 年以来陆续发表的学术论文 39 篇,其内容分为三部分:第一部分阐述我国地理科学发展的机遇与危机;第二部分介绍我国人文与经济地理发展所面临的若干问题;第三部分是实例研究,主要是分析首都北京的功能定位、我国城镇化及区域发展等问题,并给出相应的建议。

本书收录的论文学术思想较深远,对学科发展道路与方向的论述具有重要的启发意义,可供地理学研究人员、高等院校地理专业的师生,以及从事区域发展和区域管理的工作人员参考使用。

### 图书在版编目(CIP)数据

学科发展与服务需求:2003 年以来的部分文集/陆大道著. —北京:科学出版社,2018.9
ISBN 978-7-03-058867-8

Ⅰ. ①学… Ⅱ. ①陆… Ⅲ. ①中国经济–文集 Ⅳ. ①F12-53

中国版本图书馆 CIP 数据核字(2018)第 212849 号

责任编辑:彭胜潮 赵 晶 / 责任校对:王晓茜
责任印制:肖 兴 / 封面设计:黄华斌

科学出版社 出版
北京东黄城根北街 16 号
邮政编码:100717
http://www.sciencep.com

中国科学院印刷厂 印刷

科学出版社发行 各地新华书店经销

\*

2018 年 9 月第 一 版　开本:787×1092　1/16
2018 年 9 月第一次印刷　印张:21 3/4
字数:516 000

**定价:198.00 元**

(如有印装质量问题,我社负责调换)

# 前　言

  这本文集从哪个方面讲，都没有厚重的感觉。这可能是与大多数老学者的文集不同之处。原因很简单：我们人文与经济地理学者所涉及领域与问题，在人生工作的 30~50 年尺度，大都由于久远而与今日学界所面临与熟悉的问题完全已是大相径庭的。如果我将这些拿出来，作为文集出版，已是不折不扣过时了，也就没有了实质上的意义。所以，这本文集只是反映我的近十多年来的研究工作历程的文章，也只是近年来我的学业活动的记述罢了。

  我长期从事生产力布局、国土开发与区域可持续发展研究。几十年来，我的研究工作大体上分两个阶段：20 世纪 60 年代至 2002 年，主要研究苏联与西方的生产力布局与区位理论，在我国工业布局、国土开发与区域可持续发展方面参与及组织了诸多的国家任务，在发展我国人文与经济地理学的专业理论及学术思想方面发表了一系列论著。2003 年以来，研究工作是在人文与经济地理学大范畴内的"问题导向"领域，主要是关于国土开发、区域可持续发展、城镇化以及重大的工程建设布局领域的国家重大问题的研究心得。其中，牵头组织了诸多国家发展的一些咨询任务，起草并经中国科学院上报的咨询报告与专报信息共 23 篇，以及经媒体、各类会议、出版物发表的诸多报告、评论等。这个文集可算得上这个发展阶段我国经济与社会发展在地域空间缩影的一角。文中诸多的观点与评论已经显示了一定的前瞻性；还有，总结了我国地理学发展成就，并就现阶段我国地理学及其人文与经济地理学领域发展出现的倾向与危机进行了分析与建议。

  理论来自何方？这里没有系统的理论总结，更谈不上对理论体系的阐述。但是，也有一些是国家发展的阶段与区域发展的一些规律性问题（问题与基本特征等）或关系；有些是先有咨询报告，上报后又将原报告文改写成适宜发表的文章。也有的是先有论文，当然相关内容的不只一篇，后来申请咨询课题的立项最后而成为报告上报的。但这都是问题导向的学科性质的研究总结。

  对于学科发展，文集反映了我的若干不同观点，不仅仅是关于人文与经济地理学发展问题的。因为，我是一名地理学者。我在最近一篇关于"以 SCI 为主导的论文挂帅扼杀了科技创造力"的上报文中，"各种项目的立项、验收、评审与奖励，各种头衔人才的选拔以及诸多重大项目的立项与成果评审，这些关系到我们国家命运的科学事业中的大事，使用的却是一些西方国家的方向、理念框架、标准和外国专家所做的评价。我们不禁要提出，我们一直在追随"国际前沿"，那么到底是国际化了，还是被国际化了？（这一段文字已经刊登在 2018 年 5 月 21 日的《中国科学报》与"中科网"上，文章题目分别是"只有自主创新才能成就国际一流"与"'论文挂帅'难以成就国际一流"）。我认为，这种现象在我们地学范围内也是明显存在的。在这本文集中有多处对资源环境研究领域的主流潮流明确表示"不赞成"，我对近二十年来地理科学发展的大方向是持批评态度的，对部分学术界及我们某些学科近年来的发展状态持悲观评价的。这些观点，在近二十年里，在这个没有学术争鸣氛围的大环境里，自然就变得不可思议了。可能有人认为我管得太多了，你懂得那些涉及的专业吗？你凭什么说人家不该这样那样？等等。在纯自然科学的范畴内，我们人文与经济地理学专业得不到其他学科的了解，研究对象与方法论、评价标准确实与纯自然科学有较大不同。这种情况，再加上我们是大群体中的小群体，往往得不到认同与尊重，也是可以理解的。在曾经的极不公平的背景下，在我们感到难以生存下去的情况下，我开始对一些不合中国国情的科学研究成果发表我的个人看法，是与主流观点不同的看法。请大家也能理解我，我不能不说出来。我对这些昔日的领导、同事、朋友，还是一往情深，能够认识他们并曾得到他们的合作与帮助，是我今生的缘分。

  本文集中大多是有感而发而不得不发的内容与文章。无论是对政府在可持续发展领域存在问题的批评与建议，还是我对于地理科学一些领域的方向、态势与评价标准问题的不同于主流的观点，到今天看来，我愈加认为是有根据的。能够得到多少学界同仁的共识？须经得起时间的检验。我没有谋求什么 SCI 论文，我也没有为写论文而写论文，我是无论如何没有这个热情的。2003 年之前的文章已经不值得刊印出版了，准备在其他著作中做些有关联的叙述。

  本书收集了自 2003 年正式发表的部分文章共 39 篇，分三个部分编排。

  本文集可供地理学者及从事资源、环境领域研究、规划人士参考。

# 目　　录

前言

## 第一部分　关于我国地理科学发展的机遇与危机

辉煌的成就　更高的使命 ...... 3
向100年来为国家和人类做出贡献的地理学家致敬 ...... 11
中国地理学的发展与全球变化研究 ...... 23
地理科学的价值与地理学者的情怀 ...... 36
"未来地球"框架文件与中国地理科学的发展 ...... 50
当代中国的全球观念与全球战略 ...... 60
关于经济增长支撑系统领域研究的进展 ...... 70
《改变世界的十大地理学思想》中译本的序 ...... 76
科学巨人　宝贵遗产 ...... 83
春风化雨　润物无声 ...... 87
中国地理学发展若干值得思考的问题 ...... 96
关于加强智库的建设的认识与建议 ...... 103

## 第二部分　我国人文与经济地理学发展所面临的若干问题

人文与经济地理学的方法论及其特点 ...... 111
人-地关系与区域可持续发展 ...... 122
变化发展中的中国人文与经济地理学 ...... 130
经济地理学的发展及其战略咨询作用 ...... 143
中国人文与经济地理学发展的机遇与任务 ...... 153
西方"主流经济地理学"发展基本议题演变的评述 ...... 159
中国经济地理学的发展历程 ...... 166
区域发展地学基础综合研究的意义、进展与任务 ...... 171
地理学关于城镇化领域的研究内容框架 ...... 182
关于区域性规划环评的基本内容和要求 ...... 189

# 第三部分　对首都北京功能定位、城镇化及国家区域发展的分析与建议

京津冀城市群功能定位及协同发展 ……………………………………… 197
关乎中国百年国运的重要决策 …………………………………………… 206
《京津冀都市圈区域综合规划研究》序 ………………………………… 212
首都北京高端金融商贸区发展的重大意义与滨海新区建设的教训 …… 222
大都市区的发展及其规划 ………………………………………………… 227
中速增长：中国经济的可持续发展 ……………………………………… 231
关于我国区域发展战略与方针的若干问题 ……………………………… 250
Objective and Framework for Territorial Development in China ……… 258
建设经济带是经济发展布局的最佳选择 ………………………………… 271
中国区域发展的新因素与新格局 ………………………………………… 275
科学发展观及我国的可持续发展问题 …………………………………… 286
我国的城镇化进程与空间扩张 …………………………………………… 293
关于《国家新型城镇化规划（2014~2020）》编制大背景的几点认识 … 302
中部地区在我国区域发展战略中的地位 ………………………………… 310
关于珠江三角洲大城市群与泛珠三角经济合作区的发展问题 ………… 317
中国北方地区用水进入低增长和微增长阶段的必要性和可能性 ……… 322
关于"胡焕庸线能否突破"的学术争鸣 ………………………………… 333

后记 ………………………………………………………………………… 337

附录　关于中国国情与发展的报告（目录）——陆大道牵头并起草的上报咨询报告集
 …………………………………………………………………………… 338

# 第一部分 关于我国地理科学发展的机遇与危机

在庆贺中国地理学会成立 100 周年及主办第 33 届国际地理学大会之际，作者总结了我国地理学走过的艰难曲折和辉煌的发展历程，认为近半个多世纪以来，我国地理学就研究领域之多、规模之大、解决国家和社会发展中重要实际问题做出的贡献之巨等都是世界上任何一国的地理学所无法比拟的，一些重要领域所取得的理论进展在总体上也位于国际前列。书中强调了前辈地理学家提出的关于地理学是介于自然科学和社会科学之间的交叉学科的观点；认为我国地理学面临着重要的发展机遇，也出现了深刻的危机；建议学术界认真总结近 20 年来的经验教训，思考发展方向，调整不当举措，实现地理科学的转型发展。

# 辉煌的成就　更高的使命[*]

## ——写在第 33 届国际地理学大会在北京召开之前

**摘　要**：概括总结了我国地理学 60 多年来取得的主要成就，指出就研究领域之多、规模之大、解决国家和社会发展中重要实际问题做出的贡献之巨等，都是世界上任何一国的地理学所无法比拟的，一些重要领域所取得的理论进展在总体上也位于国际前列。2016 年 8 月在北京召开的第 33 届国际地理学大会是系统、深入展示我国地理学辉煌成就的难得机遇，要努力使大会成为中国地理学全面走向世界并引领世界地理学新发展的契机。

## 1　背　景

2016 年 8 月，国际地理学大会将在北京召开。这不仅是国际地理学家的盛会，更是中国地理学家向世界同行展示半个多世纪以来中国取得的辉煌成就，表达中国对世界地理科学未来发展的基本信念的十分难得的机遇。中国地理学发展的成就是几代地理学者以热爱科学、服务国家的情怀和无比艰辛的劳动所铸成的，其能够在国际地理学大会上得到充分展示是中国几代地理学家在怀已久的愿望。

中国经济发展创造了世界的奇迹，充分体现了中国人民和中国政府强大的财富创造力。中国经济总量将赶上并超过美国已经不容置疑。中国与世界上 200 多个国家和地区有经济贸易往来，已经成为拥有约 3.6 万亿美元的第一大外汇储备国。中国经济和政治影响力已经延伸到整个世界。中国的软实力也正在被越来越多的世人所承认。美国现在已经积累了 60 万亿美元的天文数字债务，且在无限制地增加。美国政府和精英们已经且还在继续透支全世界人民和美国人民的巨额财富，亚洲、非洲、拉丁美洲的发展中国家逐渐认清这点。世界上最大的潜在债务危机发生在美国。今天的美元，再也不是昔日的"美金"。美元的危机将以越来越大的规模周期性爆发，"美元崩溃"被许多经济学家认为是必然的"逻辑"。美元，这个西方世界文明及其价值观最主要的载体，在东南亚、非洲、俄罗斯、印度、拉丁美洲甚至在欧盟的公信度已经发生动摇。美国在全球范围内左右局势发展的政治影响力已经明显下降。

历史上，凡崛起中的大国都会在原有世界的基础上承启和逐步创造新的思想、模式及体系。今天，中国人完全有理由赋予自己自信，这种自信表现在能够辨别当今世界上占主导地位的体制、思想、文化给世界带来的作用和弊端。中国国家领导人提出发展（中美）"新型大国关系""一带一路""亚投行"等就是为创新未来世界政治体系、经济体系的重要理念和构架。中国科学家在开启百年国运的发展中，也必然要向世界展示自己的

---

[*] 原载于：地球科学进展，第 30 卷第 10 期，2015 年 10 月出版。

创造力；要逐步发展未来世界科学技术的新理论、新模式，在一些重要的科技领域逐步取得战略制高点和话语权。这其中，地理科学是最有可能达到这个前景的学科之一。

过去几十年，中国地理学家取得了一系列辉煌成就。在国际同行面前展示新的大国地理学发展的形象，我们已具有坚实的基础。

以往，特别是改革开放以前，由于综合国力、全球地缘政治的态势及国内条件的种种限制，加上在西方学者创造的学术交流体制内，中国学者也可能多了一份谦卑，以至于中国地理学家的工作很少能够向国际同行做全方位的、充分的介绍，国际同行对中国地理学的发展成就和发展道路的了解也就很浅显且不完整。

2016年8月的国际地理学大会，将有众多地理学家从世界各地来到中国。他们除了带着汇聚同行、交流学术的想法外，还会有与到其他国家参会不同的"目的"，就是要看看古老和正在崛起的中国和中国的地理学，听听中国同行对世界地理学未来发展的声音。

我们需要为即将在中国召开的第33届国际地理学大会做好充分的准备，对中国几十年地理学取得的伟大成就做系统、深入的展示和推介。这不仅是为了展示中国几代地理学家的价值观，也会有助于告别部分国家地理学学科发展的衰退形势，给地理学这门古老的学科注入新思想、新理念、新动力。

在迎接全世界各方同行、朋友之时，我们不会忘记欧洲、美洲、苏联的先辈地理学家对世界近现代地理学发展做出的开创性、基础性贡献，不会忘记各国地理学家长期以来对中国地理学发展给予的各种各样的帮助。在这里要特别提到并感谢的是，在中华人民共和国成立以来的几个重要的历史时期，我国有大量的（在2 000人以上）年轻地理学者到苏联、欧洲、美国、日本等国家高等学校和研究所学习、进修及合作研究，得到了许多老师的培养和同事们的关照。这些年轻学者大部分陆续回到中国，成为后来（当今）中国地理学的栋梁之才。

## 2  世界一流的中国地理学成就

在过去60多年里，中国地理学发展走的是紧密结合国家需求、"以任务带学科"的路子。将主要力量投入到"国民经济主战场"，成为相当长时期内地理学发展的基本理念。完成了一系列重要成果，创新发展了若干重要的地理学思想，诸多成果在国民经济和社会发展中得到实际应用。今天的中国地理学适应中国自然和社会经济基本国情的需要，已经建立了相当完整的并具有自己特点的学科体系。在地理学方面的两院院士有20多位。地理学一级学科博士点10多个，二级学科博士点70个以上。中等地理学教育以及地理出版、科学普及等方面也得到全面的发展。地理学在中国政府和社会层面受到广泛的了解和重视，其影响已经大大超出了专业界限。

以下，仅就中国地理学在一些主要研究领域所做的工作及取得的进展作简要的介绍。

（1）中国综合自然区划。这是新中国第一件大规模的地理学综合研究和成果。根据新中国国家建设的需要，从20世纪50年代就组织以地理学家为主体，包括一批著名的其他地学科学家，进行了中国自然区划的研究和《中国自然地理丛书》的编著。针对中国复杂的自然条件，首次揭示了自然地带性在中国的普遍存在。这项成果满足了国家发展，特别是实施工业化建设的需求，向政府和学术界提供了关于认识中国地理、掌握基本国情、指导国土资源利用的大量系统的资料和建议。

（2）区域性综合考察。20世纪50年代末至60年代初、70年代末至90年代初曾经两度组织了包括地理学家在内的大规模区域性综合考察，其中包括新疆、青甘、宁蒙、华南、横断山地区、西南、黄土高原等地区的综合考察，中国冰川考察及青藏高原的大规模综合研究。这些大区域性的综合性研究规模之大、持续时间之长，以及为政府提供关于开发建设和治理的第一手资料之丰富，都是各国地理学历史上少有的。其中，部分综合考察在大尺度环境变化、人-地关系等领域创新了一系列重要的地理学思想。

（3）农业发展和农业区划。中国国土辽阔，自然条件极其复杂，因地制宜、科学地发展农业生产非常重要。根据政府的要求，从20世纪60年代开始，地理学家就对全国和各省（区、市）的农业自然条件和农业经济发展进行了系统研究。自20世纪80年代，组织了包括地理学在内的多学科专业队伍，制订出科学的指标体系，对全国和部分重点地区进行了农业区划。农业区划对中国政府实施因地制宜发展农业的方针、措施，促进中国农业生产的持续发展，保障我国食品安全起到了重要作用。

（4）大地图集的编纂。1965年由地理学家牵头组织编纂的《中华人民共和国自然地图集》正式出版。这是我国第一部全面系统地反映中国复杂自然条件与自然资源的大型综合地理图集。20世纪80年代完成了《中华人民共和国国家农业地图集》《中华人民共和国国家经济地图集》《中国人口地图集》和《中华人民共和国自然地图集》（1999年版）等。在这些大型地图集的编制中，采用了计算机制图技术与自主创新的软件系统。国家地图集系列的编制与出版，全面、详细地反映和揭示了中国历史、社会经济和自然环境规律，对加强国际学术交流、提高中国的国际声誉产生了重大影响，在编制水平上也达到国际先进水平。同时，其也作为重要的科学研究成果的结晶，为国家和区域决策分析、国情教育等做出了重大贡献。

（5）黄淮海平原中低产田改造和农业开发，即黄淮海平原旱涝碱综合治理。20世纪80年代初至90年代初，中国科学院和若干所大学的几百名地理学者开展了黄淮海平原大面积治理与农业开发的科学实践。这项大规模的科学实践，查清了黄淮海平原农业自然资源，揭示了旱涝成因，提出了灾害防治、农业和农村经济发展若干新途径，并研究了配套技术，建立了示范基地。其成果为地方政府推广应用，取得了重大的经济、社会效益。黄淮海平原综合治理科学研究是多学科联合进行的，地理学家是其中的主体力量。

（6）国土开发、区域发展及城镇化。参与并组织了"全国国土规划纲要"、国家"十一五"规划、"十二五"规划的制定，以及部分省区国土规划的研究和编制。在国土资源评价、国土开发战略、国土开发整治区划等方面承担大量的研究和规划工作。地理学者提出并论证了中国国土开发和区域发展的不均衡性特征及其形成机制，对中国经济布局的空间结构提出重要的模式且被国家所采纳。对中国城市化进程及空间扩展问题进行大量实证性研究，为国家新型城镇化方针的确立提供了重要基础。全国主体功能区规划和各省（区、市）主体功能区规划也均由以地理学为主要力量的科技团队承担。以划分主体功能区进行国土空间的规划和管理已经纳入中国政府的国家战略之一。在大量实践的基础上，发展了区域发展及其空间结构理论。

（7）地方病病因与防治。根据中央政府的要求，中国地理学家对 12 个省区进行了大规模地理环境调查，发现克山病和大骨节病主要分布在从东北到西南、以温（暖）带森林和森林草原棕（褐）土系为中轴的地带内。通过对数万份水、土、粮、发（血液）进行采样分析，发现了存在一个自然环境低硒带，其分布与克山病、大骨节病分布相吻合，为揭示病因找到了线索；在此基础上进行了大骨节病病区的环境改良和综合防治研究，为全国大骨节病的防治提供了示范；编辑出版了《中华人民共和国地方病与环境图集》；创立了地方病环境病因学说，提出了系统的地方病防治环境措施。其研究工作延续了近半个世纪。

（8）遥感技术和 GIS 应用的发展及地理学方法的革命。20 世纪 50 年代和 60 年代中国地理学开始了技术革新。20 世纪 70 年代末的腾冲遥感开拓了中国的遥感事业。改革开放以来，中国科学院、各大高等院校相继建设了众多的 GIS 实验室，促使空间分析方法越来越多地在各种预报、预测和发展研究领域中得到应用。地理信息系统作为传统科学与现代技术相结合的产物，不仅推动了地理学的发展，也为各种涉及空间数据分析的学科提供了新的技术方法，对国家和社会的进步作出了杰出贡献。

（9）冰冻圈研究与极地考察。中国冰川学、冻土学和积雪研究从 20 世纪 50 年代开始。在半个多世纪中，查清了中国冰川的家底和变化规律，为西部水资源评估和利用奠定了基础；第四纪冰川和冰芯记录研究为建立青藏高原隆升理论和探索气候环境演变规律提供了新视角。在地下冰重复分凝理论和冻土力学方面研究取得世界领先认识，为寒区重大工程（如青藏铁路）的安全运营提供了科学基础。在南极雪冰物理、化学现代过程，以及极地浅冰芯记录反映的大气环流变化机理方面取得了新认识。冰冻圈科学正在中国形成完整的体系化发展趋势，具有较大的国际影响。

（10）沙漠与沙漠化。中国地理学家从 20 世纪 50 年代末就开始对近 170 万 $km^2$ 的沙漠和沙漠化地区进行综合考察和野外定点观测试验，揭示了沙漠的形成演变规律，评估了可利用沙区水土资源潜力，形成了沙漠与沙漠化科学和防沙治沙的理论和技术体系，一系列成果已在国家大规模治沙中得到应用。到 2015 年，沙漠区域的人工绿洲面积由 20 世纪 50 年代初的约 3 万 $km^2$ 扩大到 12 万 $km^2$，穿越沙漠的铁路、公路和输油气管道等畅通无阻，成为全球唯一的沙漠化过程基本得到控制的国家。开创和发展了沙漠环境学、风沙地貌学、沙漠植物学、恢复生态学等基础研究领域，中国的流沙固定和沙漠化治理的成果处于世界领先地位，获得联合国防治荒漠化公约（United Nations Convention to Combat Desertification，UNCCD）的认可，中国荒漠化防治的经验值得全球推广。

（11）全球变化与中国生态系统碳循环。20 世纪后半叶中国对青藏高原的研究及大规模的青藏高原多学科综合考察，就揭示中国生态系统研究与生态系统评估，组建了中国生态系统研究网络（Chinese ecosystem research network，CERN），希望为国家关于资源环境领域的重大决策（自然资源的持续利用、改善和保护自然环境）和全球环境变化研究提供科学依据。近年来，中国组建了全国生态系统碳通量观测网络，并完成了对中国陆地生态系统碳收支的评估。中国学者将努力实现由区域性研究向与全球环境变化相联系的转变，为全球的碳循环总体性研究和对全球变化的科学发现作出大的贡献。

上述对中国地理学主要研究领域进展的概括总结已可以说明，我们所涉及的研究领域之多、规模之大、解决国家和社会发展中重要的实际问题做出的贡献之巨等都是世界上任何一个国家的地理学所无法比拟的。一些重要领域所取得的理论进展即对科学问题的解析深度和对科学规律的揭示方面在总体上也位于国际前列。

## 3 中国地理学的发展道路

在中华人民共和国成立以来的60多年间，中国地理学发展取得了辉煌成就。一些重大成果与中国社会主义建设各阶段的特点紧密结合，在重大的科学问题和国家发展决策问题上做出了开拓性的贡献，在中国各级政府获得了广泛公认的影响。这些发展成就的取得展示了中国广大地理学者的科学创造力，同时，与国家各时期制定科学发展正确方针的指引是分不开的。

在展示中国地理科学发展的成就的同时，需要宣传中国地理学所走的发展道路。这条道路的基本特点如下。

中国中央政府对发展科学事业非常重视。通过与科学家的密切结合，根据中国国情和国家发展所处的阶段，制定科技发展中长期发展方针和规划。科学技术部、教育部和中国科学院也相应地编制科技发展规划，具体确定科技发展方向和重大任务。

在国家发展基本路线和大政方针指引下，地理学者能够认识国家发展对地理学提出的需求。地理学发展始终遵循为国家、为社会服务的方向，以任务带学科，即根据各时期的发展方向，制定研究计划和组织科研团队。

理论联系实际、通过科研实践总结和发展理论成为中国地理学发展地理科学发展的基本理念。几十年来，无数的地理学家跑遍了中国的山山水水，许多学者长期深入到条件恶劣的特定区域进行考察和在实验站进行观测实验。

通过大型综合性领域的项目研究，发现了开发和治理方面的一系列重大实际问题。同时，向各级政府提交大量关于我国自然结构、国土开发、区域治理、生态建设等方面的基础资料、规划方案和政策建议等。半个世纪以来，中国地理学的成果不断地获得国家领导人和中央政府、地方政府的高度重视。地理学者曾直接向国家领导人作研究成果汇报，在中央领导人集体学习会上进行授课。国家领导人多次到地理学研究单位（包括试验站）考察、参观。地理学家在国家各主要发展阶段都向中国政府高层提交了大量的研究报告和咨询建议，对国家建设和区域治理产生了相当广泛的重要影响。

在大量实践基础上，地理学及其主要分支学科都总结出丰富的理论成果。在科学认识上获得了一个又一个重要的进展乃至突破。例如，通过实验研究，在农田生态系统水分循环和水盐运动规律及其与作物生长关系方面，在环境健康和地方病病因及防治方面，在环境生物地球化学和环境背景值方面，在地域分异规律与中国自然地理区划及中国土地类型与土地利用方面，在区域自然地理和农业区划、社会经济的空间结构理论方面，在青藏高原隆起及其环境影响方面，在专题地图学和综合制图的理论方面等，都有重要的理论进展和发现。

根据地理学综合性、区域性的要求，在完成重大科研任务过程中，发挥了团队集体精神与个人创造力相结合的理念。实践证明，这是地理学解决当代人类面临重大综合性和复杂性问题所必需的。从这一点看，已不同于我们先辈地理学家那时候的工作环境和要求。

十分重视建设一支结构合理的地理科学人才队伍，并有一批具有远见卓识的杰出地理学家的引导。在20世纪50~80年代末的近40年中国地理学的发展中，黄秉维、陈述彭、吴传钧和施雅风是中国地理学会长时期的领导人，也是中国科学院地理科学与资源研究所的领导人。这个期间他们4人处在中国现代地理学发展的核心（领导层）位置上。他们引领了全国地理学的发展方向，牵头了全国性若干重大合作任务，对国家发展和科学技术进步做出了杰出贡献，培养了大批学者和优秀地理学家。

中国地理学所走过的道路也从一个侧面反映了现代中国的软实力。这种软实力既来源于中国的国情，也深含着地理科学的独特价值。

## 4  谁能引领世界地理学未来发展的大方向？

通过对世界地理学发展近现代历史的分析，考虑到今天全球各类型国家社会经济发展的阶段、问题和任务，我们认为，中国地理科学发展方向与美国、西欧等部分发达国家和地区应该有较多的不同，但中国地理学却可以代表当今世界上广大的发展中国家对地理科学提出的客观要求和世界地理科学发展的主流趋势。

近代地理学产生于欧洲。在近现代长时期发展中，直至20世纪70年代，地理科学的理论发展在欧洲（包括苏联）及部分学科在美国达到了很高水平。近几十年来，新老资本主义国家和日、韩等新兴工业化国家依然坚守着传统地理学发展的路径，新的思想和理论成就不明显。第二次世界大战后，美国地理学背离了交叉学科性质的要求，迷念于纯自然科学化乃至"物理学化"进程。其结果，反映这种倾向的计量化也被学者们自己否定了。可以说真正的自然地理学在美国已经基本消失了。20世纪90年代末曾经提倡的"社会-环境动力学"的理论也没有引起学术界的广泛响应。人文与经济地理学专注于美国社区问题的研究，也没有在社会管理方面产生较大的影响。地理学在科学体系中的价值，更重要的是社会应用的价值受到了质疑。今天的美国地理学根本不能引领世界地理科学发展的方向。欧洲国家，第二次世界大战后特别是近20多年来，由于自然结构和社会经济都居于稳定状态，地理学者长期集中于研究区域和城市的精细化管理、地生态学以及世界上主要的国别地理。科学实践的规模和理论方法的发展对广大发展中国家的影响都不突出，值得借鉴的成果相当有限。

广大发展中国家，包括亚洲、非洲、中南美洲的大部分国家，正在或即将进入工业化和城镇化阶段，它们的发展阶段及其国土自然结构、人口增长及其粮食和资源保障、工业化和经济发展、资源利用和环境保护、城镇化进程及模式、区域治理等与中国曾经出现并且还将继续出现的情况和问题非常类似。近20年来，许多发展中国家，包括"金砖"国家在内，已经开始出现类似于在我国已经出现的资源开发、产业发展、工业化城镇化及其所引起的生态环境等问题。

针对工业化、城镇化发展中出现的资源合理利用、生态和环境保护等问题，杰出的地理学家黄秉维在20世纪90年代中期就强调："现在应该怎么前进，应该不应该把自然和社会两方面都结合起来考虑，特别在可持续发展方面，从解决问题方面来考虑。"又说："钱学森先生和我们所想的则是以地表为中心，最后与可持续发展接轨。"中国地理学者响应黄秉维先生的倡议，将这些领域的研究与可持续发展研究密切结合，已经取得了大量的实际成果和经验。

新世纪里"新世界"的地理学客观上需要有引领者。唯有中国的地理学可以担当这一重任和角色。

我们已经取得了世界上第一流的成就。这既是国家的荣誉，每一个中国地理学者的光荣，也是地理学学科价值在科学发展历史中的重要体现。

这次是在具有伟大古老文明的中国举行古老学科地理学的世界大会。我们要立足于当代中国在世界大国的位置上，将第33届国际地理学大会办成展示中国几十年地理学创造辉煌成就的平台，开启中国地理学全面走向世界并引领世界地理学新发展的契机。这样的自豪感、使命感应当成为组织此次大会、参与此次大会的每一个中国学者的理念和精神。

为全面地、历史地展示我们中国地理科学发展的成就，建议可考虑：对大型的综合性研究领域作介绍，对主要的研究地区、区域作介绍，对著名地理学家作介绍，对主要的地理学分支专业作介绍。以各种媒体形式介绍，力求生动活泼。

结合介绍中国地理学会的发展及其目前的规模情况，全面系统地介绍中国地理学的发展史，现在的发展规模、工作（教育、研究、出版、科普等），以及在社会上的影响。

**致 谢**：本文根据各历史时期我国地理学主要工作的介绍资料编写。在编写过程中，王涛、效存德、杨林生、王英杰提供了有关领域研究进展的文稿，特此致谢！

## 参考文献（References）

[1] Lu Dadao. The Development and Innovation of Geography[M]. Beijing: Science Press, 1999. [陆大道. 地理学发展与创新[M]. 北京: 科学出版社, 1999.]

[2] Sun Honglie. 20th Century Academic Overview of Chinese Renowned Scientists: Earth Science, Geology(vol.2)[M]. Beijing: Sciences Press, 2010. [孙鸿烈. 20世纪中国知名科学家学术成就概览: 地学卷地质学分册[M]. 北京: 科学出版社, 2010.]

[3] Lu Dadao. A tribute to the geographers for their contributions to China celebration on the geographical society of China[J]. Acta Geographica Sinnca, 2009, 6(10): 1155-1163. [陆大道. 向100年来为国家和人类做出贡献的地理学家致敬——纪念中国地理学会成立100周年[J]. 地理学报, 2009, 6(10): 1155-1163.]

[4] Huang Bingwei. Some Opinions on the Research of Terrestrial Surface[M] // Qian Xuesen. Hangzhou: Zhejiang Education Publishing House, 1994. [黄秉维. 关于地球表层研究的一些看法[M]. 钱学森. 论地理科学. 杭州: 浙江教育出版社, 1994.]

[5] Gao Yongyuan. Whether weakness or superiority? The understanding of learning "The science of geography is the confluence of natural science and social science"[J]. Geographical Research, 1992, 11(1): 87-90. [高泳源. 弱点, 还是优势？——对学习

"地理科学是自然科学和社会科学的汇合"的一点体会[J]. 地理研究, 1992, 11(1): 87-90.]
[6] Rediscovering Geography Committee. Rediscovering Geography: New Relevance for Science and Society[M]. Washington DC: National Academy Press, 1997.
[7] Editing Committee of Huang Bingwei Collection. Selected Paper of Huang Bingwei's Integrated Research in Physical Geography[C]. Beijing: The Commercial Press, 2003, 10: XI. [《黄秉维文集》编辑组. 地理学综合研究: 黄秉维文集[C]. 北京: 商务印书馆, 2003, 10: XI.]

# 向 100 年来为国家和人类做出贡献的地理学家致敬[*]

## —— 纪念中国地理学会成立 100 周年

**摘　要**：100 年以来，我国地理学走过了艰难曲折和辉煌的发展历程。主要经历了中国近代地理学的开创和发展、中华人民共和国成立至 20 世纪 70 年代末期、改革开放至 90 年代后期和跨入新世纪以来四个阶段，这四个发展阶段又明显分成前 40 年和后 60 年两个大的历史时期。100 年来，中国地理学家都热爱祖国、热爱自然，同时又都具有强烈的愿望将自己的研究和教学成果奉献给国家和社会。但是，地理学研究内容、方式等又有近现代之分，发展规模、方向和方式明显不同。特别是中华人民共和国成立后的 60 年，中国地理学发展走过独特的发展道路，主要表现在党和政府重视和引导地理学的发展、"以任务带学科"彰显出我国地理学方向和价值、大型综合性研究及其成果的总结推动理论研究取得重要进展、有一批具有远见卓识的杰出地理学家的引导等几个方面。当然，中国地理学也面临着继承与发展、理论与方法的创新、基础教育与科普宣传等问题的挑战。在纪念近代地理学开创 100 年的时刻，我们怀着崇敬和感激的心情回顾以往走过的道路，牢记一代代前辈学者们的杰出贡献，决心开创地理学发展新的未来。

## 1　序　　言

1909 年 9 月 28 日（清宣统元年八月十五日，中秋节），我国近代第一位著名的地理学家（时任天津北洋女子高等学校校长）张相文先生以其深厚的地学素养和爱国精神，邀请地理学家白毓昆（雅雨）、张伯苓及教育官员 100 多人聚于天津河北第一蒙养院，成立"中国地学会"。在成立大会上，张相文被推举为会长。这是中国 20 世纪初最早成立的三个自然科学学术团体之一。"中国地学会"的成立是我国近代地理学的开端。1934 年，翁文灏、竺可桢等在南京成立中国地理学会。1950 年，中国地学会与中国地理学会在北京合并成立现在的"中国地理学会"。100 年以来，我国地理学走过了艰难曲折和辉煌的发展历程。今天，在纪念近代地理学开创 100 年的时候，我们怀着崇敬和感激的心情回顾以往走过的道路，牢记一代代前辈学者们的杰出贡献，决心开创地理学发展新的未来。

100 年后的今天，中国地理学会已经发展成为我国最大的学术团体之一，拥有个人会员 20 000 人，联系全国从事地理教育和研究工作的人员 20 多万人，高等院校地理院（系）和省级以上地理研究机构 200 多个，拥有一大批教授和研究员，以及教育部跨世纪

---

[*] 原载于：地理学报，第 64 卷第 10 期，2009 年 10 月出版。

人才、长江学者和中国科学院百人计划学者等。在地理学方面的两院院士有 20 多位。在全国范围内，地理学一级学科博士点 10 多个，二级学科博士点 70 个以上。今天的中国地理科学已经建立了独特和相当完整的学科体系。地理学家组织和参与完成了国家一系列重大科学研究任务，特别是在自然环境演变、国土开发与区域发展、农业发展、遥感和 GIS 的应用等重大领域为政府决策和社会发展提供了重要的科学支持，产生了巨大效益。中国地理学的影响已经大大超出了专业界限，得到了各级政府和社会的高度重视。

## 2 近现代地理学发展的基本阶段

根据社会背景、学科发展及社会影响，可以将 100 年来我国地理学发展分为四个阶段。以下是对各个阶段地理学发展的重大事件的简述和对主要科学家作用的粗浅评说。

### 2.1 中国近代地理学的开创和发展

张相文及其助手白毓昆是中国地学会的创办者。学会成立后，张相文即创办《地理杂志》，编纂《大中华地理志》，并调查农田水利等。特别是在 20 世纪 20～30 年代，在极端困难的条件下，我国老一辈地理学家（包括部分地质学家）创立了中国近代地理学。

竺可桢于 1921 年在东南大学（南京大学前身）创办了我国第一个大学地理系，并系统地讲授近代地理学。此后，北平师范大学、清华大学、金陵女子大学等 20 多所大学和高等学校积极组建地理学系或地学系，特别是抗战前夕浙江大学设史地系和 1941 中央大学地理系设立地理学研究部影响重大。在这个阶段，部分地理学者组织进行了地理考察及区域地理的研究和编纂。在直至 1950 年两会合并以前的 41 年中，"中国地学会"和"中国地理学会"聚集了一批又一批著名的地理学家和地质学家。他们是竺可桢、丁文江、翁文灏、李四光、张相文、邹代钧、袁复礼、张其昀、王成组、张印堂、胡焕庸、黄国璋、谭其骧、任美锷、李旭旦等。他们之中的一些学者成了开创我国现代地理学和现代地质学的元勋。在极端困难的条件下，他们考察研究中国的山川、河流、气候和区域地理，出版若干专题地理著作、部分省区的"地理志"和考察报告。地图学家曾世英等主持编制了我国近现代史上第一部"中华民国新地图"及其缩编本《中国分省图》（1934 年）。与此同时，《地理学报》创刊。1935 年胡焕庸发表《中国人口之分布》，提出自黑龙江省爱辉至云南省的腾冲之间的连线是我国一条极为重要的人口地理格局界线，该线东南和西北两部分的人口密度截然不同，这就是后来被誉为的"胡焕庸线"。这些早期的地理工作和成就推动了我国处于萌芽状态下近代地理学的发展。1949 年 4 月林超代表中国地理学会出席在里斯本召开的第 16 届国际地理联合会（IGU）大会，会议接纳中国为 IGU 正式会员国。

### 2.2 中华人民共和国成立至 20 世纪 70 年代末期

在中华人民共和国成立初期，竺可桢率领一批地理学家，把握学科发展方向和国家需求，在机构建设、学科方向、人才配备和人才培养等方面做出了一系列具有重大影响的决定和措施。1952 年中国科学院地理研究所正式成立。与此同时，全国进行高等院校院系调整，在全国一些重点综合大学建立了地理学系。1956 年，开始制订具有重要历史意义的十二年科学技术发展规划。在竺可桢领导下制订的地理学科发展规划充分体现了我国地理学发展要为国家建设服务的方向和"以任务带学科"的方针，其中，突出了重点为农业服务的基本方向。在这个阶段我国地理学者做出了以下具有历史意义的成就。

（1）为了适应国家发展特别是实施工业化建设的需求，满足政府部门和学术界关于认识中国自然地理、掌握基本国情的要求，竺可桢、黄秉维等组织周廷儒、马溶之、钱崇澍、吴征镒、侯学煜、张宝堃、文振旺、施雅风、沈玉昌、郭敬辉、赵松乔、张荣祖等一大批地学科学家进行《中国自然区划》和《中国自然地理》丛书的编著，孙敬之、李文彦、胡序威、孙盘寿等组织进行了《中华地理志》的编纂。

（2）20 世纪 50 年代末和 60 年代初，中国科学院组织了包括高等学校参加的大规模的综合考察。其中包括由宋达泉、吴传钧等参与领导的中苏联合黑龙江流域综合考察，由周立三、周廷儒等参与领导的新疆综合考察、青甘综合考察、宁蒙综合考察，以及华南和横断山地区的综合考察等，由施雅风组织领导的中国冰川考察。20 世纪 80 年代，中国科学院又一次组织了包括地理学在内的多学科专业队伍，对新疆地区、西南地区、黄土高原地区进行了综合考察。这一轮综合考察的重点已经转到自然资源的综合开发和社会经济发展与布局方面。

（3）孙鸿烈、郑度等领导的青藏考察是我国科学家独立自主地对青藏高原的大规模综合研究。考察开始于 20 世纪 50 年代。在 50～70 年代对珠穆朗玛峰地区、西藏自治区进行综合科学考察之后，80 年代起先后对横断山区、喀喇昆仑山-昆仑山区和青海可可西里地区进行综合科学考察研究和国家攀登计划项目"青藏高原形成演化、环境变迁与生态系统研究"的相关研究，先后出版了珠穆朗玛峰、西藏、横断山区、喀喇昆仑山-昆仑山、青海可可西里等地区的科学考察丛书，出版了《青藏高原研究丛书》，在高原隆升与环境演化，原气候，高原生物多样性，高原自然环境及其地域分异，资源、环境、灾害与区域发展等领域取得许多重要进展。参与青藏高原科学考察和综合研究的学者主要来自地质学、地理学、大气科学、动植物学等，他们获得了丰硕的成果，是中国地学科学家（其中包括地理学家）对世界科学发展的重要贡献。

上述以西部地区为主的大规模科学考察，在科学发展史上具有划时代的意义。一大批地理学家是我国西部开发的先行者和开拓者。

（4）农业发展和农业区划研究。为响应中共中央的号召，20 世纪 60～80 年代，周立三、吴传钧和邓静中等对全国和各省（区、市）的农业自然条件和农业经济发展进行了系统研究，根据因地制宜发展农业的指导思想，制订出科学的指标体系，对全国和部分农业区进行了等级体系的划分。周立三领导的江苏省农业区划曾经成为农业部全国农业区划的样板。吴传钧和邓静中领导的全国农业区划获得了原国务院领导同志的高度评价。自 1980 年，全国各地区地理学者大规模地开展农业资源调查和农业区划工作。1981年，吴传钧、周立三、邓静中等完成的中国综合农业区划将全国划分为 10 个农业一级区，38 个农业二级区，揭示了全国农业自然条件和农业生产最基本的地域差异，对农业区划工作的理论和方法进行了系统的阐述和揭示。1981年，周立三等主持完成的《中国综合农业区划》成果是农业区划工作的主体部分。农业区划延续了20多年，吸引了全国研究机构和众多高等学校地理学者的参与，是贯彻地理学为农业服务方针的重要体现。在农业地理学理论和应用研究相结合取得实际成果方面，有钟功甫提出并分析了珠江三角洲综合性农业发展中的"桑基鱼塘"和"蔗基鱼塘"的模式等。

（5）大地图集的编纂工作。在陈述彭组织领导下完成的《中华人民共和国自然地图集》（1965年版）是全面系统地反映我国复杂自然条件与自然资源的第一部大型综合地理图集。属于这类大型综合地图集的还有20世纪80年代完成的《中华人民共和国国家农业地图集》。刘岳、廖克等组织领导编制的《中华人民共和国经济地图集》《中国人口地图集》《中华人民共和国自然地图集》（1999年版）等采用计算机制图技术与自主的软件系统，达到了世界先进水平。从70年代后期开始，编撰出版了许多全国性的专题地图集与区域性的综合地图集，内容涉及长江三峡生态与环境、全国地方病与环境及自然保护等。

## 2.3　改革开放至20世纪90年代后期

1979年12月底至1980年1月初，在广州三元里大道的矿泉别墅召开了中国地理学会第四次会员代表大会暨1979年综合学术年会。这是一次总结中华人民共和国成立以来成功经验并展望未来的规模空前的学术会议，具有里程碑的意义。许多历经波折与委屈的一批老地理学家欢聚一堂，泪喜交加，倾吐对发展地理学的抱负和宏愿。大会经过民主选举，产生新一届理事会，黄秉维当选理事长。吴传钧、陈述彭在大会上分别做了"地理学的昨天、今天和明天"和"环境遥感的地学分析与验证"的学术报告。李旭旦、吴传钧提出"复兴人文与经济地理学"。原党和国家领导人、时任广东省委第一书记、省长的习仲勋和广东省委第二书记杨尚昆接见了与会全体代表。这次会议拉开了我国地理学新时期大发展的序幕，中国地理学迎来了又一个春天，地理学成果空前丰富。

### 2.3.1　黄淮海平原旱涝碱综合治理

20世纪80年代初至90年代初，中国科学院和若干所大学的几百名地理学者走上了黄淮海的"主战场"，开展了黄淮海平原大面积治理与农业开发的科学实践，实施了地理学为农业服务的方针，体现了地理科学研究面向国民经济建设主战场的方向。这项大规模的科学实践查清了黄淮海平原农业自然资源，研究了旱涝成因、灾害防治、农村经济，提出了农业发展的若干问题，并研究了配套技术，建立了示范基地。其成果为地方政府推广应用，取得了重大的经济、社会效益。当时国务院总理李鹏等亲自到禹城试验区考察，给予了高度评价。黄淮海平原综合治理科学研究是多学科联合进行的，李振声、左大康、赵其国、许越先、唐登银等是主要的学术带头人和组织者。

### 2.3.2 国土开发、区域发展及城市化

1982 年，国家计划委员会组织进行京津唐国土规划，至 1985 年完成，中国科学院、中国人民大学、北京大学等几十名地理学者参加了研究和编制工作，这是全国大规模开展国土规划的国家试点。1985 年，国家计划委员会组织部分地理学家参与编制了全国国土规划纲要。此后，地理学者先后参与了全国 23 个省（区、市）的国土规划的研究和编制。在整个 20 世纪 80 年代，全国各地理研究单位和大学有三分之一左右的地理学家接受政府委托进行区域性的国土开发战略研究和国土规划编制工作。地学工作者对国家可持续发展基本国策的确立起了重要作用，90 年代以来，区域可持续发展成为地理学极为重要的研究领域。特别是在国家"十一五"规划和东北、京津冀和长江三角洲等大区域战略研究和规划制定过程中，地理学家起到了重要作用。吴传钧、胡序威、陈才、胡兆量、毛汉英等在国土开发、区域可持续发展方面和许学强、周一星、严重敏等在城市化等方面做出了突出贡献，在国家有关部门和各地区中产生了重要的影响。

### 2.3.3 GIS 和遥感应用技术的大发展及地理学方法的革命

20 世纪 50 年代和 60 年代我国地理学开始了技术革新。70 年代末陈述彭组织的腾冲遥感，开拓了我国的遥感事业。1978 年改革开放以来，中国科学院、相关高等院校相继建设了众多的 GIS 实验室，促使空间分析方法越来越多地在各种预报、预测和发展研究领域中得到应用。地理信息系统作为传统科学与现代技术相结合的产物，不仅推动了地理学的发展，也为各种涉及空间数据分析的学科提供了新技术方法，对国家和社会的进步做出了杰出贡献。80 年代，我国开始探讨数学方法在地理学中的应用，模型建立和空间分析在区域研究和城市发展规划中逐步推广。系统论在地貌学及许多分支学科研究领域中的应用取得了明显进展。

### 2.3.4 中国地理学走向世界

1978 年 10 月，以黄秉维、吴传钧为正副团长的中国地理学家 10 人代表团首次访问美国，进行为期 40 天的"破冰之旅"，从此打开了中国地理学家与国际交往的大门，中国地理学开始走向世界。1984 年 8 月，国际地理联合会（IGU）在巴黎召开第 25 届国际地理大会。在会间召开的 IGU 代表大会上，中国代表团团长吴传钧（时任中国地理学会副理事长）通过广泛的交往和争取，促使大会决定，中国大陆以"中国地理学会"、中国台湾以"位于中国台北的地理学会"的名义加入 IGU，解决了中国地理学会在 IGU 的合法席位问题。近 30 年来，中国地理学家在越来越广泛的程度上参与国际学术交流。自 1988 年至今，吴传钧、刘昌明和秦大河先后连续当选 IGU 副主席，同时在 IGU 中的一些二级机构中任职的中国学者也越来越多。一系列重要的国际学术会议在中国召开。2008 年 8 月国际地理联合会决定，2016 年在中国北京召开第 33 届国际地理大会。

在中国地理学会加入的另外两个国际学术组织中，程国栋先后当选国际冻土协会（IPA）副主席（1988～1993 年）、主席（1993～1998 年），朱元林、马巍先后当选 IPA 执委；王乃梁、王颖、杨小平先后当选国际地貌学家协会（IAG）执委。

中国地理学家还广泛参与当今世界上一些重要的研究机构和大型研究计划，如政府间气候变化专门委员会（IPCC）、国际地圈生物圈计划（IGBP）、国际全球环境变化人文因素计划（IHDP）等，并成为这些研究机构和研究计划中的活跃力量。

## 2.4 跨入新世纪以来

20 世纪 90 年代后期以来，我国地理学逐步进入一个新的阶段。其大背景是全球环境变化及我国经济和社会的大规模迅速发展。在这种背景下，国家有关部门加大了相关领域的投入。我国地理学者重视地理学国际前沿的认识和把握，越来越重视全球变化及其区域响应的研究，我国的自然结构与自然环境的变化和保护成为特别重要的研究领域。一些主要的大学和研究所加强了新学科领域和新方向的建设。这些新领域和新方向包括：水资源与水环境、对地观测、生态经济、灾害防治、资源经济与战略、城镇化与功能区规划等。传统的和新的领域、方向，其研究和教学力量大都得到了明显的加强，学科发展精彩纷呈。

1978 年改革开放以来，地理学界重视人才培养，取得了丰硕成果。在新世纪开始之时，顺利实施了学术带头人和第一线工作骨干的在新老交替。一大批中青年地理学者成为国家 863 计划、973 计划和科技支撑计划的首席科学家。在 21 世纪的头 9 年间，全国地理学界有 30 位获得了杰出青年基金，以及一批"长江学者""百人计划"学者等，真可谓年轻一代学者群星灿烂。

2008 年 5 月汶川地震后，在大规模救灾和灾后重建过程中，一大批地理学者及年轻的学术带头人，根据政府的要求，在第一时间投入到灾情监测、评估和灾后重建的环境承载力评价等工作中，以自己服务国家和服务人民的坚强信念与很高的专业本领向人民交出来极好的"答卷"。他们的工作使我们看到了中国地理学事业辉煌的未来。

# 3 中国地理学发展的独特道路

上述 4 个发展阶段又明显分成前 40 年和后 60 年两个大的历史时期。地理学家承前启后一代一代发展过来，无论近代和现代，中国地理学家都热爱祖国、热爱自然，同时又都具有强烈的愿望，将自己的研究和教学成果奉献给国家和社会。但是，地理学研究内容、研究方式等却又有近现代之分，发展规模、方向和方式明显不同。100 年中国地理学发展走过了独特的发展道路。这条独特的发展道路主要以近 60 年，即中华人民共和国成立以来的地理学发展历史加以说明。

## 3.1 党和政府重视和引导地理学的发展

在长时期内，毛泽东关于认识论和辩证法的思想，特别是关于理论和实践关系的精辟论述成为地理学者们的重要指导思想。学者们遵循科学理论来源于科学实践，十分重视野外的考察和调查研究。党和政府在每一个发展时期制定的中长期规划（国民经济和社会发展规划、科学技术发展规划）指引了地理学的发展。根据中国的广阔幅员和特殊的自然经济基础,从现代地理学初创的20世纪50年代初,政府就重视作为基础性和应用性很强的地理学的地位,在中国科学院建立了综合性的地理学研究机构和有地区特色的专业性地理学研究机构。改革开放以来,在综合大学和师范大学建立的研究机构更多。80年代我国人文与经济地理学复兴被写入了国家第六个五年计划,促进了我国地理学应用方向的加强,使旅游地理、城市地理、区域地理、世界地理等学科得到发展。由地球信息科学家开拓的GIS在全国学术界和社会许多部门得到广泛的应用,推动了地球信息科学在我国的发展和在全社会的应用,由此建立了地球信息科学基本体系。地理学研究机构和地理研究的发展,使地理学在为国家目标服务和科学问题的研究方面发挥极其重要的作用。

## 3.2 "以任务带学科",彰显出我国地理学方向和价值

这是我国现代地理学60年来取得蓬勃发展的一条基本经验。地理学家组织和参与完成了国家一系列重大的关于我国自然结构和国家发展的综合性研究任务,包括大规模的地区综合考察、综合自然区划、全国农业区划、黄淮海平原的综合治理、全国国土综合开发和整治规划、大区域的发展战略和区域可持续发展等。在这个过程中,体现出研究方向和问题明确,各学科之间开展合作具有成效。大量的研究成果充分体现了应用价值和科学水平,也成为我国地理学理论发展的科学实践源泉,成为诸多分支学科发展和形成的基本动力。相应地,其为政府和社会提供了大量的建议和科学资料,在经济发展和社会发展等实践中产生了巨大的经济效益和社会效益。

## 3.3 大型综合性研究及其成果的总结推动理论研究取得重要进展

我国地理学在一系列重要领域取得了突出的进展,主要如下:通过实验研究,在农田生态系统水分循环和水盐运动规律及其与作物生长关系方面,在环境生物地球化学、环境背景值和环境健康方面,在地域分异规律与中国自然地理区划、土地类型与土地利用、区域自然地理和农业区划、地域生产综合体与区位理论和空间结构理论方面,在青藏高原隆起及其影响方面,在专题地图学和综合制图的理论方面等,取得了一系列重要成果。近年来,在地球表层系统理论、全球变化及其区域响应和区域可持续发展与城镇化社会地理等领域的理论探讨中也取得了进展。20世纪50~60年代,提出了水热平衡、化学元素地表迁移和生物地理群落等自然地理学的三个方向。其学术思想早于当前全球变化研究中逐渐获得共识的地球生物化学循环和地球系统科学的思想。

在从实践中总结理论和发展理论的同时,编纂出版了一系列大型学术著作(图集)。以我国著名地理学家领衔组织编纂了一系列大型的地理学图书和图集,在建立我国地理学理论体系、积累地理学研究资料和向社会宣传大量研究成果方面起到了重要作用。最突出的有《中国自然地理》丛书、《中华地理志》《中华人民共和国国家自然地图集》《中国土地利用图》《中华人民共和国国家经济地图集》《中国人口地图集》《中国农业地理》丛书、《中国人文地理》丛书等。

## 3.4 有一批具有远见卓识的杰出地理学家的引导

在100年以来的地理学发展中，一代代前辈地理学家站在学科发展的前沿，在机构建设、人才培养和研究方向、重大研究主题等方面开拓和引领了我国地理学的发展道路。

张相文是近代地理学早期的创始人和引路人。在我国近现代地理学发展中，竺可桢长时期（从20世纪20年代开始特别是在50年代）在地理学学科发展方向、地理学研究机构的设立和学术带头人的培养、若干重大任务决策等方面都发挥了主导作用，是中国近现代地理学的奠基人，处在中国近现代地理学发展中做出杰出贡献第一人的位置。在1949年中华人民共和国成立以后至20世纪80年代的30多年的中国地理学发展中，黄秉维、陈述彭、吴传钧、施雅风是中国地理学会长时期的领导人，也是中国科学院地理研究所的领导人，这个期间他们四人处在中国现代地理学发展的核心（领导层）位置上。他们引领了全国地理学发展方向，牵头了全国性若干重大合作任务，培养了一大批学者和优秀地理学家。其中，黄秉维领导了中国科学院地理研究所和中国地理学会30余年，他提出了自然地理学的"三个新方向"，倡导了地球表层系统跨自然与人文的跨学科研究，培养和带出了大批优秀地理学者，他是中国现代杰出的地理学家。黄秉维的主要合作者是陈述彭、吴传钧和施雅风三人。在中华人民共和国成立后前30~40年中，他们四人的工作和影响都是具有全国性的，甚至是国际性的。陈述彭是我国大地图集研究和编制事业的开拓者和我国GIS（地理信息系统）、遥感应用事业的奠基者，中国现代杰出的地理学家。在陈述彭、童庆禧、徐冠华、李小文等的组织领导下，我国地图科学、GIS和遥感应用科学得到了迅速发展，对国家、对社会发展发挥了巨大作用。吴传钧是我国现代人文-经济地理学的主要奠基人，中国现代杰出的地理学家。他给我国地理学指出了"人-地关系地域系统"研究方向及其丰富内涵，开拓了我国当代地理学一系列重要的研究领域；他带领现代中国地理学走向了世界，并在一些国际同行中赢得了"大师风范"的赞扬。施雅风是协助竺可桢策划20世纪50~60年代中国地理学发展的主要学者之一，是我国冰冻圈研究事业的奠基人，是我国现代杰出的地理学家。在他的主持下，查清了我国几百条冰川的科学数据。他和程国栋、秦大河、姚檀栋等对冰冻圈的研究和我国西部地区自然资源合理开发的研究、对西部地区开发及其工程建设做出巨大贡献。

一批杰出的地理学家在完全空白的基础上，在诸多专业领域和特殊类型区域研究方面做出系统的突出贡献，起了重要的奠基和领军作用。

综合自然地理学研究是我国地理学研究的主要方向和各学科发展的重要基础。长期以来，我国学者以地表自然环境整体特征及其分异规律为核心，在土地利用、自然区划和区域自然地理方面进行了大量研究。任美锷、赵松乔、周廷儒、林超等对我国综合自然地理学的理论建设和一系列应用方向的发展做出了重要贡献。在自然地理综合研究的生物地理学领域，张荣祖做出了系统性的基础工作。

以周立三为代表的地理学家从20世纪80年代就开展了我国国情研究，发表了国情分析系列报告，提出了建立我国资源节约型的社会经济发展体系的主张和建议，引起了中央领导和学术界的高度重视。这对形成我国可持续发展的基本国策及现阶段的科学发展观具有重要的基础性意义。

一批自然地理和化学地理的学者，开展了具有创新性的环境保护、污染源调查、大区域环境背景值研究和地方病病因等领域的研究，开拓了地理环境与人类健康关系的医学地理学，从而揭开了我国大规模环境污染治理研究、环境与人口健康关系研究的序幕。刘培桐、章申、陈静生、谭见安、唐永銮等对科学发展和国民健康做出了开创性的贡献。

在沙漠化和干旱区环境变化研究领域，对我国历史时期环境变迁、沙漠化的过程和防治、沙漠化对于环境保护的影响等进行了大规模的基础研究和实验、示范研究。朱震达、夏训诚等为我国干旱区环境变化、沙漠化的防治及沙漠化理论发展做出了杰出贡献。

水文和水资源学家刘昌明、郭敬辉领导开创了水文过程和水资源研究，提出了水分循环蒸发计算数学模型。在农业节水研究中，开展以土壤水为中心的华北平原农田水循环及节水调控机理研究，为华北平原实施节水农业提供重要的科学依据。

河口和海岸地貌与生物地球化学循环的研究，突出贡献者有王颖、陈吉余等。他们的研究开辟了地理学关于海洋研究的新方向，也是世界范围内地理学发展的一个新领域。在地貌学领域，王乃梁、沈玉昌做出了系统性的研究工作。

侯仁之、谭其骧、史念海关于历史地理研究获得了划时代的成果，出版了众多关于我国古代政治变迁、城池演变、战争、水利等变化的著作、地图集，在国内外产生了重要影响。

黄锡畴、刘兴土等在湿地等有关领域的研究中，完成了大量基础性和应用性的工作，对我国湿地科学的建立和在国民经济、社会发展中的应用做出了突出贡献。

旅游地理学在我国是在改革开放后迅速发展起来的一个很有活力的学科。郭来喜、陈传康在其学科内容、应用价值和人才培养方面做了奠基性工作。

地理教育和编辑出版是我国地理学发展重要的组成部分。在以往多个发展阶段，根据我国自然环境状况、发展状况和国际化的要求，国家有关部门组织专家学者制定了地理学教学大纲和编写大量的地理基础教育教材。陈尔寿、褚亚平等对我国地理学教育和人才培养做出了历史性的贡献。高泳源、姚岁寒等在我国地理学编辑出版事业中完成了大量对当代和后世有重要影响的成果。

在中华人民共和国成立以来60年的历程中，我国地理学所走的道路也是有教训的。例如，片面地批判地理环境决定论，导致在环境问题和环境科学兴起之初处于被动；取消部分学科，自然地理学与经济地理学存在分割状态；在相当长的时间里，缺乏与世界上大多数国家的学术交流；我们在理论的总结和创新方面与我们的研究规模相比仍然不相适应。定位台站的长期、连续观测和原始数据的分析研究，是地理学发展的基础之一。但除了在少数研究所外，这种工作越来越弱化。在科研院所，普遍存在忙于争课题和完成论文数量的情况，浮躁之风盛行，扎实不足。在GIS和数量方法的应用取得明显进展的同时，地理学家对野外的考察和重要区域的资源环境及发展的综合研究也有所削弱。

## 4　21世纪我国地理学面临的挑战和重任

半个多世纪以来，中国地理学的影响力日益扩大，特别是在决策应用方面的价值大大提高。地理学家的工作促进了中国自然条件的合理利用,地理学的方法逐步为社会所了解和应用,地理学的成就在越来越大的程度上为社会所认同。我们可以有充分的理由认为,20世纪后半叶,就国家自然利用、保护和经济发展研究的规模及国家建设发挥的作用来说,世界上没有哪一个国家的地理学能够与中国相比。

## 4.1 面临着重大挑战

自新中国成立以来,我国地理学取得了辉煌的成就,在跨入21世纪之时面临着重大挑战。在全球范围内,由自然支配的环境变化已经转移到由人类支配的环境变化。揭示全球气候变化的驱动力及其给人类社会发展带来的影响和区域响应成为21世纪许多领域科学家的共同责任;在我国,经济和社会的迅速发展,强烈地改变了我国及各地区的自然结构和社会经济结构,如何协调"人-地"关系和实现可持续发展是我国发展的主要目标,也是国家和全体地理学者面临的挑战。20世纪70年代以来,随着国际地理学的发展,地理学家越来越重视参与全球问题和国际性的研究计划;加强了发展研究和发展规划研究;信息化成为地理学发展的重要推动力量。地理学家在参与国家和政府的决策方面也表现出更大的积极性。这些是我国地理学者21世纪面临的大背景和大环境。

江泽民在为美国《科学》杂志撰写的社论"科学在中国:意义与承诺"中指出:"中国正处在发展的关键时期,面临着优化经济结构、合理利用资源、保护生态环境、促进地区协调发展、提高人口素质、彻底消除贫困等一系列重大任务。完成这些任务,都离不开科学的发展和进步。这就对中国的科学进步提出了紧迫的要求。"显然,地理学是实现这些国家重大任务的重要的支撑学科之一,地理学工作者肩负着责无旁贷的重任。

## 4.2 继承与创新

为了更好地肩负国家和人类赋予我们地理学者的重任,新一代地理学者需要继承优良传统。我们的优良传统体现在上述的发展道路中,那就是把握国家发展各个阶段的地理科学提出的战略需求,组织多学科力量进行联合攻关。通过实践总结理论和发展理论。同时,十分重视人才培养。在继承传统的基础上必须着力进行多领域的创新,特别是要在更大程度上关注和参与全球变化领域的研究,关注我国新时期大背景下自然环境变化和国家及区域发展关系重大问题的研究,推动传统方法的革新和全面发展 应用新方法和新手段。

## 4.3 地理学面临的重大任务

进入21世纪初年,地理学者必须明确地理学需要和能够给国家和人类解决什么问题。面向未来,国家和全球性的一系列重大问题将进一步突出。这些问题是:全球气候变化,以及引起的地球表层系统各个要素的变化,包括海洋环境、水资源和水环境、土壤和植被等的变化及其对人类发展的影响和对策,我国资源可持续利用和自然环境保护,自然灾害的综合防治,各种特殊类型的区域,如青藏高原及其对我国自然格局的影响,湿地、湖泊、山地等的环境问题和合理利用和保护等。在所有的区域性问题中，地理学家要在更大程度上重视我国西部地区的生态环境和发展问题、我国的国土开发战略、功能区划及其指标体系、区域可持续发展、城市化进程及其空间模式、农村发展等。要通过这些重大问题的研究，为国家一系列相关的重大问题的决策提供科学依据，进一步提高地理学的决策应用价值和学科发展。

## 4.4　推进地理学理论的创新

我们国家和全人类发展的大背景和面临的上述问题，较之以往100年所面临的问题具有更大的复杂性、更大的不确定性。地理学既需要更深入的微观分析，也需要更宏观的概括。对待复杂巨系统的研究，我们需要更具科学的观察力和创新性的思维。我们的研究对象是明确的，那就是地球表层系统。地球表层系统包括自然系统、人-地系统和社会经济系统三个子系统。我们应该强调研究人类活动成为一大驱动因素的地球表层系统及其中的"人-地"地域系统。在最近出版的《对地理学的再审视——对科学和社会的新联系》中，地理学研究的地球表层系统被分解成三个系统：环境系统、人类社会系统和环境-社会系统。而且，地理学研究的重点是其中的环境-社会系统，即环境-社会动力学。几十年以来，特别是近年来，老一辈地理学家就强调对重大的地理学问题开展综合性多学科交叉研究的极端重要性。"现在应该怎么前进，应该不应该把自然和社会两方面都结合起来考虑，特别在可持续发展方面，从解决问题方面来考虑"。"钱学森先生和我们所想的则是以地表为中心，最后与可持续发展接轨"。黄秉维的这些话为我国地理学理论发展指出了大方向。20世纪80年代以来，吴传钧反复强调，地理学要"着重研究人地系统人与自然的相互影响与反馈作用"。"对人地关系的认识，素来是地理学的研究核心，也是地理学理论研究的一项长期任务，始终贯彻在地理学的各个发展阶段"。地理学的"研究重点放在各圈层的相互作用及其与人类活动造成的智能圈的耦合与联动上"。

## 4.5　继续促进地理学方法的革新

21世纪在地理学各分支学科继续发展的情况下，要求我们在地理学的方法论方面做深入探讨并取得新的成果。我国自然地理学在实验研究和系统分析方面、人文-经济地理学在统计分析和建立在数据库和图形库基础上的空间分析方面已经具有一定的基础。GIS技术、遥感技术、空间数据及其共享是为区域社会经济可持续发展与生态环境保护研究提供分析预报和决策支持的新的科学手段，也是地理学和地球科学发展重要的推动力量。这些需要引起地理学家们的特别关注。

## 4.6　加强地理学的基础教育和科学普及

基础教育的主要目标之一是让青少年了解国情和培养爱国主义、国际主义的情感。当今世界，资源、环境、人口、发展等全球性问题越来越尖锐，而地理学是各基础学科中最能综合地、直接地对付这些问题的课程。因此，世界各国都越来越重视地理教育。为了"我们共同的未来"是我国地理教育的主要内容之一。要通过基础教育和科普工作，让国民中有越来越多的人了解当今世界人类面临生存环境的严峻挑战，更加爱护我们人类的家园——我们这个地球。也要求全社会逐步了解什么是地理学，如何培养人们的地理学观念。

## 5 结　　语

长期以来，地理学家和地理学思想对人类社会经济发展做出了巨大贡献。今天，我们国家与全球的自然结构和社会经济结构正在发生剧烈变化，向地理学提出了一系列重大的科学问题和实际问题。今天和未来的地理学者需要面临新的难度，攀登新的高度，踏实专心，迎难而上，不断做出使国家和社会满意、令国际同行瞩目的成就，不辜负一代代前辈地理学家的殷切期望。

我们相信，地理学——这门"伟大的学问"正面临着更大的发展机遇，中国的地理学家们将给国家发展和人类发展做出更大的贡献！

**致　谢**：在本文写作过程中，杨勤业、毛汉英、何建邦、张国友等提出了宝贵的修改补充意见。

## 参考文献

[1] 黄秉维. 地理学综合研究: 黄秉维文集. 北京: 商务印书馆, 2003.
[2] 吴传钧, 刘昌明, 吴履平. 世纪之交的中国地理学. 北京: 人民教育出版社, 1999.
[3] 陆大道. 地理学: 发展与创新. 北京: 科学出版社, 1999.
[4] 刘纪远, 姜素清. 现代中国地理学家的足迹. 北京: 学苑出版社, 2002.
[5] 陆大道, 蔡运龙. 我国地理学发展的回顾与展望——地理学: 方向正在变化的科学. 地球科学进展, 2001, 16(4).
[6] Messerli B, Grosjean M, Hofer T, et al. From nature-dominated to human-dominated environmental changes. IGU Bulletin, 2000, 50(1).
[7] Rediscovering Geography Committee. Rediscovering Geography: New Relevance for Science and Society. Washington: National Academy Press, 1997.
[8] K. J. 约翰斯顿. 地理学与地理学家. 北京: 商务印书馆, 1999.

# 中国地理学的发展与全球变化研究[*]

**摘　要**：10 年来，中国地理学研究领域发生了巨大变化，主要表现在大规模地参与了全球变化研究。本文阐述了全球变化的主要研究议题及地理学者可能起到的作用，认为中国长期高速经济增长引起的环境变化比大气层增温的影响大得多，一系列与此有关的重大区域性问题应该得到地理学者的广泛重视。文中还指出了地理学者在全球变化研究中值得注意的倾向。

地理学是一门研究地球表层的科学（学科体系）。其对象是研究地球表层地理环境的结构、演化过程、区域分异及人类对地理环境的利用和适应。地理学方法论的精髓是在于把握区域的差异性及区域之间的相互依赖性，这也是地理学与其他研究资源、环境和生态的学科的重要不同点。

无论古代、近代还是现代，地理学的研究对象都在于地球表层。而且，地理学研究的着眼点不是个别事物的规律，而是现象之间的联系。"地理学存在的理由在于综合"。（英国地理学家强调）在地球表层系统中，自然要素和社会经济要素之间的相互作用关系——"人-地"关系是地球表层系统中的主要关系。作为地理学的研究对象，是"人-地"关系的"空间"方面，或"地域"方面。在人类作用于自然环境的强度和范围越来越大，进而越来越强烈地改变着自然结构和社会经济结构时，紧紧把握地球表层系统中的"人-地"关系则更加重要了。黄秉维、陈述彭、吴传钧、侯仁之、郑度等在论述地理学的学科性质时，总是强调地理学是自然科学和社会经济科学之间的交叉学科，"地理学成为一门与生产实际紧密联系的应用性基础学科"。[1]老一辈地理学家还经常教导我们，地理学是一门经世致用的学问。

## 1　黄秉维先生对中国地理学的方向有长时期的深刻思考

中国现代地理学主要领导人之一的黄秉维先生早在改革开放初期就开始总结国内 30 多年地理学的发展成就和国外地理学的发展背景、态势和理论方法。他认为，国内外社会经济和科学技术发展都出现了新的形势，地理学面临着新的大环境。20 世纪 80 年代地理学"出现较旺盛的生机，……但仍存在不少弱点"。"要进一步对自然与社会经济的现象、过程力求知其所以然。……就我看到的一些工作来说，其主要缺点在于缺少将人文现象与自然现象结合起来。"[2]他在为钱学森等所著《论地理科学》作序时开门见山："10 年以来，钱学森教授坚持不渝地提倡建立地球表层学、地理科学，为祖国中长期建设规划服务。他号召有关科学工作者理直气壮地为此而努力经营，语重心长，期望殷切。"

---

[*] 原载于：地理学报，第 66 卷第 2 期，2011 年 2 月出版。

他认为钱学森先生的论述"言简意赅,却是很丰富的理论和实践的结晶"[2]。由此可见,他在那一段时间与钱学森先生几乎不谋而合地想到一起了,他呼应了钱学森先生的倡导。

进入20世纪90年代中期,黄秉维先生多次谈到:"现在应该怎么前进,应该不应该把自然和社会两方面都结合起来考虑,特别在可持续发展方面,从解决问题方面来考虑"。"钱学森先生和我们所想的则是以地表为中心,最后与可持续发展接轨"。[3]

总结黄秉维先生20世纪80年代至他去世时关于中国地理学发展的思考和论述,我认为重要的有以下3点。

(1)关于地理学方向:与钱学森的相互响应,强调自然地理学和人文与经济地理学的合作,特别是要对国家建设做科学研究,解决国家面临的可持续发展问题。

(2)非常强调微观研究,在20世纪50~60年代他提出自然地理学三个新方向的基础上,他指导了80年代试验站的建设和实验地理学的发展。实验站进行基础研究,但同时服务于区域治理。

(3)明确表示要强调环境变化,不主张地理学家强调全球气候变化。"有重要意义的是,在了解地球表层的基础上,能相当肯定地推广人为措施对一个客体施加影响会对其他客体产生什么影响;对一个地区施加影响会对其他地区产生什么影响;今天的措施会在明天、后天产生什么影响。……不能只从科学技术着眼,还要适合社会经济条件,还要分析社会经济效益。……"[2]在这里,他所关注的是社会经济发展和自然环境间的相互作用并引导其可持续发展。在方法论上与这个阶段钱学森先生提倡的巨系统的观点是相一致的。

黄秉维先生的上述思考和倡导已经过去了十年二十年,我们需要重温这些教导,总结这段时间我国地理学发展的进展、经验和不足。

## 2　中国地理学研究领域发生的重大变化

20世纪70年代末开始的改革开放,使中国国民经济和社会事业获得了辉煌的成就,地理学也如此。我国社会经济的高速发展,使我们面临的自然结构和社会经济结构已经及正在发生剧烈的变化。这种变化向地理学提出了一系列重大的科学问题和实际问题。地理学家充分利用了巨大的发展机遇和挑战。地理学家组织和参与完成了国家一系列重大的关于中国自然结构和国家发展的综合性的研究任务,大量的研究成果充分体现了应用价值和科学内容,成为诸多分支学科发展的基本动力,同时,为政府和社会提供了大量的科学资料和建议,在经济和社会发展实践中产生了巨大的效益。中国地理学的影响力日益扩大。地理学家的工作促进了中国自然资源的合理利用和社会经济的可持续发展,地理学的方法逐步为社会所了解和应用,地理学的成就在越来越大的程度上为社会所认同。我们可以有充分的理由认为,20世纪后半叶,在为国家需求服务所进行的工作规模和发挥的巨大作用方面,世界上没有哪一个国家的地理学能够与中国相比。大规模、全方位的理论成果不仅创新性地体现了中国地理的基本特点,也丰富和发展了当今现代地理学及相关学科的理论体系。地理学的发展成就和影响已经明显超越了专业的界限。

改革开放以来,中国地理学逐渐走向世界,通过广泛交流,引进了发达国家地理学的理论方法。其在科学研究体制、评价指标、资金来源（多样化）等方面也进行了诸多改革，发展条件获得了大幅度的改善，新人才大量涌现。许多学者逐渐有了一个基本共识：地理学发展应该逐步进入一个新的阶段，注重由自然因素引发的环境变化正在转变为由人类因素引发的环境变化，即转移到自然过程、生物过程和人类活动过程间的相互作用方面。这种变化应该是具有统领性质的。但是，正如黄秉维先生当时所反复强调的，这种"环境变化"不应该仅仅理解为"全球气候变化"。

近 10 多年来，许多地理学家将视角转向地理学及相关领域研究发展的国际"前沿"，也有一批学者继续将重点置于国内新的重大领域的研究。这期间，中国地理学发展方向和研究工作出现多元化的态势，在研究工作中开辟了下列新方向和新领域：土地利用和土地覆被变化、温室气体变化与大气层增温、水资源与水环境、生态系统和碳循环、生态经济、对地观测、地球系统、自然灾害及其防治、资源经济、区域可持续发展、城镇化及城镇体系、功能区等。在地理学的区域性方面，研究的区域尺度表现为微观的更"微"，宏观的即为全球尺度。近年来，上述新领域和新方向取得了不同程度的进展。

中国地理学的这一重大变化与全球气候变化问题在全球的响应是基本一致的。早在 20 世纪 70 年代，土壤学、林学等学科即进行生态系统碳循环的研究。当时研究的目标是揭示农作物、森林、草地等肥力维持机制和生产力。1986 年（国际地圈生物圈计划 IGBP）启动，1990 年政府间气候变化专门委员会（IPCC）第一次评估报告发布，1992 年《联合国气候变化框架公约》生效。90 年代学术界开始进行气候变化的生态系统碳收支和碳循环机理研究。1997 年 12 月"京都议定书"诞生后，研究工作明显扩大到不同类型生态系统的碳循环过程、不同区域的碳收支、气候变化对碳循环的影响及反馈的研究方面。

## 3 对地理学家大规模参与全球变化研究的分析和评估

在开辟新方向和新领域方面，规模最大、影响面最广的是开展了全球变化研究。黄秉维先生的上述论述是经历了长时期的思考后得出的，其应该成为确定地理学发展方向的准绳。我认为，这种转移在一定程度上明显偏离了黄先生的设想。10 年后的今天需要对这种"转移"的结果进行一次认真的评估。

### 3.1 如何看待蓬勃发展中的变化

区域差异性和区域之间的相互依赖性是地理学极其重要的特点，也是与其他学科的分界点。地理学应该随着自然环境和社会经济的发展变化而发展变化，其研究领域需要调整和扩大，其内容也会发生相应的变化。地理学研究对象区域的尺度也在发生变化，微观的更"微"，宏观的即全球尺度。但是，地理学的基本对象、基本原理和理念是不应该改变的。

20 世纪后半叶，在全球范围内普遍出现日益严重的人口-发展-资源环境关系问题，这使得地理学发展逐步进入一个新的阶段，即注重由自然因素引发的环境变化正在转变为由人类因素引发的环境变化，即转移到自然过程、生物过程和人类活动过程间的相互作用方面。这种变化具有统领性质。地理学面临着发展的机遇、挑战和压力。在这种情况下，我认为更需要考虑如何加强自然科学和社会经济科学之间的学科交叉，因为现代过程都包含人类社会经济活动的作用，都是综合性的。同时，要继续强调理论与实践的结合，明确研究工作的服务对象。地理学研究在根本上是要服务于国家和社会。如何实现这样的目标呢？具体的方向是要把握区域性（包括流域）治理和管理，实现区域可持续发展，这是中国地理学几十年蓬勃发展的一条基本经验和基本理念。按照这一条基本经验和基本理念，就要发挥地理学区域性和综合性的基本特点，按区域性差异性及区域之间的相互依赖性确定我们地理学研究工作的任务。

## 3.2 关于地理学在全球变化研究中的作用和地位

多年来，在全球变化这个巨大研究领域中，哪些学科可以发挥或已经发挥了重要作用呢？全球变化研究的中心议题：一是是否增温及增温的幅度（多少摄氏度?），增温的驱动力；二是增温的影响，人类怎么办？

第一个中心议题关系到大气成分和大气化学、物理性质的变化，大气层温度的变化及气候的长期周期性变化、突变、气候模型等，这主要是大气科学家的工作。关于地质时期气候系统变化及环境变化则是地质学家的工作，其中，第四纪地质学家已经做出了卓越的成绩。多年来，地理学家在树木年轮与古气候变化方面，在根据历史资料对人类历史时期气候变化的复原方面，也已经做出了很好的工作，但这毕竟只是气候变化研究很小的一部分，也是地理学研究工作很小的一部分。

第二个中心议题涉及很多学科的研究领域。大气成分变化和大气层增温会影响到气候系统和空间天气的变化、海陆关系和海气相互作用的变化及引起气候突变、灾害等，其仍然主要是大气科学、海洋科学的课题。也有一些学科在研究气候变化对人类社会的影响，以及我们人类应该如何应对等内容。地理学家的任务是研究大气层增温和海平面升高对社会经济的影响，以及人类应该如何调适等内容。

近10年来，在发达国家全球变化研究浪潮的带动下，中国相当部分专业性地理学研究机构、诸多大学地理学方面的学院和系都被动员起来，广大的地理学者将全球变化视为地理学的国际前沿和重大基础研究领域而纷纷响应，投入大量的研究力量和配置相当多的教学资源在全球变化的影响、土地利用和土地覆被变化、碳循环和碳收支、碳收支的人为调控等方面。原有的机构将研究方向调整到全球变化方面来，新的研究和教学机构也在多处成立。在全球变化领域，争取了多项国家级大项目和极多的一般性项目。研究成果和发表的论著、论文不计其数。

在这个阶段，地理学家对于历史时期气候变化、中国生态系统及其结构、功能等方面的研究做出了贡献。但是，将地理学的主要力量投入到全球变化领域在总体上是不是正确的选择？在全球变化研究中，地理学家应该如何发挥自己的作用等？现就几个方面阐述我的认识和评估。

### 3.2.1　研究地球系统是地理学家难以承担的任务

地理学家能不能统领、主导关于地球系统的研究，或者成为这一重要研究领域的主体力量？地球系统研究是将地球视为统一的动态系统，研究地球系统的结构、功能。地球系统是一个包括地圈、大气圈、水圈和生物圈等圈层的、统一的、各圈层相互作用的复杂动态巨系统。地球系统研究强调全尺度，即从微米到行星轨道的空间尺度。地球系统是一个自适应系统，地球系统的动力学和地球系统变化是其最基本的科学问题[1]。主导地球系统科学问题的研究是地理学者的难为之事。当然，地球系统研究中一系列具体问题涉及面很广，如水循环、水问题、区域性碳循环、亚洲季风、陆地生态系统土地覆被变化、人类活动及大气气溶胶、海岸带及近海、地球内部动力学等。在这些问题中，水循环、水问题长期以来就是地理学的长项，陆地生态系统土地覆被变化也是地理学应该投入力量的，但以碳收支作为主要研究目的就值得考虑了。

### 3.2.2　土地利用土地覆被变化、碳循环和碳收支等领域的研究具有多大意义

近 10 年来，我们在土地利用土地覆被变化、碳循环和碳收支等领域争取到了若干国家重大项目，大规模资金投入使得能够聚集大量的研究人员。这其中地理学家几乎是主导力量。

当今，全球变化的社会和政治层面问题基本上是化石能源燃烧及其排放的二氧化碳问题。欧洲一些国家希望占领制高点，在政治上、经济上获得长期的好处。因此，问题集中在国家和各地区的能源生产、能源消费、能源运输等及其碳排放方面。从解决全球变暖角度，陆地生态系统对于调节全球碳收支及大气层增温来说很可能是微不足道的。在美国，土地利用和土地覆被变化在全球气候变化中的经费只占 1%～3% 的比重[4]。

在 13 亿多人口的中国，对土地利用结构的框架，即林地、草地、耕地及耕地中的种植结构等大幅度改变是不可能的。其原因很简单，中国已经形成的土地利用结构是由中国的自然结构、社会经济结构、消费结构和发展阶段等一系列重大因素决定的，这些因素起着刚性作用。通过我们对中国生态系统碳收支的研究，揭示生态系统碳循环的机理及提供碳收支的时空格局，可以得出如何调控温室气体排放的结论。但是，依据中国国情，实现碳循环的人为调节很难具有实际应用前景。也就是说，不可能因为微不足道的碳收支作用而调整土地利用结构，无论是宏观尺度还是中观、微观尺度都基本如此。

任何基础研究也应该具有应用目标或应用前景。现在的情况是，有许多研究工作是寄托在纯理论而没有实际目标上面的。在这种情况下，如此大规模地投入资金和人力研究大大小小空间尺度区域的碳收支是否值得（如此大规模），我们可以深思一下。

### 3.2.3　研究方向和研究目标转向并聚焦于碳收支

长期以来，地理学涉及的基本自然要素是水、土、热量、地形、植被等，基本社会经济要素是区位、产业、城镇居民点、交通通信等，研究的是这些要素及其组合的地域结构、区域分异、区域治理和区域可持续发展。这些研究客体是上述诸要素的基本载体。现在，我们改变了长期以来的目标，将上述要素及其区域组合的研究，如农田、草原、

森林等在各种尺度区域内的变化研究都聚焦到碳库信息及其机理上来了。由于聚焦于碳循环和碳收支,就将要素及其区域组合的研究载体抛弃了。

### 3.2.4 一些工作不是地理学的长项

一些学者为了在碳循环和碳收支研究中取得成果,将碳库信息变化获取技术、碳库评价、陆地生态系统的碳库源和汇的强度、时空格局及过程模拟,土地利用、农田、流域管理、森林经营等对碳库碳汇功能的影响,碳循环关键生物工程对气候变化的响应和适应机制等作为研究攻关的目标。这些工作基本上属于生物学和生态学研究的范畴。因此,由于学科和知识结构的特点,地理学家承担这些任务受到了明显的局限。

## 3.3 全球变化研究中值得注意的一些倾向

大规模的全球变化研究作为"国际前沿"和重大基础研究吸引大批学者去攀登。因此,这个浪潮一来,没有经过充分而广泛的学术讨论和论证,地理学家就大张旗鼓地投入进去了。实践中,举着"全球变化"研究的大旗,青年学者可以占上学科的"国际前沿",学术带头人有较大可能争取到大项目。因此,人们并没有警惕来自"功利"的诱惑,由此引发的一些倾向值得重视。

### 3.3.1 为国家为社会服务的目标变得模糊了

在科学研究中,理论与实践结合的基本理念是不应该丢的。无论基础性怎样强,也需要具有应用目标(前景)。在研究全球变化这个庞大领域的过程中,地理学需要进行的是环境变化对人类社会的影响,以及人类如何去调整和适应,但这方面的内容并没有引起地理学者的广泛重视。关于这项研究的"国家目标"是什么,人们很少考虑。既然是政府重视,有大规模资金投入,许多学者纷纷响应,也许当然就是"国家目标"了。全球变化研究被认为是当今全球最重要的基础研究领域之一,在我国大力追赶发达国家、建设创新型国家的背景下,凡是基础研究都成为学者们向往的目标,既然欧美学者那么提倡,就一定是各有关学科的大方向了。学者们写出全球变化的文章千千万,我总觉得,太重视产出的文章指标,其结果是将价值观从探索科学问题、找出人类调适的途径转移到发表文章的数量方面了。

实现科学创新的正确路径是要求在继承的基础上,在把握一个基础学科发展方向时,需要全面分析、评估学科方向的历史和现状,明确现在已经取得的成就、进展和不足。应该承认,许多学者很少了解我国地理学几十年发展的成就和经验。不了解过去,对过去没有体会,就跟风了。

### 3.3.2 应该如何看待"人类干扰"

人类社会经济活动导致大气层增温,带来一系列影响人类发展前途的问题,从而提出人类应该如何调适的重大实际问题和科学问题。在这里,能不能认定是人类对地球系统的干扰,我觉得可以有不同的解释。但是,在陆地生态系统研究中,将人类社会经济活动认为是"干扰"的理念是不是科学，我觉得需要有一个明确的认识。特别是在对西北干旱区和半干旱区合理利用水资源、保护生态与环境的研究中，许多学者都认为，流域水循环和水环境恶化了，天然绿洲萎缩了，是由于"人类干扰"。因此，为应对全球变化，就要排除"人类干扰"，即首先保障生态用水，恢复自然植被、天然绿洲和生态平衡等。当然，这些概念是引进的，是符合发达国家一些学者的基本观念的。在这部分学者生活的环境中，由于人类生产和生活行为使天然的生态系统出现了变化，都定义为"人类干扰"大约是无可厚非的。这也许是因为人均生活空间可以很大，能够接受被排除而到其他可以不干扰天然生态系统的地方去生产生活。一些学者习惯于抽象掉人类活动，专门解析潜在的系统服务功能，认为恢复到这种理想状态下的系统和植被覆盖是最佳的。我在这里只是粗略地设想，可能是由于他们的人口很少，可以排除掉"人类干扰"。当然，我相信他们这些学者这样设想是一种研究方法论。但一些学者引进了这些方法论到我国西北地区的流域系统研究中来，得出的结论就让人不可思议了。我认为，对于中国西北干旱区而言，水资源合理利用谈论的对象是自然和人类共同组成的"人-地系统"，不是纯自然的系统。在缺水地区，在干旱地区，水资源的分配应以人类社会经济发展为中心，不是以自然系统为中心。在以往的实践中，不切实际的水资源利用、保护目标，不切实际的生态环境保护目标，使这类地区水资源合理利用问题更加复杂化。那时提出"维护现有绿洲不再退化，使干涸的居延海再现碧波荡漾、天水一色的美景"的黑河流域生态恢复和建设目标显然是不合理的，也是不科学的。如果距离在400~500 km而河道状况与现在的塔里木河、石羊河等相同，在上游承载的人口量（及其相应的生产活动）比在下游多20%~25%。因此，在干旱地区，人口和经济总量的增长使部分人口因得不到水资源的保障而离开下游迁移到中上游，他们不应该被说成是"生态难民"，而应该是生态移民。这与宁夏南部由于耕地不足和水土流失严重而使几万人移到黄灌区的性质是一样的。

### 3.3.3 学科之间缺乏交叉和结合，限制了研究成果的意义

在由自然引发的环境变化转变到人类引发的环境变化的今天，地理学研究工作需要更加强调"有人的地理学"。在全球变化研究中进行学科交叉，特别是自然科学和社会经济科学的交叉是很重要的。现代过程已经都是综合性的，研究的目的最终应该为管理决策服务。

多学科综合研究和学科交叉成为申请课题和项目验收的常用语言，但实际上却是空话。今天在我们的科学研究环境中，学科之间的隔阂和歧视非常普遍。人们拿基础研究作根据，对全球变化及其人类响应的各种问题，对很大的项目，在预测、论证机理、变化趋势和人类调适过程中，不将社会经济因素加入到模型中。个别项目在诸多子课题中安排一个社会经济方面的课题了事。在实际执行过程中，对社会经济方面的因素和学者的意见根本很少考虑。在"计划""项目"的人员组成等方面，尽可能将别的学科的人员排除在外。一些人对真正交叉性的工作和工作成果往往带有偏见，有的项目主持人回避多学科交叉研究，甚至对问题的分析方法、成果表达方式等非得按照纯自然科学的办，不能容忍带有社会经济学科的成果的表现形式。否定社会经济学科的科学性和价值，认

为一旦加入社会经济因素，问题的不确定性就突出增加，对问题解释的门槛就会降低，"科学性"的表述就失去了魅力。这种歧视现象简直是一种违反科学发展潮流的异端。

英国研究理事会（R. C. UK）和美国国家科学基金会（NSF）是不分自然科学和人文科学的。它们对交叉领域的重视及资助方式值得我们效仿。他们强调"人与自然耦合系统的集成研究可以揭示新的、复杂的格局和过程，而单独的自然科学或者社会科学的研究不能揭示这种规律"。它们在全球变化研究中较注意组织跨学科研究，揭示人与自然系统中的相互作用和系统变化的不确定性。

### 3.3.4 全球变化研究进一步强化了专注于发表论文的理念和努力

我们一些地理单位半个世纪以来建设的诸多试验站是做基础实验研究的，但一个重要目标又是服务于区域治理的，如沙漠、冰川、湖泊、农田、山地灾害等，都有一条这样的基本理念。例如，农田生态系统试验站，通过土壤-植物-大气系统界面过程研究，揭示农田生态系统结构、功能和优化管理（模式），为区域农业资源综合利用和生态环境保护提供依据[5]。现在全球变化研究使我们找到了最可以发挥多写 SCI 论文积极性的领域，但部分试验站每年来做实验的人次明显少了。为了与全球变化挂钩，为了更多地完成课题研究和不影响更多 SCI 文章的生产，节省较多的"时间成本"，到试验站工作的需求变得不那么重要了。当然，有些单位和试验站仍然坚持得很好，但这种倾向值得重视。

全球变化研究中形成了一种不良风气，或是带来了"副产品"，就是"全球变化""影响""响应""人类干扰"等概念的不当运用，甚至是滥用。许多很难想象与全球变化是相关的研究课题，如研究对象（因素、区域、系统）变化过程的时间尺度很小（几年或 10~20 年），或者研究问题与气候变化没有关系，或者很间接、或者影响权重很小，如某某地区的农业生产、某某河段泥沙淤积等，都要硬拉到全球变化上来，对全球变化的影响分析评价一番。因此，许多论文的分析和推论使人难以理解。

关于中国生态系统碳循环和碳收支的研究发表的论著、论文很多很多，但至今没有正式的"中国生态系统的碳收支"的科学报告。我认为，现在需要成立组成比较广泛的科学家小组，对各种数据、结论等进行科学甄别，研究和出版这样的科学报告。"科学报告"可以使科学界明确进一步研究的方向，提升中国在国际同类研究中的地位和影响力。

人才的培养出现突出的"摇摆"倾向。一些单位采取了诸多优惠措施和严格的外向型指标引进人才，但是引进的学术接班人是否理想、是否起到预期的作用呢？实践已经有力地说明，地理学发展人才的培养不能片面地强调某一种途径。我们应该以求是的精神和理念，使培养地理学人才走上正确的道路。要将那些热爱地理学、认识国情、为国家为社会尽心尽力工作的有为学者培养成为地理学的学术带头人,即科学事业的接班人。

## 3.4 从美国全球变化研究的政策导向和资金分配给我们什么启示

根据刘闯研究员主编的《全球变化研究国家策略分析——美国模式研究》一书提供

的具体资料[4]，1993~2005年美国每年投入到全球变化研究的经费大约15亿美元。其中，在各部门的分配如下：航空航天局68.48%，国家科学基金会（统管自然科学和社会科学）10.07%，商业部5.15%，能源部6.66%，农业部3.34%，卫生部2.02%，环境保护部1.26%，国防部0.1%。2002~2005年美国全球变化经费在7个领域的分配如下：气候变化是很明显的重点，占30%左右，大气成分、碳循环、水循环、生态系统、人文各占10%~15%。土地利用与土地覆被作为生态系统的一部分，其投入占总投入的1%~3%。根据美国政府有关部门的若干政策及上述全球变化研究资金的分配情况，美国关于全球变化的研究有以下3个特点。

（1）有明确的研究重点。美国全球变化研究计划的7个领域：大气成分，主要是温室气体含量的变化及其影响。气候变率与变化，包括气候的长期变化、周期性、突变、气候模型、如何影响干旱、洪涝、飓风、厄尔尼诺等。全球碳循环，研究大气中二氧化碳和甲烷浓度及在地球系统中的流量，以提供碳在环境中的准确信息，并预测未来如何。这方面研究已经相当明确：大气中增加的二氧化碳大约3/4是由化石能源的燃烧引起的。其他则是由森林、作物、山地系统、海洋等产生的。后者包括了各种陆地生态系统。海洋及陆地间的碳流量是很大的一块。还是碳政策对全球碳循环的影响，这是碳循环研究的重要内容。其他还有水循环、生态系统、历史环境和人文因素的作用及响应。这7个领域中，突出的重点是大气成分变化和气候变化。

（2）研究工作提倡多学科交叉。美国的国家科学基金会是不分自然科学和社会经济科学的。关于全球变化的研究，很强调自然科学和人文科学的合作和交叉。许多重要项目既有自然科学的内容也有社会经济科学的内容。"对它们变化的了解及土地管理政策是研究陆地碳源、碳汇的主要驱动因素。这里重点强调对土地利用变化过程、环境影响、资源管理决策进行更深入的了解。……因为美国认为只有这样才能更好地预测未来碳储量、碳通量、土地利用的变化。因此，与社会科学家协作，将社会和经济的因素加入到模型中同样是必需的。"[4]

（3）为本国利益服务。2002年以后，美国全球变化研究特别要求结合实际，提出"以政策为导向的全球变化研究"[4]。从资金分配可以看出，他们的研究成果是为政府部门制定政策和进行管理服务的。美国全球变化研究非常重视区域性问题，要求"给决策者提供有用的信息"。其中，"美国决策者最为关心的是'区域'尺度的信息"，"以保证气候研究成果的实用性"等[4]。

# 4 中国的地理学者应该以主要力量关注中国环境变化及其影响领域的研究

## 4.1 地理学家首先需要看到的大方向

我们参与全球变化问题研究，需要从科学的实事求是的精神出发，充分考虑国情。我认为，没有必要也不应该有那么多的地理学研究和教学机构、那么多学者投入到这方面的研究中。中国高速与超高速经济增长和大规模城镇化引发的"变化"比大气层增温的影响大得多。作为地理学家,首先应该看到这个大方向和大目标。我希望,地理学者发挥独立思考的精神,聚焦到发生在中国的环境变化,来选择我们的方向和重大领域。

中国长期高速和超高速经济增长、大规模城镇化,导致中国自然结构和社会经济结构发生了剧烈的变化。和改革开放初期,即 30 多年前相比,2009 年 GDP 达到 30 多万亿元,增加了 60 倍,成为世界上第三、第二大经济体。全国总人口增加了 3.74 亿人。城镇化水平达到 46%,较 1978 年增加的城市人口相当于 460 个 100 万人口的特大城市。能源消费由每年 5 亿多吨增加到 2010 年的 35 亿吨标准煤。中国巨大的经济总量和社会总量(特别是城市人口规模),再加上长时期实行的低端产品生产的"世界工厂"发展模式,使我们付出了巨大的代价:自然资源大耗竭,环境大污染,自然结构发生剧烈变化,国土开发和基础设施建设浪费惊人。这些发生在中国范围的"变化"是何等的剧烈、何等的巨大,影响是何等的深远。这种巨大的变化给地理学提出了大量的实际问题和理论问题。这就是黄秉维先生 20 多年前就开始强调的"环境变化"。很明显,中国地理学家主要面对的不是全球气候变化问题,而应该是人类活动引起的环境变化。这些问题对于中国来说不仅非常重大,更是非常紧迫。我们常常讲"压力-响应",为什么这样巨大的"压力"没有置于首要地位呢?需要强调的是,这些问题中的许多问题对地理学家(就学科性质)来说是义不容辞的,地理学家就知识结构来说又是可以大有作为的(领域),但没有得到应有规模的响应。其主要原因是这些重大的问题可能不是"国际前沿"、国外科学家没有广泛提倡。

## 4.2 与环境变化及其影响方面的重大区域性问题

根据地理学的学科特点、中国发展中提出的重大问题及研究理论前景和应用前景,地理学应该特别关注国家重大的区域性问题研究,即区域自然结构变化及区域治理研究,区域、流域、城镇化区域的支撑系统研究,区域发展及可持续发展研究,试验台站与各种相关区域的治理、发展等方面的研究。

回顾、前瞻中国地理学的发展,在《21 世纪中国地球科学发展战略报告》的第七章中[1],孙鸿烈先生和郑度先生等对地理学有关环境变化及其影响方面的重大区域性问题(领域)做了明确、系统的阐述。其中,一些问题在多年前就已经取得了显著进展。以下对其进行强调和评述。

### 4.2.1 土地和耕地资源的合理利用、保护和土地覆被变化的环境效应

这是地理学的传统研究领域。几十年来,土地资源不合理开发利用,以及西部大开发过程中的大规模退耕还林还草、全国范围内高速城镇化等,导致土地退化、耕地质量严重下降、土地资源严重浪费等,因此提出了土地利用变化现代过程及对国家重大计划和政策的响应、退化土地的整治与恢复、坡地侵蚀发育过程及坡地的改良利用、土地利用和土地覆被变化的驱动机制,这种变化与区域发展、区域政策之间的关系,土地覆被变化对生物地球化学循环的影响和生态及环境效应等重大实际问题和科学问题。开展土地和耕地资源的合理利用和保护的研究,较十多年前具有大得多的紧迫性和意义。这项

研究为我国可持续的土地利用及其调控途径对策提供了依据[5]，其明显是对我国自然结构巨大变化的积极响应。近年来，这方面的研究明显减少了，而且几乎都是聚焦到碳收支的方向。

#### 4.2.2 流域水环境及发挥持续的流域功能

在这个重要领域过去做了极好的工作，现在规模缩小了。如何发挥持续的流域功能，实施科学的流域生态社会经济系统——综合管理，需要揭示区域性水土气生态系统中生命物质循环和地表生命物质的环境生物地球化学的过程和规律（迁移、富集和环境效应），揭示流域的生态和社会经济系统的演变过程[5]。这样的研究可以服务于区域性（包括流域）的综合管理（通过流域规划），维持健康的流域水环境、生态系统和发挥持续的流域功能[1]，实现区域（流域）的可持续发展。美国的全球变化研究非常强调这一点，这方面研究可以充分体现地理学的综合性和区域之间相互依赖性的基本方法论，其也是陆地表层过程及其综合管理的重大科学问题和应用问题。

#### 4.2.3 生态系统、生态功能及生态补偿

研究地球表层系统的地理学，有些分支学科早已将生态系统作为地球表层中的主要研究对象了，其目标主要是生态系统的结构和功能。在关于生态系统功能研究中，集中于生态服务功能。这方面的研究已经取得很好的进展。但主要还是理论上，有些论著基本还是概念性的。其一，较少与区域环境和区域农业结合起来；其二，很少将功能补偿做深入研究及如何实现这种补偿。研究生态功能，最好结合实际，研究"生态补偿"。提倡理论联系实际，生态服务功能的价值化和补偿，不是抽象、孤立的。即不应孤立地评价生态系统对于人类福利的要义。它应包括对所服务的区域（或城市）提供水、气、景观等能够保障人们生产生活的功能。也就是说，一定范围的生态系统（草原、森林等）对于它所服务（范围）的人的社会、经济发展提供的要素的质和量。这种具有一定质和量的要素在保障人类生产生活中所表现出来的作用，即功能，也是商品。当然是可以价值化的，提供者需要付出一定的代价，是应该得到补偿的。在这里，需要对生态系统进行综合评估，对生态补偿进行模拟和参数研究[1]。

生态脆弱区域对都市区和产业人口密集区域发展所造成的影响越来越突出。产业和城市集聚区域的发展需要更大范围内的生态服务功能的支撑。因此，大城市与周围广大区域构成了以生态服务和生态补偿为纽带的整体。近年来已经在这方面开展了小规模的工作，如果有较多的地理学者重视这方面研究，则将明显推动我国生态文明建设和地理学这一新领域的发展。

#### 4.2.4 区域资源、环境的承载力和可持续发展（管理）

这方面可以包括较多的研究领域和内容。其中，水土资源、生物资源和热量资源等资源与承载力的关系，这些资源合理、高效和可持续利用的技术体系，都市群和产业集聚区的环境承载力。典型地区区域环境演化过程等，环境生物地球化学与环境健康，重点城市群的复合污染及其治理等。在自然灾害研究方面，地理学可以研究的主要议题是

灾情风险、灾情监测及评估，灾后重建及环境承载力评价等。在比较宏观的视角，研究环境与发展的关系及其区域协调、区域性战略环评等也很有意义。在这些方面，地理学家具有区域自然结构和社会经济结构的综合知识，可以使成果很有特色。在发展应用基础理论的同时，可以凝练成咨询报告。总之，服务于我国区域（流域）的管理和治理方面，地理学具有非常广阔的用武之地。

### 4.2.5 IHDP 是我们要更加关注的国际计划和领域

长期以来，中国学者专注于"世界气候研究计划"（WCRP）、"国际地圈生物圈计划"（IGBP）领域的研究和国际学术交流。虽然也成立了"国际全球环境变化人文因素计划"（IHDP）的中国国家委员会，但多年来只进行了很少的研究工作。我认为，在地理学范围内，需要更加重视 IHDP 的工作。因为在全球气候变化这个大领域研究中，地理学需要重点关注的是人类社会经济发展如何去调整和适应。而这恰恰没有成为近年来地理学者研究的重点。例如，全球变化的影响有多大？对中国的真实影响有多大？如果在一个世纪内大气层增温 2 ℃，正面影响将大于负面影响。如何揭示和阐述这种整体上的"影响"，需要进行系统性的综合研究。

## 5 结 束 语

我们在如何看待中国地理学发展的"国际一流"目标和中国地理学发展的国际化等问题上普遍存在分歧。我认为，在中国，地理学在相当程度上是具有本土性特征的学科。在很长时期内，中国地理学家都需要将主要力量放在研究国内的地理问题上，这是使中国地理学达到国际一流水平的基础和核心。这些年来，我们抓住了"前沿"，但差不多离开了可以发挥学科优势、对国家对社会可以做出重大贡献的领域，或者说面临着失去起主导作用的领域的风险。如果这样持续下去，我们地理学可能真的够呛了。政府用了很多的资金和教育资源，经过我们培养了许多幼稚的学者。他们对于国家和社会需要解决的问题没有多大兴趣，也相当缺乏实际的研究工作能力。现在，严谨认真的工作少了，"慢工出细活"的理念少了，一切都是为了多出论文（特别是 SCI 检索论文）。当然，这是表现在很多领域的普遍现象。我认为，作为一个地理学者需要抛弃虚荣，正确看待"国际前沿"，以为国家、为社会做出贡献为荣。

我在学会任职期间对我国地理学方向、机构、人才和进展方面积累了一些所见所闻和零星思考，2010 年 12 月底在北京师范大学"京师大讲堂"作了一次关于"我国地理学发展及全球变化研究"的讲座，现在将其整理成本文登出。上述的分析和评估对其他学科完全不涉及。不同学科对研究方向和研究成果的判断标准和立论依据也完全不同。

## 参考文献（References）

[1] 地球科学发展战略研究组. 21世纪中国地球科学发展战略报告. 北京: 科学出版社, 2009. [Group of Development Strategy on Earth Science. Strategic Report: China's Earth Science Development for 21st Century. Beijing: Science Press, 2009. ]

[2] 钱学森, 等. 论地理科学. 杭州: 浙江教育出版社, 1991. [Qian Xuesen, et al. On Geographical Sciences. Hangzhou: Zhejiang Education Publishing House, 1991.]

[3] 《黄秉维文集》编辑小组. 地理学综合研究(黄秉维文集). 北京: 商务印书馆, 2003. [Editing Group of Collections of Huang Bingwei. Integrated Studies of Geography: Collections of Huang Bingwei. Beijing: The Commercial Press, 2003.]

[4] 刘闯. 全球变化研究国家策略分析: 美国模式研究. 北京: 测绘出版社, 2005. [Liu Chuang. An Analysis of the National Strategy for Global Change Research: The USA Case Study. Beijing: Surveying and Mapping Press, 2005.]

[5] 陆大道. 地理学: 发展与创新. 北京: 科学出版社, 1999. [Lu Dadao. Geography: Development and Innovation. Beijing: Science Press, 1999.]

# 地理科学的价值与地理学者的情怀[*]

**摘　要**：本文强调了前辈地理学家提出的关于地理学是介于自然科学和社会科学之间的交叉学科的观点。从中国国家需求及当代国际地理学的发展趋势，从理论与实践的结合上论述了地理科学的学科对象、学科性质及区域性、综合性、知识结构等方面的特点，特别突出地阐述了地理科学与纯自然科学或纯社会科学的诸多不同点。提倡地理学家要十分关注中国的环境变化及带来的严重的可持续发展问题，并发挥综合和交叉研究的优势。此外，还指出中国地理学面临着重要的发展机遇，也出现了深刻的危机。

## 1　引　言

在20世纪90年代中期以前，中国地理学发展走的是紧密结合国家需求"以任务带学科"的路子，将主要力量投入到"国民经济主战场"成为相当长时期内的重要口号，做出了一系列重要成果，这些成果在国民经济和社会发展中得到推广和应用。与许多学科一样，其改变了中国这里的"世界"，使"世界"至今都能够看得见、摸得着。

自20世纪90年代中后期，中国地理科学发展逐渐发生了重大转型，这是具有相当彻底意义的转型，其成就和巨大影响至今还难以估计。这次转型的驱动力主要来自当时有关高层研究机构实施的改革，搞"学科分类定位"及随后而来的"知识创新工程"等两次大规模的学科调整运动，其目标是根据国际科学发展前沿及建成国际一流科学研究机构的要求，对学科和机构布局及发展方向做重大调整。对于地理科学来说，这次转型的还有另一个重要的引领因素，那就是1988年美国国家航空航天局（NASA）任命的一个顾问委员会撰写的报告《地球系统科学》的出版。这个报告在1992年译成中文，并很快进入中国地理科学研究机构。《地球系统科学》是美国国家航空航天局制定的一个全球性地球研究的战略计划。该计划将地球科学各部分作为相互作用的系统，强调要大力发展空间观测，以深化对地球演化的研究，并明确了美国国家航空航天局在该计划中的作用。这本书体现了美国的国家利益和国家需求，展示了美国科学家群体在大气、海洋及对地球系统观测等领域的强大创新能力，以及在航空航天科学技术领域占据的战略制空权。但就其主要内容来说，该书只有很少部分与中国地理学发展有关。据黄秉维先生讲，"其原文不是'地球系统科学'，是'地球系统的研究是可持续发展长远战略的科学基础'"。他说他问英国科学家M. J. Kirkby，"英国有没有谈'地球系统科学'"？回答"根本不用这个名字"。后来他又问诺贝尔奖获得者德国Domroes教授，回答"德国也没有人提这个东西"。因此，黄秉维先生讲"所以我们应该怎么对待这个东西，恐怕还应实事求是地考虑。这东西对不对，需要不需要，能不能做，恐怕到这时候了"（陆地系统科学与地理

---

[*] 原载于：地理学报，第70卷第10期，2015年10月出版。

综合研究——黄秉维院士学术思想研讨会文集，第6页，科学出版社，1999年2月）。这本著作所倡导的全球变化被许多地理学者认为是代表国际前沿。从此，"国际前沿"和"国际一流"就主导了中国地理学的发展并使之发生转型：地理科学的研究方向由以满足国家需求、面向国民经济主战场为主转到国际前沿，研究范围主要由中国陆地地表转到地球空间，成果及人才的评价标准由以政府和社会评价转到 SCI 等论文及其引用频次和影响因子，人才来源由主要依靠国内培养转到大力引进，研究团队（事实上）由集体转到个人，等等。通过这一系列的重大调整，在政府加大投入的背景下，近年来中国地理科学界每年获得的资金投入达到 20 世纪 90 年代的 8 倍以上，有些单位科技人才几乎清一色地具有博士学位，"杰出青年""百人计划""千人计划""长江学者"等迅速增多，发表论文几倍、几十倍地增加，获奖数前所未有。研究项目滚滚而来，论文专著等成果规模十分惊人。这些情况表明，中国地理学出现了一派升平的发展气象。

刚刚过去的 20 年，国家各项事业的发展都特别快，科技战线也是如此，特别是国防科技战线的成果宛如井喷式的发展。但是，我多次阅读钱学森先生、黄秉维先生 20 多年前的教导，并将国际科学理事会（ICSU）与国际社会科学理事会（ISSC）2012 年发布的"未来地球"框架文件与中国地理科学的发展态势进行了比照，觉得现实与前辈教导及"未来地球"框架文件的要求之间似乎存在很大落差，地理科学发展态势并不令人鼓舞。但到底如何认识和评价地理学界发生的翻天覆地的变化呢？我冥思苦想，不得其解，觉得其很可能与对地理科学独特价值的理解、与地理学者应该具有怎样的情怀有关。如果是这样，那就需要对地理科学的一些基本要义，特别是对地理科学的学科定位、学科性质等相关问题进行探讨。

世纪之交时，地理学的危机（有的学科衰落，有的学科发展方向过于市场取向等）就曾被一些老科学家提出。近年来，再没有看到类似的担心了。人们较多的是注意到 SCI 等表现出超强的诱惑力而没有看到其欺骗性，地理学者的价值观改变了。在这种价值观指导下的学科方向和成果是否有问题？大家对这一点的认识可能存在很大分歧。现在讨论这个问题有必要吗？我觉得因为没有危机感，前面就可能出现更大的危机。包括以往 20 年在内，中国科学技术发展不断取得巨大成就，对于这一点，我完全不怀疑。但为什么对这个阶段中国地理科学发展提出疑问呢？就是衡量地理科学的标尺不同于其他许多学科的缘故。

## 2 地理学的位置与对象

明确地理学在现代学科体系中的位置及地理科学的研究对象是认识地理科学和发展地理科学的基础和前提。在长期的历史发展中，地理学研究定义和研究对象有各种不同的表述，但其中都具有相同的（基本的）要素，即区域概念（"地表空间""地球表层"），环境与人类社会关系的概念，有些表述还强调"综合"概念。早期如地理学是"对地球的描述"、是"关于人和自然现象的空间分布"。到了近代，对地理学的定义就较为准确，如"地理现象的地域差异""自然景观和人文景观的整体"、从空间分布的观点研究"人-地之间的相互关系"。其中，美国地理学家查理·哈特向"地理学性质的透视"中关于"地理学是对地球表面变化的特性进行正确、有序、合理的描述和解释"[1]的论点在国际上较有影响。在中国，对地理学定义的解释较多的是"地理学是关于地理环境的结构、特征、演变以及人类如何合理利用的学科"。近年来出版的《20世纪中国知名科学家学术成就概览》（"20世纪的中国地理学"）的"引言"中将地理学定义为"是一门研究地球表层自然要素与人文要素相互关系与作用的科学，是融自然科学与社会科学于一体的综合性科学"。在总结关于地理学定义的同时可以得出，长期以来地理学研究的地域范畴是明确的，研究对象表述的不同（侧重于研究实体或侧重于研究视角）可能还与学者所在国的国情（自然基础、发达程度、科学水平等）差别等因素有关。

随着科学技术的发展和新学科的不断产生，对地理科学在科学体系中的位置及发展方向提出了新的理念。这种新理念最早体现在20年前黄秉维先生所表述的讲话中。1994年他提出用综合的研究方法、工作程序研究陆地系统的演化过程和机制，研究陆地系统与大气和海洋系统的相互作用，研究与人类可持续发展相关联的资源和环境问题。

这是由于：①人类的生活和活动主要集中在陆地上；②任何研究脱离人类集中居住的陆地，其跨学科的研究将是舍本求末；③地球系统中包括陆地、海洋、大气3个子系统，它们是相辅相成的。相对而言，陆地子系统最为复杂。因此，陆地系统科学是地理学发展的一条重要途径。黄秉维先生的多处论述都明确强调了地理科学在科学体系中的位置。

在对陆地表层系统的研究中，吴传钧先生将法国地理学者的"人-地关系"传统思想引入到中国地理学研究中，提出了"人-地关系地域系统"（简称"人-地系统"）是地理学研究的核心这一重要理念[2]。地理学家的任务就是要从"人-地关系"的观点及区域的角度，研究当代人类社会所面临的促进可持续发展和保护环境的重大理论问题和实际问题。

2012年2月，"未来地球过渡小组"做出了一份框架文件《未来地球：全球可持续发展研究》，就近20年来全球气候变化研究取得的成就和不足进行了总结性的分析，强调了全球环境变化问题的特性，以及对如何推进环境变化问题的解决提出了要求。框架文件"要求我们不仅要认知实现地球功能的各种过程与生命进化的模式和驱动力，还要知道如何管理和调控我们的行为"。它呼吁众多学者起来开展地球系统的综合研究，既包括以往各项研究的综合，更特别强调了要与社会科学家一起对当代地球面临的问题进行交互研究，即交叉研究。其中，特别不寻常的是，研究的中心议题是人类社会和经济的可持续发展。这其中的基本理念，对于理解地理科学的地位、性质及当代地理科学面临的重大任务很有帮助[3]。

陆地表层系统中很多因素都有学科去研究（大气科学、生态学、土壤学、水文学、经济学、城市科学、人口学、环境科学等）。地理科学要研究的是自然系统和社会经济系统之间的关系，即两系统的交汇或交叉。因此，可以说地理科学是关于地球表层中自然系统和人文系统相互关系的学科体系。这也是地理科学是交叉科学而与其他自然科学或者社会科学的不同之处。"人""地"两组要素之间的关系实际上就是社会和自然基础之间的关系。这种关系如何影响国家、区域的可持续发展？回答这个问题，需要研究环境与发展及其各要素之间相互作用的机制，即"人-地系统"动力学，美国学者将其称为"环境-社会动力学"[4]，这就是特殊性的标志，也就是科学性的标志。地理学面对的"人-

地系统"是一个非常复杂的系统。认识这个系统，必须发挥地理学方法论的特长，同时要充分吸收系统科学、经济学等学科的方法，在这些学科方法基础上发展综合集成，综合集成的研究和方法的运用要求地理学家在传统方法的基础上做出创新。在很长时期内，地理学家并没有将人类发展和自然环境的各个要素当成系统来研究。现在，为了人类社会的可持续发展，按照"未来地球"框架文件的要求，通过各种类型区域的综合研究，进行"人-地关系"作用机制的分析，对这些区域不同发展阶段的环境状态和发展状态做出诊断和预警，揭示区域发展变化过程与发展格局之间的相互关系，进一步发展地理科学关于人类社会可持续发展的理论体系，其确实是当代地理科学发展的重要方向。

如何阐述地理科学在科学体系中的位置，其中一个问题就摆在我们面前，即地理学与地球科学的关系。在中国，地理学是作为地球科学的一部分。但是，地球科学无疑被认为是自然科学。地理科学研究社会经济发展与环境变化之间的关系，目标是揭示社会经济活动与生存环境之间相互作用的规律，其方法论的实质就是要求将人类社会经济的要素与自然因素综合在一起进行研究。其学科的特性属于交叉学科，是一个由众多学科组成的学科体系。在地学学科体系中，地理科学在名称中与地球科学的公共词只有一个"地"字，这个"地"字，使它们具有一个共同点，即研究的客体是我们人类共同的家园——地球。但地球科学是自然科学，其研究对象的运动规律与人类社会经济发展没有关系，人类活动还不可能改变地球的物质结构和内部的动力系统。如果有一天，社会经济活动能够产生这样的结果，也就变成了自然科学和社会科学之间的交叉学科了。这一天，我们会看到吗？不需要很强的想象力就可以做出判断。

## 3 地理学性质的特殊性

### 3.1 地理学属于交叉学科

自近代地理学建立之日起（近代地理学从何时建立的，有些学者认为是19世纪中叶，也有学者提出1871年柏林大学成立地理学系标志着近代地理学的建立。具体来源暂没有找到），100多年间，关于地理学性质的讨论始终绵延不绝，贯穿着整个地理学的思想史。地理科学的性质问题决定了一系列不同于其他学科的特点和判断与评价标准，也极大地关系到地理学者的价值取向。

在持久的讨论和争论中，有一点是逐渐明确了的，即地理学的研究领域十分宽广，既有自然系统部分，又有人文系统部分，且这两大系统之间存在相互作用，关系异常复杂，由于这一点，地理学起着沟通自然系统与人文系统之间联系的桥梁作用。因此，许多著名学者提出地理学既属自然科学同时又属社会科学，是自然科学和社会科学的交叉。交叉产生的地理科学具有双重性质，既不同于纯自然科学，也不同于纯社会科学。因此，在各门科学之中，地理学确实很特殊。

### 3.2 对地理学交叉学科性质并未形成共识

交叉学科特点是什么呢？其最主要的是研究对象或研究对象中事物运动规律同时受

到两大类性质因素的支配。例如，水资源变化特征与合理利用、环境变化的驱动力及综合治理、城镇化的合理进程与空间模式等。地理学者很熟悉的这些问题（当然是对于一定地域范围而言的）需要研究分析自然基础各要素与社会经济各要素之间的关系（方向、耦合性、数量等），其中一个或若干个要素发生变化，将会对其他要素产生怎样的影响（方向、强度等），其中特别重要的是自然要素和社会经济要素之间的相互作用产生的影响。

长时期内，众多学者已经习惯于揭示自然要素之间、社会经济要素之间相互作用的关系。这种类型的相互作用一般可以表现为比较理想的数学特征，特别是自然要素之间的驱动力关系。但交叉学科强调的是自然要素和社会经济要素之间的相互作用。如果我们仅仅研究某一个自然要素或者某一个社会经济要素，那显然不是地理学的学科范畴。在实际工作中，学者可以就某一个地区某一个要素进行研究，但研究工作中的视觉则应该不同于自然科学中或社会经济科学中的相关学科。

长期以来，无论在国内还是国外，对上述地理科学性质的认识和行动都存在明显的差异及不同。对地理学是交叉学科性质的看法，有承认的，有强调的，也有回避的。一些学者认为，如果承认地理学是交叉科学，那么地理学就会被边缘化，因此交叉学科揭露了地理学的"弱点"。在这种理念的指导下，为了不被边缘化，地理学者就拒绝交叉和融合，在实践中各搞各的。但我认为，如果承认是交叉学科，并努力实行交叉和融合，就可能在自然科学和社会经济两个大学科体系的"边缘"交叉中形成新的中心，这就是地理学的优势所在，否则，可能真的被边缘化。

由于特殊的环境条件，他们很容易将现代面临的问题归之于人类破坏，很习惯于崇尚纯自然的规律，而对"人-地关系"及其大量的实际问题不感兴趣。但实际上，我们经常提到的"××运动""××过程""××循环"都是在人类活动的参与下完成的，不与人的社会经济因素一起考虑往往是没有意义的。离开了人类活动来研究中国的资源、环境、生态及可持续发展的实际问题，就难以避免离开实际。

关于地理学的理论与方法的看法也有很大不同。回避交叉学科的学者认为，自然科学和社会经济科学两大类要素之间相互作用的结果在数学上很难被精确描述出来，或者说描述的结果不能提供确定的答案，这还是科学吗？而在自然科学范围内或社会经济科学范围内，要素之间相互作用经过数学的描述是可以提供确定的答案的。显然，只有这种性质的相互作用的描述才是科学的，在这里，应该说都有不确定性。但是对两类不确定性不应该做简单的科学与非科学划分。因为两种不同性质系统内的相互作用的特征是不同的[5]。

钱学森先生强调："我要突出讲地理科学是自然科学和社会科学的汇合，或叫交叉。"进入20世纪90年代中期，黄秉维先生多次谈到："现在应该怎么前进，应该不应该把自然和社会两方面都结合起来考虑，特别在可持续发展方面，从解决问题方面来考虑"。"钱学森先生和我们所想的则是以地表为中心，最后与可持续发展接轨"。黄秉维先生多次强调要实行真正的交叉研究，才能解决实际问题。

## 3.3 我们的选择及其前景

地理科学的交叉性质关系到地理科学学者的价值观与对学科发展前景做何选项，如果我们在实践中不承认、不遵循地理科学具有不同于纯自然科学或纯社会科学的特点，其结果都可能使地理学科发展遇到实质上的麻烦。

如果我们地理学选择纯自然科学方向，甚至走"物理学化"之路，在中国这样一个自然科学和社会经济科学管理体制完全分割的情况下，在科学性目标方面可能比较易于达到，在不很了解地理科学学科性质的范围内易于得到共识。但根据近20年来的实际发展，在满足国家和社会需求方面的作用就可能不明显，或者搞到其他学科的范畴那里。需要指出的是，这些年的偏好及实际态势一部分自然科学化，也有一部分社会科学化，这种分化的态势正在发展。

如果我们选择作为交叉学科的性质，在工作中根据问题的要求，将自然和社会经济结合起来进行分析和研究，这样的工作很可能无法达到通常想象的"精密化""自然科学化"，很可能不被认为是"科学成果"，甚至不被认为是（科学）"研究"。但由于针对国家需求，结合实际，成果有可能会得到国家和社会的基本认可。但这种情况在学术界和资助者那里遇到的困难也较大。

还有一类情况的选择，就是对于"古""远""没人"对象（区域和问题）的研究。由于是自然事物、自然现象，前人没有研究，科学性很突出，论文生产也很多，创新多，而且所涉及的事物别人不很了解，也就易于得到学术界的共识。实践表明，这种"共识"对于科学家的发展太重要了。这些年来，这样的研究占据了有关领域学术界和资助者理念的制高点。中国科学界具有大量创新性研究，代表了中国科学界的主流，当然无可非议。但是，这种情况对于地理科学来说，客观上也带来了副作用，就是地理科学及相关领域的学术界及相关资助者忽视了现在人类活动与资源、环境的关系，以及社会经济的可持续发展等领域的问题，而这一点也就是"未来地球"框架文件所强调的方向。

### 3.4 对地理科学科学性的认识和行动

地理科学范畴内相当一部分学者会提出，我们无法进行学科交叉。当然，更多的学者认为，并不需要进行学科交叉。我认为，这其中的关键是如何认识科学性及地理科学的科学性，深一层的意思是什么是"地理科学研究的突破"？如何理解"科学研究就是要发现前人没有发现的真理"？等等。

中国现阶段地理科学的研究和教育机构的研究领域涉及水土资源、环境治理、生态保护及生产力布局、区域发展、城镇化等诸多方面。今天地理科学理论发展和运用于实际的突破也绝不可能像天体物理学、像对撞机发现新的物质等那样的突破，也不像100多年前普鲁士学者恩格尔在一篇短文中提出恩格尔系数那样，即不可能体现在一两篇论文中，而是理论方法与实践的对接，通过与政府和社会政策、行为的密切结合，推动各种类型区域的科学治理、合理开发及人类社会的可持续发展，从而才能体现地理科学的价值，这个过程需要学者跨学科多学科的联合才能达到，这个过程不能回避社会经济的概念和范畴。20世纪80年代地理学家黄秉维先生强调，地理学"出现较旺盛的生机，……但仍存在不少弱点""要进一步对自然与社会经济的现象、过程力求知其所以然。……就我看到的一些工作来说，主要缺点在于缺少将人文现象与自然现象结合起来"[6]。20世纪80～90年代，钱学森一直强调地理科学要为国家的经济建设服务。他说："地球是人类活动的物质基础，但最终决定这个活动的结果还是社会因素。地理科学应该研究这类既涉及自然过程又涉及社会过程的宏观规律和综合规律。"

地理学是一门科学吗？理论上，学者没有提出怀疑。长期以来，许多国家都建立了专门的教育机构（所、系、学院等），地理学具有独特的对象，即地球表层系统中的自然和人类之间的关系，逐步建立了学科的方法论体系，具有相应的国际组织，最重要的是在实践中体现重要的社会价值。我认为，提出这样的问题是因为大家在学科性质方面的认识有差异。

人类社会经济活动的规模、方向、变化、强度、空间态势等总是处在变化之中。即使是高度严密制定的发展计划在实施过程中也会受到诸多变化的影响而超出最初的预想，即由于一系列不断变化的"非科学"因素进来并产生了影响而具有不确定性。这种不确定性导致在地理科学范畴内，没有"硬性"的真理标准。但地理科学研究对象所涉及的事物的发展、运动规律是客观存在的，即地理科学要揭示的真理是客观存在的。之所以不具有"硬性"的标准，则是由于反映事物本质的"系统"（我们可以称其为"地域系统"）具有的特性而致。就地域系统变化的机制来说，即从系统的发展因素和趋势考察，属或然性系统（probabilistic system），与此对立的是决定性系统（deterministic system）。在该系统内，要素相互作用的变化及要素变化对于系统状态的影响，或者说事物的发展，是不受决定论支配的，不像水面蒸发量（与水面温度和表面风速相关）的规律和线性特征。这种线性特征，还如宇宙飞船在太空的对接要求（可以）精确到百万分之一秒。一台机器会严格地按照输入的一定参数去运转。在交叉科学领域内，没有这种决定性的规律。但是，在这些领域中，因素和要素之间的作用具有方向、幅度、概率等规律。例如，人口的数量和质量是"人-地系统"中非常重要的变量。大家不会否认，对于人口预测科学性的判断，不应该以预测到的个位数是否得到实际验证为标准。尽管在那个时刻到来时有一个精确个位数的数据，但人口预测是不可能预测到这个个位数的。宣扬或者要求精确到个位数的预测只能是占星术。然而，人口预测毕竟是科学的一部分，是有意义的，也是可能的[7]。

有人会说，我们只研究地球表层系统中有关自然要素之间相互作用关系。当然，这句话有道理。但是，这样的研究在今天已经很难选择到这样问题地区了，因此也就越来越构不成地理科学的主体部分，而且在今天科学分化日益突出的情况下，很容易与其他较为专业部门的研究重复。

为什么要将地理科学的评价标准与自然科学同日而语呢？一门科学总是要揭示科学的真理。地理学的研究必须关注人类如何去适应自然、科学地利用自然，还要和社会、政府结合，提出如何调整我们的行为，实现与自然的和谐，而不是离开这些去发现抽象的真理。地理学家为了彰显自己的科学属性，其论文中使用数学模型的情况越来越多。但如何将数学分析手段与社会经济发展中的人类因素结合起来呢？实践告诉我们，对近似值指标的追求，对符合实际发展规律的趋势、变化幅度、概率的追求要比自然科学的物理学更为重要和强烈。因为在地理学研究结论的分析中，近似值往往比具体确切数字更加科学。这种对"近似值"的追求还由于地理学范畴中许许多多领域的问题，并没有唯一的最优解，而最优解很可能表现为事物发展的方向、趋势、变化幅度和概率等，然而如果做到这一点，就应该是研究工作的突破。这就是我对地理科学不能追求"硬性"的真理标准的理解。

"未来地球"框架文件提出，资源、环境领域的研究要揭示问题，要昭示社会，推动政府去解决人类面临的十分紧迫的环境变化和实现可持续发展的问题，其给了我们很多的启示。实际上，20年前，钱学森、黄秉维先生就提出了地理科学研究必须实现自然科学和社会科学的交叉，从而来解决可持续发展问题。但是，近20年来，大批地理学者减少了对于中国高速发展带来的严重问题关注的热情。考察、预警和主动配合政府去解决城镇化、环境、土地、水资源、区域治理、生态功能的破坏等问题的努力大大减退了。人们将国家主管部门的评价标准一刀切地贯彻到地理科学中来，产生了巨大的诱惑力。"论文""论文就是一切"的脱离实际的理念和逻辑，使地理学的航船朝着与历史相反的方向倒退。

## 4 地理学的区域性与本土性

### 4.1 关于地理学的区域性

区域性、综合性和较强程度的本土性是地理科学最基本的特性。区域性有两个层面：区域差异性及区域之间相互依赖性，这也是这门学科体系考察问题的基本方法论之一。地理科学的区域性又必然会得出地理学的本土性。地理科学的区域性及本土性也使地理科学的评价标准不同于其他学科。

地球表层不是"平"的，也不是均质的，而是由不同地质、不同地貌单元、不同社会和经济要素、不同物体及其形态组成的综合体。这样的综合体，无论多大的地域范围都具有彼此不同的结构，可以称为"地理结构"。与这种"地理结构"相对应的是"地域系统"。我们常常说的社会与经济发展的地域差异往往是由自然地理的差异引起的，但这仅仅是初始的差异，而经过经济地理因素的作用，则会放大正负反馈，而后导致巨大的差异[8]。

今天，现代地理学非常关注全球性的环境变化问题及其引起的人类社会可持续发展问题。科学家强调全球性问题主要是为了倡导各国学者在大方向上取得共识。由于各国各地区自然基础、发展历史与发达程度、科学技术水平等的差别，各国的环境变化、可持续发展问题还具有自己的多样性、复杂性，表现出来的就是各国各地区的特殊性。因此，大量的研究工作还是要从具体区域（各种类型的区域，如大洋、大洲、山地、平原、流域、国家、地区、城市、农村等）及具体国家开始。

### 4.2 从区域性到本土性是必然的逻辑关联

当今世界上，各国之间、大国与小国之间、发达国家和发展中国家之间不仅存在着巨大的自然结构的差别，更为重要的是具有不同的发展水平和发展特征。区域性会衍生出本土性，区域性到本土性到国家需求是强逻辑的关联。由此，地理学发展具有深刻的国家特征。地理科学是经世致用的学问。也因此，地理学者应该具有强烈的国家情怀。

地理科学是关于国情研究最主要的学科之一。什么是国情？国情是指国家那些能够影响乃至决定未来发展进程的政治、社会、自然、经济等方面相对稳定的、总体性的客观情况和特点。这种客观情况和特点包括对国家经济和社会发展起重要作用的最基本的、最主要的推动因素和限制因素。关于中国的基本国情，从地理学视角看主要包括以下几个方面：国土资源及人均国土资源，粮食、能源的生产与保障，生态系统（环境）及其承受的越来越大的压力，人口、经济发展、城镇化及其空间格局，国家和区域的可持续发展，中国发展的全球地缘政治及其演变等。

中国人口多，实体经济规模大，经济、人口与资源、环境、生态等支撑系统关系的问题十分严峻。然而美国则不同，其国土虽大，但其人均国土面积也大，实体经济也比中国小得多，且管理水平较高。其问题的严重性及对可持续发展的压力要比中国缓解得多，欧洲也是如此，但是发展中国家就不同了，特别是大规模工业化、城镇化中的中国，不允许我们地理学者丧失注意力，我们没有理由不重点关注解决中国自己的问题。

中国的自然结构和社会经济结构发生了剧烈的变化，也付出了巨大的代价，突出表现在"人"与"自然"之间严重的不和谐，环境恶化、国民健康受到广泛的威胁、自然资源过度开发利用、能源和部分大宗矿产资源的消耗达到空前规模、优质耕地资源消耗过多。高速发展和大规模空间扩张的城镇化，使国土开发和建设布局出现无序乃至失控，地区之间的发展差距进一步扩大。中国有限的资源、能源和有限承载力的环境越来越不能支撑日益庞大的和粗放结构的经济体，也不能适应如今国民的消费观念。这些领域的变化向地理学提出了一系列重大的科学问题和实际问题。每一个地理学者都应该深刻关心中国自然结构的剧烈变化，都要时刻想到中华民族和国家应如何实现可持续发展和民族的永续生存。

"未来地球"框架文件强调了全球环境变化这一核心理念和内容，其与研究和解决中国的环境变化问题是何等的吻合。中国的环境变化已是国际前沿了。但为什么学者也没有认真注意到呢？看来对国际前沿也是要做出选择的。什么是我们研究工作中的"热点"？由于地理科学具有上述特点，"国家需求"加"国际前沿"才应该是我们研究的热点。但这两者的紧密关系在我们这里被人为地割裂了。中国大量区域治理问题和区域发展问题为什么不是研究"前沿"呢？一些国际学者主导了我们的研究方向，并使我们学者相信是国际前沿。时至今日，是否应该思考及审视一番，审视一下我们中国地理科学学者应该具有的自信。

多年来，中国地理学学者的研究成果中广泛出现了一系列不符合国情的理念、概念、观点和建议。许许多多学者只是"两耳不闻窗外事，一心只为发文章"。作为一名地理学者，文章是要写的，但文章一定是在认识问题、解决问题的基础上去写，文章的来源应该是实践（科学实践）。

## 5　地理学存在的理由在于综合

地理科学的研究对象即地球表层系统是一个由多种要素组成且相互关联的综合体，

由此决定了地理学综合性的特点。实践中，无论是区域治理亦或是区域发展，其主要领域和重大问题都涉及多种自然要素和社会经济要素。这些客观存在就要求研究者以综合、区域综合的方式去分析问题和解决问题。如果没有地理学，那么也会有另外的学科从事这样的综合性研究，从这个角度看，这些是客观存在的。

"地理学存在的理由在于综合"，这是英国地理学家在《地理学与地理学家》一书中所表达的观点，在中国一些著作中也经常看到类似这样的表述，但实际中坚持做到这一点却很不容易。20年以前（20世纪90年代中期）黄秉维先生就多次谈到要开展地理学的综合研究。他强调："有重要意义的是，在了解地球表层的基础上，能相当肯定地推广人为措施对一个客体施加影响会对其他客体产生什么影响；对一个地区施加影响，会对其他地区产生什么影响；今天的措施会在明天、后天产生什么影响"，他所关注的是社会经济发展和自然环境间的相互作用并引导至可持续发展。

对于自然地理、人文与经济地理学科及地图学与地理信息学科的学者，已不仅仅是取长补短，而应当有更高的使命，实现"整体高于局部之和"的要求。20世纪90年代，黄秉维先生提到美国学者 Mueller 强调的多学科研究不一定是综合研究，只有跨学科研究才会是综合研究的观点时，就如何实行跨学科研究提出主张：（按照20世纪90年代的一般研究课题的规模）综合研究要到子科题，大约是10个人，最好具有不同专业，即既有自然方面的专业也有社会经济方面的专业的学者在一起交互讨论问题，经过反复讨论最后形成观点，其观点必定是很有益的观点。

在资源环境领域学科日益分化的今天，地理学的最大长处是区域综合。有些发达国家自然地理学和人文与经济地理学长期处于分割状态。高泳源先生晚年在"对学习'地理科学是自然科学和社会科学的汇合'的一点体会"一文中，曾经提到著名美国地理学家哈特向的论断：（第二次世界大战后至20世纪50年代）"跟着'自然科学'特别是'物理学'的声誉日益增长，许多地理工作者集中力量研究地理学的非人文方面"。但到50年代以后，"从选择的研究课题到探讨的内容全部集中于人文现象方面，甚至在某些地理学家的眼中自然地理学就我们大部分所知，不是作为第二流的地球科学还存在着，就是早已消失了"[9]。

在中国，由于区域性问题的严重性和复杂性，综合的观点不可或缺，且综合的观点应该贯穿于从研究工作的基本理念到课题设计和操作的全过程。地理科学需要运用相互作用论，对此没有反对的意见。但是什么因素与什么因素之间的相互作用呢？一部分地理学者倾向于舍去人和自然之间相互作用的内容。这样的结果就难免拉远了与国家需求的距离，我们不愿意看到中国地理科学也出现类似于哈特向所提到的上述情况。

## 6 地理学者所需要的知识结构

地理科学研究和运用的方法及技术手段得到了大发展，地理学者的计算机和数学等知识大大进步了。但我们的知识结构可能更为畸形了，即其他的知识少了。这种倾向也是令人担忧的，我们需要什么样的知识结构呢？

若干学科都有"靠数据说话"的生存和发展理念，地理学科也不例外。正是在这种象征科学家追求精确、追求数据的品格的口号下，大批青中年学者在利用各种现代技术手段努力寻找数据，并由此支撑了大量论文的写作。

我认为，一个基本合格的地理学者第一应该掌握这门学科研究对象运动变化（组成、结构、系统及其变化）的基本理论；第二，关于研究领域所涉及主要内容的基本内涵、相互关系的基本态势、机制等方面的知识和状况等；第三，充分的数据。在这些理论、知识和情况基础上，经过集成、交叉的具体分析和反复思考做出判断，得出结论。整个过程可以简化为基本理论＋知识＋数据→判断（结论）。

这样的过程比较准确地反映了地理学家所需的知识结构。需要强调的是科学家的综合能力和判断能力是特别重要的。所以，我们一定要注意理论、事物及事物之间的关联等知识的长期积累。其核心是一定要精炼准确地表达和应用专业理论与知识。同时，要掌握相当广泛的事物及其与专业核心部分的联系（知识），并可以灵活地运用，即善于做扩散、交叉和联想的思维。要有长期的观察和体验，要有积累并且厚积薄发。要严谨、准确。要在大量观测、统计、分析研究基础上，做出理性的判断，包括对分析数据和诸多参数能不能及可能在多大程度上说明问题的判断。"靠数据说话"这个很多人都认可的说法并不科学。当然，学者也不能仅凭感觉下结论。

随着现代社会经济及科学技术的发展，研究工作越来越多地应用数学模型是必然的。近年来，地理科学在这方面也确实有不少进展。针对所存在的倾向，有以下几点要说明：①学者编制和应用数学模型，必须对实际事物的结构有较深刻的认识，模型结构要科学地反映客观事物之间关联的实际结构，因而不能仅仅知道计算机和数学结构。②参数的正确判断和运用需要学者具有丰富的科学知识和经验。③不要谋求对非常复杂的区域治理、区域发展问题的一揽子数学模拟（描述和预测）。因为特别复杂的交叉性质问题，可能需要做更多的前提假设，模拟的结果可能不科学。

关于我们应该具有怎样的人才观？应该承认，近些年来不少学者无比信奉"国际前沿"和"国际热点"，已经不看重国内自己学科培养的人才。但是，长期的经验告诉我们，对于地理科学而言，最主要的人才标准是具有国家情怀，对研究并解决国家的资源、环境和可持续发展问题具有较强的兴趣和责任感，仅仅了解国际"热点"而不了解国家的需求，不应该是我们培养地理学科高级人才的主要标准。

## 7　地理科学发展的机遇与现实危机

中华人民共和国成立后，中国地理学发展取得了辉煌成就。这些发展成就，是在正确的学科方向和国家关于科学发展正确方针的指引下取得的[10]。

### 7.1　地理学正逢发展成为地理科学的机遇

中国地理学家具有广阔的发展活动舞台，这种形势如同20世纪50～60年代地质学大发展的背景。当时，为了满足国家工业化对矿产资源的需求，中国地质学及其一系列重要分支学科得到迅速发展。半个多世纪以来，不仅仅满足了国家对资源勘探开发的需求，也使中国地质科学在世界科学发展中具有重要地位。今天，全球的环境变化问题，特别是中国的环境变化及可持续发展问题已经十分突出，关系到我们国家和民族的前途，其中一系列重大的理论问题和实际问题为地理科学新的研究领域、新的专业学科发展提供了良好的机遇。

中国经济发展创造了世界的奇迹，充分体现了中国人民强大的财富创造力。中国经济总量将赶上并超过美国已经不容置疑。中国经济和政治影响力已经延伸到整个世界。美国长期积累了天文数字的债务，透支了美国人民和世界人民的巨额财富。美国在世界上的影响力正在衰退。历史上，凡崛起中的大国都会在原有世界的基础上，承启和逐步创造新的模式及体系。中国学者要赋予自己自信，这种自信表现在能够辨别当今世界上占主导地位的思想、文化给世界带来的作用和弊端，努力树立新的思想和文化体系。今天，中国国家领导人提出发展（中美）"新型大国关系""一带一路""亚投行"等就是创新未来世界政治体系、经济体系的重要理念和构想。中国科学家在开启百年国运的发展中，要向世界展示中国学者的创造力，要发展未来世界科学技术的新理论、新模式，要在一些重要的科技领域取得战略制高点和主动权。其中，地理科学是最有可能达到这个前景的学科之一。

中华人民共和国成立60多年来，中国地理科学家的辉煌业绩已经奠定这样的基础，有一系列成果无论在研究规模、解决实际问题，还是在理论创新方面都位于国际前列，其中也包括这些年许多地理科学学者和地理科学分支学科还始终坚持地理学为国家需求服务的方向，全身心地投入到满足国家需求和科学创新的工作中去，其成果产出和杰出人才成长都有广泛的社会影响。2016年8月将在中国召开国际地理联合会第33届代表大会，我们需要做好系统的展示和推介。

## 7.2 地理科学发展面临深刻的危机

1978年改革开放初期，中国学者迎来科学发展的春天，科技界大力提倡学者要努力写论文。以论文及在高端刊物发表的论文作为重要指标的评价标准，这对于中国科学事业的发展起了明显的促进作用。20多年后的今天，我们看到论文数量，特别是SCI论文数量，对于激励学者的创作热情、显示政策实施的人才效应及研究单位争取资源、培养人才的工作绩效等确实具有很强的诱惑力。但这类量化指标的局限性、欺骗性却被人们忽视了，负面效应也十分严重。这里我只是强调，学术界要从地理科学的对象、特殊性质，以及中国资源、环境及可持续发展的客观要求出发，不能"一刀切"，不能"绝对"，不能"唯一"而有排他性。

应该看到，地理学界的不正风气已经相当突出。这些年来的一些重大工作虽然抓住了"国际前沿"，但却离开了国家实际。国家对一系列研究工程的大规模投资有些已经"打水漂"了。我认为，对于我们来说，只有既是国际前沿也是国家需求才是我们的主要方向和重点任务。而实际情况是，在一部分学者那里，为国家服务的宗旨基本上被抛弃了，对如何满足国家需求很少考虑了，对解决国家需求的实际问题已经没有多大兴趣。通过艰苦的科学实践、寻求理论上的发展和科学上的突破的理念也大大减弱了。过去一些较大和较综合的工作需要较长的外业调查、试验站观测等工作过程，现在学者的创新途径和研究方式改变了，很少有人愿意在外业调查、试验站观测方面真正投入大量的时间和精力，但愿意在网络及新技术上下功夫，差不多丢掉了有效的传统方法。项目及其经费拿到经一分之后，研究集体也差不多就不存在了，大家各自为政去写文章，这样写出的论文总数必然最多，由于立竿见影显示出绩效，当然这也最符合学者本人的愿望。许多学者个人写出了大批文章，勤奋的学者一年几十篇。大家都会承认，发挥集体力量和智慧对地理科学领域的研究是特别需要的。遗憾的是，中国现在还没有引导和约束科技人员以充分发挥集体作用的机制。

论文数量和发表杂志的"档次"，特别是 SCI 类的论文，已经成为研究院所、大学及其院系争取资源的权利和工具，也成为部分学者肯定自己价值、身份、地位的象征。这些年来，持续创新出了多种多样的人才头衔及奖励种类。授予方制定的评审标准中，论文数量，特别是 SCI 论文数量，都居于重要地位。在不断应运而生的论文检索机构的配合下，引用频次等指标也逐渐完善起来。参加评审的专家，尽管也指出论文不一定能代表申请人的实际水平和贡献，但多种原因已经使学者非常熟练地适应这种评审了。实际上，一系列评审已不是真正的"同行评议"了。因为"同行评议"是同行专家在考察申请者研究进展的基础上，对其水平和实际贡献做出的定性判断。这种定性判断是评审结论的主要基础。但很多时候，评审专家的工作大概主要是发掘申报材料中的量化硬指标并分等加总排队即可。这一过程似乎也满足了科学家崇尚精确化的追求。因此，许多单位和学者已经拥护和热衷于论文和 SCI 了。当然，反对及惧怕者有之。近年来，有些地理类院、所单位的领导搞单位之间的绩效达标"竞赛"，提出（论文、收入等）"倍增计划"等。在这种形势的影响下，难免就会出现与一些地区对 GDP 兑水一样：造假。领导者有什么样的方向和理念，就会出现响应这个方向的"英雄"和"英雄业绩"。人们可能还不会忘记 1958 年很多地方的水稻亩产达 5 万斤[①]、10 万斤的"超级大卫星"吧。

地理科学在国家和社会的影响力及显示度下降了。学术界对于地理学这门学科的认同感也在下降。一些从事地理科学研究和教学的学者，能不用地理科学学科名称的也就不用了。他们甚至将自己从事几十年研究的学科和领域的名字都改掉了，转而加盟到更加有诱惑力的学科队伍，其中有的获得了新的生机，也有的在新群体中难以获得学科价值的认同而不能取得"一流"的位置，因此又陷入了迷茫和摇摆。有的地理学分支学科曾经被认为非常具有发展潜力，但是它曾经的学术带头人一心搞 SCI，对国家这领域的大事从不过问，结果其研究工作也转移到人家那里了。也就因为类似的原因，有的学科消失了。估计还会有其他学科走向消失，国家主管部门对地理科学的一些学科到了不知道的时候，或者在社会发展中找不到链接的领域时，这样的学科大概就不行了，没有"市场"了。为什么会出现这些情况？可能是只关心写文章、不关心国家要我们解决什么问题而失去了阵地。阵地上没有了战士，战士干什么去了？在"兵营"里磨刀了，而没有时间上战场。这些年来"论文挂帅"的部分灾区，如果说得严重一点，犹如受到了一场没有硝烟的战争的洗劫。这类情况是否应该引起学术界和有关管理部门的警惕呢？

---

① 1 斤=500 g。

以上的描述，我在严重性和普遍性方面做了一点程度的夸张，目的是想引起大家重视。资助者及其依靠的专家群是长时期引导中国科学技术发展的最重要力量。他们都很崇尚科学精神，深得信任，实际上他们是科学研究方向的调控人。这些年来，他们的工作很忙，只能听汇报。在一段时间内，资助者及其依靠的专家们也没有及时发现地理科学出现的偏离正确发展道路的倾向。现在我们感到兴奋的是，某些政策和理念正在发生变化。

现阶段中国地理科学确实需要转型，但这么多年来的理念和操作都已经成了固化的常态。转型很不容易，甚至很痛苦。但如果不转型，国家发展许许多多的需求可能没有人出力去干，一些学科可能会舒舒服服地走向衰退。我们能否利用这一难得的历史机遇，取决于许多因素。我觉得还需要再次重温钱学森先生、黄秉维先生20年前的倡导，他们许多深刻的思考指引了地理科学发展的方向，期望有全局观点、综合观点的科学家、地理学家登高挥手，带领这门科学前进。

## 参考文献（References）

[1] The Dictionary of Human Geography. Chai Yanwei, et al. trans. Beijing: The Commericial Press, 2004. [人文与经济地理学词典. 柴彦威, 等译. 北京: 商务印书馆, 2004. ]

[2] Wu Chuanjun. The core of geographical sttudy: Regional system of man-land relationship. Economic Geography, 1991, 11(3): 1-6. [吴传钧. 论地理学的研究核心: 人地关系地域系统. 经济地理, 1991, 11(3): 1-6. ]

[3] Lu Dadao. The framework document of "Future Earth" and the development of Chinese geographical science: The foresight of Academician Huang Bingwei's statement. Acta Geographica Sinica, 2014, 69(8): 1043-1051. [陆大道. "未来地球"框架文件与我国地理科学的发展: 从"未来地球"框架文件看黄秉维先生论断的前瞻性. 地理学报, 2014, 69(8): 1043-1051. ]

[4] Board on Earth Sciences and Resource, Commission on Geosciences, Environment and Resources of National Research Council, Rediscovering Geography Committee. Rediscovering Grography. Beijing: Academy Press, 2002. [美国国家研究院地学、环境与资源委员会地球科学与资源局重新发现地理学委员会. 重新发现地理学. 北京: 学苑出版社, 2002. ]

[5] Wirth E. Theoretische Geographie. Stuttgart: Teubner Studienbuecher, 1979.

[6] Huang Bingwei. Some views of earth surface research//Editorial Committee of Huang Bingwei Collection. Collections of Huang Bingwei's Sixty Years Comprehensive Work of Physical Geography. Beijing: Science Press, 1993: 25-30. [黄秉维. 关于地球表层研究的一些看法//《黄秉维文集》编辑小组. 自然地理综合工作六十年: 黄秉维文集. 北京: 科学出版社, 1993: 25-30. ]

[7] Lu Dadao. Theoretical studies of man-land system as the core of geographical science. Geographical Research, 2002, 21(2): 135-145. [陆大道. 关于地理学的"人-地系统"理论研究. 地理研究, 2002, 21(2): 135-145. ]

[8] Gallup J, Sachs J, Mellinger A. Geography and Economic Development. http: //www. cid. harvard. edu/ cidwp/001. htm, 1999.

[9] Gao Yongyuan. Whether weakness or suferiority? The understanding of learning "The science of geography is theconfluence of natural science and social science". Geographical Research, 1992, 11(1): 87-90. [高泳源. 弱点, 还是优势? 对学习"地理科学是自然科学和社会科学的汇合"的一点体会. 地理研究, 1992, 11(1): 87-90. ]

[10] Lu Dadao. A tribute to the geographers for their contributiongs to China and mankind: Centennial celebration on thegeographical society of China. Acta Geographica Sinica, 2009, 64(10): 1155-1163. [陆大道. 向100年来为国家和人类做出贡献的地理学家致敬: 纪念中国地理学会成立100周年. 地理学报, 2009, 64(10): 1155-1163. ]

# "未来地球"框架文件与中国地理科学的发展[*]
## ——从"未来地球"框架文件看黄秉维先生论断的前瞻性

**摘　要**：在简述"未来地球"重要内容和宗旨的基础上，分析了这个文件产生的大背景，指出了这份框架文件最为不寻常的地方是强调了自然科学和社会科学之间的合作。本文认为，钱学森先生和黄秉维先生20年前的一系列教导具有惊人的前瞻性和重要意义。根据中国环境变化的严峻态势和近年来地理学的发展状况，着重论述了实现地理学研究转型和发展中国地理科学学科体系的机遇、方向和任务。

## 1　"未来地球"框架文件及其产生背景

2012年2月一个"未来地球过渡小组"发表了一份框架文件《未来地球：全球可持续发展研究》，其中强调："人类的影响是如此之大，以至于它可能对地球系统造成急剧的、不可逆转的变化，这种变化将严重影响经济发展和人类福祉。"面对这样严重的问题，框架文件"要求我们不仅要认知实现地球功能的各种过程与生命进化的模式和驱动力，还要知道如何管理和调控我们的行为。"而实现对人类行为的调控，就"需要一个新的研究领域以深化我们的知识，并帮助我们理解和实现转型。这一领域应专注于科学、技术、制度、经济和人类行为等多方面的、实现全球可持续性的办法和选择，并帮助我们做出应对全球环境变化的决策"。

他们呼吁学者开展地球系统的综合研究，既包括以往各项研究的综合，又特别强调了要与社会科学家一起对当代地球面临的问题进行交互研究，即交叉研究。其中，特别不寻常的是，研究的中心议题是人类社会和经济的可持续发展。他们为了进行这样的研究，倡导开始行动起来，组织全球性的研究机构，制定研究计划（提纲），呼吁人类，推动政府，实施全球社会经济可持续发展，实现地球的可持续生存。为达到此目标，他们提出要对地球环境变化态势进行科学监测、评估和预测，倡导并推动全球各国政府开展行动，制定实现可持续发展的战略和政策。

他们的判断和行动是正确的。这个框架文件专注于未来地球的表层系统变化问题，核心是人类社会的可持续发展前途。

"未来地球"框架文件的发布，也得到了中国大气科学、海洋科学、地理科学以及环境科学、水科学等方面学者的关注。自1992年里约热内卢联合国环境与发展大会后，中国政府迅速组织力量制定了《中国21世纪议程》。许多学科的学者投入到可持续发展领域的研究。在中国，环境变化的监测和评估工作已经由有关的政府部门（如环境保护部、

---

[*] 原载于：地理学报，第69卷第8期，2014年8月出版。

水利部、国土资源部、中国气象局等）广泛地开展了，相关专业的学者通过政府资助的大量项目进行了独立的监测、评估和政策建议。应该说，这些年来中国的环境保护、生态建设和可持续发展领域取得的进展是比较明显的。问题是，中国长时期高速和超高速经济增长及大规模城镇化，对环境、生态系统的压力太大了，加上各部门间的工作目标难以协调，使社会经济的持续发展面临越来越大的压力。在科学研究方面，有关学科之间难以交叉和沟通，特别是自然科学家和社会经济科学家更是不见面，许多研究成果离政府的科学决策很远。

上述关于未来地球研究框架文件的提出，我理解其中的背景如下。

（1）地球表层在过去100多年，特别是20世纪后半叶以来，出现了严重的态势。经济工业化和社会城市化急剧发展，以及强大的技术手段的运用，强烈地改变了各地区的经济结构和生态环境结构，资源被加速消耗，许多地区的环境恶化。在这样的背景下，要求有关的科学研究进入一个新的阶段，即注重由自然因素引发的环境变化，转变为由人类因素引发的环境变化，即转移到自然过程、生物过程和人类活动过程间相互作用方面的研究。过去可以单纯地研究一些纯自然要素项目之间的关系，现在从事这样简单的分析和研究已经失去了科学价值。前任国际地理联合会（IGU）主席B. Messerli在2000年韩国首尔发表的论文中讲到，人类社会早期是自然因素引发的自然生态系统的变化，这种变化是局部性的变化，不是全球性的。而20世纪以来，人类因素引发的环境变化及其影响程度变得剧烈多了，即影响的规模和强度大大增加了。人类因素引发的环境变化在空间尺度上是全球性的[1]。

（2）关于全球气候变化和大气层增温问题，已经进行了长时期和卓有成效的研究，取得了科学界和政治家的广泛共识，并推动了全球政府间的行动。认识和解决大气层增温问题，主要是如何控制化石能源的消费及其所引起的问题。能源消费问题涉及人类的生存和发展，是如何实现人类社会的可持续发展问题。过去20多年，大量开展的生态系统及其碳收支研究，对于今天认识全球气候变化、大气层增温的原因来说，其作用是微不足道的。现在的这份框架文件是以往全球变化研究的延伸和深化。

（3）1973年全世界能源危机后，发达国家向外部（发展中国家）转移资本和产业，导致一系列发展中国家的大规模工业化发展。但由于技术水平、产业结构和管理等的影响，这些国家出现了严重的环境污染。大量工业废弃物的排放引起全球大气污染、海洋污染、陆地水污染、土壤污染等日益加重。人类健康问题比以往任何时候都更加突出。由于对这一类问题的关注，框架文件使用的不是"全球变化"或"全球气候变化"而是"全球环境变化"。运用的概念不同，反映出作者更加重视人类的可持续发展前途，更加关注人类发展所面临的严峻的实际问题。

（4）近年来，以美国为首的西方世界发动了一场又一场局部战争：出兵伊拉克，军事打击阿富汗，在埃及、利比亚、叙利亚等国家鼓动内部势力推翻政府，抛出了"新中亚战略"。这些行为客观上使全球许多地区和国家的宗教问题变得更加复杂。一些国家和地区的经济发展也因此受到了严重影响，贫困问题更加突出。

这份框架文件最为不寻常的地方是强调了自然科学和社会科学之间的合作，提倡跨学科地进行总体设计和研究，在一起探讨地球上人类面临的严峻的生存和发展问题。

## 2 黄秉维先生的论断比"未来地球过渡小组"早20年

中国现代地理学的主要领导人之一——黄秉维先生早在改革开放初期,即20世纪80年代中后期至90年代就十分强调地理学是交叉学科。对于中国日益严重的环境变化问题需要进行包括自然和社会经济的综合研究,特别是要将自然方面的基础研究引向可持续发展,解决国家的重大实际问题等。这些论述与今天的"未来地球"框架文件所强调的要求和目标是完全一致的。他的一系列论述比"未来地球过渡小组"拟定的"未来地球"框架文件早20年。

黄秉维先生总结了中国30多年地理学发展成就和国外地理学发展背景和态势。他认为,国内外社会经济科学技术发展都出现了新的形势,地理学面临着新的大环境。20世纪80年代,地理学"出现较旺盛的生机,……但仍存在不少弱点""要进一步对自然与社会经济的现象、过程力求知其所以然。就我看到的一些工作来说,主要缺点在于缺少将人文现象与自然现象结合起来"[2]。

进入20世纪90年代中期,关于地理科学的方向,黄秉维先生与钱学森先生相呼应,强调自然地理学和人文地理学要开展密切合作,特别是要对国家建设做科学研究,积极完成国家需要的中长期发展规划工作,解决国家面临的可持续发展问题。他分析总结了高速经济增长所引起的环境污染和资源消耗严重问题,深深感到中国可持续发展问题的极端重要性,说"现在应该怎么前进,应该不应该把自然和社会两方面都结合起来考虑,特别是在可持续发展方面,应从解决问题方面来考虑""钱学森先生和我们所想的则是以地表为中心,最后与可持续发展接轨"[3]。从这里可以明确地看出,黄秉维先生提出当代资源、环境和生态系统问题的研究要与社会经济可持续发展结合起来,强调地理科学对环境变化及人类如何调适进行研究的极端重要性。黄秉维先生的论断指引了地理科学发展的正确航向。

钱学森先生和黄秉维先生的高瞻远瞩和谆谆教导并没有引起广泛重视。其原因是多方面的:①近10多年来,许多地理科学家投身于全球变化及其区域响应的研究,特别是集中力量进行生态系统和生态系碳收支的研究;②自然地理学和人文-经济地理学之间基本上处于分割状态,缺乏密切的合作;③在以发表论文,特别是以SCI论文作为最主要的评价指标的情况下,一些学者的价值观被扭曲。有的学者大概已经失去了服务于社会、服务于国家的良知,而迷恋于"国际前沿"和文章绩效。

## 3 框架文件的意义和地理科学研究工作的转型

"未来地球"框架文件给我们带来许多重要理念和信息:① 在以往进行的气候变化、覆被变化、水循环、碳收支等大量基础性研究工作的基础上,这个框架文件向解决实际问题的方向前进了一步;②提倡并要求实现各有关学科的学者联合起来,进行跨学科研究;③实现上述研究目标一定要实现自然科学和社会科学的交叉,强调要推动研究工作的转型;④为实现人类社会和世界经济可持续发展,要对全球的环境变化进行科学的监测和评估，提出人类社会如何实现可持续发展的建议，推动政府间的合作，帮助各国政府做出决策和行动。

在中国，关于地理科学的发展方向长期以来就存在着"没有争论"的分歧，那就是地理科学发展要不要下大力气解决国家和区域的可持续发展问题？地理科学是不是交叉科学？资源环境研究与什么领域的研究相衔接？黄秉维先生等中国老一辈地理学家长时期都教导我们，要认真关注国家和社会发展对地理学提出的重大需求，强调地理学是经世致用的学问，明确提出地理学是介于自然科学和社会经济科学之间的交叉学科。对于这些明确的教导，我们许多学者不很了解，有的了解，但在具体问题上又会脱离这些基本理念。

作为对框架文件的响应，中国学者需要在以下方面开展积极活动：积极参与全球性关于大气污染、海洋污染的监测和研究；在国内进一步组织进行土壤污染调查和治理、区域性的综合治理、区域可持续发展、新型城镇化等方面的研究和规划。

框架文件提出进行学科交叉，实现未来地球研究的转型：跨学科研究不仅是多学科研究。要解决实际问题，为国家为社会做贡献，而不是过度关注远离实际问题的论文成果。这个框架文件没有出现以往学者经常强调的"人类干扰"等概念。实际上，人类社会经济的可持续发展问题是研究当今环境变化问题的中心议题。

框架文件强调了"未来地球"研究中有关学科需要研究"转型"。什么是学科发展的"转型"？我认为，学科发展的"转型"意味着需要对学科发展的目标、基本理念和方法论等方面做出有针对性的调整。长期以来，一些地理学者在研究环境变化和可持续发展问题时，以自然科学家自高，以从事全球变化的基础研究为荣。一部分学者往往将全球变化既作为出发点又作为研究的归宿，实际上是没有明确目标的"基础研究"。这类研究基本上与实际的社会经济发展不搭界。部分学者认为，将社会科学的概念引入就不是科学，就没有各种"机制""机理"可言等。长时期脱离国家需求、社会需求的严重倾向也与部分人失去了科学家的良知有关。他们关心的仅仅是自己论文的发表。针对这种倾向，科学家需要做出调整。

另外，自然科学和社会科学的所属体制不同也影响了它们之间的合作。这类体制的分割包括中国自然科学基金会和社会科学基金会的分立。英国和美国的国家基金会是不分自然科学和人文科学的。它们对交叉领域的重视以及资助方式值得我们效仿。美国国家科学基金会的研究计划强调了"人与自然耦合系统的集成研究可以揭示新的、复杂的格局和过程，而单独的自然科学或者社会科学的研究不能揭示这种规律"。因此，它们重视组织跨学科研究。

现在，由于中国环境变化问题的严重性、典型性和紧迫性，环境变化的科学问题和解决环境变化的重要性使地球表层系统研究被提到了"国际前沿"。如何实现地理科学在这些方面研究的转型？我认为主要体现在以下几个方面。

（1）要以地球表层系统为对象，以人-地关系地域系统为核心进行综合研究。

地球表层系统急剧变化，集中体现在"人"和"地"的关系方面，或者说"环境"和"社会"的关系方面。按照框架文件中作者的分析，全球范围内这种关系正威胁到人类社会的可持续发展。在中国，问题更加严重。在诸多研究地球表层系统的学科中，地理科学侧重于从"人-地"相互作用的角度研究人-地关系地域系统（即"人-地系统"）演变的规律和区域可持续发展的基础及支撑条件。这是地理科学理论发展和解决可持续发展重大实际问题的"前沿"。

研究"人-地系统"的目标是揭示区域可持续发展的机制和原理。在实践中，要求将资源、环境领域的研究延伸到可持续发展领域。多年来，资源、环境和生态领域的学科规划、发展战略，以及一系列重大研究，包括学科、研究方向、重大课题的研究内容，只提"资源""环境"（包括生态）部分而不提"可持续发展"领域（学科），严守着自然科学的领地和"关口"，一小步也不跨出去，以至于这些研究和研究成果找不到"出口"，或者根本不去找"出口"。现在是改变这种状态的时候了。

可持续发展研究涉及传统地理学，以及自然资源、宏观生态系统、空间认知与空间分析、水科学、区域经济及系统科学等方面。其主要任务是通过对不同类型地区经济增长、城市化和生态与环境演变的系统分析和过程模拟，揭示长期经济增长（总量增长、结构转型、人均国民收入的提高，以及与此相关的资源消耗和占用的增加等）与生态和环境（资源量、水土及空气领域污染状态、景观特征、生物多样性等）要素之间的作用机理和态势之间的相互关系，提出对不同发展阶段、不同空间尺度区域的发展与生态和环境进行协调的途径和可供选择的模式。

（2）"环境-社会动力学"是地球表层系统综合研究的基础理论。

"人""地"两组要素之间的关系，实际上就是社会和自然基础之间的关系。这种关系如何影响国家、区域的可持续发展？回答这个问题，需要研究环境与发展及其各要素之间相互作用的机制，即"环境-社会动力学"机制[4]，也可以称为"人-地关系动力学"。通过对机制的分析，对研究区域不同发展阶段的环境状态和发展状态做出诊断和预警，揭示区域发展过程与发展格局之间的相互关系，建立可持续发展的理论体系。

"环境-社会动力学"所揭示的规律具有不同于纯自然学科的特点，在"环境-社会"系统范畴内，事物的发展是不受决定论支配的。这个系统中的相互作用和系统变化具有不确定性，这恰恰是社会经济可持续发展的基本特点之一。这一点不同于纯自然科学学科和地理科学内各自然要素之间关系所形成的科学系统，更不同于工程和技术系统。例如，在自然地理学范畴内，水面蒸发量（与水面温度和表面风速相关）的变化具有线性特征。与这种线性特征相类似的还如，宇宙飞船在太空的对接要求（可以）精确到百万分之一秒。一台机器会严格地按照输入的一定参数去运转。在自然科学和社会经济科学相互交叉的科学领域内，没有这种决定性的规律。但是，在这些领域中，因素和要素之间的作用具有方向、幅度、概率等规律。例如，人口预测，任何科学的公式和模型都不可能精确到个位数来预测某一时间点某地区或城市的人口数，这是肯定的事实。尽管在这个时刻到来时，这个区域或城市一定会出现一个精确到个位数的人口数。但是，你不能说这种预测不是科学的。人口预测是属于科学研究的重要领域之一，具有自然科学和社会科学交叉的特性。宋健-于景元人口模型及其理论是重要的科学技术成果，也是理论方法成果。

在自然-社会交叉学科领域里，规律的表现形态不具有这样的确定性。但因素作用和对象发展的方向、变化幅度和变化概率等是可以获取的。这些当然是规律的反映；也就是说，交叉性领域里事物发展当然有规律性，但这个规律同样表现为不确定性。

影响乃至决定一个国家和区域的可持续发展（规模、结构、速度、竞争力、水平等）的因素大致包括生态承载力和环境支撑力、资源供给、经济结构、交通设施和市场、资本投入、技术和管理等。如何以这些因素来解释一个地区、一个城市的发展态势和发展的可持续性？本文认为，重要的是要科学地进行因素之间相互作用的分析。但是，这些因素的作用又不是决定论的。有关因素的相互作用共同决定了区域的发展速度、规模、结构特征和可持续性。这些因素发生变化，所形成的区域发展的规模、速度、结构也发生变化。但这种变化并不能进行精确的"量"的测量。为什么呢？这是因为区域的发展是一个"人-地系统"。这个系统不是一个纯自然的系统。"人-地系统"的特征决定了这个系统不可能精确地测量。对于这样的系统也不可能按给出的精度进行调控。

在预测和在解析"社会-环境动力学"时，需要深入长期的理论研究，也要根据具体区域的情况和数据加以实证研究。区域系统发展的或然性特征有两点值得我们十分注意：①对"人-地系统"的研究和调控，较技术系统（如一部机器）和工程系统等要复杂得多、困难得多，虽然有的技术系统和工程系统很复杂，但是有它高度确定性的一面；②仅仅甚至主要依靠数学和计算机是不能够解决问题的。

（3）需要切实做好综合集成研究。

如何研究"环境-社会动力学"，即"人-地关系"动力学？地理科学面对的"人-地关系"地域系统是一个非常复杂的系统，认识这个系统，必须发挥地理科学方法论的特长，同时要充分吸收系统科学、生态学、经济学等学科的方法。在这些学科方法的基础上发展综合集成研究。这里包括历史数据和资料的集成，要素及要素作用的集成，对系统中各种区域变化状态的相互关系的集成等。长期以来，我们常说要进行综合集成研究，但在行动上却很不以为然。综合集成研究方法的运用，要求地理学家在传统方法基础上做出创新。

综合集成的目标主要是自然要素的地域分异和人文要素的地域分异的综合和耦合方法。只有通过这种综合和耦合，才可以认识地球表层的地域分异特征和社会经济发展的可持续性。在这个基础上做出综合（类型）区划，即自然-经济社会-生态区划，也有学者将其称为生态-经济区划。这种区划的研究对于确定国家和区域未来发展的功能定位具有更重要的理论意义和实践意义。

（4）将各种类型区域性可持续发展战略研究和规划作为地理科学的重要任务。

长期以来，在资源环境生态等领域的战略研究和发展规划被许多同仁认为根本就不是研究工作的一部分，他们不了解从事这类工作所需要的科学基础和知识结构。现在，"未来地球"的作者倡导，学者应该对地球上的环境变化和可持续发展的严峻态势进行检测、评估、预测，并制定实现可持续发展的战略和政策。这应当引起我们的深思。

在中国，在各种战略研究和区域性规划领域，地理学者与中国各级政府部门已经开辟了良好的合作平台。钱学森先生在20世纪末就强调："地理科学对于社会主义建设来说，是一门迫切需要的科学。社会主义建设过程提出的问题很多，像资源利用、国土整治、发展战略等都涉及地理科学。最近小平同志讲到要进行中、长期规划，这应是地理科学所关心和要解决的问题，把地理科学的概念完善，使地理科学在国家中长期规划中起了作用,我们就算做了件大事。"黄秉维先生在为钱学森先生所著的《论地理科学》作序时开门见山:"10年以来,钱学森教授坚持不渝地提倡建立地球表层学、地理科学,为祖国中长期建设规划服务。他号召有关科学工作者理直气壮地为此而努力经营,语重心长,期望殷切。"他认为钱学森先生的论述"言简意赅,却是很丰富的理论和实践的结晶"[5]。

## 4 发展中国地理科学的难逢机遇

国家发展中提出的一系列重大需求,加上"未来地球"框架文件给我们带来了"国际前沿"的指引,从而给我们带来空前未有的发展机遇。在这种情况下,重温钱学森先生和黄秉维先生的教导,在加深对框架文件理解的同时,重新审视地理科学在中国的发展态势,明确地理科学的学科性质、在地学范畴的地位及面临的任务,从而可以促进地理科学学科体系在中国的形成和发展。

(1)国家发展对地理科学提出的重大需求。

20世纪70年代末开始的改革开放使中国国民经济和社会事业获得了辉煌的成就,地理学也如此。中国社会经济的高速发展,使我们面临的自然结构和社会经济结构已经及正在发生剧烈的变化。这种变化向地理学提出了一系列的重大科学问题和实际问题。地理学家充分利用了重要的发展机遇和挑战,组织和参与完成了国家一系列重大的综合性研究任务,许多研究成果充分体现了应用价值和科学内容,成为诸多分支学科发展的主要动力,同时为政府和社会提供了大量的科学资料和建议,在经济和社会发展实践中产生了巨大的效益。

当我们回顾近20～30年来中国地理科学发展的历程时,也应看到不尽如人意的另一种倾向。那就是脱离国家发展的实际,紧紧跟着别人的步子,沿着别人指引的方向前进,按照别人制定的标准来评价我们的成果和人才。其结果是钱和项目铺天盖地而来,许多成果虽然也具有一定的科学意义,但其社会意义、实际意义却很难看出来。科学家也需要对自己施行"问责制"。现在,我们的国际同行有人来说话了。其实,问题早就是清楚的,又何需国科联和国际社科联来说呢?

20年前,黄秉维先生的论断和教导是非常具有针对性的。中国长期高速和超高速经济增长、大规模城镇化,导致中国自然结构和社会经济结构发生了剧烈变化。与1978年改革开放初期,即30多年前相比,2013年GDP达到50多万亿元,增长了近百倍。中国城镇化水平超过了50%,增加的城市人口相当于400个100万人口的特大城市,中国成为世界上第二大经济体。中国巨大的经济总量和社会总量(特别是是城市人口规模)再加上长时期实行的低端产品"世界工厂"的发展模式,使我们付出了极大代价:自然资源大耗竭,环境大污染,自然结构和生态环境发生了剧烈变化,国土开发和基础设施建设惊人浪费等。这些发生在中国范围的"变化"是何等剧烈、何等巨大,影响是何等的深远。这就是黄秉维先生20多年前就开始强调的"环境变化"。很明显,中国地理学家所面对的主要任务不是全球气候变化(温度升高多少及其原因)问题,而应该是人类活动引起的环境变化问题。这些问题对于中国来说不仅非常重大,更是非常紧迫。我们常常讲"压力-响应",为什么这样巨大的"压力"没有置于首要地位呢?需要强调的是,这些问题中的许多问题对于地理学家（就学科性质）来说是义不容辞的，地理学家就知识结构来说又是可以大有作为的（领域），但没有得到应有规模的响应。其主要是这些重大的问题可能不是"国际前沿"、国外科学家没有广泛提倡的缘故。现在"框架文件"明白无误地告诉我们，中国出现的环境变化及引起的可持续发展问题是"国际前沿"了。

我们希望地理学者发挥独立思考的精神，聚焦到发生在中国的环境变化，来选择我们的方向和重大领域。

中国环境变化及其影响领域的重要的研究课题可以概括为以下 3 方面：①土地和耕地资源的合理利用、保护和土地覆被变化的环境效应。开展土地和耕地资源的合理利用和保护的研究，较十多年前具有大得多的紧迫性和意义。这项研究为中国可持续的土地利用及其调控途径对策提供依据，明显是对中国自然结构巨大变化的积极响应。这方面我们已经进行了很多研究，但是其结论大都无视中国的实际而归结到全球气候变化，牵强附会居多。②地理科学在关于生态系统的研究中已经取得很好进展。但主要还是理论上，有些论著基本还是概念性的，较少与区域环境和区域农业结合起来，很少对功能补偿及如何实现这种补偿进行深入研究。生态服务功能的价值化和补偿不是抽象、孤立的，即不应孤立地评价生态系统对于人类福祉的意义。它包括对所服务的区域（或城市）提供水、气、景观等能够保障人们生产生活的功能；也就是说，是一定范围的生态系统（草原、森林等）对于它所服务（范围）的人的社会、经济发展提供的要素的质和量。这种具有一定质和量的要素在保障人类生产生活中所表现出来的作用，即功能，也是商品。当然其是可以价值化的，提供者需要付出一定的代价，是应该得到补偿的。在这里，需要对生态系统进行综合评估，对生态补偿进行模拟和参数评价。③区域资源、环境的承载力和可持续发展。这方面可以包括较多的研究领域和内容，其中水土资源、生物资源和热量资源等资源与承载力的关系，这些资源合理、高效和可持续利用的技术体系，都市群和产业集聚区的环境承载力，典型地区区域环境演化过程等，环境生物地球化学与环境健康，重点城市群的复合污染及其治理等。在自然灾害研究方面，地理学可以研究的主要议题是灾情风险、灾情监测及评估、灾后重建及环境承载力评价等。在比较宏观的视角，研究环境与发展的关系及其区域协调、区域性战略环评等也很有意义。在这些方面，地理学家具有区域自然结构和社会经济结构的综合知识，可以使成果很有特色。在发展应用基础理论的同时，可以凝练成咨询报告。总之，服务于中国区域（流域）的管理和治理方面，地理学具有非常广阔的用武之地。

（2）在资源、环境与可持续发展综合研究的基础上，向政府提供决策的选项。

"未来地球"框架文件强调要向政府提供各种决策的选项。结合中国的实际情况，地理科学家应该成为国家各级政府的思想库和专家库的重要成员。做好这样的研究，既要具有坚实的基础研究和综合性的知识储备，通过对大量关于资源、环境和社会经济发展态势的综合研究，获得对中国资源、环境和生态方面特征的深刻认识；同时也必须了解可持续发展的基础和支撑能力。在论证各种发展方案的可行性时，还需要有综合性、高层次的科学判断能力。

做好可持续发展研究和编写咨询报告，也是研究，是高层次的决策研究。做好咨询工作的关键是对实践中关系复杂的重大问题具有经济地理、空间经济分析和判断能力。

许多情况下，对资源、环境和生态系统阐述清楚并不困难，困难的是论证针对问题所提的建议是否具有可行性？我们看到一些建议往往只反映了地方政府的要求，而从全局上看是不能实施的，或者在技术经济上是不可行的。如何论证建议的可行性呢？这个过程涉及可持续发展的多种支撑因素。"可行性论证"是一篇大文章，需要将自然和社会经济的过程结合起来进行分析研究和判断。如果只是根据需要就提咨询建议，那就过于简单，可以说那不是研究，这样的咨询报告报上去，往往没有意义。这方面的实际例子有很多。

（3）在发扬科学民主的氛围中发展中国的地理科学学科体系。

地球表层系统内部的巨大变化，提出了一系列重大的理论问题和实际问题，为地理科学新的研究领域、新的专业学科发展提供了良好机遇。

在地学学科体系中，一部分学科的研究对象与现代人类活动没有关系；另一部分学科研究人类影响下的环境变化，其研究对象的变化规律与人类的社会经济活动相关，这些学科的特性属于交叉学科。揭示研究对象的本质就要求将人类社会经济要素与自然因素综合在一起进行研究。在这部分学科中，从事陆地地球表层系统的就属于地理学科。地理科学是一个很大的学科体系。

在地球表层系统内将自然和人文两方面要素进行综合研究，在传统的地理学与生态学、资源学、经济学、社会学等交叉的过程中，正在产生若干具有活跃生命力的新领域和新学科，如资源地理学、地理生态学。以往已经建立的地理学分支学科，如沙漠、湖泊、冰川冻土、山地灾害、人口地理、历史地理等研究也具备条件发展成为地理科学的重要分支学科，其为发展地理科学提供了大好时机。

在地学领域内，客观上存在着地球科学和地理科学。地球科学属于自然科学范畴，而地理科学属于自然科学和社会经济科学之间的交汇[5]，即交叉学科范畴。钱学森先生的这个观点非常正确，这是具有科学勇气和开创性的见解。我根据几十年来的观察和工作体验，地球科学和地理科学二者研究对象的基本特性（运动规律）和方法论具有明显的不同。

（4）要十分重视培养具有综合知识结构和地理思维的优秀人才。

长期以来，我们非常重视具有优秀的地理学某方面专业素质的人才充实我们的队伍，这种情况使地理科学的研究越来越深入，但带来的负面影响是综合人才及具有解决实际问题能力的人才严重不足。在培养未来的地理科学人才时，需要特别重视地理科学的综合性和本土性，要为那些对国际前沿比较了解、对解决中国重大的环境变化和区域性问题感兴趣的学者创造条件，将他们吸收到我们的队伍中来。

科学发展呼唤高层次的学者，希望他们站出来倡导建立中国的地理科学。钱学森先生和黄秉维先生为我们做出了光辉榜样，他们的论述不是哲学，而是关于科学发展方向的理论问题和实际问题。

## 参考文献（References）

[1] Messerli B, Martin G, Thomas H, et al. From nature-dominated to human-dominated environmental changes. IGU Bulletin, 2000, 50(1): 23-38.

[2] Huang Bingwei. Viewpoints on the earth surface system//Qian Xuesen. Research on Geographical Sciences. Hangzhou:

Zhejiang Education Publishing House, 1994: 47-58. [黄秉维. 关于地球表层的一些看法//钱学森 等. 论地理科学. 杭州: 浙江教育出版社, 1994: 47-58.]

[3] Huang Bingwei. Comprehensive research of geographical sciences//Huang Bingwei's Collected Works. Beijing: The Commercial Press, 2003. [黄秉维. 地理学综合研究. 黄秉维文集. 北京: 商务印书馆, 2003.]

[4] Rediscovering Geography Committee. Rediscovering Geography: New Relevance for Science and Society. Washington: National Academy Press, 1997.

[5] Qian Xuesen, et al. Research on Geographical Sciences. Hangzhou: Zhejiang Education Publishing House, 1994. [钱学森, 等. 论地理科学. 杭州: 浙江教育出版社, 1994.]

# 当代中国的全球观念与全球战略*

**摘　要**：本文简要叙述了"一带一路"倡议对于中国崛起的重大意义，分析了当今全球地缘政治的基本格局、重要区域（国家）的地缘政治倾向及与中国发展经贸和产能合作可能的前景，指出了"一带一路"倡议实施中可能遇到的问题，并就加强"一带一路"研究及资料收集、整理、管理等工作提出了建议。

中国已是世界第二大经济体，也是世界最大的资源和能源进口国。经济持续发展、资源保障、进出口贸易等对民族生存、国家发展具有极端重要性。今天的中国需要依赖全球来发展自己。中国的迅速发展正在改变全球的地缘政治[即地理政治（geopolitics）]格局。中国也面临着越来越大的地缘政治压力。以美国为首的强权势力正在亚太地区乃至全球范围内围堵中国。

中国正处在开创百年国运的时刻。中华民族要在未来几十年间实现"中国梦"，在复杂的地缘政治环境下必须具有清晰、科学的全球观点和全球战略。"一带一路"倡议就是习近平总书记提出的当代中国的全球观念及全球战略[1]。

## 1 "一带一路"（倡议）关乎中国的百年国运

### 1.1 中国发展正在改变全球的经济与政治格局

中国经济发展创造了世界奇迹，充分体现了中国人民和中国政府强大的财富创造力。中国经济总量赶上并超过美国已经不容置疑。这是"一带一路"倡议提出所把握的机遇和目标实现最重要的基础。

中国与世界上200多个国家和地区有经贸往来，已经是世界第一大贸易国，是拥有约3.6万亿美元（2015年9月）的第一大外汇储备国和拥有1万多亿美元的最大债权国[2]。"一带一路"倡议、亚投行、金砖银行、金砖基金、中韩自贸区、中澳自贸区、中国东盟自贸区、亚太自贸区、人民币跨境支付系统、海外人民币国债开启等，表明中国正在全方位、多层次地建构未来世界的经济新格局。中国经济影响力已经延伸到整个世界。中国的政治影响力和软实力也正在被越来越多的世人所承认。

美国现在已经积累了约80万亿美元的天文数字债务，且还在越来越快、无限制地增加。华尔街的银行家和美国精英百年来通过掌控以美元为主导的不合理的国际贸易结算和金融交易体系这个金融制空权，来操纵货币的发行及价格，制造经济危机，已经且还在继续大量透支，大量窃取全世界人民和美国人民的巨额财富。亚洲、非洲、拉丁美洲

---

\* 原载于：地理科学，第36卷第1期，2016年4月出版。

的发展中国家正在逐渐认清这一事实。世界上潜在的最大的债务危机在美国。今天的美元再也不是昔日的"美金"。美国半个世纪以来沉重的债务负担，导致其经济长期通缩下行，以往强大的实体经济生产力已经萎缩。美国长期以来所具有的庞大的金融资产的利润来源越来越成了大问题。美元的危机将以越来越大的规模周期性地爆发，"美元崩溃"被许多经济学家认为是必然的"逻辑"。美元，这个西方世界文明及其价值观最主要的载体，在非洲、拉丁美洲、东南亚、俄罗斯，甚至在印度、欧盟的公信度已经明显下降乃至动摇。美国在全球范围内左右局势发展的政治影响力也已经下降。

中国经济对世界各国的意义最大的莫过于动摇了美国对世界金融体系的操控能力，给已经运行了50多年的国际金融王国的"纳贡"体系带来了颠覆性的变化。中国的强大正在给世界上许多国家的发展创造了新的机遇和希望，为它们在争取国际援助、发展互利合作和平贸易等方面提供新的选择。

## 1.2 中国经济发展需要且能够全面大规模地"走出去"

中国国民经济结构有两个主要的特点：其一，具有大规模的能源重化工生产；其二，建立起实力强大、结构完整的制造工业体系，特别是在一系列工业领域形成了巨大产能。为了实现中国国民经济的战略转型，改变低端产品生产的"世界工厂""出口导向"的模式，解决大进（资源）大出（商品）所带来的一系列突出问题，必须进行产业输出。其可以减缓国内生产对国外资源的依赖程度，有利于经济安全，有利于解决环境污染的加剧，有利于实现技术创新和产业布局优化等。这既是长期的压力、潜在的危机，也是中国进行结构调整和发展对外投资的重要机遇。

中国现阶段的经济实力和产业技术能力已经具备大规模进行产业输出的条件。中国已经开始并继续大规模输出的是改革开放以来创造出来的优质产能，而不是像西方媒体所说的"过剩产能"。

为了合理用好大规模的外汇储备，发展大规模的资金输出是重要的选择之一。近年来，中国资本输出的规模增加迅速。2014年中国境外投资约达到1 080亿美元[3]，与引进资金规模相当，中国将较快进入资本净输出阶段，这意味着中国企业走出去的步伐将越来越快、越来越大。

近20年来，中国在解决国际经济危机方面发挥了巨大作用，经济影响力越来越大。现在，中国已经具备条件在全球框架内以互利互惠的理念发展资金输出和产业输出。

## 1.3 应对地缘政治压力的国家安全构架

中国已在越来越大的程度上参与世界事务，希望有一个稳定、安全和合作的世界。但中国在崛起过程中面临的地缘政治的严峻态势是长时期的[4]，必须使全球地缘政治格局朝着有利于我们的方向发展，使北部、西部、西南部处在稳定、友好的地缘政治环境中。

美国是中国崛起的头号对手。美国不仅仅在东亚和太平洋地区，实际上已经在全球范围内围堵中国。美国在亚太地区持续增强军事部署，精心构筑围堵中国的"太平洋锁链"（第一岛链、第二岛链）。这两条岛链以美军在太平洋上的基地为支点，中间日本、韩国、冲绳、关岛等基地和设施是"锁链"的核心。全球范围内联结五大洲、沟通四大洋的 16 条海上重要通道,是世界海上交通和全球贸易的纽带,也是主要国家海军行动的重要航道,其中美国控制了大部分。巴拿马运河、直布罗陀海峡、苏伊士运河、霍尔木兹海峡、曼德海峡和马六甲海峡等六大战略要冲基本上控制在美国手中[5]。美国利用强大的海军实力,控制了全球的海路,借此掌握了海上霸权。美国高调宣布"重返亚太""亚太再平衡"战略,计划将其 60%的海军力量部署到亚太地区,并加紧纠集其盟友,不断向中国挑衅,其目标就是遏制中国的崛起。中国要应对以美国为首的强权势力遏制中国崛起的围堵战略,准备在南海或者其他海域可能面临的冲突。这是中国长时期内国家安全的主要目标。

综上所述,"一带一路"倡议体现了中国新时期全面对外开放的方针。实施这一重大倡议,将营造一个各国间经济、贸易、技术、文化交流合作的大平台,也将遏制战争势力,构建一个全球地缘政治安全的大格局,从而为中华民族实现伟大复兴的中国梦铺平广阔的道路。

## 2 中国崛起的全球地缘政治和地缘经济环境的总体态势

从中国周边,特别是从海疆看,中国面临的地缘政治压力很大。但对中国崛起的全球地缘政治地缘经济环境做分析,结论是乐观的。实施"一带一路"倡议、建立国家安全的国际平台的有利条件是充分的。而且,随着中国经济和政治影响力的持续增强,这种有利的形势将继续发展。这就是我们对"一带一路"这一全球观念、全球倡议的重要性和可行性的基本认识。

为了认识中国现阶段所处的全球地缘政治环境,我们对现阶段全球政治地理进行了分区(图略)。从这个分区中可以较好地理解建设中美"新型大国关系"和发展"一带一路"这一世界政治、经济体系的构架及其内涵。以下是一些基本的分析和判断。

### 2.1 中国与俄罗斯、中亚国家

中国北疆与俄罗斯之间没有高山或海洋阻隔。现阶段中俄关系正处在历史上最好的时期。需要防止俄罗斯利用石油、天然气作地缘政治武器,如同对付欧盟那样,在未来某个时候也来对付中国。

中亚地区在地缘政治历史发展过程中被认为是"破碎地带""缓冲地带"[7]。今天,中俄两国共同维系了中亚地区的稳定。俄罗斯在中亚地区具有巨大的政治利益及深刻的思想和文化影响(尽管近年来这些国家也普遍有"去俄罗斯化"倾向)。中国从中亚地区进口大量的石油、天然气,且对它们的依赖程度越来越大。但俄罗斯、中亚五国对中国经济的依赖程度并不大。经济上的相互依赖是地缘政治上的"稳定装置"。所以,如何加强中国与俄罗斯、中亚之间的经济合作是"一带一路"倡议的重大课题。

苏联解体后,俄罗斯深受西方"震荡疗法"(美国不兑现早先给予大规模经济援助的承诺)"建议"之苦。近年来,以美国为首的西方势力不断挤压俄罗斯的政治空间,美国正式宣布俄罗斯是其最主要的敌人。在这种情况下,俄罗斯开始向中国寻求政治上、经济上的支持。在 20 世纪 50 年代前的百年时期内,俄罗斯曾多次企图通过中国寻求通向温带海洋的出口，唆使外蒙古独立并企图使新疆独立。在中国经济实力增强的今天，它们对崛起的中国增加了深深的疑虑，时刻防范中国以各种方式收回被它们掠夺去的西伯利亚及远东的大片土地。可以预计，今天和未来，中俄之间的合作在深度和广度上将受到一定的限制。

俄罗斯与中国之间的经济互补性很强。2013 年俄罗斯的 GDP 为中国的 22.7%[8]。但俄罗斯对于中国的合作意愿除能源输出及经过严格审查的军备出口外，主要在部分基础设施方面，如亚洲部分的公路、铁路、信息化和城市基础设施，以及农业开发、矿产资源开发等。

在中国发展与中亚各国的经济政治文化交流合作关系时，要考虑到俄罗斯在这些国家的利益和影响，特别是俄罗斯在这些国家中的政治利益，还要考虑到经济利益上的协调（与俄主导的欧亚经济联盟之间）。

## 2.2 中国与印度

印度的逐渐强大，其地缘战略的主要目标是控制印度洋[9]。中国的西南边疆有平均海拔 4 000 多米青藏高原的阻隔，可以预料中国在长期内将是基本安全的。但未来中国在印度洋（国际航线上）将同时面临美国和印度两个强权。

2013 年印度 GDP 为中国的 20.3%[8]。由于历史原因和西方媒体的宣传，长期以来，印度总是自认为是发展中国家的领头国家，对中国发展存在严重的偏见。近年来，印度经济增长较快，但全国基础设施落后，工业生产设备陈旧，农村严重缺乏基本的公共服务等，而这些方面恰恰是中国的经济和技术的优势。然而，中印之间的经贸往来和经济合作至今仍然在较低的水平上。印度对中国的贸易存在大量顺差（中国从印度进口大量的铁矿石等），中国的商品、资本、产业很难大规模进入印度。中印之间未来经济合作的前景主要取决于中国经济和政治影响力的进一步增强及在国际多边事务中的密切合作。

## 2.3 中国与中东、西亚的伊斯兰国家

11～13 世纪发生的欧洲十字军东征（The Crusades，1096～1291 年），即西欧封建领主和骑士对地中海东岸的国家发动的针对伊斯兰国家持续了近 200 年的宗教性战争，由此阿拉伯民族结下了对西方国家的民族仇恨。在近现代发展中，西方国家从自己的私利出发，不断对伊斯兰国家进行经济上的掠夺、政治上的挑拨分化乃至赤裸裸地发动战争，导致现阶段大部分中东国家经济发展滞后，国家之间及国家内的民族之间存在严重政治纷争和军事冲突。

中华民族在以往上千年时期内与中东、西亚等国家建立了友好关系，并一直延续到今天。祖先留给我们的这份"优质遗产"，将可以变为中华民族走向世界的巨大财富。古代起源于中国，经过中亚、西亚到达埃及的商贸走廊，最早由德国地理学家李希霍芬（Ferdinand von Richthofen，1833～1905）称为"die Seidenstrassen"，成为今天"丝绸之路"的由来。从 20 世纪后期开始，中国就同时保持并发展了与阿拉伯各国及以色列的关

系。近 10 多年来，中国与阿拉伯世界各国经济贸易往来迅速增加，进口原油的 60%来源于中东阿拉伯国家[10]。中国对阿拉伯世界的商品出口和投资涉及铁路、公路、电信等基础设施、基础工业及能源工业、资源勘探开发、水利工程、城市建设、教育医疗等方面，深得当地人民和政府的赞扬。今后通过经济走廊的建设，经济合作可能会大幅度增加。

## 2.4 中国与非洲

非洲大陆资源丰富，发展程度低，基础设施条件差，历史上曾是欧洲大国的殖民地，是英、法、德、意等争夺的大陆[11]，第二次世界大战后民族获得了独立，经济有了相当的发展。一些非洲国家接受美国、部分欧洲国家附带苛刻条件的援助，美国主导的国际货币基金组织（IMF）在非洲实行"结构调整方案"，致使这些国家深陷政治和经济的危机。这些国家对美元的接受程度已经大幅度下降。

中国对非洲的合作和援助不附加条件。2013 年，中国对非洲的投资和贸易额已经达到 2000 多亿美元，分别是美国和欧盟对非投资和贸易总额的 3 倍和 1.5 倍[3]。因此，中国会在越来越大的程度上赢得非洲。需要总结以往几十年对非洲的援助和合作经验，将重点置于扩大对非投资并提高他们自身发展能力方面，以促进这些国家的工业化发展。

## 2.5 中国与拉丁美洲

拉丁美洲是美国以南的美洲地区，面积和人口分别占世界（陆地总面积）的 14%和 8.2%（1985 年）。拉丁美洲由于其特殊的开发历史和特殊的地理位置，长时期作为美国的"后院"。1823 年的"门罗宣言"是美国对拉丁美洲实行控制的宣言。

第二次世界大战后，世界经济有了较大发展。全球地缘政治格局也发生了明显变化，拉丁美洲在全球事务中的影响力明显增长，经济发展的潜力正在发挥出来[12]。1982 年的马岛战争，使阿根廷与英国等结下了怨恨，也在一定程度上加强了拉丁美洲与中国合作的愿望。拉丁美洲是"一带一路"倡议涵盖区域的重要组成部分。

拉丁美洲经济发展潜力巨大。矿产资源、水土资源等自然资源丰富，气候条件好，社会发展文明程度较高，已经形成具有一定实力的经济基础，社会财富已有长期的积累。拉丁美洲的资源、经济结构等与我国有很强的互补性，政治关系普遍较好。发展经济合作、文化及人员交流潜力巨大，其中重点应该是公路、铁路、港口、通信、城市系统等基础设施建设，制造业产能的输出，农业现代化及农畜产品加工等。

## 2.6 中国与欧盟

欧盟和欧元的建立源于以法国、德国为首的欧洲国家用以摆脱对美国和美元的依附，并以此对付苏联（现俄罗斯）。欧盟今天已经成为世界上有重要影响力的政治体和经济体。

从全球考量，中国与欧盟没有直接的地缘政治利益冲突。近 10 多年来，中国与欧盟的经济技术合作大幅度增加。实践已经证明，这种合作对于中国工业发展及技术水平的提高具有重要意义，同时，中国也成为欧盟仅次于美国的第二大出口对象国。在近年来欧盟面临经济增长乏力的情况下，德、法、英、意等主要国家加强与中国合作的愿望相当强烈。中国从欧盟的大规模进口成为欧盟经济增长的重要驱动力。它们积极成为"亚投行"的创始成员国，在一定程度上反映了美元在欧盟公信度的下降。近年来，中国在中东欧的投资和进出口大幅度上升。在中国经济实力、政治影响力不断增长的情况下，欧盟将很可能是中国崛起过程中可以信任并获得支持的朋友。加强与欧盟，特别是与其中的德、法及一部分中东欧国家的大规模深度合作，在未来创造历史的某个时刻有可能给中国带来重要的地缘政治利益。

中国的"一带一路"倡议完全符合"一带一路"周围区域国家的客观要求。广大发展中国家在谋求发展的过程中，面临着国家政治安全、国防安全、经济安全、社会安全等问题。中国国家领导人提出的"（中美）新型大国关系""一带一路"和"亚投行"等就是创新未来世界政治体系、经济体系的重要理念和构架。

## 3 "一带一路"倡议实施及6条经济走廊建设可能遇到的问题

### 3.1 各国各地区的投资环境差别很大，了解很不够

"一带一路"及其周围涉及众多的国家和地区。这些国家中，除西欧外，经济发展总体不高，基础设施较差，管理水平不高[13]。相当一部分地区生态环境相当恶劣，社会结构复杂，宗教和民族问题多，运输距离长等。对于这些方面我们可能了解得很不具体，还不能适应大规模实施这一战略的需要，投资和工程风险可能普遍较大等。就目前各部门大体上掌握的涉及投资和贸易环境的资料而言：①资料基本上处于不系统及浅显的状态；②资料分散在外交、外贸、工程建设部门及少数研究单位；③对各国各地区的了解程度差别很大，对一些地区和国家基本上不了解；④对近年来的情况了解较多，对各国发展及其国际关系的历史了解较少；⑤对各个国家、各个地区的政治、经济贸易了解较多，对这些国家的社会结构及其历史变化，以及地理结构及社会经济发展的自然条件等了解甚少，甚至空白。

### 3.2 国际经济走廊建设可能面临的政治经济问题

国家计划逐步建立连接亚欧的6条经济走廊，这些走廊将由道路、铁路、隧道、桥梁、油气管道和港口组成，组合成为纵横亚欧的庞大网络。围绕这一目标，国家已开始着手编制修建或援建的计划。对此，我们有下述基本的认识和判断。

一种情况，在中国的周边，地理位置近，现阶段政治倾向友好，可以发展经济和技术合作，但合作潜力并不是很大。基础设施，特别是铁路等已经没有大问题，可能只需要对局部区段、站场、枢纽进行改造即可，如中蒙俄及中国-中亚-俄罗斯经济走廊。

另一种情况，现在就铁路来说，没有互联互通或者形式上互连，但只有很小的客货流。这里面可能有政治原因，经济欠发达或人口密度很低而导致客货运量很小，因此其经济意义不大，也可能因涉及各有关国家的利益，难以协调等。今后要建设经济走廊，以什么运输方式、以什么样的运输等级实现互联互通，甚至在未来什么阶段实现互联互

通，有没有经济效益，有没有建设高速运输通道（高速公路、高速铁路）的必要等，都是需要进行考察和研究的，只有经过双边或多边反复协商才可以确定。对于具体的工程建设，工程技术的可行性及经济上的合理性，有无重大障碍及其对工程的影响如何，都需要进行技术经济论证。这种情况如中国-中亚-西亚经济走廊，即经过中亚有关国家，到伊朗、土耳其还可以延长到欧洲的经济走廊。这条经济走廊对于中国、沿线国家的意义非常重要。中印孟缅、中国-中南半岛两个经济走廊也有类似的问题。

关于"新欧亚大陆桥"，有两个不同的含义，其承担的运输任务不同，其运量规模及对线路改造或新建的要求也不一样。

其一，指中国经中亚至俄罗斯之间运输的"新欧亚大陆桥"。这无疑对于中国、中亚五国、俄罗斯及东欧部分国家之间的经济交往、人员交流具有重要的现实意义。实现互通已没有问题，但除了油气输送的管道外，在较长时期内铁路仅限于杂货和集装箱，运量不大，因此，并不要求提高线路的通过能力，更谈不上新线建设问题。

2014 年，中国和俄罗斯与东欧之间的火车已经开行（货运）班列。2014 年 1～9 月，中欧班列（武汉）累计发运国际集装箱班列 115 班次，其中去程 68 班次、回程 47 班次，共运送集装箱货物 10 336 标箱，总价值超过 5 亿美元。2015 年内，累计发运班列将超过 200 班次，总价值约 8 亿美元，只占全国进出口贸易总值的 0.2%[14]。这些班列的终点主要是莫斯科和东欧几个国家，其中至莫斯科的单程在 10 天以上。主要输出机械配件、电子产品及服装等生产、生活资料，它们都属于中低档商品。由于这条经济带上国家经济增长和国民收入增长较慢，消费增长也受限制，再加上俄罗斯对与中国扩大工业技术领域合作的疑虑，未来运输量增长并不乐观。

其二，指中国和欧盟之间运输的"新欧亚大陆桥"。中国与西欧国家之间的大量集装箱运输能不能取道这条通道？我们认为，这条路线经 10 多个国家，是"互连"的，但难以大规模"互通"。其主要原因如下：①沿途经过国家多，轨距不同，管理体制不同，运价不同。彼此间的利益恐难以协调。另外，俄罗斯现有两条西伯利亚大铁路，这个方向的运输是与其争运量的。②取道陆路比取道海路是否更经济？更快？由于我们暂不了解今年运往莫斯科等城市的货运班列的运输成本，也就不能进一步得出列车运往西欧的经济性的结论。但现在到莫斯科就要 10 天以上，到东欧乃至西欧，可以肯定时效性并不好。③更重要的是，如果海路被堵，这条约经过 10 个国家的陆路是否可以畅通也将成问题。

计划中的"中巴经济走廊"将连接中国新疆喀什与巴基斯坦的瓜达尔港，包括高速公路、铁路、油气、光缆通道、发电厂等能源与基础设施项目建设。这一经济走廊，无论在政治经济方面还是在具体的工程技术方面问题都不多。这一经济走廊对中国具有重要的地缘政治和地缘经济意义，应该是近期内建设的重点。

"21 世纪海上丝绸之路"将中国和东南亚、印度洋主要港口串联在一起，可以加强与巴基斯坦、斯里兰卡、孟加拉国、缅甸等印度洋沿岸国家间的经济贸易关系。通过投资沿线主要港口和基地，可以强化维护中国通往欧洲和非洲的自由航行，确保海上"丝绸之路"的畅通。

"一带一路"的海上"丝绸之路"必须经过南海。通往南美、欧洲、非洲、中东和南亚、澳大利亚的几大国际航线是中国的国家生命线，而南海正好处于这生命线的咽喉区段[15]。按照目前的海上运输情况，中国经过南海海域（进出口）的贸易量每年在 1.5 万亿美元以上[14]。因此，南海的岛礁主权及南海的安全对于中国国家安全具有特别重大的意义。

然而，以南海为中心的海域（西太平洋及马六甲附近的印度洋）所涉及的国家的发展历史和现在的地缘政治却很复杂。第二次世界大战后，美国奉行"遏制"战略，拼凑了"东南亚条约组织"（军事条约组织），在苏比克湾、金兰湾、马六甲海峡建立了美军军事基地。20 世纪 90 年代，美国插手制造了一些国家的政治动荡和经济危机。尽管如此，部分国家还是认同美国在东南亚地区的主导地位。近年来，美国出于维持全球霸主地位的需要，着力遏制中国崛起，高调实行"重返亚太""亚太再平衡"战略。印度、日本出于自身的原因，也力阻中国崛起。中国在以南海为中心的广阔海域已经面临这几个强权的压力。150 多年前德国地缘政治学者拉采尔就认为："只有海洋才能造就真正的世界强国。跨过海洋这一步在任何民族的历史上都是一个重大事件"[16]。中国崛起的最大障碍在以南海为中心的海域。不"跨过"这个海域，中国就没有可能在世界上崛起。

今年已经基本建成的永暑礁等岛礁，将成为中国主导这一咽喉区段和辐射西南太平洋与部分印度洋广大区域的战略支点，其具有重大的地缘政治和军事战略意义。我们认为，以较小的代价获得了巨大的成功。

### 3.3 "一带一路"倡议与国内各地区发展的关系

中国经济发展面临着广泛而深刻的转型，以实现可持续发展、向中高端发展的重大任务。在这种大背景下，各地区都有"走出去"的客观需要和强烈愿望。

"一带一路"是中国实行全面对外开放的倡议。通过实施一系列相应的政策和措施，在国内通过建设各种类型对外投资和贸易的平台和机构，促进和引领全国各地区更好地进入相关国家和地区。"一带一路"倡议的实施，为各地区及其企业创造进入国际市场的机遇是均等的。

近一年来，全国各省（自治区、直辖市）几乎都行动起来，纷纷在搞自己的"一带一路"规划。大家都给自己赋予了经济带的特殊位置和功能，如"新起点""桥头堡""黄金段""重要支点""排头兵"等。有的地级市公布了要建设几百个项目。这样快速决定的项目能否及如何与经济带的建设相结合？在这个阶段，"一带一路"建设，特别是在西部地区和东南沿海地区，如何与自身发展定位结合起来，各地区应该和能够做什么等，已经成为很值得重视的问题。目前，各地区正在紧锣密鼓地制定"十三五"规划，我们建议，各地不要盲目地搞实施"一带一路"倡议的大规划，特别是不能轻易上大项目（平台、基地、交通工程等）等。

"一带一路"倡议的实施，不会引起全国经济发展格局的重大变化，各地区仍然要按照各自的特点制定和实施"十三五"规划。"一带一路"倡议的核心是引领各地区"走出去"，并为全国及各地区搭建对外交流合作的平台，各地区都可以借此进入国际市场。因此，一些省区不必担心自己被"边缘化"。

## 3.4 "一带一路"倡议的实施需要付出经济代价

在一些投资环境较差的发展中国家及地区，许多工程建设，特别是基础设施建设，很难保障在经济上都能获利，即项目建设经济效益差，投资风险大。某些位于重要区位的工程或基地建设，需要付出特殊的"优惠"等。所以，为了获取中国崛起所需要的地缘政治利益，有时需要付出经济上的代价。许多国际性的工程要有大规模的投入。其中，一些发展条件差的地区，在通常情况下，需要以企业的名义去做，国家则以各种灵活的方式给予支持。所以，实施"一带一路"倡议，需要有强大财力、物力、人力的长期保障。

# 4 关于加强"一带一路"研究和资料信息工作的建议

"一带一路"倡议构想得到顺利实施，中华民族的"中国梦"就能逐步实现。"一带一路"倡议目标的实现，是需要中国几代人完成的伟大事业。我们认为，科学地、历史地认识"一带一路"非常重要。为此，要加强对"一带一路"所涉及的主要国家和地区的政治、经济、社会、外交、历史及文化等进行全方位的深入研究，而且需要长期坚持。

在"一带一路"倡议实施过程中，在制定具体的政策措施时，需要对国际政治、国际经济的历史发展及第二次世界大战以来各主要国家的全球地缘政治目标和政策做持续的跟踪和分析研究。其中，历史上西方大国对外发动大规模战争、对新大陆的争夺，以及形成的殖民地格局，对今天全球地缘政治、地缘经济的变化仍然在发挥着重要影响。要根据各时期国内外的形势变化，以中国国家安全为主轴，对全球范围进行地缘政治分区，对关乎到中国生存发展的重要局域、交通线、枢纽、海峡等进行地缘政治重要性评估，以作为国家制定外交、经贸、军事等方针政策的支撑。

为了支撑更大规模的经济贸易合作和相关的工程建设，减少大规模投资和贸易的风险，对"丝绸之路经济带"沿线国家，特别是中亚和西亚、中东地区的自然结构、经济特点、自然灾害、社会安全等基础性情况进行综合研究；对"21世纪海上丝绸之路"所涉及海域的大气环流和洋流特征、全球主要航线海况，以及沿线国家的社会经济特征、政治倾向等进行综合研究，对未来中国的国外海上支点、海军基地的选取和建设、中国航线的安全等进行评估。

在进行综合性的系统收集、调查、研究和资料分析整理基础上，需要组织编辑、出版服务于各种需要的手册、地图、丛书、参考资料、产品及工程标准、国家的有关法律及其与国际社会的多边及双边关系文件等。

为了做好这项重大的"基本建设"工程，我们建议建立资料信息汇总的工作机构，挂靠国务院有关部门。一些国际化程度高的发达国家，对这类信息资料的收集整理极为深入、极为系统，值得学习。

## 参考文献(References)

[1] 陆大道. "一带一路"符合大多数国家和人民的利益[N]. 科技日报, 2015-04-19. [Lu Dadao. "One Belt & One Road" Benefit most Countries along the Line. Science and Technology Daily, 2015-04-19. ]

[2] 中国人民银行. 2014 年金融统计数据报告[M]. 北京: 中国人民银行, 2015. [The People's Bank of China. Financial Statistics Reports 2014. Beijing: The People's Bank of China, 2015. ]

[3] 商务部, 国家统计局, 国家外汇管理局. 2014 年度中国对外直接投资统计公报[M]. 北京: 中国统计出版社, 2015. [ Ministry of Commerce, National Bureau of Statistics, State Administration of Foreign Exchange. China's Foreign Direct Investment Statistical Bulletin 2014. Beijing: China Statistics Press, 2015. ]

[4] 陆大道, 杜德斌. 关于加强地缘政治地缘经济研究的思考[J]. 地理学报, 2013, 68(6): 723-727. [Lu Dadao, Du Debin. Some thoughts on the strengthening of geopolitical and geo-economic studies. Acta Geographica Sinica, 2013, 68(6): 723-727.]

[5] Agnew J, Mitchell K, Toal G, et al. A Companion to Political Geography[M]. Oxford: Blackwell, 2003.

[6] Mackinder H J. The geographical pivot of history[J]. Geographical Journal, 1904, 23(4): 422.

[7] Huntington S P. The Clash of Civilizations and the Remaking of World Order [M]. Beijing: Xinhua Press, 2010.

[8] 国家统计局. 国际统计年鉴 2014[M]. 北京: 中国统计出版社, 2015. [ National Bureau of Statistics. International Statistical Yearbook 2014. Beijing: China Statistics Press, 2015. ]

[9] Taylor P J, Flint C. Political Geography: World-Economy, Nation- State and Locality. 4th ed. [M]. London: Prentice Hall, 2000.

[10] 孟德友, 马颖忆, 王晗, 等. 中国商品贸易结构不均衡性对地缘经济格局的影响[J]. 地理科学, 2015, 35(10): 1238-1246. [Meng Deyou, Ma Yingyi, Wang Han, et al. The impact of imbalance of Chinese goods trade structure on the geo-economic spatial pattern. Scientia Geographica Sinica, 2015, 35(10): 1238-1246. ]

[11] 索尔·伯纳德·科恩. 地缘政治学: 国际关系的地理学(第二版)[M]. 严春松译. 上海: 上海社会科学出版社, 2011. [Cohen S B. Geopolitics: The Geography of International Relations. 2th edn. Translated by Yan Chunsong. Shanghai: Shanghai Academy of Social Sciences Press, 2011. ]

[12] Kaplan R D. The revenge of geography[J]. Foreign Policy, 2009, (5): 1-9.

[13] 王恩涌. 政治地理学[M]. 北京: 高等教育出版社, 2003. [Wang Enyong. Political Geography. Beijing: Higher Education Press, 2003. ]

[14] 中华人民共和国交通运输部. 2014 中国交通运输统计年鉴[M]. 北京: 人民交通出版社, 2014.

[15] 陆大道. 中速增长——中国经济的可持续发展[J]. 地理科学. 2015, 35(10): 1207-1220. [ Lu Dadao. Moderate-speed growth: Sustainable development of China's economy. Scientia Geographica Sinica, 2015, 35(10): 1207-1219. ]

[16] Smith W D. Friedrich Ratzel and the origins of Lebensraum[J]. German Studies Review, 1980, 3(1): 51-68.

# 关于经济增长支撑系统领域研究的进展[*]

**摘　要**：中国实现了国民经济的长期高速增长，但面临着一系列经济增长与资源、环境支撑的突出问题。本文主要从地理学视角综述了经济增长及其支撑系统（资源、环境）的研究进展，并提出了未来经济增长支撑系统的主要研究方向。

## 1　引　言

我国长期高速的经济增长造就了奇迹,但同时也出现一系列严重的不平衡和不和谐。最为突出的是人和自然的关系，以及一些突出的社会矛盾。对此，政府和学术界都在思考：今后国家经济增长的趋势将如何？但是，人们往往都是从近期考虑，即如何深化改革、提高国内消费、扩大社会投资、增加国家出口等来保持经济的高速增长或较高速增长，而很少从影响乃至决定经济增长的支撑系统因素来考虑。而这些因素又是相当稳定的、不容易在短期内得到大幅度改善。影响乃至决定我国国民经济增长有如下支撑因素资源和能源供给、水土资源保障、环境和生态系统承载力等，以及建立在这些因素之上的产业增长潜力、发展模式等。不考虑这些重要的支撑因素的供给能力，其结果必然是透支这些因素的不可持续的增长。

长期以来，人们已经习惯于高速（指数）经济增长。指数增长具有强大的诱惑力。但持续的较高的指数增长会产生惊人的结果：即突然接近一个"极限"。这说明指数增长具有欺骗性。长时期维持一定幅度的指数增长，需要增长的基本要素和支撑系统因素相应的增长和扩大。例如，我国如果保持7%的高增长率，10年后（2024年）我国经济年总量就将达130万亿元[1]。保持这样高增长率，能源、原料、耕地、淡水、技术进步（劳动生产率提高）、市场等能不能会有相应规模的增长？还有，各主要经济部门的增长潜力如何？生态系统、环境容量及环境治理等支撑系统的承载能力又如何？会不会面临增长"极限"的挑战？可以肯定地说，支撑系统的各要素和因素的供给不是无限的，在巨大的经济总量和社会总量下也将是无法承受的。

我们必须从中长期来考虑全国经济增长面临的支撑因素。未来增长因素的支撑和保障是变化的。每一个增长因素在发展过程中，又会随着另一些因素的变化而变化。先要明确影响经济可持续发展的主要因素，明确其中哪些因素不能支撑经济的高速增长？它们是如何作用于（保障、支撑）经济增长的，又是如何起了限制作用？与此同时，又要分析这些因素之间的相互联系及影响这些因素的更深层次因素的作用。

国际"未来地球过渡小组"2012年编制的《未来地球：全球可持续发展研究》框架文件中提出倡议，进行资源环境和可持续发展的综合研究，为政府提供政策建议。我国

---

[*] 原载于：地球科学进展，第31卷第6期。合作者有孙东琪。

学者长期研究区域可持续发展[2]，但至今没有进行国家尺度研究。国家处在经济发展转型期，开展国家尺度的经济增长及其支撑系统的相关研究来揭示经济增长的长期规律具有重大意义。

# 2 国内外关于经济增长及其支撑系统的研究进展

## 2.1 国外研究进展

发展与环境的研究在地理学发展长河中具有悠久的历史。早期是用因果关系来解释不同发达程度国家的地理环境及其关系，从而产生了地理决定论和环境可能论。直到现代，才以相互作用论来解析发展与环境之间的关系。这种方法论在人类与其生存环境之间关系观念的形成、自然地理要素及其组合的区域分异、动力过程、社会经济的空间结构的形成等方面得到了充分的凝练和发挥。支配现代社会经济发展的基本原理当然要强调社会经济发展与支撑要素之间的相互作用。解释相互作用需要有系统的方法。

1972年，来自世界各地的几十位科学家、经济学家、教育家聚集于罗马，共同编写出版了《增长的极限——罗马俱乐部关于人类困境的报告》一书[3]。书中深刻地阐述了地球上人口增长、粮食生产、工业发展、资源消耗、环境污染等使地球的支撑能力达到极限的原理，提醒人们要调整发展方式和生活方式来达到人与环境之间的协调。1992年出版了修订版，论证了第一版出版以来的20年世界经济发展已经超越了某些增长的极限。2014年又出版了第三版、这一版以更加详细的系统分析，论证了人类发展已经大大冲过地球生态系统的承载能力，即"过冲"现象的出现，并再一次对人类发展提出了严重的警告，需要我们尽早改变行为、政策和技术。

20世纪80年代，与罗马俱乐部的学者相呼应，许多学者总结了地球表层系统中最重要的变化，认为我们这种变化集中在由自然支配的生态系统变化演变到由人类支配的生态系统变化，前IGU（国际地理学联合会）主席麦赛里教授对此做过详细的论证。80年代以来，全球变化研究的注意力已经转移到自然过程、生物过程和人类活动过程（特别是大规模工业化、城镇化过程）间的相互作用方面。这方面的研究成果，越来越表明地球上各要素之间是相互作用的。任何一个"人-地"地域系统又都是与外部进行物质、能量、信息交流的，这构成了区域之间的联系和整体性。"人类改造世界的思想激发人类与环境的相互作用，并根据结果修正其行为……人类改造环境和适应环境的纷繁复杂的方式创造了作为人类家园的地球的大千世界，该世界是一个被编织出来的相互依存的网络体系"。

"未来地球"框架文件是一项倡议，更是一个宏大的研究纲要。2012年2月一个"未来地球过渡小组" 研究出了一份框架文件：《未来地球：全球可持续发展研究》。其中强调："人类的影响是如此之大，以至于它可能对地球系统造成急剧的、不可逆转的变化，这种变化将严重影响经济发展和人类福祉。"面对这样严重的问题，框架文件强调"需要一个新的研究领域以深化我们的知识，并帮助我们理解和实现转型。这一领域应专注于科学、技术、制度、经济和人类行为等多方面的、实现全球可持续性的办法和选择，并帮助我们做出应对全球环境变化的决策"。他们呼吁学者开展地球系统的综合研究，既包括以往各项研究的综合，又特别强调了要与社会科学家一起对于当代地球面临的问题进行交互研究，即交叉研究。其中，特别不寻常的是，研究的中心议题是人类社会和经济的可持续发展。为达此目标，他们提出要对地球环境变化态势进行科学监测、评估和预测，倡导并推动全球各国政府开展行动，制定实现可持续发展的战略和政策[4]。

地理学的学术研究领域集中体现在"人-地关系"及其对发展的影响方面。"人""地"两组要素之间的关系，实际上就是社会和自然基础之间的关系。这种关系如何影响国家、区域的可持续发展？为了回答这个问题，学者已经广泛地研究了环境与发展及其各要素之间相互作用的机制，即"人地关系区域动力学"。在美国十年前出版的《对地理学的再审视》中将地球表层系统分解成三个系统：自然系统、人-地关系系统和社会经济系统，而且认为地理学观点的核心是刻画人-地关系系统运行特点的社会-环境动力学机制。

在过去20年间，可持续发展成为许多学科研究的主题。在经济学方面，宏观经济学、发展经济学是以国家为单位，研究国民生产总值增长、人口增长、人均收入增长，以及收益分配、投资、储蓄等要素之间的关系。区域经济学，重点研究地区发展的要素作用、地区间要素流动与平衡发展及区域政策等。在地理学方面，主要是经济地理学，从区域描述发展到区域分析直至到区域发展战略的研究发挥了学科方法论的特点。20个世纪50年代，经济学、地理学，以及系统科学的学者们在共同合作解决重大区域发展实际问题的过程中创立了"区域科学"。这是一门以区域发展问题为对象的交叉性学科。这门学科的特点是将区域发展看成是经济要素、社会要素共同作用的结果。近几十年来，"区域科学"研究领域获得丰富的成果，在理论方法上取得了系统进展。可以说，这是一个学者和政治家合作的领域。由此，共同解决当代面临的区域发展问题的局面已基本形成。

20世纪80年代以来，全球变化和国家发展研究的注意力已经移到自然过程、生物过程和人类活动过程间的相互作用方面。在这些过程的研究中，学者强调无论国家发展还是区域发展，都应该考虑到人的全面需要，考虑到自然基础提供的可能。也因为如此，研究内容也越来越聚焦在国家或者区域各要素之间的相互作用方面。

随着社会经济的发展，科学技术在解决人类面临的一系列重大问题方面作用日益增强。在这个过程中，学科发展的交叉趋势也越来越明显。大量资源环境领域的自然科学研究（成果）需要在可持续发展领域找到"出口"。为此，需要将资源环境领域的研究方向由包括资源、环境两个主体部分延伸到包括可持续发展在内的三个方面。其主要理由如下：①资源问题、环境问题、可持续发展问题，这三个重大方面本来是密切联系而且是顺乎延伸的部分。只研究资源环境问题，不利于对解决资源环境问题提出有效的途径；②科学发展和人类重大实践都要求突破纯自然科学研究的理念，当今一系列重大的科学问题和社会经济发展问题都是交叉和综合性的，研究和回答这些问题要求多学科，特别是自然和人文学科的交叉和合作；③国际上一些有关的重大计划和研究机构都是包括自然和人文在内的综合性的和多学科的。我国许多研究机构和大学也日益整合自然科学和社会经济科学的资源，开展交叉领域，其中包括发展和可持续发展这个领域的研究。

## 2.2 国内研究进展

在我国,地理学关于区域发展研究是在 20 世纪 70 年代中后期兴起的。在此之前,地理学者参与了大量的区域规划和区域性的发展战略研究,奠定了区域发展研究的基础。80 年代中期,有部分地理学者参与了当时国务院发展研究中心组织的"2000 年的中国"的大型综合性的国民经济长期预测研究。20 世纪 80~90 年代地理学者开始了较为广泛的区域发展的理论和方法研究。但这些研究涉及自然和人文跨学科的研究很少,基本上都是经济地理学者承担完成的[5]。

1992 年在巴西召开联合国环境与发展大会,最后通过了《关于环境与发展的里约热内卢宣言》。我国政府在 1994 年发布了《中国 21 世纪议程》,由此在全国范围内出现了关于可持续发展的研究热潮。

大量的研究聚焦到可持续发展的基本原理和我国的区域性可持续发展战略研究及规划。在全国性的研究中,中国科学院编制的《中国可持续发展报告》(系列)在政府和学术界产生了重要的影响。科技部的"21 世纪议程研究中心"的学者对国外关于可持续发展的理念、研究成果和政府行动做了大量分析和介绍,编写出版了《可持续发展原理》[2]。

对于我国经济长时期的高速增长,不少学者认为付出的代价高昂,提出要改变现行的核算体系。其中,最主要的是将资源消耗、环境污染和过高的生态占用也价值化,然后计算在 GDP 的成本中。这样可以真实地反映经济增长的实际绩效。但由于"价值化"在科学上和实践中都难以操作,因此始终没能实施。世界银行在 20 世纪 90 年代曾经有两位学者对印度尼西亚做过独立的分析研究,其结果显示出扣除生态和环境成本后的净 GDP 比政府统计公布的 GDP 少很多。

中国科学院和国家自然科学基金委员会联合,在 2008~2020 年间将区域可持续发展作为 19 个大的领域之一,研究编写今后 50 年发展路线图。该项工作由中国科学院地理科学与资源研究所牵头,联合南京、成都、长春、乌鲁木齐等中国科学院地理学研究机构,进行了两年多的工作。最后出版了《至 2050 年中国区域发展研究发展路线图》。其中,将"人-地关系"地域系统动力学,即"社会-环境动力学"作为区域发展理论研究的方向,将"建设中国区域可持续发展模拟与决策支持系统"作为面向国家需求的应用方向。这具有引领学科发展的重大意义[6-7]。

但是,近十年来,由于科学界过分强调"国际前沿"和发表 SCI 论文的评估指标,对于结合实际的发展与环境研究和可持续发展研究相当薄弱。对于我国大区域综合治理的研究和规划,在 20 世纪 80~90 年代曾经做出许许多多具有很大影响力的研究成果,现在只有很少学者和课题在研究了。因此,在长时期内我国学者对于发展与环境的关系,特别是如何估价高速增长的代价及如何确定我国不同时期合理的经济增长速度方面,还只是停留在理论层面。在实践中,许许多多的问题摆出来了,前瞻性不足,有"事后诸葛亮"之嫌,基本上没有在经济增长的模式和速度方面做深刻分析。

## 3 研究展望

在全球尺度上,学术界对环境与发展关系问题更加关注,会有诸多国际学者遵循"未来地球"框架文件的倡议,将焦点集中在联合观测、预警和协助政府制定可持续发展政策等方面,进行广泛深入的工作。但各国学者在研究目标和产出方面并不相同。

在我国经济取得了连续30年高速增长的背景下,环境与发展关系问题正在成为学术界和社会日益关注的焦点。地理学家将会更加广泛地参与其中的研究。我国各类区域的经济发展和资源与生态环境状况之间的关系,如何使高速经济增长区域的生态环境得到真正的改善,特别是如何使这类研究促进各级政府的科学决策,也将会逐渐成为学者们价值观的体现。

关于未来我国经济增长及支撑系统研究的几个重点方向如下。

(1)我国改革开放以来经济增长历程,长期高速增长及取得的辉煌成就,以及近年来我国经济发展中的问题及产生的原因等。

(2)在中长期范围内,我国经济发展面临的国际环境(资源、市场、地缘政治等)及其对经济增长支撑系统各个因素供给(保障)的影响。

(3)在综合分析产业、发展模式、资源及环境和基础设施4类支撑系统因素的支撑能力基础上,揭示未来经济增长率可能的方案(高速或中速)及其对支撑系统(各主要因素)的最低要求,能不能得到满足?如何才能得到满足?影响经济增长的因素众多,矿产资源(包括能源)、水土资源、交通运输等曾经是中外大多数国家工业化和经济发展中的重要因素,这些因素曾经影响乃至决定了我国的经济发展进程和生产力布局的基本特征。但在全球化和信息化及我国的现实条件下,经济增长模式、产业结构演变、环境状况、生态系统等都是影响经济增长(率)的重要因素。对这些影响乃至决定经济增长(率)的中长期支撑系统因素,通过对上述内容的研究和目标达成,可以揭示经济增长各个阶段(规模、结构、增长方式)如何引起环境(矿产资源、能源、耕地、水土气环境、生态系统及其服务功能)的变化,提出如何判断支撑系统的支撑能力及其极限。总体来讲,建立中国经济系统的子系统互动模式,应包括劳动力人口、资源消耗、环境污染、资本投入和技术进步等子系统,确定总体与子系统的反馈机制。

(4)总结关于发展与环境之间相互作用的特点及过程,揭示地球表层系统变化的驱动力和"人-地系统"动力学的基本内涵。在总体模型基础上,划分系统的子块,分析各子块变量的种类和主要变量,确定变量之间的关系、回路及其之间的反馈耦合关系,并分析系统主回路及其性质,以及主回路随时间变化的特性。由此在全国尺度上揭示我国"人-地关系系统"动力学特征、主要支撑因素与环境要素之间作用的方向、强度和参数。这些特征、机制和参数可以说明、刻画我国以往和未来(中长期内)人类活动(经济发展、社会发展)和环境之间的(协调,或冲突)关系,提出国家和社会如何调整我们人类活动,即社会经济发展的方式(经济增长的预期速度、产业结构、技术创新等),来实现人类与环境之间的和谐发展。

(5)在深入分析我国国情并参考国际经验基础上,在以下方面向政府提出分析与建议：我国经济增长方式转型和中长期经济增长率、社会经济结构的调整、重点区域的综合治理和生态系统服务功能的提升、中速增长—通向世界经济强国的重要途径。

（6）以往只是小尺度地进行地球表层系统变化的驱动力研究和区域可持续发展问题研究，应该推进地理学研究的尺度转换，在全国的尺度上推动研究它们相互作用的机理、功能、结构和整体调控的途径和对策，并揭示新常态的科学内涵，为合理而有效地开发和保护环境、促进生态建设与区域治理、制定确当的开发整治国土规划和社会经济发展战略服务。

（7）在学术上，确定人地关系与区域可持续发展研究领域的战略重点和研究方向，这将为国家解决重大国土开发和区域问题提供科学基础和方案。同时，也为地理科学的发展提供重要的机遇，为未来我国地理科学的任务提供新的框架，它是地理学的立足点，是地理工作者的用武之地，又是促使这门学科向前发展的最大动力。

## 参考文献（**References**）

[1] Lu Dadao. Moderate-speed Growth: Sustainable Development of China's Economy [J] Scientia Geographica Sinica, 2015, 35(10): 1207-1219. [陆大道. 中速增长: 中国经济的可持续发展[J]. 地理科学, 2015, 35(10): 1207-1219.]

[2] 周海林. 可持续发展原理[M]. 北京：商务印书馆, 2004. [Zhou Hailin. Principles of Sustainable Development [M]. Beijing: Commercial Press, 2004]

[3] Meadows D, Randers J, Meadows D. Limits to growth: The 30-year update [M]. Chelsea Green Publishing, 2004.

[4] Lu Dadao. The framework document of "Future Earth" and the development of Chinese geographical science: The foresight of Academician Huang Bingwei's statement [J]. Acta Geographica Sinica, 2014, 69(08): 1043-1051. [陆大道. "未来地球" 框架文件与中国地理科学的发展——从 "未来地球" 框架文件看黄秉维先生论断的前瞻性[J]. 地理学报, 2014, 69(08): 1043-1051.]

[5] Lu Dadao. Regional Development and Its Spatial Structure. Beijing: Science Press, 1995. [陆大道. 区域发展及其空间结构[M]. 北京: 科学出版社, 1995.]

[6] Lu Dadao, Fan Jie. Regional Development in China in 2050. Beijing: Science Press, 2009. [陆大道, 樊杰. 2050: 中国的区域发展[M]. 北京: 科学出版社, 2009.]

[7] Lu Dadao, Fan Jie, Liu Weidong et al. Regional Space, Function and Development of China [M]. Beijing: China Land Press, 2011. [陆大道. 中国地域空间功能及其发展[M]. 北京: 中国大地出版社, 2011.]

# 《改变世界的十大地理学思想》中译本的序[*]

这里呈献给读者的是美国地理学家联合会组织编写的《改变世界的十大地理学思想》，其完成于20世纪90年代中期。时任美国地理学家联合会主席的苏珊·汉森教授在学会年会讨论的基础上，组织她的学会同事，即在大学任教的教授，进行了这一非常有意义的工作。学者以广阔的视角透过时间"隧道"，阐述了地理学思想的形成及其在地理学"圈子"外如何发挥了重大影响。书中以丰富的资料和地理思维逻辑阐述了地理学家的伟大科学成就，指出了这些成就的社会影响已经大大超出了地理学专业的范畴。这些地理学思想是由地理学家发现、率先阐述并逐渐进入社会生活从而影响世界的，而这又进一步推动地理学的发展。

全书分成三组内容，即"世界的表达""作为人类家园的世界""相互联系的万千世界"，加上作为结尾的"尾奏"，系统地阐述了改变世界的十大地理学思想。是文集，但实质上不是彼此较少关联甚至彼此分割的论题，而是一个相当完整的理论体系。因此，是真正的理论著作。作者在人类历史长河中、各种学科同时做出各种各样贡献的态势中，从较长的时间和空间尺度内，梳理总结出地理学和地理学家们的贡献及这些贡献对于人类社会发展的意义。其阐述了一系列重要的地理学思想的发展历程，揭示了地理学的精髓。其论述复杂的现象"大千世界"时，以人类经常可以观察到、体验到的方式，介绍了地理学家如何观察世界和理解世界。因此，这也是一本地理学的高级科普著作。

该书以地理学思维阐述了"大千世界"中诸多现象和因素。所阐述的十大地理学思想对象囊括了很多方面。但是，从考察其方法论，却具有共同的特点（视角）。那就是在各种区域层面上，从事物的相互关联的角度，阐述地理学家的思想和工作成果，揭示他们的观点、理论对人类社会生活各方面产生的影响，从中我们可以清晰地看出，学者如何从广阔的视角阐述了地理学的内涵、对象和考察事物的方法论。

该书对于地理学的业内人士来说是一本专业好书；对于社会各界，该书有助于了解地理学及提高观察我们周围环境的科学理念和能力，更好地了解我们人类自己，并提高处理人类与地球环境关系的能力。

## 1. 从广阔的视角阐述了地理学的基本内涵

人类社会和所处的环境之间的关系是地理学的主题，也就是该书所述的"是地理学中永恒的论题"。《改变世界的十大地理学思想》从地理学比较传统的10个主要领域阐述了这个主题及其内涵。

每一位作者就一个领域的地理学思想，阐述其发生发展的过程，分析这些地理学思想如何推动人类生活和社会进步。全书构成了一个比较完整"改变世界"的"价值体系"，

---

[*] 原载于：改变世界的十大地理学思想，苏珊·汉森编，肖平等译，商务印书馆2009年出版。

彼此的内涵相互联系。这种联系的纽带即起支配作用的是区域的差异性和区域之间的相互依赖性，这是地理学研究对象的重要表述之一。地理学是这样考察世界（从区域中相互联系的大千世界来考察事物），并将这种考察方式及考察的结果告诉人类社会。

作者阐述问题的目标是地理学思想和地理学家的工作是如何改变世界的，但是他们的注意力先放在世界是怎样的，以及为什么是这样的。其中，他们揭示了世界上经济和社会现象的空间联系和空间结构，人类和自然界的相互关系，以及人类和所处的区域之间的关系等。而他们在阐述这些问题时总是以区域的范畴（即世界全球，而在大部分时候是世界的一部分，包括流域、各种类型的自然单元、国家、城市、乡村）来进行的。

苏珊·汉森教授以1863年6月美国南北战争时一次血腥战斗的重大战役发生在盖茨堡的原因做了地理学上的解释，从一个角度阐述了地理学的内涵。她给出了一张显示当时美国东部地形、交通线路和居民点格局的地图。从这幅反映地理学思维的地图可以看出，"那个地区所有的道路都通向盖茨堡""那个区域的交通地理就意味着双方的军队都向盖茨堡集中"。她认为，这种交通线路的空间格局是导致这次重要战役在这一地点发生的主要原因。并由此得出结论："所谓的地理思维就是要看到整体的宏图，将不同的部分如何适当地组合在一起。"地图可以展示"各种关系和联系"："人与环境之间的联系、地方之间的联系、人与地方之间的联系，这些都是地理学的核心问题"。

从15～16世纪的"地理大发现"开始，随着科学技术的发展，人类就在越来越大的范围和深度认识、思考我们这个星球的一系列环境、环境变化及其与人类活动的相互关系问题。至于从哲学层面上阐述人和"天"（中国古代）、人和"地"（西方）的关系，可以追溯到2000多年以前甚至更遥远的年代。从19世纪70年代初近代地理学产生之后，这些范畴的认识开始形成若干理论观念，即所谓"环境决定论""环境可能论"等。今天，社会已经在越来越大的程度上认同人与自然相互关系的"和谐论"。随着19世纪，特别是20世纪人类社会经济的高速发展，科学家们认识到，由自然因素引发的环境变化占主导正在转变为由人类因素引发的环境变化占主导。在这个大背景下，科学地认识和处理人类活动与自然界的关系，就变得非常重要。在本书"作为人类家园的世界"的3章，作者阐述了人类社会与环境之间非常复杂又很辩证的关系。特别是其中的第4章，作者罗伯特·盖茨阐述了地理学家"人类调适"（请编辑以英文标出原书中的"调适"！）理念的形成和发展，认为这是"塑造并将继续塑造人类与环境关系的地理学思想"；"人类调适"的思想"才使人类与自然的共存常常要比人类主宰自然要有效得多"。在相互关联中认识和理解"作为人类家园的世界"，既是我们这个世界本身存在和发展的逻辑，也是认识这个世界的逻辑和理念。本书出版之后在美国出版的另一本地理学理论著作《重新审视地理学》中，深刻地总结了地理学家关于人类社会与环境之间的关系，提出"环境-社会动力学"作为地理学理论发展的主导方向。

"中心地理论"体现了地理学关于社会经济要素在地域空间中的等级关系和空间结构。该书作者将这一地理学思想的内涵做了进一步深入的阐述，并以荷兰在北海填地上按照中心地理论模式设计聚落系统的事实揭示了"中心地理论"的地理学原理。

地理学家对于大千世界的发展具有一种前瞻性的观察能力，这种观察能力体现了地理学的科学思维。例如，法国地理学家利恩·巴特曼在20世纪60年代提出了城市群的论断、理念和模型，阐述了美国东北部地区作为世界级城市群出现的重大意义。他从相互联系的理念和全球的视野，揭示了城市群功能和内部结构的变化。几十年来，这种变化持续表现并不断强化：在全球化和信息化的大背景下，世界上若干城市群形成，其产业结构实现了大幅度调整。其中，建立在信息化基础上的服务业（第四产业）的重要性提高，城市群内部的网络化发展，城市群成为一种重要的观念进入到社会生活中。

**2. 揭示了地理学思想来源于世界而又改变着世界的逻辑关联**

地理学思想来源于客观世界。客观世界纷纭繁杂，但却有客观规律，这种规律体现在事物之间的关联、事物与周围环境之间的关联，以及它们之间的结构关系（包括空间结构）等，考察这些客观存在的事物，揭示其相互之间的作用，概括出它们在空间中所形成的"图像"，即能形成"地理学思想"。地理学思想发展的"动力"来自客观世界本身，而这种"动力"又反过来"改变世界"。地理学家将这些"结果"（理念、构架等）揭示给人类社会，使得社会生活各个方面遵循这些"结果"。人类社会和经济发展不断取得进展，新因素层出不穷，人类社会经济活动内涵及其空间规律也在不断变化，总是提出一个又一个新问题。在回答和解决这些问题的过程中，地理学家对实践中发展的事物予以概括和理论化，并提供给社会进而被社会所接受。也就是说，这个过程同样可以概括为"实践—认识（理论）—实践"的哲学模式（规律）。按照作者的表述，就是"有关地球的研究是如何并发出思想，而这些思想又的确改变了我们所研究的地球"。

地图、气象地图和地理信息系统等是地理学家的最先所为。今天的世界已经成为没有它们就无法"运转"的时代。我们说，地图、气象地图和 GIS 等都是来源于客观世界的，是因为它们都反映了客观世界的空间关系和空间结构。作者在阐述 GIS 时，向读者给出了作为地理学思想和地理学家表现世界、改变世界的最新技术手段，它是如何来源于高度分散的信息单元（一段路、一棵树等）而以无限多样的方式集成起来的，其反映客观世界本身存在的"连续变化"和"模糊边界"，从中向我们揭示了这一组地理学"思想"如何"反映世界，进而影响我们观察世界的方式"。

罗伯特·盖茨提出的"人类调适"的观念是"塑造并将继续塑造人类与环境关系的地理学思想"。地理学家对水分平衡气候学的长期观察和分析，使得人类能够评价人类活动对水资源的影响，能够使作物、水和土壤获得有效的管理，因为它使得"人们能够定量计算世界上任一位置的水分盈缺"。地理学家通过观察和揭示水分循环的科学原理，给人类社会提供了关于调蓄水源、节约水源、区域间调配等的基本理念和关于防止不合理用水、不合理实施区域间调配工程的思想工具。作者认为，今天的世界应该是"我们已经改变的，同时又改变我们的世界"。其原因是作者强调的"人类改变地球的思想已经驱动着人类与环境的相互作用，并且根据其结果使这种作用得到了修改"。

对于人文与经济地理学来说，则是考察人类社会经济活动在空间上的"投影"而形成了"地理学思想"。作者苏珊·汉森教授认为："当地理学思想改变了我们头脑中的世界时，其影响有时就可以从景观中看出来。"这里的"景观"是指社会经济要素在地域空间中的集聚、组合及其相互关联所形成的空间结构。爱德华·塔弗在第 7 章"空间组织及其相互依赖"中，阐述了区域之间的差异性引起强烈的联系而导致功能区的形成。作者强调，社会和技术的进步促进了地理学的发展，"由于得到改进的交通和通信技术加速了日常的人流、物流和信息流，所以将城市、区域和国家联系在一起的空间组织就显得日益重要"。"流"的重要性使地理学家更加关注地区间的相互依赖性。特别重要的是，产业的集聚昔日表现为"地点空间"；而现在，大型制造业公司的产业链已经延长到全球范围。企业的管理模式已经由昔日的金字塔形的垂直系统转变为扁平形的"流"的管理。在多种"流"的交叉"节点"上，国家意义上的、全球意义上的大城市和城市群出现。与此同时，原先的一些小城市衰落了。这就是作者爱德华·塔弗所得出的结论："在国家水平上，一小群巨大城市主导着美国的空间组织，具体表现为企业和银行间的联系、高速公路交通流、电话、空港中心的增长、网络电视的集中、计算机网络和电子超级高速公路的开发，以及许多其他的指标"的形成。在关于"城市群：未来即是现在"的第9章，作者阐述了40多年前利恩·戈特曼关于城市群是"城市发展的一个连绵不断的网络""新型的城市组织模式""可能被看成是未来城市发展的样板"的全新理念。当时，戈特曼就察觉到美国东北部城市连接成一个单一功能区中乡村和城市之间边界的模糊性。传统的观点是，将城市化与制造业及支撑制造业的自然资源相联系，戈特曼关于城市增长的动力和财富的源泉是服务业。"这种新型的城市化出现在一个完全不同的经济基础上，即一个以信息业为基础的服务业经济，而不是以商品为基础的制造业经济"。因此，人力资源和人类与地方之间的联系和相互依赖是中心，这样的城市群就成为"将国家与国际经济联系起来的枢纽"。地理学家的城市群思想正在塑造我们这个世界的经济和管理系统的空间格局。近20年来，"新经济地理学"的倡导者——经济学家克鲁格曼在这方面做出了杰出的分析研究。

在我国，经济全球化和信息化的强烈作用，正在形成以上海为中心的大都市区，以香港、广州为中心的大都市区和以京津为中心的大都市区。将这三大都市区逐步建成为具有国际竞争力的地域单元，使其成为全国、东亚和东北亚的枢纽和门户，这完全符合全中国的战略利益和长远利益。在这样的大都市区内，中心城市或中心城市的核心区，聚集具有国际意义的高级服务业（国际性金融、商贸、中介、研发等机构），其他城市会主要聚集制造业和加工业，在外围地区聚集运输枢纽、现代农业等，并且以现代化的网络化的交通通信、能源供应、供排水、环境等基础设施系统为支撑，形成具有特别活力、可以带动全国乃至更大区域在全球发挥引领作用的区域。但这样大都市区的形成和强化会导致国家的人口和经济更加集中，区域间经济实力差距进一步扩大，由于统一组织和高效管理的需要，各城市在管理权限方面需要部分"上交"。因此，这不仅仅是一个重大的经济决策问题，更是一个政治决策问题。

**3. 关于地理学的方法论**

作者如何阐述地理学家对于"大千世界"的认识？如何揭示"地理学思想改变了世界"？即"地理学家如何观察和理解世界的"和"地理学的思维如何为世界做出了贡献的"。这两个问题集中体现了地理学的方法论。

科学方法论的发展有着普遍的过程和规律，那就是早期的因果关系到近代，特别是到现代广泛流行的相互作用关系论的转变和发展。本书作者在阐述这些重要的地理学思想时，也是经过了观察后探求其中（现象、态势形成）的原因到复杂的多因素之间的相互作用分析。这种方法论及其对人类社会发展进程的影响、在人类与其生存环境之间关系观念的形成、自然地理要素及其组合的区域分异及其动力过程、社会经济的空间结构的形成等方面得到了充分的凝练和发挥。

地理学家具备特殊的视角，这就是地域性、等级概念、空间中要素的相互依赖性及其空间结构等。这是地理学思想，但主要是方法论。从这些方法论方面去理解地理学思想，才可以更好地认识地理学是如何（能够）"改变世界"的。地理学家改变了人们考察世界的方式及传达信息的方式，当然也就改变了世界。大千世界，千千万万个社会主体和经济主体，它们每一个活动主体的空间位移可能是没有规律的，可是在总体上，又显现出明显的空间规律来。在这样纷纭繁杂的大千世界里，如何寻找社会因素、经济因素的空间规律？地理学的方法论告诉我们，要从区域分异考察相互联系中的"大千世界"，要以特殊的眼光和思维揭示现象区域差异及区域之间的相互依赖性，要从等级、空间结构看待这个世界。相邻区域之间，河流的上下游之间，海陆之间，以及人地关系地域系统的内部结构和内部各部分之间等，存在着差异性和相互关联。

区位论创立者、著名城市地理学家克里斯泰勒在构思中心地理论时曾经思考："我们探索这个原因，为什么城市有大有小？我们相信，城市分布一定有什么安排它的原则在支配着，仅仅是我们不知道而已！"他认为："城市在空间上的结构是人类社会经济活动在空间的投影""物质向一核心集聚是事物的基本现象"，即空间中的事物从中心发源，向外扩散；区域的中心地点，也就是区域的核心，是一个特定区域的统帅，这就是城镇。世界上几乎没有一个地区不由各种规模的城市组成的城市网所覆盖。其大多数情况是一个地区或国家，如果从大到小对城市进行分级，那么各种等级都会有。经验规律表明，规模最小的那一级城镇的数量最大。等级越高，数量越少。从"六边形"的中心地理论出发，从等级、空间结构看待世界，是极为重要的地理学思维。本书作者在功能区和城市群的领域中，还提出对等级、距离的科学认识，认为关键是"联系的紧密度而不是地理的邻近性和相似性来改变世界的"，距离的作用不是绝对的而是相对的——相对于克服距离的容易程度。"这里面反映了功能区的地理学思想。

我们同样可以提出这样的问题：各种不同的区域，包括行政区域和自然区域，它们的经济发展社会发展为什么如此千差万别。同样是在一个国家中，各地区发展水平差异很大。或者是，在某一国家某一时期两个区域，发展水平差不多，但是经历了一个或若干个发展阶段后，其发展水平拉大了；等等。我们要探求这里面的原因，也就是说，揭示其中的因素和因素作用。只有这样，人们才有可能对各种类型区域的发展过程实施控制。我们很容易发现，这些因素的作用并不是决定论性质的。一系列有关因素共同决定区域的发展速度、规模和结构特征。这些因素中的一个或几个发生了变化，其所引起区域发展（规模、速度、结构等）的变化，并不能在量的方面进行精确测量的。即可以得出一个或一组确切的数据（参数）。为什么呢？许多重大的科学发现，如布朗运动，微小颗粒运动是没有规律的，但是却有统计规律。

作者认为，本书所阐述的种种地理学思想，也就是表达世界和理解世界的地理方式。它们"渗透到将世界理解成人类之家和相互联系的地理方法之中"。这些方法，进入社会经济各个领域，逐渐成为人们的社会理念和行为的准则。

**4. 我国的地理学和地理学家正在进行着"改变世界"的工作**

地理学思想是全人类的财富。中国地理学家在发现、运用和发展地理学思想过程中，也正改变着世界。

20世纪50～60年代，中国学者提出了水热平衡、化学元素地表迁移和生物地理群落等自然地理学的3个方向。这些地理学学术思想早于当前全球变化研究中逐渐获得共识的地球生物化学循环和地球系统科学的理念。几十年来，在农田生态系统中水分循环和水盐运动规律及其与作物生长关系方面，在环境生物地球化学、环境背景值和环境健康方面，在地域分异规律与中国自然地理区划、土地类型与土地利用、区域自然地理和农业区划、地域生产综合体与区位理论和空间结构理论方面，在青藏高原隆起及其影响方面，在专题地图学和综合制图的理论方面等，发展了"地理学思想"。与此同时，中国学者参与国际上一系列关系到全球变化的研究计划，如国际地圈生物圈计划（IGBP）、国际全球环境变化人文因素计划（IHDP）等，共同推动了全世界关于应对全球变化、促进可持续发展的事业。

中国的地理学家在半个多世纪以来组织和参与完成了国家一系列重大的关于我国自然条件、自然资源、农业发展方面的调查研究工作，包括大规模的地区综合考察、综合自然区划、农业区划、黄淮海平原的综合治理、国土规划和区域发展研究和规划等。在这个过程中，为政府和社会提供了大量的建议和科学资料，在生产实践中产生了巨大的社会经济效益，大大提高了地理学应用价值和科学水平。我们可以肯定地说，中国地理学的影响力在扩大，已经超出了专业的界限。

由于强大的技术手段和社会生产力的运用，我们这个星球上的自然结构和社会经济结构正在发生着剧烈的变化。这在中国表现得特别突出。我国的地理学家与国际上各学科的学者一起，强调任何一个气候要素的变化可能引起气候系统的变化，也不断证实人类活动引起$CO_2$的增加会导致地球大气层温度的增加，而这又可能导致海平面的上升，从而带来巨大的经济损失和社会灾难。不仅如此，另外一种性质的相互关系更是不能忽略的，即由于全球化的发展，发达国家大量利用发展中国家的资源、损害发展中国家的环境而阻碍经济和社会的发展，从而扩大全球范围内"南北"之间发展的差距和对立。这种变化的结果是我们能不能实现社会经济的可持续发展，以及如何实现可持续发展？认识到我们自己的行为造成的后果，必须研究地球表层系统本身的运转状况。由于我国经济和社会的迅速发展，地球表层的变化在我国表现得尤为突出。"现在应该怎么前进，应该不应该把自然和社会两方面都结合起来考虑，特别在可持续发展方面，从解决问题方面来考虑""钱学森先生和我们所想的则是以地表为中心，最后与可持续发展接轨"。黄秉维先生的话为我国地理学发展指出了大方向。20世纪80年代以来，吴传钧先生反复强调，地理学要"着重研究人地理系统人与自然的相互影响与反馈作用""对人地理关系的认识，素来是地理理学的研究核心，也是地理理学理论研究的一项长期任务，始终贯彻在地理理学的各个发展阶段"。

我国地理学家的工作促进了我国自然条件的合理利用，阻止了自然恶化的趋势。地理学的方法逐步为社会所了解和应用,地理学的成就在越来越大的程度上为社会所认同。甚至可以说,地理学的发展在某种程度上改变了人们的时空观念和有关领域的工作方式。今天,国家和社会如此地了解西部地区、了解黄土高原、了解黄河长江、了解青藏高原、了解黄淮海、了解国土开发和可持续发展,地理学家开辟的 GIS 和遥感应用技术如此在社会广泛应用并发挥这样重要的作用等,这与我们地理学家的工作密切相关。地理学的一些基本观念,如"区域"及"区域差异"、地图及 GIS 思想、"人-地关系协调"的概念等在越来越多的领域被采用。

我们深深地感到,理论学习和理论总结是何等的重要!该书的作者在大跨度的时间和空间范围内,总结并深刻揭示了地理学和地理学家的贡献及这些贡献对于人类社会发展的巨大意义,理论性很强。我们应该在广泛实践的基础上,编写出能够发人深省的著作。

写成了这篇"序",我有一种从沉重中解脱出来的轻松!我之所以用两个月的时间,断断续续地写出这么长的"序",是极力将这本书推荐给广大的专业的和非专业的人士,也表示我对本书作者和译者辛勤劳动的深刻谢意。长期以来,商务印书馆组织翻译出版了诸多西方学术名著,消除语言的障碍,拉近了我们中国学者与西方学者间的距离。

2009 年 1 月 18 日

# 科学巨人　宝贵遗产*

**摘　要**：黄秉维先生是在新中国成立以后至 20 世纪 80 年代末的近 40 年间中国科学院地理研究所和中国地理学会的领导人。黄秉维先生在 80 年代后期至他去世前的 10 多年间，对我国地理学发展方向有深刻的思考和高屋建瓴的论述。黄秉维先生对我国地理学发展的思考和论述有重要三点：其一，关于地理学方向，强调自然地理学和人文地理学的合作，特别是要对国家建设做科学研究，解决国家面临的可持续发展问题。其二，强调微观研究，20 世纪 50～60 年代他在提出自然地理学的 3 个新方向的基础上，指导了 20 世纪 80 年代试验站的建设和实验地理学的发展。其三，强调我国地理学要特别注意开展环境变化领域的研究。

今年是黄秉维先生诞辰 100 周年。在 19 世纪末 20 世纪初，我国南方是各种革命思潮和进步思想十分活跃和广泛传播的地区，涌现了孙中山这样的革命家和梁启超等思想家，以及一批对 20 世纪中国科学技术产生重要影响的科学家。黄秉维先生就是其中的科学巨人之一。他给我们后人留下了一系列重要的科学遗产。

在新中国成立以后至 20 世纪 80 年代末的近 40 年中国地理学发展中，黄秉维先生是中国地理学会长时期的领导人，也是中国科学院地理研究所的领导人。这个期间黄秉维先生和他的主要合作者陈述彭、吴传钧和施雅风三人处在我国现代地理学发展的核心领导层位置上。他们引领了全国地理学的发展方向，牵头了全国性若干重大合作任务，培养了一大批学者和优秀的地理学家，在国内外产生了重要影响。其中，黄秉维先生领导了中国科学院地理研究所和中国地理学会 30 余年，他提出了自然地理学的"三个新方向"，倡导了地球表层系统跨自然与人文的跨学科研究，培养和带出了大批优秀的地理学者。他是中国现代杰出的地理学家和地理科学事业的主要奠基者之一。在关于地理学发展方向、自然地理学的综合研究等方面，黄秉维先生都做出了重要的发现和成果，它们成为今天我国地理学和整个地球表层研究工作重要的科学基础和依据。

在这里，我特别要指出的是黄秉维先生在 20 世纪 80 年代后期至他去世前的 10 多年间，对我国地理学发展方向的深刻思考和高屋建瓴的论述。

黄秉维先生早在改革开放初期就开始总结国内 30 多年地理学发展成就和国外地理学发展背景、态势和理论方法。到了 20 世纪 80 年代末，他尖锐地指出，国内外社会经济和科学技术发展都出现了新的形势，地理学面临着新的大环境。地理学发展"出现较旺盛的生机，……但仍存在不少弱点""要进一步对自然与社会经济的现象、过程力求知其所以然。……就我看到的一些工作来说，主要缺点在于缺少将人文现象与自然现象结合起来"[1]。他在为钱学森先生等所著《论地理科学》作序时开门见山："10 年以来，钱学森教授坚持不渝地提倡建立地球表层学、地理科学，为祖国中长期建设规划服务[2]。他号

---

\* 原载于：地理学报，第 68 卷第 1 期，2013 年 1 月出版。

召有关科学工作者理直气壮地为此而努力经营,语重心长,期望殷切。"他认为钱学森先生的论述"言简意赅,却是很丰富的理论和实践的结晶"。可以见得,他在那一段时间与钱学森先生几乎不谋而合地想到一起了,他呼应了钱学森先生的倡导。

进入20世纪90年代中期,黄秉维先生多次谈到:"现在该怎么前进,应该不应该把自然和社会两方面都结合起来考虑,特别在可持续发展方面,从解决问题方面来考虑""钱学森先生和我们所想的则是以地表为中心,最后与可持续发展接轨。"[2]

总结黄秉维先生20世纪80年代至他去世时关于我国地理学发展的思考和论述,我认为重要的有三点。

其一,关于地理学方向,与钱学森先生的观点相呼应,强调自然地理学和人文地理学的合作,特别是要对国家建设做科学研究,解决国家面临的可持续发展问题。这是黄秉维先生几十年从事地理学研究最重要的理念。这一重要理念完全符合以重大科技成果产出导向的科技评价体系和科技体制改革的客观要求。

其二,非常强调微观研究,在20世纪50~60年代他提出自然地理学的三个新方向基础上,他指导了80年代试验站的建设和实验地理学的发展,对实验站进行基础研究,但同时服务于区域治理。

其三,强调我国地理学要特别注意开展环境变化领域的研究。但是,黄秉维先生并不主张地理学家要广泛开展全球气候变化问题的研究。"有重要意义的是,在了解地球表层的基础上,能相当肯定地推广人为措施对一个客体施加影响会对其他客体产生什么影响;对一个地区施加影响,会对其他地区产生什么影响;今天的措施会在明天、后天产生什么影响。……不能只从科学技术着眼,还要适合社会经济条件,还要分析社会经济效益。……"[1] 在这里,他所关注的是社会经济发展和自然环境间的相互作用并引导至可持续发展。其在方法论上与这个阶段钱学森先生提倡的巨系统的观点是相一致的。

黄秉维先生的上述思考和倡导已经过去十多年了。我们需要经常重温这些教导,总结近10年来我国地理学发展的进展、经验和不足。我以为,黄秉维先生的论断和教导是非常具有针对性的。由于长时期高速和超高速经济增长及大规模城市化,我国的自然结构和社会经济结构迅速发生剧烈变化。这种变化向地理学的长期发展提出了一系列重大的科学问题和实际问题。紧紧把握黄秉维先生的教导,我们中国的地理学者应该将主要力量放在关注我国环境变化及其影响领域的研究。这样,我们就不会迷失方向。

我国长期高速和超高速经济增长、大规模城镇化,导致我国自然结构和社会经济结构发生了剧烈变化。与改革开放初期,即30年前相比,2009年GDP达到30多万亿元,增长了60多倍。城镇化水平超过了50%,增加的城市人口相当于35个100万人口的特大城市,成为世界第三、第二大经济体。我国巨大的经济总量、社会总量(特别是城市人口规模)再加上长时低端产品"世界工厂"的发展模式,使我们付出了极大的代价:自然资源大耗竭,环境大污染,自然结构发生了剧烈的变化,国土开发和基础设施建设惊人浪费。这些发生在我国范围的"变化"是何等的剧烈、何等的巨大,影响是何等的深远。这种巨大的变化给地理学提出了大量的实际问题和理论问题。这就是黄秉维先生20多年前就开始强调的"环境变化"嘛!很明显,中国地理学家所面对的主要不是全球气候变化问题,而应该是人类活动引起的环境变化。这些问题对于我国来说不仅非常重大，更是非常紧迫。我们常常讲"压力-响应"，为什么这样巨大的"压力"没有置于首要地位呢？需要强调的是，这些问题中的许多问题对于地理学家（就学科性质）来说是义不容辞的，地理学家就知识结构来说又是可以大有作为的（领域）。但没有得到应有规模的响应。其主要原因是这些重大的问题可能不是"国际前沿"、国外科学家没有广泛提倡的缘故。在纪念黄秉维先生诞生100周年时，我希望，地理学者发挥独立思考的精神，聚焦到发生在中国的环境变化，来选择我们的方向和重大领域[5]，在环境变化及其影响领域的重大问题可以概括为以下三方面。

（1）土地和耕地资源的合理利用、保护和土地覆被变化的环境效应[3]。开展土地和耕地资源的合理利用和保护的研究，较之10多年前具有大得多的紧迫性和意义。这项研究为我国可持续的土地利用及其调控途径对策提供了依据[4]，明显是对我国自然结构巨大变化的积极响应。近年来，这方面的研究明显减少了，而且几乎都聚焦到碳收支的方向。

（2）在关于生态系统功能研究中，目前主要集中于生态服务功能。这方面的研究已经取得很好的进展。但主要还是理论上，有些论著基本还是概念性的。其一，较少与区域环境和区域农业结合起来；其二，很少将功能补偿做深入研究及如何实现这种补偿。研究生态功能最好结合实际研究"生态补偿"。提倡理论联系实际，生态服务功能的价值化和补偿，不是抽象、孤立的，即不应孤立地评价生态系统对于人类福祉的要义。它要包括对所服务的区域（或城市）提供水、气、景观等，能够保障人们生产生活的功能。也就是说，一定范围的生态系统（草原、森林等）对于它所服务（范围）的人的社会、经济发展提供的要素的质和量。这种具有一定质和量的要素在保障人类生产生活中所表现出来的作用即功能，也是商品。其当然是可以价值化的，提供者需要付出一定的代价，是应该得到补偿的。在这里，需要对生态系统进行综合评估，对生态补偿进行模拟和参数评价。

（3）区域资源、环境的承载力和可持续发展。这方面可以包括较多的研究领域和内容。其中，水土资源、生物资源和热量资源等资源与承载力的关系，这些资源合理、高效和可持续利用的技术体系，都市群和产业集聚区的环境承载力。典型地区区域环境演化过程等，环境生物地球化学与环境健康，重点城市群的复合污染及其治理等。在自然灾害研究方面，地理学可以研究的主要议题是灾情风险、灾情监测及评估，灾后重建及环境承载力评价等。在比较宏观的视角，研究环境与发展的关系及其区域协调、区域性战略环评等也很有意义。在这些方面，地理学家具有区域自然结构和社会经济结构的综合知识，可以使成果很有特色，在发展应用基础理论的同时，可以凝练成咨询报告。总之，服务于我国区域（流域）的管理和治理方面，地理学具有非常广阔的用武之地。

## 参考文献（References）

[1] Editorial Group of Collections of Huang Bingwei's Works. Integrated Geographical Studies: Collections of Huang Bingwei's Works. Beijing: The Commercial Press, 2003. [黄秉维文集编辑小组. 地理学综合研究——黄秉维文集. 北京: 商务印书馆, 2003.]

[2] Qian Xuesen, et al. On Geographical Sciences. Hangzhou: Zhejiang Education Publishing House, 1991. [钱学森, 等. 论地理

科学. 杭州: 浙江教育出版社, 1991.]
[3] Lu Dadao. Development of geographical sciences and research on global change in China. Acta Geographica Sinica, 2011, 66(2): 147-156. [陆大道. 地理学的发展与全球变化研究. 地理学报, 2011, 66(2): 147-156.]
[4] Research Group of Geoscience Development Strategy. Report on Geoscience Development Strategy in China in the 21st Century. Beijing: Science Press, 2009. [地球科学发展战略研究组. 21世纪中国地球科学发展战略报告. 北京: 科学出版社, 2009.]

# 春风化雨　润物无声[*]

## ——贺毕生走治学和创业并重道路的吴传钧老师 90 华诞

今年的 4 月 2 日是我的尊师吴传钧先生 90 华诞。自从我 1958 年踏入大学校门学习经济地理学开始，先生的名字就嵌入我的脑子里。我非常幸运，在 1963 年夏天考取了先生的研究生，并终于在 9 月初的一天在中国科学院地理研究所（中关村）第一次见到了先生。那一次吴先生给我的第一印象是一位具有绅士风度的大学问家。几十年来，这一印象始终没有变，且不断升华。先生对地理学这门伟大学问，特别是对中国地理学的深深热爱，矢志不移；他给我国地理学指出了"人-地关系地域系统"的研究方向及其丰富的内涵，开拓了我国当代地理学一系列重要的研究领域；他带领现代中国地理学走向了世界，并在一些国际同行中赢得了"大师风范"的赞扬；他时刻关心年轻学者的成长，培养了能够继往开来的学术队伍。今天，他老人家的学术思想正在变为我国广大地理学者的行动方向，他所开创的科学事业正在蓬勃发展。

## 1 奋斗历程与光辉成就

1918 年 4 月 2 日，吴传钧先生出生在苏州的一个书香门第家庭。父亲吴曾善，当过司法官，后在东吴大学教授法律，兼营律师业务，抗日战争前曾为爱国人士七君子辩护；又是名书法家，如今在著名的虎丘景区还保留着吴老先生的题字。这样的背景使先生自幼受到良好的家庭教育，从小热爱科学。上初中时，听地理老师讲述孙中山的《建国方略》，就使他产生了对国家美好前景的憧憬，激发了他对地理科学的浓厚兴趣和追求。他曾就读于我国著名地理学家胡焕庸任校长的江苏省立苏州高级中学，1936 年考入南京原中央大学地理系。抗日战争爆发后，中央大学内迁重庆沙坪坝，他在艰苦条件下继续求学，1941 年毕业，1943 年取得硕士学位后任该校地理系讲师，1945 年考取全国地理专业唯一的公费出国名额。经著名的人文地理学家罗士培（P. M. Roxby）介绍，他进入以研究远东地理为中心的英国利物浦大学研究生院进修。他利用假期骑自行车遍游英伦三岛，同时又担任留英学生会的副会长。他出席了 1946 年夏在布拉格举行的首届世界青年联欢节。1948 年他撰写的 *Rice Economy of China* 以优秀成绩通过答辩并被授予博士学位。

1948 年秋天，先生抱着救国的矢志和热情，毅然从英国回到处在内战年代的祖国，由前中国地理研究所所长、留学利物浦大学的前辈林超教授延聘到该所工作。新中国成立后，该所改组为中国科学院地理研究所，他和周立三先生共同负责经济地理组，从此开始了他那为中国地理学发展呕心沥血、功勋卓著的长期征程。

---

[*] 原载于：地理学报，第 63 卷第 4 期，2008 年 4 月出版。

从 1936 年进入原南京中央大学地理系开始，吴传钧先生从事地理工作已逾 70 年。他怀着对发展中国地理学事业的高度热情和责任感，踏遍了祖国大地，远涉重洋几十个国家和地区。其间，先生长期任中国地理学会副理事长，1991~1999 年任理事长，1991 年当选为中国科学院院士。这些全国性的工作岗位提高了他的责任感，从而促使他对我国的地理学事业做出了杰出的贡献。

20 世纪 50 年代，在苏联学术思想的影响下，国内出现了关于经济地理学科性质的讨论，给学术界带来某种程度的思想混乱。先生提出了经济地理学是与自然科学、经济科学、技术科学关系非常密切、具有自然-经济-技术综合特点的边缘学科的科学论断，从而为我国经济地理学发展指明了正确的航向。

20 世纪 50~60 年代，先生以极大的热情参与了首次黄河流域规划和大规模的黑龙江流域综合考察，完成了祖国心脏地区通往大西北的包兰铁路的经济选线等工作，为新中国地理学家服务于国家战略需求做出了榜样。

20 世纪 60~80 年代初，先生开拓了我国农业地理学、土地利用等领域的研究，特别是在"文化大革命"中和之后，先生在极为困难的条件下联合周围同事和地理学界的同仁，率领和参与组织地理学界与农业部门完成了《中国农业地理》《1∶100 万中国土地利用图》等重大任务。

"文化大革命"一结束，先生无比兴奋，全然不顾所受到的伤痛，立即将全部精力投入到振兴我国地理学的工作中。他积极组织和参与领导了中美地理学界之间的交流，全力倡导并组织实施了我国人文地理的复兴，提出了人-地关系地域系统是地理学特别是人文地理学理论研究核心的著名论断。

20 世纪 80~90 年代，先生积极组织地理学界参与农业区划、国土整治与规划研究、区域可持续发展研究等我国当代地理学一系列重要的研究领域，完成了一系列重大成果。他以大量的时间和精力，组织领导了我国地理学家广泛参与国际学术交流活动，1984 年使中国在国际地理联合会的地位得到恢复。也正是在这个期间，先生在一系列重要的研究领域组织了我国地理学界的广泛联合和合作，使当时的地理研究所实现了中国科学院和国家计划委员会的双重领导。先生的这些工作和贡献使我国地理学出现了朝气蓬勃发展的局面。

近年来，先生以接近 90 岁的高龄仍然活跃在地理学理论研究和重大应用研究的前沿，完成了重点基金的研究，并主持了《中国人文地理丛书》的编写。截至目前，丛书的大部分已经出版发行。

## 2 为中国地理学发展指引航向

吴传钧先生长时期作为我国地理学特别是人文地理学的学术带头人，时刻不忘重任在肩。几十年来，他在实践上完成一系列重大课题的研究和重要著作的同时，谋划地理学的发展方向和发展战略，做出了杰出的成就，表现了他高度的科学智慧和学术造诣。其主要表现在以下三个大方面。

## 2.1 交叉学科的定向给我国经济地理学带来了长期繁荣

1958年冬,中国科学院地理研究所由南京迁移北京,吴传钧先生着手组建经济地理研究室。从此,他一直领导了中国科学院地理研究所的经济地理和人文地理研究工作。在这个领域他最主要的理论贡献是将我国经济地理学的性质定位在自然-经济-技术之间交叉学科的位置。

关于经济地理学学科性质的这一科学论断,指导了我国半个世纪以来经济地理学欣欣向荣的发展。20世纪50~60年代,我国地理学界也受到苏联学术界争论的影响。吴传钧先生根据经济地理学研究对象的特征和我国社会主义建设提出的问题,认为苏联当时对经济地理学科性质的看法存在着片面性。他在1960年发表的《经济地理学-生产布局的科学》一文中提出,经济地理"这门科学是与自然科学、经济科学、技术科学关系非常密切,具有自然-经济-技术综合特点的边缘科学,是整个体系中不可缺少,也是其他任何一门科学所不能代替的"新见解。先生的重要论断揭示了经济地理学的本质,也昭示了经济地理学家在工作中需要同时具备自然资源、自然地理、经济和经济学、技术经济等方面的知识。

几十年来,学术界对吴先生的学术观点不断形成了共识,成为大家的实际行动。

30多年来,我国广大的经济地理工作者遵循这样的学科性质定向,一方面认真地加强自然资源、自然条件等自然科学的知识,同时也钻研区域经济科学和部门经济科学的原理,还努力掌握新的方法和技术手段。正是通过这样的综合训练和实践,才使我国经济地理工作者能够承担并很好地完成了国家和各地区提出的关于生产布局、资源合理开发利用、国土整治和区域可持续发展等综合性任务,并培养了一支高素质的队伍。今天,也正是由于我们具有这样的知识结构,才使我们在国家一系列战略需求面前具有特殊的优势,它是我们发挥国家队作用的理论基础,从而使我们专业在国家级的区域发展战略、国土开发、区域规划等方面发挥极为重要的战略咨询和决策作用。

这样一个学科性质定向也保障了我国地理学的统一性和综合发展。我们可以设想,如果没有对经济地理学作"边缘学科"的性质定向,而是屈从于国内某些断言经济地理学是经济科学的压力,我国经济地理学就不可能有今天如此的健康发展和重要地位。

1978年改革开放以来,我国社会主义经济建设的大好形势及其对经济地理学发展提出的新要求使他深受鼓舞。1982年由他牵头联名上书国务院,要求中国科学院地理研究所经济地理室有较大的发展。1983年中国科学院根据国务院领导的批示,决定在地理所成立经济地理研究部。现在,整合后的中国科学院地理科学与资源研究所研究经济地理和人文地理领域的研究力量得到了进一步的加强。长期以来,他又兼任中国地理学会的领导工作。学会组织讨论了全国的经济地理研究方向,使我国经济地理学形成了今天如此兴旺、在国家经济建设中发挥日益重要作用的局面。

## 2.2 人文地理学复兴使地理学学科建设日趋完善

由于多方面的原因,中国地理学走过了曲折的道路,如错误地批判了地理环境决定论,在一段时间内取消了人文地理学。吴传钧先生分析我国地理学发展的全局,认为学科发展存在严重不平衡问题,指出新中国成立初期按苏联模式发展地理学,忽视了人文地理;不同意将人文地理视为"资产阶级唯心主义的伪科学""人文地理即是为帝国主义服务的地理学"等的政治性批评。1978年以后,国家战略重点转到现代化建设上来,他认为地理学的发展迫切需要改变这种畸形的发展状况。

1979年年底,在广州召开的第四次全国地理学代表大会是复兴人文地理的极重要会议。在这次会议上,吴先生提出要复兴中国的人文地理学。在这次会议之后,他通过教育部与中国地理学会合作又进行了大量的学术活动,举办多期全国人文地理教育培训班。他促成在中国地理学会中成立了人文地理专业委员会,并开始有组织地发展人文地理学。他还促进了应用地理、计量地理、旅游地理等学科的建立和发展。在此后,他和李旭旦先生一起为普及人文地理知识和理论建设做了大量工作,编著和翻译介绍现代人文地理学思想的著作:他先后组织各地专家,为中国大百科全书撰写"人文地理卷",创办了"人文地理学论丛",编写了《人文地理学概说》等。在他的关怀下,出版了《人文地理》杂志。20多年来,具有中国特色的人文地理学学科框架已经初步建立起来。通过研究和教学的实践,人文地理学的一系列分支学科,包括城市地理、人口地理、历史地理、旅游地理等,先后出版了一系列专著,政治地理、社会地理、行为地理也有一些研究成果。现在,地理学二级学科人文地理的博士点和硕士点已经广泛分布在全国的高等学校,一批一批的人文地理学人才走向社会,这是先生高屋建瓴的指引和努力奋斗的结果。

国家"六五"计划中提出,人文地理学在国家建设和发展中有重要作用,由于发展比较薄弱,今后应当予以重点加强。把人文地理学发展列入国家国民经济与社会发展计划,这在地理学发展史上具有划时代的意义。这和李旭旦、吴传钧两位前辈的特殊贡献是分不开的。今天,人文地理学的科学地位在学术界已经获得了广泛认同,其在社会上的影响越来越大。

## 2.3 "人地关系地域系统"研究使地理学在满足国家战略需求方面获得了理论武装

吴传钧先生在组织和领导我国地理学界完成一系列重大实践研究的同时,对我国地理学的理论发展做出了重要贡献。这就是他将人-地关系的思想完整地引入到地理学中,阐述地理学研究的核心。1979年年底,在广州召开的第四次地理学代表大会上吴先生作了"地理学的昨天、今天与明天"的学术报告,报告在对地理环境、人地关系的内涵进行了阐述之后,提出了人-地关系地域系统是地理学,特别是人文地理学理论研究核心的著名论断。20多年来,先生反复强调,地理学要"着重研究人-地系统中人与自然的相互影响与反馈作用""对人地关系的认识,素来是地理学的研究核心,也是地理学理论研究的一项长期任务,始终贯彻在地理学的各个发展阶段。"

"人-地关系地域系统是地理学研究的核心"的论述是地理学科学发展史上极具前瞻性的论断。现在,这个科学论断已经在越来越大的范围得到了共识。有关人-地关系方面的研究成果已经成为科学发展观形成和实施的重要基础之一。在全球范围由自然因素引发的环境变化正在转变为由人类因素引发的环境变化的大背景下，在我国自然基础和生态环境问题极为严峻的现阶段，统筹人与自然的关系成为党和政府及整个社会关心的根本问题之一。这个理论思想正在引导我国地理学的理论和实践，在一系列学科发展和国家重大战略研究中发挥重要的导向作用。

他提出地理学研究的特殊领域是"研究人地关系的地域系统"。也就是说，地理学家侧重于人地关系的空间方面。吴先生认为，人地关系有着丰富的内涵和意义，地理学不能研究它所有的方面和内容。"从地理学入手来研究人地关系，明确以地域为基础。"从1983年起，钱学森院士不断倡议要为中长期计划的需要，运用系统科学的理论，综合研究人类社会与自然界组成的开放的复杂的巨系统，同时强调系统论及其在各门科学中的应用。他认为，要"从定性到定量的综合集成方法"研究人地关系的巨系统及其结构与功能，并强调这是地学重要的基础研究。吴传钧先生非常赞同钱学森的观点。他进一步将系统论思想引入到地理学研究中。他提出，"人"和"地"这两方面的要素按照一定的规律相互交织在一起，交错构成的复杂的开放的巨系统内部具有一定的结构和功能机制，在空间上具有一定的地域范围，便构成了一个人地关系地域系统。也就是说，"人地关系地域系统是以地球表层一定地域为基础的人地关系系统。"这一论断，使地理学对人地关系的研究具体了，落实到地域了。

如何研究人地关系？吴传钧先生要求我们正确认识人地关系，"地理环境是对应主体而言的，主体是人类社会。所谓地理环境有广狭两义：狭义的地理环境即自然综合体，广义的地理环境则指由岩石、土、水、大气和生物等无机和有机的自然要素与人类及其活动所派生的社会、政治、经济、文化、科技、艺术、风土习俗和道德观等物质或意识的人文要素，按照一定规律相互交织，紧密结合而构成的一个整体。它在空间上存在着地域差异，在时间上不断发展变化。"先生还特别阐述了人地关系研究的重要意义，其对我国具有巨大的紧迫性和现实意义。他认为，"人地关系在投入产出过程中得到了充分的体现。由此可见，投入产出是人地系统中最基本的双向作用过程。"他提出，人地关系地域系统研究的中心目标是协调人地关系，从空间结构、时间过程、组织序变、整体效应、协同互补等方面去认识和寻求全球的、全国的或区域的人地关系系统的整体优化、综合平衡及有效调控的机理，为有效地进行区域开发和区域管理提供理论依据。根据这个目标，吴先生还进一步提出了地理学家在这方面的主要研究内容：人地关系地域系统的形成过程、结构特点和发展趋向的理论研究；人地系统中各子系统相互作用强度的分析、潜力估算、后效评价和风险分析；人与地两大系统间相互作用和物质、能量传递与转换的机理、功能、结构和整体调控的途径与对策；地域的人口承载力分析，关键是预测粮食的增产幅度；一定地域人地关系的动态仿真模型。根据系统内各要素相互作用结构和潜力，预测特定的地域系统的演变趋势；人地关系的地域分异规律和地域类型分析；不同层次、不同尺度的各种类型地区人地关系协调发展的优化调控模型，即区域开发多目标、多属性优化模型。他根据自己和他人的经验和研究成果，提出地理学家在研究人地关系地域系统时的基本方法是分类、区划、定量分析、建立模型和评价等。他特别强调要提高地理学理论研究的水平，走现代化的道路。

他的这些论断明确了地理学在可持续发展领域的研究目标和研究对象，促进区域可持续发展研究水平的提高和我国地理学的进一步发展。近年来,地理学界有越来越多的人将自己的研究工作转到对可持续发展战略问题的研究。吴先生还强调,分析人地关系地域系统,单纯的定性研究是远远不够的,还要和定量分析相结合。人地关系地域系统内部是否协调、人类对其施行调控的可能幅度等,都应该使其数量化,这样可使地域系统研究具体化了,也可使人文地理学这门"软科学"在方法上"硬化"起来。

在跨入 21 世纪之时,中国面临着一系列挑战和重大任务。中国经济和社会的迅速发展,强烈地改变了中国自然结构和社会经济结构。中国及各地区的"人-地"关系协调和可持续发展是我们面临的重大任务。地理学是实现这些国家重大任务的重要支撑学科之一。当地理学家聚焦于人地关系及其地域系统时,就使我们获得了科学的方向,就能确切把握研究对象及研究对象的实质。20 多年来,我国地理学发展的实践反复证明了这一点。

## 3 带领中国地理学走向世界

在那封闭的年代里,吴先生始终通过各种办法了解国际上地理学的发展方向。20 世纪 70 年代末,他和黄秉维、赵松乔等老一辈科学家努力促成了美国地理代表团访问中国,并经过许多的曲折,终于实现了中国地理代表团在 1978 年 10 月到美国访问。这是新中国成立后第一个派往美国的中国地理学家代表团。当时许多美国地理学家将其称为"破冰之旅",这也正是中美建交之前实现的"圆梦"之行。访美的 40 天里,在黄秉维团长和吴传钧副团长的带领下,访问了美国东西南北的许多地方(访问考察了 20 多个大中小城市)和 16 所大学、美国地理学会、美国科学院等。从此,建立起了中美地理学界学术交流的桥梁。中国地理学家陆续开始了与世界上一系列主要国家的学术交流。

先生以大量的时间和精力,组织和参与了广泛的国际学术交流活动。他先后访问了美国、日本、英国、加拿大、德国、法国、巴西、意大利、荷兰、比利时、匈牙利、西班牙、捷克、苏联、泰国、马来西亚、新加坡、澳大利亚、新西兰等国家,参加了众多重要的国际学术会议和讲学,并在中国组织和主持了多次国际学术讨论会。他曾受邀担任联合国大学校长顾问委员会委员。

1984 年在巴黎召开的国际地理大会上,他以极大的爱国热情和外交家的风度周旋于各国代表团之间。通过协商和斗争,恢复了我国在国际地理联合会中的席位,大大提高了我国地理界在国际上的地位和信心。他感慨地说:"为了中国地理学总算了却了一桩心愿。" 1988 年他作为团长,率领由 42 人组成的中国代表团出席在悉尼召开的第 26 届国际地理大会。会上,吴传钧先生由于广博而深邃的学识及在国际上的影响,当选为国际地理联合会副主席。这也是中国地理学家第一次担任这个重要职务。1992 年在美国召开的第 27 届国际地理大会并连任两届,他为我国的地理学界争取了荣誉,为中国地理学走向世界做出了重大贡献。

他经常强调,在当今世界上我国地理学不能说落后,相反,在某些领域还居于领先地位。但要承认我国地理学的理论建树还比较薄弱,在工作方法和手段方面还有不小的差距。为了对外宣传我国地理学的发展成就,他曾主编 *Geography in China* 等英文书刊,受聘任美国、德国和我国香港一些地理学术期刊的编委。

20世纪90年代中期,他开创了祖国内地和港、澳、台之间地理学界的往来和学术交流。其中,在吴先生的组织领导下,1998年8月在香港成功召开了内地、港、澳、台和国际华人地理学大会,这是一次隆重的非常重要的会议。在这次会议上,华人地理学家共商了21世纪地理学发展的大计,使这次会议成为一次激动人心的空前盛会。这次会议之后,联络内地、港、澳、台和国际华人之间地理学界的往来和学术交流一直延续到今天。

## 4 开拓地理学界的广泛合作,热心培养年轻学者

自20世纪60年代初,吴传钧先生就长期任中国地理学会经济地理专业委员会副主任、主任。自1980年起,他担任中国地理学会副理事长,之后长期任理事长。他还受聘担任一些大学地理系、地理所的兼职教授、研究员、顾问、名誉所长。他对发展我国地理学具有强烈的责任感和全局观点,为推动和协调地理界有计划地进行全国性学术活动而努力。他时时注意到不使自己的工作局限于中科院和地理所,而是顾全全国地理界的大局。他通过中国地理学会将全国经济-人文地理界的力量组织起来,从农业地理和土地利用抓起,开展了中国农业地理丛书编写和全国土地利用图编制的大协作。

为了推动地理学家的联合,他特别重视与其他老一辈科学家的合作和共事。在长期的工作过程中,先生表现了尊重领导、尊重同事的合作精神;在原则问题上,先生以理服人;在小事和事关个人利益方面,先生总是抱着谦让的态度。长期以来,我国地理学界呈现出团结的局面,地理学事业蓬勃发展,与老一辈科学家之间的良好合作并形成风气是分不开的。这其中,在他的组织领导下,全国人文地理研究和教学力量的合作更是特别突出。"文化大革命"一结束,吴先生与李旭旦先生一起倡导和实施我国人文地理学的复兴。1979年年底广州会议后,人文地理复兴又受到某些"左"的人士的非难,再度发表批判文章。1981年在上海审大百科人文地理卷时,吴先生鼓励李旭旦先生:"难道您还怕戴第二次帽子?时代不同了,不必理那一套!"正是由于吴先生与李旭旦先生的同心同德,使今天我国人文地理学学科蓬勃发展、人才大量涌现、成果影响扩大的形势。20世纪80年代的中后期,他一方面号召地理界的同行要为国土开发整治服务,同时也把自己的研究重点转到这方面来了。他与于光远等著名经济学家合作,共同组建了中国国土经济学研究会。20多年来,这个学会聚集了广大的经济学、地理学等学科的科学家,为我国的国土整治和资源保护等做了大量工作。地理学家从中还扩大了自己的视野和影响。

为了推动地理学界的联合,促进地理学科的繁荣和发展,先生认为办好专业刊物非常重要。早在新中国成立初期,他就和一些同行们集资创办了《地理知识》。20世纪80年代,经过他的努力,先后创办了《经济地理》《人文地理》。自1984年担任《地理学报》主编后,就力图使该刊能够全面反映我国地理学发展的新成就。他还担任多个全国性地理刊物的编委、顾问、名誉主编,为全面繁荣我国的地理园地奉献了自己的力量。

先生几十年追求科学真理,热心关怀青年人尽快成长。他培养了一代又一代青年人才。从1960年起他就培养硕士研究生,还在很多大学兼任教授。如今,尽管他的学生辈都已升任教授、研究员和很有级别的官员,但他仍不辞辛苦,继续培养博士研究生和博

士后，表现了为事业育人的高尚情操。

吴先生时常教导年轻人热爱地理学，先生从年轻时就是这样做的。他认为，地理学"是一门天地广阔、大有作为的伟大学问，展望未来的地理研究是非常激动人心的"。他以对地理学事业的高度热情和责任感，鼓励年轻人探索地理学这门"伟大学问"。他鼓励年轻人要热爱地理学事业，扎扎实实做学问。严格要求年轻人，给年轻人提出高目标。他对新招入的研究生的第一次谈话，总先谈一个立志问题。他常说："人不可无志，而且要立大志。有了理想才能一步一步向着这个目标奋斗，以求卒抵于成。"他强调，"地理研究是一种脚踏实地的工作，不仅要读万卷书，系统吸取国内外前人的宝贵经验，而更重要的还要'走万里路'，多做野外考察，多做社会调查。" 他要求青年人，在进行一项科学研究之后，要提出三方面的成果才算完成任务，那就是：①根据任务的要求提出调查研究报告；②系统汇总调查地区的素材，写成区域地理资料；③总结工作的经验和体会，写出有关理论与方法论的论文。他这样要求青年同志，目的是使青年人能严格要求自己，尽快地成长，同时也是意图通过任务的完成来带动学科的发展。他始终满怀热情地迎接美好的未来，并以此来鼓舞年轻的同志。他认为，将来"提交地理工作者的新任务将层出不穷"。

先生时刻重视举荐年轻人。在他的努力推荐下，一个又一个青年人出国留学。他们获得了有关国家各种基金会的资助。通过国外的学习和实践，不仅促进了自身的发展，也为地理科学的发展培育了接班人。先生在这方面的贡献怎样评价也不过分。我本人也是通过先生的力举才得以到联邦德国波鸿鲁尔大学进修和在不来梅大学任客座教授的。这个经历为我后来20多年间的理论研究和工作方法等的提高奠定了基础。先生经常强调，我们中国的地理学家应当有我们民族自豪感。他认为，我国的地理学在国家经济建设中发挥了巨大作用，并在国际学术交流中日益彰显中国地理学家们的成就与主流作用。

先生是我国杰出的现代地理学家和人文地理学事业的开拓者，他的名声享誉海内外。但他始终谦虚谨慎，从不居功自傲，总是认为自己所抱的发展祖国地理事业的期望远没有如愿实现，仍要始终不渝地追求下去，他从来不对地理学发展中的困难有畏缩的念头。他常常要求人文地理学发展一定要服务业国家战略需求，强调如何不愧为国家队的称号而做出第一流的成果。先生在他在人生中，也曾经历了曲折的道路，受到不公的对待。特别是在20世纪60年代中期开始的"文化大革命"中受到批判，以及后来的不公和委屈。对于这些，他都能坚强及平和地处置。他对发展地理学始终抱有充分的信心。在科研活动和国内外学术交流中，始终表现出追求真理、坚持真理，勇于冒风险的科学精神，以及广泛地团结同行、尊老爱幼的品德。

如今，先生年事已高，但他仍旧关心地理学事业的发展和地理学人才的成长，热心参与各种学术活动，一丝不苟地培养研究生，继续向地理学学术园地播撒春雨，默默地地滋养着一代又一代地理学人。

在庆贺吴传钧先生九十大寿之时，我们对他老人家几十年来的辛劳、贡献和品德，心情非常感激！衷心祝愿他老人家生活愉快，家庭幸福，健康长寿！

## 参考文献

[1] 吴传钧. 经济地理学——生产布局的科学. 科学通报, 1960, 19.
[2] 吴传钧. 论地理学的研究核心——人地关系地域系统[J]. 经济地理, 1991, (3).
[3] 吴传钧. 国际地理学发展趋向述要[J]. 地理研究, 1990, (3).
[4] 吴传钧. 地理学的特殊研究领域和今后任务. 经济地理, 1981, No.1(创刊号).
[5] 吴传钧. 中国人文地理学发展的成就与经验. 地理学研究进展, 科学出版社, 1990.
[6] 吴传钧. 论地理学的研究核心——人地关系地域系统. 经济地理, 1991, 11, No.3.
[7] 胡序威. 为发展经济地理学而共同奋斗. 地理研究, 1989, (1).
[8] 郭来喜. 为了中国地理学的腾飞(访吴传钧教授). 地理知识, 1986, 11.
[9] 郭来喜. 中国人文地理学研究回顾与展望. 地理学报, 1994, 49(5).
[10] 郭来喜. 当代中国人文地理学研究进展述要[J]. 人文地理, 1994, 9(4).
[11] 李柱臣. 访吴传钧先生. 地理学与国土研究, 1986, No.2.
[12] 陆大道、郭来喜. 地理学的研究核心—人地关系地域系统——论吴传钧院士的地理学思想与学术贡献. 地理学报, 1998, 53(2).
[13] 陆大道. 我国地理学发展的回顾与展望[J]. 地理科学进展, 2001, 16(4).

# 中国地理学发展若干值得思考的问题[*]

**摘　要**：近年来，中国地理学在应用方向发展及人才培养等方面取得明显成就的同时，综合方向削弱，地理教育和研究机构易名混乱，国家重大问题的研究未受到广泛重视。根据中国地理学目前存在的问题，本文阐述了地理学在新世纪的发展方向和加强理论与综合研究的建议。

## 1　中国地理学当前发展概况

近年来，在高等学校的体制调整和中国科学院等研究单位的创新过程中，中国地理学继续得到发展，建立和加强了若干新的研究基地和重点学科，一批研究单位进入创新基地，在一定程度上加强了地理学作为基础学科的地位，同时，也继续派生出了一些新的领域和应用方向。一批优秀学者进入特种重点人才培养的行列，博士生等教育和人才培养的规模日益扩大。高等学校和研究单位培养的各地理专业人才在社会上的就业竞争力是上升的。由地理学家主持的国家级和省部级一系列重大研究项目，特别是若干重大的基础性项目已经开始进行。中国地理学家与国际的学术交流也卓有成效。发表在国际著名学术刊物的论文已经相当可观。与此同时，一批关于地理学的高等学校教材祁专业理论著作陆续问世。高等地理教育和高级地理学突出了地球系统和可持续发展方面的内容，人才培养的形势也较好，中国中学地理教育正在第三次崛起，地理素质教育水平正在不断提高。技术革命发展的成果日益在地理学研究和教学实践中扩大应用。地理信息系统作为传统科学与现代技术相结合的产物，现在正在推动着中国地理学和国民经济许多领域的发展，各种涉及空间数据分析的新技术方法扩大了地理信息系统的应用领域。

如果说，新中国成立以来的几十年间，中国地理学在学科发展和为国家重大国土改造与培养国家各方面管理人才方面的作用已经大大超出地理学专业范围的话[1]，那么，近年来，地理学家在地理信息技术的开发及推广应用方面，在推动全球变化、地球系统科学的研究及可持续发展领域的研究方面，更显示出地理学科的特色和地位。

近年来，根据国家教育和科研部门的部署，地理学的教学和科研单位进行了一系列体制上的调整，从资金、人才和设备条件等方面得到了非常明显的加强，特别是中国科学院和几个重点大学地理学研究与教学得到了很大程度的加强。

根据中国地理学会对全国42个主要地理单位的初步调查，获得了中国地理单位的规模、机构设置和研究力量、人才培养等一些初步的教据和情况。

---

[*] 原载于：地理学报，第58卷第1期，2003年1月出版。

## 1.1　全国从事地理学的教学和研究队伍

近年来，中国从事地理学教学和研究的力量继续增长，目前是相当庞大的。在调查的 42 个主要地理单位中，有教授和研究员 565 人，副教授或副研究员 1001 人；教育部跨世纪人才 15 人，长江学者 9 人；中国科学院百人计划学者 14 人；教育部理科（一级学科）人才培养基地 5 个；国务院学位办确定的重点学科共有 10 个，其中自然地理 5 个、人文地理 2 个、历史地理 1 个、地图与地理信息系统 2 个。

## 1.2　地理学人才培养状况

近年来，高等学校和研究单位对地理学人才更加重视，培养规模越来越大。全国 42 个主要地理单位中，地理学一级学科博士点 8 个。地理单位的二级学科博士点 65 个，其中，自然地理 20 个、人文地理 15 个、地图与地理信息系统 12 个、第四纪地质学 2 个、海洋地质学 1 个、遥感与 GIS 2 个、生态学 2 个、环境科学 5 个、人口学 2 个、区域经济 1 个、旅游管理 2 个、土壤学 1 个。另外，还有硕士生培养点 15 个。42 个单位中，现有博士生导师 340 人。1999 年下半年以来已经毕业的博士生 586 人，毕业的硕士生 1579 人；2001~2002 年度在读的博士生 1006 人，在读的硕士生 2563 人。这些人才是我们地理学未来发展的希望，他们将成为中国地理学以及资源、环境和持续发展研究领域中的主要力量。

## 1.3　地理学家在国家大型研究任务中的作用

1999 年以来地理单位主持的课题研究包括国家基金委有重大项目 1 项、重点项目 20 项、杰出青年基金项目及基金委优秀研究群体数 16 个；主持国家 863 计划课题 8 项；国家攻关项目专题 6 项、课题 13 项；国家 973 计划项目 4 个、课题 8 个；中国科学院创新工程重大项目 1 个、重点项目 7 个。

# 2　地理学发展面临的问题

在中国地理科学和地理学相关的研究与教学呈现繁荣景象的形势下，我们也感觉到有些问题值得大家讨论和在今后的实践中进一步探讨。

## 2.1　高等学校的地理院系调整及冠名

近年来，中国高等学校进行了大规模的院系调整。高等学校地理方面的学院、系的改革以改名开始，随后也进行了不同程度的结构调整。在这个过程中，各单位以各种各样的机构名称出现。这些名称有资源环境学院、城市与环境学院、环境与旅游学院等，大家的意图是突出地理学的应用方向，寻求在新的市场经济条件下地理学的发展途径，这在某种程度上是不得已的选择。地理方面研究单位的名称也已经是地理和其他领域的混合名称了。在这种机构设置下，地理学家从事主要的方向基本上是资源的利用与保护、环境变化与治理，以及经济社会发展规划与管理。但是，这些领域和方向也是环境科学、生态学、地质科学、大气科学以及经济科学和社会科学等学科研究的对象。随着人口、资源、环境、发展等全球性问题的重要性日益突出，很多学科都开始关注这些问题。这些问题都发生在地球表层，而地球表层历来是地理学研究的地域范畴。现在，地质学在向地球表层上浮，大气科学在向地球表层下沉，生态学和环境科学已自成体系，资源科学也成为一级学科了，经济学在发展区域经济研究方向，社会学在研究地区发展不平衡等，建筑学向城市规划扩展，凡此等等。地理学的一系列领域面临其他学科的竞争和挑战。

长期以来，地理学具有非常明确的领域。在这种学科竞争的情况下，现在变得不很明确了。在这种研究领域形成交叉的情况下，我们在地理学的实质和方向面前也有些模糊了，有的人可能提出这样的问题：地理学是研究什么的？长期以来以地理环境和人地关系、资源合理开发利用为对象的地理学，在这种情况下，地理学的学科位置何在？由于在学科方向上的模糊，有的地理学家投入到工程科学和技术科学方向，甚至投入到建筑学方向和社会学方向。在这种情况下，地理学必须认定自己的发展空间和领域，同时谋求新的发展和提高。否则，我们的一些传统研究领域将被别的学科占领。

## 2.2 地理学派生的众多应用方向和领域

改革开放以来，特别是近年来地理学派生了众多的应用方向和领域，地球学作为基础学科，其地位是加强了还是削弱了？

在高等院校和一些研究机构，地理学基本概念、基础理论、区域地理等经典内容的教学减少了，地理学核心和本质方面的研究和教学淡化了。大学地理学缺乏综合地理学的教育，地理学家回避了人地之间相互作用等综合地理学基本问题的研究。因此，综合地理学的理论方法及这方面的应用研究是很薄弱的。相当一部分的高等学校和研究单位地理学科本科专业的名称已经不再是自然地理、经济地理、地图学、地貌学等，而调整为资源环境、城乡规划、土地管理、地理信息系统等。招收研究生的专业方向，在自然地理专业名下不再标明招收综合自然地理或地貌、气候、土壤地理、水文地理、植物地理等，而是自然资源、环境、景观生态、海洋、减灾等研究方向；在人文地理学专业下，不再标明招收农业地理、工业地理、城市地理、交通地理、商业地理、政治地理等，而是以城市规划、旅游经济、区域开发等研究方向代之；在地图学与地理信息系统专业名下，不再招收地图制图、测量制图、专题地图编制等研究方向，而是以遥感、地理信息系统、资源环境信息系统、全球定位系统、空间信息技术等研究方向代之。一些人对国家的研究生地理教育的方向提出了疑问，认为是地理学的危机表现。当然也有部分人认为这是地理学在新形势下蓬勃发展的表现。

20世纪90年代中后期以来，中国地理学的理论建树少了。以往几十年，建立一系列分支学科，而且有一系列论著出版。这些著作构成了中国地理学及其分支学科发展的理论平台。近年来，有一些关于地理学理论方面的教材和翻译著作出版，但是没有重大的学科理论建设的论著问世。而实际上，各个分支学科都面临着新的问题，需要从实践和理论上进行总结。从发展条件上，已经具备了发展和加强理论研究的条件。这主要是，地理学家和地理学单位从国家"973"计划、杰出青年基金、"创新基地计划"和国家自然科学基金重大、重点项目、面上项目等获得了大量的资助。强调"源头创新"，进入这些计划和项目的单位在指导思想上是重视基础研究和理论研究的。但是，近年来科研工作的组织方式和评价标准，妨碍了大型、综合和交叉研究，大的课题还是分成小的问题研究，而且很少真正对重要的理论问题做出系统研究。许多科学家，特别是年轻的科学家，承担的研究任务太多，他们没有时间和精力做出理论上的精品。

无论如何，克服对地理学发展的理论、地理学发展方向关注的薄弱局面是必要的。忽视理论研究和发展，长期内没有创新性的地理学理论和方法论专著问世，将影响学科的发展。这种状况不宜再继续下去。

## 2.3 应用性课题研究较少体现为国家带全局性和重大的地区性科学问题和应用问题

近年来，中国许多地理单位加强了地理学的一系列应用方向和领域。但是，这种应用性课题研究较少体现为国家带全局性和重大的地区性科学问题和应用问题来进行。其中，有些是依靠应用性研究工作来维持生存，甚至有的单位不再考虑学科的发展，而是将很大精力放在去做与学科发展无关的工作上。今天，人们已经很少提到几十年地理学发展的成功道路了。这条成功道路就是把握国家的带有重大科学问题意义的区域问题和国土开发、环境整治问题，在国家有关主管部门的参与领导下，组织多学科的科技人员进行调查研究，向政府提交报告，报告的内容密切针对国家开发建设整治中的重大科学问题和方案。在此基础上，进行学科发展的总结和理论的发展，这就是以任务带学科的道路。

## 2.4 培养地理工作者严谨的科学学风是当前的重要任务

在这方面，我们仍然要大大提倡老一辈几十年的工作精神。现在，在科研院所和高等学校，忙于争课题和完成论文数量，不甘坐冷板凳作扎扎实实工作的风气盛行。有的学者在2~3年内承担的课题20多个。青年科学家的研究工作太重，工作浮躁。这如何能够创新？特别是做出源头性的创新成果？除了少数研究所外，定位台站的长期、连续观测和原始数据的分析研究越来越弱化。这可能是地理学发展道路上最主要的问题。

# 3 地理学发展面临的主要任务

## 3.1 地理学面临很好的发展机遇

以人类环境、人地关系和区域为研究对象的地理科学，是介于自然科学和人文社会科学的综合性学科，已建立了独特和相当完整的学科体系。地理学家组织和参与完成了国家一系列重大科学研究任务,为政府决策和社会发展提供了重要的科学支持,产生了巨大效益。江泽民在为美国《科学》杂志撰写的社论"科学在中国:意义与承诺"中指出:"中国正处在发展的关键时期,面临着优化经济结构、合理利用资源、保护生态环境、促进地区协调发展、提高人口素质、彻底消除贫困等一系列重大任务。完成这些任务,都离不开科学的发展和进步。这就对中国的科学进步提出了紧迫的要求。"地理科学的研究目标正与这些紧迫的实际需求相一致,其是实现这些国家重大任务的重要支撑学科。

中国地理学在 20 世纪 80 年代也曾经面临过发展中的危机。当时,国际上从 20 世纪 80 年代起相继实施对整个地球科学起着极大推动作用的全球变化研究计划(IGBP、IHDP、WCR 等),以及对协调环境与发展关系起积极促进作用的国际减灾计划(IDNDR、IDS)和中国可持续发展战略的实施等,同时,以遥感、地理信息系统等现代空间与信息技术在地理学中的广泛应用促进了中国地理学的大发展。在进入新世纪的现阶段,国内外都在倡导建立地球系统科学和可持续发展科学,为发展地理科学创造了很好的机遇。国家和全球性的一系列重大问题是我们发展的重要基础,也是我们学科发展的国家需求。全球变化、土地覆被的变化、水资源的变化,在中国都有极为显著的响应。中国以西部地区为主的生态环境综合治理,长江和黄河的流域治理,中国的水问题,中国的国土开发、区域发展问题和城市化问题,以及与这些问题密切相关的碳循环问题等。在这些方面,只要我们把握住地理学的区域性、综合性的特色,以及运用好地理信息系统及空间分析技术,我们的发展空间将非常广阔。

## 3.2 加强地理学的理论研究和综合研究

加强地理学与整个科学发展的大趋势和其他学科的发展前沿的联系,加强与科学哲学和国外地理学先进思想的交流和渗透,提倡理论思维和方法论研究。只有这样,才能创新,也就可能在与其他学科的竞争中立于不败之地。

地理学的学科性质是综合性、人文和自然及技术在内的交融性,其是我们这门学科的特点。理论研究范畴的确定主要应该从这个角度去考虑。

我们以往在关于地理学定义的各种阐述中比较熟悉的有地理学是研究地理环境结构、演变及其人类改造利用的途径;地理学是研究人地关系的地域系统;地理学是研究区域差异及区域间的相互依赖性;等等。这些定义都可以从不同的角度阐明地理学的特点。这些反映地理学实质的阐述给我们的理论研究指出了方向。

20 世纪 70 年代以来国际地理学的发展越来越从注重由自然支配的环境变化转移到由人类支配的环境变化,这种变化将地球表层系统的理论研究任务提到我们的面前[2]。这是我们今后一个阶段理论研究重要的着眼点。在日益增加的人口压力和强万的生产力及技术手段作用下,我们这个地球表层系统的结构,包括自然结构和社会经济结构,发生着剧烈的变化。80 年代中后期以来,黄秉维多次提出要在中国开展陆地系统科学研究的思想,强调地球系统科学是可持续发展战略的理论基础,它的重要性乃是由于可持续发展在人类前途上的重要性关系到中国地理学未来的发展。他认为,地球系统科学研究工作的重心是要揭示"人与自然的相互作用及所应采取的对策"[3]。从各种不同的区域范畴阐述这种变化的驱动力，以及不同地域范畴人地系统结构演变的规律等，是理论研究的重要方向。运用地理学的基础知识和理论及地理信息科学等先进手段进行生态系统碳循环的区域工作，既是地理学的一项基础性工作，也是资源环境研究的方向之一。若干地理学的理论研究和应用研究，都必然延伸到可持续发展的范畴。区域可持续发展的机理是我们地理学相当独特的理论方向。关于现代地理学的学科理论方法的著作也是非常需要的理论工作。各专业范围还有很多的理论课题需要研究。

在学科上，要求加强"统一地理学"的观念。这意味着提倡"有人的地理学"，研究人类活动成为一大驱动因素的地球表层系统。最近在美国出版的《对地理学的再审视》中将地球表层系统分解成三个系统：自然系统、人地关系系统和社会经济系统，而且认为地理学观点的核心是刻画人地关系系统运行特点的社会-环境动力学[4]。自然地理学不考虑人类的活动及人文地理学忽视自然和生态基础都是致命的弱点，不能过分专业化。现代地理学的基本特点是统一地理学、全球地理学、有人的地理学。地理学将"研究重点放在各圈层的相互作用及其与人类活动造成的智能圈的耦合与联动上"[5]。

地理学在本质上是综合的，我们面临的问题是综合的。没有综合就没有地理学存在的价值。如何综合？按照黄秉维先生的观点：要求提倡各有关学科的交叉研究。关于地球表层要素的作用机理研究，以及在区域层面上的要素综合集成方法等，都是理论研究的范畴。这样的工作，需要而且也只有地理学家最可以进行的工作。

半个世纪以来，中国地理学工作者做了大量的实际工作和理论工作。进入新世纪后非常需要对其进行总结，这种总结性的综合研究将可以建立起国家级的地理学科基础平台。这种平台的建设包括重要地理区域科学数据的整理和变化趋势的研究与整理，全球性和大区域的重要地理问题研究和著述，地理数据库及其共享等。这既是过去几十年研究成果的综合和总结，也是今后进一步创新研究的基础。

### 3.3 积极争取完成重大的国家任务

上述内容已经讲到，我们地理学发展具有很大的空间。资源和环境问题、国土开发和发展问题等，是地理学应用研究的长期方向，也是21世纪开展全球变化和可持续发展问题研究的客观要求。我们需要主动地与政府部门相结合，选择其中带有重大意义的课题，通过调查研究，积极地提出我们地理学家的建议。这是发展地理学理论和提高学科社会地位的主要途径。以往几十年的经验已经充分说明了这一点。

### 3.4 中国地理学应该在更大的程度上走向世界

首先，中国地理学者要关注全球的问题；其次，要求我们在国际学术交流中以全球性问题和大区域性问题为题发表中国学者的意见。

**致　谢**：本文参考了史培军和蔡运龙关于中国地理学及地理教育发展的论文。中国地理学会秘书长张国友参与了修改，中国地理学会秘书处帮助进行了调查和分析。谨此致谢。

## 参考文献（References）

[1] Lu Dadao, Cai Yunlong. Review of geography development in China. Advance in Earth Science, 2001, 16(4). [陆大道, 蔡运龙. 我国地理学发展的回顾与展望. 地球科学进展, 2001, 16(4).]

[2] Messerli B, Martin G, Inomas H, et al. From nature-dominatea to human-dominated environmental changes. IGU Bulletin, 2000. 50(1): 23-38.

[3] Huang Bingwei. Research on Geography. Beijing: Science Press, 1991. [黄秉维. 地理学综合工作跨学科研究. 见: 陆地系统科学与地理综合研究——黄秉维院士学术思想研讨会文集. 北京: 科学出版社, 1991.]

[4] Rediscovering Geography Committee. Rediscovering Geography: New Relevance for Science and Society. Washington: National Academy Press, 1997.

[5] Li Jijun. On geography development in China. // Wu Chuanjun. Geography in China in Century Transition. Beijing: People's Education Press, 1999. [李吉均. 关于地理学在中国的发展前景的思考. //吴传钧. 世纪之交的中国地理学. 北京: 人民教育出版社, 1999.]

# 关于加强智库的建设的认识与建议*
## ——陆大道院士访谈

《院刊》：党的十八届三中全会通过的《中共中央关于全面深化改革若干重大问题的决定》明确提出，加强中国特色新型智库建设，建立健全决策咨询制度，这是在中共中央文件中首次提出"智库"概念。2014年10月27日，中央全面深化改革领导小组第六次会议审议通过了《关于加强中国特色新型智库建设的意见》，强调重点建设一批具有较大影响和国际影响力的高端智库。当前，国家非常重视智库的建设，中国科学院学部一直在国家决策咨询方面发挥着巨大作用，作为中国科学院院士、中国科学院学部的重要科学家，您对"加强中国特色新型智库建设"重要意义有哪些理解？

陆大道：中央如此重视加强我国的智库建设，其背景和意义，我还领会得很浅显。我想，从国家大局看，可能这是我国政治体制改革的必然需要。具体的可能表现在以下3个方面。

（1）今天，我国社会经济发展正在向世界大国和强国迈进。巨大规模的社会经济总量和日益复杂而重要的国际关系使国家的可持续发展不断出现变化和新的态势。我国对内、对外的战略、方针和各种政策需要在保持连续性、调整、重大改变，以及重新制定等方面及时做出科学的反应。国家大了，面临的国内外大事多了，事关国家发展、国家安全、社会发展等，问题的复杂性和决策风险也空前增加了。

（2）领导人的任期制普遍实行，通过各种智库的建议来及时、准确、全面、历史地了解实际情况就特别重要了。

（3）国家各个管理部门各有其责，部门间分割情形仍然突出，但一系列重要的方针政策的制定和实施都会产生综合性的影响。虽然从上到下都有综合性的协调机构（各级发展和改革委员会等），但条条分割现象仍然严重，而"条条"之内往往是"一支笔""一张嘴"。自己对本部门的工作不会说"不"，也舍不得说"不"。实际上，也不允许真正揭露本部门工作中的严重问题。在以往的实践中，这种体制上分割的现象带来的弊病是普遍存在的。某些领域由于决策和行动的偏差，给国民经济和社会发展造成巨大影响及浪费而得不到前瞻性预警和及时纠正的现象也并不罕见。

在这种情况下，如何使政府高层的决策做到及时准确呢？位于"第三方"的智库学者的作用就显得很必要、很重要了。因为他们可能跨越某些体制上的障碍。这些新的发展形势，为各种类型的战略咨询研究和智库建设提供了客观需要和客观条件。置身于政府主管部门之外的咨询机构肯定会有很大的发展空间，是建设现代化强大国家所不可或缺的。

---

* 原载于：中国科学院院刊，第31卷，913~917页，2016年出版。

美国国家发展和国家安全的决策机制，无疑具有丰富的可借鉴的经验。各种智库的运作及起到的重要作用也很值得我们参考。这也可能是今天我国国家领导人重视智库建设所考虑到的原因之一。

凡世界上崛起中的大国，其思想文化和科学技术都曾经充分体现了其巨大的价值和公信度，影响了全世界。中国正处在开创百年国运的时刻，经济实力持续发展，军事实力也开始逐渐强大，展现出了中华民族强大的创造力。但同时，我们在国内外发展遇到的若干问题乃至危机也相当严峻。随着我国政治、经济、科技及国防实力的增强，我们也更加能够、更加需要向世界宣传中国的价值观、中国的思想文化，并逐步在全世界范围内取得应有的重要地位。在这一过程中，国家的智库力量是不可缺少的，尤其是高端智库，将在国家决策和社会动员力方面起到重要作用，成为阐述我国全球观念和全球战略的重要平台和工具，也是我国作为世界大国参与全球治理的智力基础。

《院刊》：所谓"中国特色新型智库"，其"中国特色"体现在哪些地方？它与通常意义下的"智库"有哪些区别与联系？

陆大道：智库，或者称为"思想库"，是研究国家发展和政府决策所需要的关于社会经济与科学技术问题、外交与军事安全问题、政府管理与社会稳定等领域的形势并提出决策分析与建议的机构。其主要功能是帮助政府决策者对国内外重大问题做出及时准确的反应，并制定相应的方针与政策。

在美国具有数量很多的智库或智库性质的组织，其中一类是以各种基金会名义出现的，这其中又有相当一部分是捐资人为了影响政府高层决策以符合自身利益而建立的咨询研究机构，甚至部分智库机构就是少数金融寡头和精英推行金权政治的工具。但众所周知，长期以来，美国的各类智库组织的报告、评论、预测、建议等，对政府决策、社会舆论均产生了重要影响。

所谓国家的高端智库，当然就是在国家层面，集中了一批多学科的专家学者（原外交家、银行家、投资人、科学家）的机构，其目标是研究涉及国家安全、社会经济、科技发展、国际地缘政治、政治经济体制改革、重大生态问题及资源环境、国家可能遇到的危机的判断预警和对策等战略性问题，并将这些研究成果以各种形式向政府高层提出分析、建议，或对社会直接发布。任何一个国家，特别是当今世界上具有重大影响力的大国，对关系到其国家发展和安全的决策都是极端重视的，都要在多个层面，经过复杂且反复的程序才能做出。可以说，在当今世界上任何一个国家的政府和相应的机构要科学决策，就必须具有民主的过程，否则，就不可能做出科学的决策。

习近平总书记强调："要从推动科学决策、民主决策，推进国家治理体系和治理能力现代化、增强国家软实力的战略高度，把中国特色新型智库建设作为一项重大而紧迫的任务切实抓好。要坚持党的领导，把握正确导向，充分体现中国特色、中国风格、中国气派；坚持科学精神，鼓励大胆探索；坚持围绕大局，服务中心工作；坚持改革创新，规范发展。要统筹推进党政部门、社会科学院、党校行政学院、高校、军队、科技和企业、社会智库协调发展，形成定位明晰、特色鲜明、规模适度、布局合理的中国特色新型智库体系，重点建设一批具有较大影响和国际影响力的高端智库，重视专业化智库建设"。从中不难充分理解国家高端智库的重要性。

什么是"中国特色新型智库"？我对"中国特色"的理解是：立足于中国国情之上的战略研究与咨询。

什么是"国情"？国情是指一国相对稳定的、总体性的客观情况和特点。这种客观情况和特点包括对该国经济发展起决定作用的最基本的、最主要的推动因素和限制因素，因而其常常决定着国家发展的基本特点和大致轮廓。认清国情是制定正确的发展战略的客观基础，也是确定适宜的发展目标、制定有效的发展政策的根本依据。现阶段我国的国情，当然包括根据宪法规定的政治制度、国家所处的发展阶段等。

为什么在像我国这样的大国的国家管理中需要发挥各种智库作用呢？有些人说，对于现在的各种问题，中央不都已经"深入研究"了吗？不是已经做出正式决策了吗？那还要我们提什么意见呢？既然中央已经决策，就肯定做过了详细研究而没有什么问题了，我们还需要再重复研究吗？也可能因为这些疑问、顾虑等，长期以来，对还在实行中的方针政策，大家都不去议论、不敢议论，因为觉得这样的决策总是正确的。

例如，"一带一路"这一重大倡议，我认为，最高领导人做出"一带一路"国际倡议时，主要是根据对今天中国在世界上的地位及全球各种政治力量、经济力量、军事力量的对比做出的，无需具体了解以上提出的方方面面。国家发展和改革委员会、外交部、商务部可能也知道这些具体情况和问题，但可能是分散的。因而，学者以研究的角度综合性地提出来，仍然是有必要的。这一倡议的实施，还需要一套方针、更多的政策、更多的措施去保障，这些是需要去研究的。即使这些都有了，也会出现新情况、新问题。我认为，现在不应该低估中央领导层为科学决策、民主决策而广泛听取各方意见、倾听不同声音的理念。如果任何时候对正在实施的方针政策都不提不同意见，那么每个新的中央决策又从何而来呢？

智库的研究和工作人员需要具有独立的观察和分析精神。对于正在实施中或正在制定、即将出台的新的方针、政策，智库人员要积极主动地提供背景分析、必要的数据和情况。对于实践中出现的问题或问题的苗头，都要及时明确地提出自己的看法。在某些情况下，政府高层也在进行调研，甚至是高层领导之间也会有不同看法。这时，智库的工作就带有某种政治敏感性。但我认为有一点是可以坚持的，即对那些还没有做出决策的问题，只要拥有充分的依据，还是应该发表意见或建议。我认为，几乎所有起了重要作用的智库报告都有"Yes/No"的观点；甚至可以说，都要说"No"。因为过去没有的方针、政策、措施，你提出来了，也是"No"嘛。

"看领导脸色行事"是外部某些媒体和人士对我国智库工作的负面评价。长期以来，社会上就有这样的反映：通过各级政府向上报告或反映的情况，多是经过严格过滤的"二手情况"；中低层政府机构的领导和智库人士要看领导的脸色行事。实践中确实存在一些不尽如人意的情况，如既有方针政策实施中的负面问题，智库人员不敢明确地写入报告中；较高层的领导对于较低层机构上报材料中的不实情况或不当结论，动辄就对下级提出批评。凡此种种，造成了"报喜不报忧"的弊病广泛流行。试想，这种情况容忍下去，会对我们这样一个世界大国带来什么样的危害呢？有些领域的重要政策和方针在实行中出现了严重的不良倾向，甚至危害到社会和国家经济的发展。因此，这种类型的智库报告，当然需要的是"批判"而不是"歌颂"。反映这类性质的问题，在当时具有政治敏感性，即可能与高层领导的观点相左，或可能给党和政府工作"抹黑"，等等。这种类型的咨询工作客观上存在，需要做吗？需要秉承怎样的理念和政治智慧去做呢？我相信，今天的高层领导是了解这些情况的。在我国高层领导重视智库建设和智库发挥日益重要作用的情况下，做好各种智库咨询工作，大环境会更好。当然，要求也会更高。为了做好各类咨询研究工作，智库提供的研究和咨询报告必须具有科学性和前瞻性，对一些关系到国家发展、国家安全的重大问题，应当做到深刻、准确的分析和预警。要成为国内外有影响力和对国家决策做出真正贡献的高端智库，就不能做"事后诸葛亮"。

《院刊》：自 1949 年建院以来，中国科学院在国家决策咨询方面做过很多工作。2015年，中国科学院更是明确将"率先建成国家高水平科技智库"列入新时期办院方针。2015年 12 月又入选首批 25 个国家高端智库建设试点单位、10 个中央直属国家级智库之列。在具体建设方面，您对中科院更好地发挥国家级智库作用有哪些建议？

陆大道：长期以来，中国科学院在国家决策咨询方面一直发挥着重要作用，每年都有诸多的咨询报告经由中国科学院正式报送国务院及有关部门，有效支撑了政府产生的诸多重大决策。加强中国科学院的智库建设，是新时期发展我国科学研究事业，为国家、为社会做出更大贡献的重要途径之一。根据上级的要求，中国科学院智库建设可能面临着几个较为重要的方面，即定位、方向、特色、运作及人才等。

（1）关于定位。我的考虑是，国家决策的民主化将是长期的大趋势，也是保障中国顺利崛起的一个必不可少的环节。在这种背景下，中国科学院智库建设需要立足于长远，以占到国家智库群的上位为目标。

（2）方向与性质。中国科学院的智库及咨询机构的名称，要不要冠以"科技"头衔，也就是说，中国科学院智库，即思想库的建设方向要不要严格按照部门、领域的分工来进行。这如同清华大学、北京大学等高校的智库机构是不是冠以"教育"来命名是同样的问题。今后许多部门都会有智库，如果各部门只搞与本行业、本领域决策相关的事务和政策的咨询，各部门的智库只管自己部门主管领域（方针政策）的咨询，可以获得"是我部门的事务"的政治安全感。但综合的决策问题，或者专业性的重大问题，决策过程必须考虑多方面的因素和可能的结果，对此，谁来提建议？

应该说，今天国家发展面临的几乎所有的重大问题都具有综合性的特点。依部门分工，可能有许多事情很难归入到某某部门分内。如果都是这样按照部门"分工"建设智库，那么中央高层许多综合问题的决策不就缺乏广泛的基础了吗？当然，智库在长期发展过程中会逐渐形成自己的特色和领域优势。

什么是"科技（战略）咨询"呢？是指搞咨询工作的人只是科技人员吗？还是强调只对国家科技发展问题进行研究咨询？这里面有两个具体问题：其一，如果智库仅仅包含科技人员，那么具有经验的外交家、经济专家、老军事专家、退下来的政府领导等都排除在外了；其二，是不是对科技领域以外的问题都不进行咨询研究呢？在此，如果咨询研究的对象只是科学技术领域，也有问题。如果各部门只搞自己领域的咨询，教育部的大学，只搞教育战略咨询研究，外交、外贸等都只搞自己的咨询，那还要智库干什么？

（3）关于"政治倾向性"问题。咨询报告的"政治倾向性"是否有问题，智库人员需要时刻警惕而不能误判。但是，对上级领导负责与对国家负责，有时候需要做出认真的权衡，而不能回避。另外，对某种倾向、问题的分析，在判断时，可能会将这种倾向说得"强化"一些，或者"弱化"一些，而不可能恰好在中心线上、在平衡点上。中国科学院的智库咨询报告应该对咨询领域的问题有明确、准确的表达，要有倾向性，不能追求"温吞水"似的"稳稳妥妥"。

（4）人才问题。建设一个很有实力和影响力的智库机构，关键是人才实力。但战略咨询的人才培养和人员结构问题是一个较长时间挑选、培养的过程，不宜拘泥于快慢。智库机构中，具有一批拥有较广知识结构且很有进取精神的中青年人才是必需的。而具有丰富经验、广阔视野的老学者、老领导，如离开第一线的科技界领导、前外交家、经贸专家、经济与工程专家等，也应被重视并被选择和聘用。这些专业人才大多在涉及国内外重要事务领域做过长时期的工作，积累了丰富经验。他们大多十分了解中国以往几十年走过的道路，部分专家还对当今全球力量对比及全球地缘政治格局变化有较深刻的理解。

简而言之，对智库人才的共同要求是对国家发展、国家安全具有强烈的责任心和做好咨询工作的强烈愿望，喜欢从事这项工作。我认为，这后一点是最重要的。

**《院刊》：能否就您着重点到的"最重要"的一点——人才问题展开详述呢？**

**陆大道**：我们的科学家，不仅要做科学家，还要做"战略思想家"，要成为该科学领域的战略思想家，才能有效地支撑我国在该领域的重大国家战略，才能发挥科技智库应有的作用。

什么是"战略思想家"？在当代，能够称为"战略思想家"的学者，应该是那些具有相当丰富的综合知识和历史知识、善于从大局高度和综合性的视角去审视和分析当今国内外重大问题、能较为准确地把握国内外大事发展基本趋势的综合性人才。他们对国内外未来大趋势的科学判断与预警，往往被尔后事件的发展证明其具有前瞻性。这部分高级专家具有综合自然科学与社会科学的能力，是谓高级智囊人才。

我们知道，在世界上并没有专门培养战略思想家的专业和教育机构。但是，在中国、美国等一些大国的不同时期，在学术界、政治界、经济界都涌现了一批又一批的战略思想家。战略思想家，当然也具有自己的重点领域，也有自己的学科和专业。但是，当他们在分析、认识具有很强综合性的问题时，并不拘泥于原有的专业，而是站在更为综合的高度，根据分析问题和解决问题的实际需要，而运用更综合性的知识进行判断，更能把握事态在宏观层面上的发展。在中国科学院的历史上，也确实出现过为数不少的战略思想家。

我国今天已经具有一大批科学家，但由于各种条件的束缚，包括论文引导、成果评价和"国际前沿""国际一流"等思想的束缚,以及社会科学与自然科学在管理体制上的分割,战略思想家的产出并不多。在中国科学院,自然科学家的工作都很忙,觉得对国家的经济发展、社会发展和世界政治经济格局等没有必要花精力去深入了解和思考研判。在这种情况下,智库建设可能面临着人才的限制。中国需要呼唤"战略思想家",中国科学院也需要呼唤"战略思想家"!

# 第二部分　我国人文与经济地理学发展所面临的若干问题

人文与经济地理学是研究领域乃至研究方向均处于变化中的学科。作者指出了社会经济转型与信息化发展大背景下，将要求对学科发展做出认真的跟进。书中分析了现阶段一些重要研究领域的发展变化趋势，就研究理念与方法论的变革提出了自己的看法。

作者阐述了人文与经济地理学的基本方法论和"人–地系统"的特征，倡导开展"人–地系统"动力学研究。目标是要求揭示新时代区域可持续发展的机制和原理，回答如何应付全球环境变化对我国的影响及实现我国可持续发展的重大理论问题和实际问题。强调需要加强交叉学科建设、培养能够了解国内外发展态势，特别是中国发展的时代特征、明确人文与经济地理学的任务与责任感的人才，充分发挥科学的战略咨询作用，将学科方法论提高到新水平。

# 人文与经济地理学的方法论及其特点*

**摘　要**：论述了人文与经济地理学的基本方法论和人-地系统的特征，倡导开展"人-地系统动力学研究"。阐明人文与经济地理学学科的方法论及其特点，将有利于这门学科理论体系的发展和研究水平的提高，也有助于学术界，特别是自然科学范畴内对人文与经济地理学及可持续发展研究在资源环境研究中的地位逐步形成共识，促进地球表层领域内资源-环境（包括生态）-可持续发展研究框架的形成。针对少数学者的偏见，强调并分析了人文与经济地理学中的不确定性及其科学性。

近代地理学诞生以来的100多年间，人文与经济地理学研究对象、内涵和研究方法不断发展，今天已成为地学庞大的学科体系中一门特殊的交叉学科，也是人类社会发展与自然环境关系领域最为重要的应用基础科学之一[1]。

大千世界，纷纭繁杂。千千万万个社会主体和经济主体，每一个活动主体的空间位移可能是无序的，但是在总体上却有明显的空间规律。如何寻找影响各国各地区发展的社会因素、经济因素的作用及其形成的空间格局？这里所涉及的科学问题具有"不确定性"，也就是系统（人-地关系地域系统，简称"人-地系统"）发展变化的"或然性"。这种"或然性"正是人文与经济地理学的科学性之所在，也是人文与经济地理学不同于其他地学学科的特点之所在。但长期以来，这种不确定性使人文与经济地理学的科学性难以被充分认识。

阐明人文与经济地理学学科的方法论及其特点，将有利于这门学科理论体系的发展和研究水平的提高，也有助于学术界，特别是自然科学范畴内对人文与经济地理学及可持续发展研究在资源环境研究中的地位逐步形成共识，促进地球表层领域内资源-环境（包括生态）-可持续发展研究框架的形成。

## 1　地理学发展的大背景与方法论

地理学是一门关于地球表层各自然因素和社会经济因素在一定区域范畴组成的地域系统的科学。随着人类社会的发展和越来越强大的技术手段的运用，各种范畴地域系统的性质和内部结构不断发生变化，使地理学及其研究的交叉性质越来越明显，表现在整个地理学及人文与经济地理领域都很突出。这种变化使关于人文与经济地理学研究对象和方法论的认识理念发生了巨大变革，即人们在认识、解释、预测社会经济客体的地域组合、空间结构时，由因果关系的分析发展到因素之间、区域之间的相互作用和相互依

---

\* 原载于：地理研究，第30卷第3期，2011年3月出版。

赖的分析及模拟。这种转变，导致人文与经济地理学的综合研究和系统方法的运用。

地理学发展与许多学科一样，其方法论经历了因果关系阶段。最早的如近代地理学的奠基人亚历山大·洪堡将地球作为一个整体，认为地表的各种现象具有有机联系。他提出和论证了植物垂直分带规律，为地球表面相互联系的自然地理要素和自然地理现象的研究开辟了先河[2]。

## 1.1 由因果关系论到相互作用论

"因果关系论"支配了18～19世纪一系列自然科学的伟大发现。达尔文进化论的发现经历了这样的过程。近代地理学的奠基人洪堡发现了植物垂直和水平地带性分异规律，也是经历了先观察现象，然后探求现象形成原因的过程。当时支配自然科学的一系列重大发现，包括我们在中学里学的一些物理学化学的公式、实验过程都是这样。先观察现象（包括实验现象和实际事物的现象），然后研究现象形成的原因，由此出现了一系列伟大的发现，这是科学发展的方法论的基础。18～19世纪因果关系论对于人文社会科学的发展也产生了巨大的影响，最明显的是马尔萨斯人口论的形成[3]。马尔萨斯不是主张用战争和瘟疫来解决人口问题。他用统计的方法总结了过去历史上欧洲人口增长、土地（耕地）、战争、瘟疫等现象之间的关系后得出规律，指出战争或瘟疫使人口减少，使土地（耕地）松快了一点，然后使生产力发展。但生产力发展以后人口又大量增加，人口大量增加导致耕地不足，导致争夺土地，形成战争或出现瘟疫后，又导致人口减少，然后，整个人和地之间取得新的平衡。这是建立在当时的粮食生产及其相关理念基础上的。当然现在人类和自然的调适过程已经有很大的发展。今天仅仅以因果关系变化论解释事物的发展变化已经大大不够了。

科学方法论的发展有着普遍的过程和规律，那就是从早期的因果关系到近代，特别是到现代广泛流行的相互作用关系论的转变和发展。我们今天在阐述一些重要的地理学问题和机制时，当然需要经过观察，而后探求其中（现象、态势形成）的原因，然后对复杂的多因素之间的相互作用进行分析。这种方法论及其对人类社会发展进程的影响、在人类与其生存环境之间关系观念的形成、自然地理要素及其组合的区域分异及其动力过程、社会经济的空间结构的形成等方面，得到了充分的凝练和发挥。

支配现代科学发展的基本原理是强调要素、因素之间的相互作用。解释相互作用需要有系统的方法，但是系统的方法的运用不是孤立的。地理学和人文与经济地理学当然是如此，自然科学和人文科学交叉的角度也是如此，考察更是如此，要以相互作用论作为指导。

## 1.2 地理学如何观察"大千世界"

地理学是一门自然科学和人文科学之间的交叉科学，其研究对象是地球表层的自然地域系统和"人-地地域系统"。这两种系统所表现出来的特征如果用数量化来表达的话，也与一些纯自然科学不同。而这两种系统的特征也是不同的，"人-地关系地域系统"（简称"人-地系统"）主要是人文与经济地理学和经济地理学研究的对象。

学者如何阐述地理学家对于"大千世界"的认识？如何揭示"地理学思想改变了世界"？即"地理学家如何观察和理解世界的"和"地理学的思维如何为世界做出了贡献的"。这两个问题集中体现了地理学的方法论。

地理学家具备特殊的视角，这就是地域性、等级概念、空间中要素的相互依赖性及其空间结构等。这是地理学思想，但主要是方法论。从这些方法论方面去理解地理学思想，才可以更好地认识地理学是如何（能够）"改变世界"的。地理学家改变了人们考察世界的方式及传达信息的方式，当然也就"改变"了世界。在这样的纷纭繁杂的大千世界里，如何寻找社会因素、经济因素的空间规律？地理学的方法论告诉我们，要从区域分异考察相互联系中的"大千世界"，要以特殊的眼光和思维揭示现象的区域差异及区域之间的相互依赖性，要从等级、空间结构看待这个世界[4]。相邻区域之间，河流的上下游之间，海陆之间，以及人-地关系地域系统的内部结构和内部各部分之间等，都存在着差异性和相互关联性。

区位论创立者之一、著名城市地理学家克里斯泰勒在构思中心地理论时曾经思考："我们探索这个原因，为什么城市有大有小？我们相信，城市分布一定有什么安排它的原则在支配着，仅仅是我们不知道而已！"他认为："城市在空间上的结构是人类社会经济活动在空间的投影""物质向一核心集聚是事物的基本现象"，即空间中的事物从中心发源，向外扩散；区域的中心地点，也就是区域的核心，是一个特定区域的统帅，这就是城镇[5]。世界上几乎没有一个地区不由各种规模的城市组成的城市网所覆盖。其大多数情况是一个地区或国家，如果从大到小对城市进行分级，那么各种等级都会有。经验规律表明，规模最小的那一级城镇的数量最大。等级越高，数量越少。从"六边形"的中心地理论出发，从等级、空间结构看待世界，是极为重要的地理学思维[6]。美国《改变世界的十大地理思想》作者针对城市群的空间结构提出对等级、距离的科学认识，认为关键是"联系的紧密度而不是地理的邻近性和相似性……距离的作用不是绝对的而是相对的——相对于克服距离的容易程度。"[4]这里面反映了功能区的地理学观念。

我们同样可以提出这样的问题：各种不同的区域，包括行政区域和自然区域，它们的经济发展和社会发展为什么如此千差万别。同样是在一个国家中，各地区发展水平差异很大。或者是，在某一国家某一时期的两个区域，发展水平差不多，但是经历了一个或若干个发展阶段后，其发展水平拉大了。我们要探求这里面的原因，揭示其中的因素和因素作用。只有这样，人们才有可能对各种类型区域的发展过程实施控制。我们很容易发现，这些因素的作用并不是决定论性质的。一系列有关因素共同决定区域的发展速度、规模和结构特征。这些因素中的一个或几个发生了变化，其所引起区域发展（规模、速度、结构等）的变化，并不能在量的方面进行精确的测量，即可以得出一个或一组确切的数据（参数）。为什么呢？许多重大的科学发现，如布朗运动、微小颗粒运动是没有规律的，但是却有统计规律。也就是说，统计分析和相互作用分析仍然是那些科学对象运动和变化，以及科学因素影响具有不确定性领域的重要方法。

过去 100 多年，特别是 20 世纪后半叶以来，地球表层出现了严重的态势。经济工业化和社会城市化急剧发展，以及强大的技术手段的运用，强烈地改变了各地区的经济结构和生态环境结构，资源被加速消耗，许多地区的环境恶化。在这样的背景下，地理学研究开始进入一个新的阶段，注重由自然因素引发的环境变化，转变为由人类因素发展的环境变化，即转移到自然过程、生物过程和人类活动过程间相互作用方面的研究。过去可以单纯地去研究一些纯自然要素项目之间的关系，现在从事这样简单的分析和研究却已经失去了科学价值。国际地理联合会（IGU）前主席 B.Messerli 在 2000 年韩国首尔发表的论文中讲到，人类社会早期是自然因素引发自然生态系统的变化，这种变化是局部性的变化，而不是全球性的。而 20 世纪以来人类因素引发的环境变化及其影响的程度变得剧烈多了，即影响的规模和强度大大增加了。人类因素引发的环境变化在空间尺度上是全球性的[7]。

今天，为了考察和分析我国地球表层一系列重要的变化，需要深刻了解我国长期高速和超高速经济增长，以及大规模城镇化是如何使我国自然结构和社会经济结构发生着剧烈变化的，以及这种剧烈变化又是如何影响和制约社会经济的持续发展的。在这些分析过程中，关键是地球表层系统中"人"和"地"两方面诸多因素的相互关系研究。在这里，"人"这一组，包括人口、人口迁徙及人口集聚、城乡居民点、城镇化、资源开发、生产力及其空间组织及其空间联系等；"地"这一组，包括水、土、光、热、矿产、（自然地理）区位等自然要素。这两大组要素共同组成各种特点、各种地域范畴的综合体，这个综合体简称为"人-地系统"。这里的"地"，既包括自然要素，也有"地域""空间"之意。

## 2 "人-地系统"动力学是学科理论发展方向

### 2.1 关于"人-地系统"

人文与经济地理学在分析、解释和预测"人"和"地"两方面诸多因素的相互作用过程中，将这种相互作用的发生、机制作为研究的基础，以此回答这门学科基本理论的内涵。

研究"人-地关系"地域系统，即"人-地系统"的目标是揭示区域可持续发展的机制和原理。其主要任务是通过对不同类型地区经济增长、城市化和生态与环境演变的系统分析和过程模拟，揭示长期经济增长（总量增长、结构转型、人均国民收入的提高，以及与此相关的资源消耗和占用的增加等）与生态和环境（资源量、水土及空气领域污染状态、景观特征、生物多样性等）要素之间的作用机理与态势之间的相互关系，提出对不同发展阶段、不同空间尺度区域的发展与生态和环境进行协调的途径及可供选择的模式，回答如何应付全球环境变化对我国的影响及实现我国可持续发展的重大理论问题和实际问题。

美国学者在《重新发现地理学》这本书里提出，要揭示"人-地系统"的系统特征和结构，在理论上需要进行区域的环境-社会动力学（environmental-societal dynamics）研究[8]。

### 2.2 "人-地系统"的特性

这种特性决定了其研究方法的特殊性，也决定了人文与经济地理学的科学特性。我们需要从系统的特征来认识学科的性质，认识学科的方法论及其特殊性。

### 2.2.1 "人-地系统"的三个特性

就其外界的关系而言，"人-地系统"是半开放的系统，任何一个"人-地系统"，其内部的关联构成各个区域之间的不同特征，这是它封闭的一面，但同时又与外界进行物质能量信息交流，它有交通线、能源供应线等，所以构成区域之间的差异性、相互联系，研究这种半开放系统是地理学家的特长。就系统的稳定程度而言，"人-地系统"是非稳定系统。就其变化的机制来说，从系统的发展因素和趋势考察属于或然性系统，即是可能论的系统，它的对立面是决定性系统[9]。

### 2.2.2 "人-地系统"不可能按给出的精度进行调控

在"人-地系统"范畴和人文与经济地理学领域内，事物的发展不是受决定论支配的。这一点不同于大多数自然科学学科所研究的科学系统，更不同于工程和技术系统。例如，水面蒸发量（与水面温度和表面风速相关）的变化具有线性特征。与这种线性特征相类似的还如宇宙飞船在太空的对接要求（可以）精确到百万分之一秒；一台机器，会严格地按照输入的一定参数去运转。……在交叉科学领域内，没有这种决定性的规律。但是在这些领域中，因素和要素之间的作用具有方向幅度概率等规律。例如，人口预测，任何科学的公式和模型都不可能精确到个位数地预测到某一时间点某地区或城市的人口数，这是肯定的事实。尽管在某个时刻到来时，这个区域或城市一定会出现一个精确到个位数的人口数。但是，你不能说这种预测不是科学。人口预测是属于科学研究的重要领域之一，具有自然科学和社会科学交叉的特性。宋健-于景元人口模型及其理论是重要的科学技术成果，也是理论方法论成果。

在自然-社会交叉学科领域里，规律的表现形态不具有这样的确定性。但因素作用和对象发展的方向、变化幅度及变化的概率等，是可以获取的，这些当然是规律的反映。也就是说，交叉性领域里事物发展当然有规律性，这个规律性同样表现为不确定性。人口增长是自然和社会经济两组因素作用的结果。人口本身是自然再生产的过程，但是受社会发展、经济水平、计划生育政策、宗教、信仰、家庭收入等因素的影响，所以人口预测是有其科学性的。人口预测毕竟是科学的一部分，是有意义的，也是可能的。

影响乃至决定一个国家和区域的发展（规模、结构、速度、竞争力、水平等）的因素大致包括资本投入、资源供给、经济结构、交通设施和环境支撑、市场、技术和管理等。如何以这些要素来解释一个地区、一个城市的发展态势？在这里，确实要进行因素分析。但是，这些因素的作用又不是决定论的。有关因素的相互作用共同决定了区域的发展速度、规模和结构特征。这些因素发生变化，所形成的区域发展的规模、速度、结构也发生变化。但这种变化并不能进行精确的"量"的测量，即可以得出一组确切的参数。为什么？是因为区域的发展是一个"人-地系统"。这个系统不是一个纯自然的系统。"人-地系统"的特征决定了这个系统不可能精确的测量。

在预测和解析系统时，"人-地系统"这三个理论特性需要进行深入长期的研究，还要根据具体区域的情况和数据加以实证研究。区域系统发展的或然性特征带来两点值得我们十分注意：第一，对"人-地系统"的研究和调控，较技术系统（如一部机器）和工程系统等要复杂得多、困难得多，技术系统和工程系统虽然有的很复杂，但是有它高度确定性的一面；第二，仅仅甚至主要依靠数学和计算机是不能够解决问题的。

### 2.2.3 通过"结构"而研究"系统"

我们如何研究"人-地系统"，如一个国家的地域经济系统、居民点空间布局系统等？研究一个（社会经济要素的）地域体系或地域系统，首先要通过对要素的地域（比例）结构和空间结构来进行，即在相互作用的理论指导下进行两大类结构，即社会经济发展要素组成之间的结构和社会经济发展的空间结论的研究，来揭示这个系统的组成和系统的变化，从而来认识这个系统。什么是要素组成的结构或者比例结构？这是指一个地区产业结构、人口结构等。当然，对自然系统的地域研究也是这样，要通过结构、要素相互作用来研究。社会经济的两大类结构，即比例结构和空间结构，是人类活动在空间上的投影。这个投影不是简单的投影。我们要认识这个投影，它的厚、重、稀、薄，它的空间形态、节点形态、网络连接等，借此解释这个投影的结构和变化，也就是要在这样的纷纭繁杂的大千世界里寻找社会因素、经济因素运动和区位的空间规律。

## 2.3 关于"人-地系统"动力学

"人-地系统"是一个复杂的巨系统。"人-地系统"动力学的主要内容有以下方面："人-地系统"的系统特征和演变规律，环境与发展及其各要素之间相互作用的机制，区域发展过程与发展格局之间的相互关系，国家和区域在未来不同发展阶段的环境与发展之间耦合态势的预测综合集成的研究和方法的运用等。由于涉及诸多因素的相互作用，需要进行因素之间的相关分析、多因素的综合集成分析、多方案比较及其决策分析等。在这些工作中，统计和统计分析是这个过程和这些分析方法的基础，同时还要运用专家系统、问卷调查及实地考察。对于内容复杂的区域性项目的动力学研究，运用系统动力学方法是有效的。通常需要编制方程组进行自变量、因变量之间相互的作用分析和预测。但是，方程式中所体现出来的要素的组合和相互作用关系需要符合实际事物内部与外部的关联。

除了要素如何组合以外，再有就是各种参数如何得出，以及对这些参数作何评价。公式怎么列，哪些因素跟哪些因素相关呢？人（专家系统）起着主要作用。不能将没有相关的因素或者重复罗列具有相关但已经被代替的因素都同时纳入公式。如果对区域发展领域没有实际的认识和经验，对公式计算结果得出的参数的科学性就很难判断。这里所指的参数是刻画地球表层内部和各因素之间相互作用关系的量。没有参数的研究和解释就没有系统变化机制的研究和解释，各种参数的得出主要依靠参数之间相互关系和模型计算。但是关于参数的科学性和代表性的判断非常重要。如果没有对实际事物的内外部结构有准确的理解和把握，对参数的判断那就是游戏。对参数的判断专家起着重要作用。

研究"人-地系统"动力学，要同时充分吸收系统科学、生态学、经济学等学科的方法。在这些学科方法的基础上发展综合集成方法。这里包括历史数据和资料的集成，要素及要素作用的集成，对系统中各种区域变化状态的相互关系的集成等。综合集成的研究和方法的运用，要求地理学家在传统方法基础上做出创新。综合集成的主要目标是自然要素的地域分异和人文要素的地域分异的综合和耦合方法。只有通过这种综合和耦合，才可以认识地球表层的地域分异特征和社会经济发展的可持续性[1]。

## 3 如何看待人文与经济地理学的方法论及其特殊性

纵观国内外人文与经济地理学发展方向、内容和方法论进展，针对学科当前发展所面临的环境，就如何看待人文与经济地理学方法论及其特殊性做以下阐述，是认识，是希望，也是辩解。

### 3.1 用好统计分析方法仍然相当重要

中国科学院路甬祥院长在一次科技战略规划讨论会上说："许多重大的科学发现，如布朗运动、微小颗粒运动是没有规律的，但是却有统计规律。"人文与经济地理学作为科学体系中的一员，统计分析是很有用的武器。在社会和经济领域，特别是在社会和自然交叉领域里，统计分析方法是研究"人-地系统"变化的有效方法。统计规律很重要，不能以为统计分析方法就不是先进的研究方法。我预计统计分析方法将永远是重要的科学方法。统计分析也有相应的一些分析工具、分析公式，它也有参数如何确定的工作。对此，需要有专家和专家系统发挥作用。

各种各样的统计分析，大量的是反映要素（因素）之间相互作用（机制）的相关分析。各个国家及国家内各个区域具有不同的结构特征，这些特征可以从不同角度深刻刻画国家或区域的发展阶段、竞争力、资源消耗、环境压力等。而要获得这些特征的认识，必须利用有关的统计资料和数据进行统计分析。这些统计数据需要综合各方面的来源，进行系统化和规范化。典型区域的研究，学者往往需要做案例调查。对于各种统计手册，包括专业性的综合性的、全国的和区域的，作为经济地理和城市地理学者，由于我们长期跟踪了全国及各地区的发展及我们的知识结构特点，使我们具有较深广和较明确的解读能力。而同样的统计数字，其背后所说明什么问题及这些问题与其他问题的关系，一般的人是看不出来的。

### 3.2 学科方法论的核心是系统观念

人文与经济地理学所要研究和回答的问题涉及面较多、较广，需要考虑到较多的因素（作用），因素之间产生的较为复杂的相互作用关系。在实践中，常常在充分考虑到各种因素作用的前提下，仍然不能对问题的结论做出准确的判断。这里面的主要原因是影响因素可能无法量化，但是它们在实践中却会产生"量"的影响。在这种情况下，就要依靠有实践经验的学者进行定性和定量的判断，对系统进行必要的校正。这样的过程体现了系统观念，其中因素作用和参数的分析计算则是系统动力学方法的重要作用[10]。即使在这个过程中没有编制诸多的方程式，而应用了因素作用的相关分析，也体现了系统动力学的基本要求。

长期以来，我国人文与经济地理学者已经认识到系统观念和系统动力学的重要性。研究队伍也基本上同时具备了自然科学（自然地理学及地理信息科学、经济数学）和社会经济科学（区域经济学、发展经济学等）的知识结构，整个工作体现了学科交叉的特点。这样的知识结构使我们在关于国家和区域可持续发展一系列重大实际问题面前具有明显的优势。人文与经济地理学也逐渐主动与地学其他学科交叉，成为地球表层"人-地系统"综合研究的活跃力量。

系统动力学是解决现代科学技术和社会经济发展各种复杂问题、认识各种复杂现象的方法。人文与经济地理学者在应用这个方法时具有不同于许多纯自然和纯技术学科的要求。

### 3.3 数据库及空间分析

人文与经济地理学家在科学方法的突出进展是利用地理信息系统和遥感技术成果，逐步建立针对性很强的数据库和图形库，发展了空间分析技术。如果说自然地理学的新方法是实验地理学的话，那么人文与经济地理学的新方法就是在数据库和图形库基础上的空间分析方法。

在数据库和空间分析方法的运用方面，今后拓展的空间很大。目前，一些研究和教学机构都已经建成了不同规模的服务于人文与经济地理研究的社会经济及资源环境的数据库。在研究区域发展和城市化等问题时，利用数据库和图形库分析区域间和城市间的相互作用、相互联系，以及地理过程与地理格局的相互关系，确定城市及港口等社会经济客体的吸引范围、运输的最佳路径、以等值线表达的由城市中心出发的空间可达性、客体的空间作用力的场强等。这些空间分析使反映区域发展方法论的"人-地系统"、自然要素和社会经济要素的耦合、可持续发展的综合区划等获得技术方法的支撑。在区域发展模拟方面，自20世纪80年代起就有研究团队开展了宏观经济发展预测和宏观经济政策模拟的工作。近年来，开发了区域宏观经济政策模拟器原型，提出了具有创新性的区域经济一般均衡模拟系统和人-地关系动态自主体模拟平台。

### 3.4 方法与实践知识之间的关系

如何看待实践知识和方法之间的关系？主要是了解事物之间和事物内部的实际结构，这是最重要的。如果人文与经济地理学者只了解数学结构和计算机结构，而不了解实际事物及实际事物间的结构和关联，在对要素之间的作用和作用参数缺乏判断能力的情况下，运用数学公式和人机对话是完全没有意义的，这只能是游戏。一个系统动力学模型框架，有几十条甚至上百条连接线、箭头，可能说明我们对区域发展的影响因素及其作用不甚清楚。我们要预测一个地区未来的发展，10年以后或20年以后的结构、人均GDP或者人口的情况，编制一个庞大的机制（相互影响）系统，并设计配备了较大的方程组进行模拟运算。但对主要决定未来发展的关联不清楚，对主要的变量及变量与目标之间的关系不了解，这样将所有的关系搞成一个庞大的体系，虽然计算机可以解决这里的数学问题，但它的预测结果就很难认为是可信的。

关于实践、理论、方法之间的结合。学者在研究区域发展及其空间结构时，特别是在预测未来时，希望借助数学方法和公式，借助计算机进行人机对话。对于人和自然相互关系，区域系统及其预测和调控，一般情况下需要考虑较多的参数，建造较多的方程，形成多方案模拟，但是也并不是模型越复杂越好，方程越多越好。对此可以举一个例子，20世纪50年代初，联邦德国曾要求对1980年全国小汽车拥有量进行预测，因为这个小汽车对经济结构和社会结构会产生很大影响。任务委托给几家研究单位。20多年后实际增长过程线与他们预测的曲线偏离颇大，但与另一条预测曲线十分逼近。这条曲线是一位学者运用类比法提出来的，他是对美国一个州实际发展的过程线，用反映联邦德国社会经济特点的若干参数加以修正后得出的。

处理实践知识和方法之间的关系，要重视实际调查研究、学习和掌握技术经济论证的方法。技术经济知识对于论证许多人文与经济地理学的方案比较问题很重要。

## 3.5 基本科学问题是很明确的

动力学的研究是人文与经济地理的科学问题之所在，不应该说这个学科的科学问题不清楚，实际上是很清楚的。在区域发展和可持续发展领域中，对要素之间相互作用的认识和分析，是判断未来发展、未来结构的关键。某个时候，有大学者问：你们（学科、项目、领域）的科学问题是什么？这时候，我们可不能糊涂，要以最简洁的语言解释清楚。现在学科在国家申请立项，需要得到诸多领域的科学家的评价。在中国科学院或者说在自然科学范围内，人文与经济地理学还是学科性质特殊的"小学科"。"小学科"要让科学界广泛了解，特别是介于自然科学和社会科学之间的这个"小学科"是很不容易的。

什么是"科学问题"？有人说，科学问题就是一旦获得突破就会对社会、对科学本身带来新的飞跃的重大理论或关键技术。这种理解当然不错。但是，千千万万的研究课题是不是都可以这样理解和要求呢？我以为，对于各种各样的研究课题而言，主要的还是研究领域和问题中的一些尚不清楚的机制、机理，而反映这些机制、机理的则是参数、关联、趋势等。举个例子，我经过调查和诸多的统计分析得出，京津唐地区在20世纪80年代的10年间，GDP年增加10%，它的淡水消耗年约增加2%。后来北京市一个阶段（通过产业结构调整和实施节水措施等）的用水实现了零增长。这其中的"2%"和"零"就体现了当时京津唐地区"社会经济-淡水消耗"之间（"人""地"之间的一个侧面）相互作用的机制，是反映这种机制的参数。这就是揭示了科学问题。在这里，节水机制和有关参数的揭示就告诉了人们，在京津唐地区和北京市的哪个发展阶段，哪些因素影响和决定了耗水量？每个因素在多大程度上起了作用？这些参数如果很准确，那我们在水资源合理利用方面就可能提高到一个新的阶段。这当然是协调"人-地系统"研究的重要任务了。

为什么要强调人文与经济地理学的基本科学问题是明确的呢？因为这个问题与学科的研究对象及研究成果的评价是非常密切相关的。有些对人文与经济地理学科不大了解的大科学家，往往在影响甚至决定着这个学科的命运。这些大科学家往往就是这样提出问题并做出他们的判断和"决策"的。

## 3.6 每个学科都有自己的方法论和评价标准

各个学科都有自己的特点和方法论特点，衡量这门学科发展的成熟程度，主要看这门学科的研究对象是否明确，有没有形成较为系统的理论体系，以及对自己研究领域的问题是否具有解释和预测能力等，而不应该主要根据有没有复杂的公式和模型。

长期以来，人文与经济地理学者很重视学科建设。通过大量的实践，在关于区域发展、城市化、社会发展的地理学研究领域，发展了空间结构理论、产业发展的阶段论、增长极理论、过程和发展格局之间关系论、发展与环境之间关系论等，其中有我国学者的创新。他们很好地发挥了同时具备自然科学和社会经济科学知识（这种知识结构不是各种类型的学者都具备的）的优势，在政府部门和社会上产生了很好的反响，与此同时，研究成果在国外学者中产生了实实在在的影响。

如何看待国家和区域规划与发展战略的研究工作？如何看待人文与经济地理学者在工作中经常应用统计手册？如何评价他们的研究和分析问题的方法是否先进？等等，这些大约是一些自然科学的学者不认可人文与经济地理学及其研究成果的科学性的主要疑问。人文与经济地理学者确实重视承担和参与国家级和地区级的各种规划和发展战略研究。那是因为他们将掌握的多学科知识应用于国家需要的信念支配的结果。搞好政府部门委托的各类区域性规划是很不容易的。现在有越来越多的相邻学科的科学家开始体会到这一点。

20世纪90年代中期，钱学森先生多次提出地理学者要理直气壮地参与"国家的中长期规划"。黄秉维先生特别强调钱学森"他号召有关科学工作者理直气壮地为此而努力经营，语重心长，期望殷切"，认为钱老的论述"言简意赅，却是很丰富的理论和实践的结晶[11]"。为什么他们要用"理直气壮"来鼓励地理学者去搞规划呢？很明显，那是因为科学界有一些人歧视规划工作和从事规划的地理学者。

# 4 结　　语

本文阐述了人文与经济地理学的交叉学科性质、知识结构特点及"人-地系统"的特性，集中说明了这个学科研究对象（运动规律）具有不确定性。科学研究中的不确定性是什么？不确定性与科学性的关系如何？对于不确定性研究领域和学科，以往长时期内在自然科学界就存在偏颇的认识。在科学发展的今天，在理论上这个问题既不难以回答也不存在很大分歧。但是，在实际生活中，一些学者总是以自己学科的思维、衡量标准、成果表现形式来评价别的学科，甚至认为凡是带有经济和经济内涵的学科及研究命题都不是科学。这种不确定性的学科和领域在地学范围内，除了人文与经济地理学及其研究领域，还越来越多地表现在全球变化研究、水资源和水环境研究、生态系统及生态补偿研究等方面，甚至在地球物理和大气科学等大学科领域，地震短期预报和气象中长期预报时常表现出不准确，这也与科学机理的不确定性等有关。尽管这些科学领域已经涌现出许多大科学家，他们已经解决了许多局部的科学问题。

随着人类发展和资源环境关系问题的重要性越来越突出，不确定性的特性及不确定性研究将越来越重要。不确定性中的科学性，其中就包括交叉学科领域的科学性将会为越来越多的学者所共识。

在我们面前，一种范畴的学科是要告诉人们自然界是怎样的；另一种范畴的学科则是告诉人们人类和自然界的关系是怎样的，或者说人类如何更好地调适于自然界。人文与经济地理学无疑是属于这后一种范畴的学科。

## 参考文献

[1] 地球科学发展战略研究组. 21 世纪中国地球科学发展战略报告. 北京：科学出版社, 2009.
[2] 中国大百科全书总编辑委员会《地理学》编辑委员会. 中国大百科全书·地理学. 北京：中国大百科全书出版社, 1999.
[3] 〔英〕马尔萨斯. 人口论. 郭大力译. 北京：北京大学出版社, 2008.
[4] 〔美〕苏珊·汉森. 改变世界的十大地理思想. 肖平等译. 北京：商务印书馆, 2009.
[5] 〔德〕沃尔特·克里斯塔勒. 德国南部中心地原理. 常正文, 王兴中译. 北京：商务印书馆, 1998.
[6] 陆大道. 区位论及区域研究方法. 北京：科学出版社, 1988.
[7] Messerli B. From Natural-dominated to human-dominated environmental changes. IGU Bulletin, 2000. 50(1).
[8] 〔美〕重新发现地理学委员会. 重新发现地理学——与科学和社会的新关联. 黄润华译. 北京：学苑出版社, 2002.
[9] Wirth E. Theoretisc Geographie. Stuttgart：B. G . Teubner, 1979.
[10] 〔英〕R. J. 约翰斯顿. 地理学与地理学家. 唐晓峰等译. 北京：商务印书馆, 1999.
[11] 钱学森, 等, 论地理科学. 杭州：浙江教育出版社, 1994.

# 人-地关系与区域可持续发展[*]

20 世纪 70～80 年代以来，经济工业化和社会城市化急剧发展，以及强大的技术手段的运用，强烈地改变着各地区的经济结构和生态环境结构，资源被加速消耗，许多地区的生态环境正在恶化。在这样的背景下，地理学研究开始进入一个新的阶段：注重由自然因素引发的环境变化转变为人类因素引发的环境变化，即转移到自然过程、生物过程和人类活动过程间的相互作用方面。

地球表层系统急剧变化，集中体现在"人"和"地"的关系方面。"人-地关系"变化的严峻态势危及我国可持续发展的基础。可持续发展研究涉及地理、生态、经济及系统科学等学科。从"人地系统"角度研究"人地关系地域系统"演变的规律和区域可持续发展的基础及支撑条件，是地理学，特别是人文地理学理论发展和解决可持续发展重大实际问题研究的"前沿"。

研究"人地关系地域系统"重点要求落实到区域可持续发展。其主要任务是通过对不同类型地区经济增长、城市化和生态与环境演变的系统分析和过程模拟，揭示长期经济增长（总量增长、结构转型、人均国民收入的提高，以及与此相关的资源消耗和占用的增加等）与生态和环境（资源量、水土及空气领域污染状态、景观特征、生物多样性等）要素之间的作用机理和态势之间的相互关系，提出对不同发展阶段不同空间尺度区域的发展与生态和环境进行协调的途径和可供选择的模式。回答如何应对全球变化对我国的影响及实现我国可持续发展的重大理论问题和实际问题。

工业化和大规模城市化将是我国未来 20 年的基本趋势。在这个过程中，一些重大问题已经产生并将愈来愈突出。如：国土开发的总体战略和地区发展的合理格局（哪些区域将可能成为未来人口、城市和产业的集聚区？哪些区域应当采取保护和整治为主的措施？如何实现空间上的总体部署？），城市化的科学进程和模式等。这些重大问题体现了国家的战略需求。

"人地关系的地域系统"是地理学理论发展和解决可持续发展重大实际问题研究的"前沿"，是人文地理、自然地理和环境科学研究对象交叉基础上形成的一个新兴研究领域。这个研究领域，在借鉴国际上关于地球系统和可持续发展理念的同时，重点突出自主创新。这个领域研究的目标是发展我国人文地理学的学科和建立我国自己的关于城市化和区域可持续发展的理论体系。

---

[*] 原载于：人类活动与可持续发展　第七章　陆面地表过程、资源环境。

# 一、背景与意义

**1. 地球表层系统出现的严峻态势**

在过去 50 年中,世界上许多国家的经济获得了很大发展。强大的社会生产力和技术手段的应用,创造了巨大的物质文明和精神文明,但是,强烈地改变着社会经济结构和自然结构。这种结构的变化体现在全球的、国家的和各类区域的不同尺度范围内。这些重大变化都是由地球系统范围内要素及其相互作用的变化引起的。这些变化在我国特别突出和具有特别的意义。

"地-环境"与"地-生态"变化。这主要指全球和部分地区的变暖、荒漠化、水土流失等。其中,水土流失是全球大部分国家的主要自然灾害。这种地区性的生态环境变化正在威胁着人类的生存环境和赖以生存的资源供给。

"地-资源"变化。这主要指全球性的资源危机,国家和地区性资源严重短缺。生态环境破坏与资源短缺问题互相交织在一起。全球许多地区的自然灾害比历史时期严重得多,造成非常突出的国土安全问题。

"地-经济"变化。这主要表现在经济全球化的发展,全球范围内国家和地区间经济和社会发展差距扩大。国家之间由于经济利益的冲突而导致的矛盾和对立日趋普遍。超国家的经济集团力量不断增长,国家的经济不安全愈来愈突出,与此相应的是许多国家和地区要求实现多样化的发展、保护国家和地区的利益等。

"地-社会"与"地-政治"变化。由于贫困、宗教、文化差异而引起国家、地区的社会不稳定有愈来愈严重的趋势。

上述变化相互交错在一起,相互作用,共处在一个大的系统中。在这个系统中,一个要素或一组要素发生变化都将引起其他要素乃至整个系统的变化。

**2. 地球表层系统重要变化的实质**

上述地球表层系统中的变化,本质上是由自然支配的生态系统变化演变到由人类支配的生态系统变化。20 世纪 80 年代以来的全球变化研究,注意力已经转移到自然过程、生物过程和人类活动过程间的相互作用方面。这方面的研究成果,愈来愈表明地球上各要素之间是相互作用的。

人们早已知道,任何一个气候要素的变化可能引起气候系统的变化;科学家证实了人类活动引起 $CO_2$ 的增加会导致地球大气层温度的增加,而这又可能导致海平面的上升,从而带来巨大的经济损失和社会灾难。不仅如此,另外一种性质的相互关系更是不能忽略的,即由于全球化的发展,发达国家大量利用发展中国家的资源、损害发展中国家的环境而阻碍经济和社会的发展,从而扩大全球范围内"南北"之间发展的差距和对立。这种变化的结果是我们能不能实现社会经济的可持续发展?以及如何实现可持续发展?认识到我们自己的行为造成的后果,必须研究地球表层系统本身的运转状况。由于我国经济和社会的迅速发展,地球表层的变化在我国表现得尤为突出。

"现在应该怎么前进，应该不应该把自然和社会两方面都结合起来考虑，特别在可持续发展方面，从解决问题方面来考虑。""钱学森先生和我们所想的则是以地表为中心，最后与可持续发展接轨。"黄秉维先生的话为我国地理学发展指出了大方向。20世纪80年代以来，吴传钧先生反复强调，地理学要"着重研究人地系统人与自然的相互影响与反馈作用。""对人地关系的认识，素来是地理学的研究核心，也是地理学理论研究的一项长期任务，始终贯彻在地理学的各个发展阶段。"

**3. 将资源环境领域的研究延伸到发展和可持续发展领域**

随着社会经济的发展，科学技术在解决人类面临的一系列重大问题方面的作用在日益增强。在这个过程中，学科发展的交叉趋势也越来越明显。大量资源环境领域的自然科学研究（成果）需要在可持续发展领域找到"出口"。为此，需要将资源环境领域的研究方向由资源、环境两个主体部分延伸到包括可持续发展在内的三个方面。其主要理由如下。

（1）资源问题、环境问题、可持续发展问题，这三个重大问题本来是密切联系而且是顺乎延伸的部分。只研究资源环境问题，不利于对解决资源环境问题提出有效的途径。

（2）科学发展和人类重大实践都要求突破纯自然科学研究的理念：当今一系列重大的科学问题和社会经济发展问题都是交叉和综合性的，研究和回答这些问题天然要求多学科特别是自然和人文学科的交叉和合作。

（3）国际上一些有关的重大计划和研究机构都是包括自然和人文在内的综合性的和多学科的。我国许多研究机构和大学也日益整合自然科学和社会经济科学的资源，开展交叉领域，其中包括发展和可持续发展这个领域的研究。

（4）多年来，我国科学家在可持续发展领域做了一系列极有显示度的工作。如20世纪90年代的中国国情研究、我国农业和粮食问题发展战略研究以及"中国区域发展报告""中国可持续发展报告""中国现代化报告"等方面的研究。这些报告和工作都是将自然科学和社会科学研究结合而在国家产生了巨大影响。我国资源环境领域的多个研究所都有研究可持续发展的人力和各种必要条件。

## 二、战略重点

确定"人地关系"与区域可持续发展研究领域的战略重点和研究方向，需要按照"人地关系地域系统"及资源环境和发展问题的相互关联性的原则，为国家解决重大国土开发和区域发展问题提供科学基础和方案，并提高自主创新能力及形成我国的理论体系和方法论，应该具有基础性、综合性和战略性，体现出国家实施科学发展观及五个统筹建设的决策中发挥重要作用的客观要求。

战略重点和研究方向的确定要求符合国际上关于地球表层综合研究的基本趋向及为可持续发展提供科学原理的宗旨，体现学科之间的交叉及我国在这个领域里已经形成的优势。

由于21世纪我国"人地关系"演变的焦点是我国大规模城市和区域发展，因此战略重点和研究方向的确定应该满足国内外特别是我国城市化与区域发展提出的重大问题的需要。

拟在以下重点方向上实现这个领域的科技创新目标。这些方向属于地理科学内部及与有关学科多学科交叉的前沿领域，既体现科学问题，又适应国家发展的战略需求，同时，又与资源、环境、生态等领域的研究具有密切的结合。

**1. 人-地系统要素的相互作用与"人地关系区域动力学"**

在地球表层系统中，以"地"为一方，体现为自然要素，包括水土资源及生态环境各要素；以"人"为一方，即社会经济方面，包括人口、经济、城市和乡村、工农业及交通运输业等产业。我们不研究自然系统内部的作用机制。从区域角度重点研究地球表层中"人""地"两组要素之间的作用及相互作用机制，阐明区域可持续发展的基础。

"人-地关系"地域系统的系统特征和演变规律的研究，是实现科学的发展和对区域按照人类的要求进行定向调控的前提。为此，必须揭示这个系统特性。根据大量的资料和研究成果，"人-地"地域系统属开放和半开放的系统，这个系统的内部关联构成了各个区域的特征。任何一个"人-地"地域系统又都是与外部进行物质、能量、信息交流的，这构成了区域之间的联系和整体性。"人类改造世界的思想激发人类与环境的相互作用，并根据结果修正其行为。……人类改造环境和适应环境的纷繁复杂的方式创造了作为人类家园的地球的大千世界，该世界是一个被编织出来的相互依存的网络体系。"认识这个"相互依存的网络体系"的主要方法是揭示系统的特征和进行类型区划。

"人""地"两组要素之间的关系，实际上就是社会和自然基础之间的关系。这种关系如何影响国家、区域的可持续发展？回答这个问题，需要研究环境与发展及其各要素之间相互作用的机制，即"人地关系区域动力学"。美国学者称之为环境-社会动力学机制（"重新审视地理学"）。通过对机制的分析，对中国及各地区不同发展阶段的环境状态和发展状态作出诊断和预警，揭示区域发展过程与发展格局之间的相互关系，建立我国自己的关于城市化和区域可持续发展的理论体系。

如何研究"人地关系区域动力学"？地理学面对的"人地关系地域系统"是一个非常复杂的系统。认识这个系统，必须发挥地理学方法论的特长，同时要充分吸收系统科学、生态学、经济学等学科的方法。在这些学科方法的基础上发展综合集成方法。这里包括历史数据和资料的集成、要素及要素作用的集成、对系统中各种区域变化状态的相互关系的集成等。综合集成的研究和方法的运用，要求地理学家在传统方法基础上作出创新。

综合集成的主要目标是自然要素的地域分异和人文要素的地域分异的综合和耦合方法。只有通过这种综合和耦合，才可以认识地球表层的地域分异特征和社会经济发展的可持续性。在这个基础上作出综合（类型）区划，即自然—经济社会—生态区划，或称为生态经济区划。这种区划的研究对于确定国家和区域未来发展的功能定位具有更重要的理论意义和实践意义。

**主要研究内容如下：**

（1）"人-地"地域系统的系统特征和演变规律；

(2) 环境与发展及其各要素之间相互作用的机制，即"人地关系区域动力学"；
(3) 区域发展过程与发展格局之间的相互关系；
(4) 中国及各地区未来不同发展阶段的环境和发展之间耦合态势的预测；
(5) 综合集成的研究和方法的运用。

### 2. 区域发展的影响因素、发展过程及格局

20世纪90年代，国际上地理学家就开始研究国家和区域发展的新因素，重点是信息技术发展给国家和区域的发展带来的影响和变化。近年来，全球化、知识经济对发展的影响等成为研究的重点。

矿产资源、水资源、交通等曾经是中外大多数国家工业化和发展中的重要因素。这些因素曾经影响乃至决定了我国的区域发展和生产力布局的基本格局。经过改革开放以来特别是近年来的结构调整，这些传统因素的作用正在下降。信息化、经济国际化成为高速增长地区发展的主导因素。我国改革开放的过程也就是经济国际化的过程。经济国际化在大大促进我国经济持续快速发展的同时，也在明显改变着我国的区域发展格局。

需要继续系统地跟踪国家和地区的发展态势，准确地把握影响区域发展的新因素和新格局，研究我国自然基础及经济全球化、信息化等因素在国土开发和区域发展及不同阶段的综合作用，国土开发和区域发展的不平衡变化及其规律，国家发展战略及其实施对区域格局的影响。

社会经济客体在空间上存在两种趋势，即集聚与分散。未来我国几十年，空间集聚将是主要倾向。也就是说，在国土和空间利用上需要实行"高密度、高效率、节约型"的方向。这样，新的问题就是：如何及能够在多大程度上缩小我国区域发展之间的差距？为此，需要深入研究区域发展的不平衡规律。在实践上，要求研究各地带、大区、大都市区和产业集聚带及各种特殊类型区域的发展，包括各主要类型区域的资源、环境与社会经济协调发展的模式与途径（大都市区、主要产业集聚带，少数民族边疆地区、重点的资源开发区、生态环境遭严重破坏地区，等）。根据我国的自然基础、现阶段的社会经济发展目标和和长期高速增长引起的大量区域问题，按照科学的原则和指标，提出我国未来15~20年发展和治理的功能区划方案（作出二级或三级功能区的划分），并确定各主要功能区的主体功能和发展原则，提出促进不同功能区可持续发展的支撑条件。

其主要研究内容如下。

- 国土开发和区域发展的不平衡变化及其规律。如何及能够在多大程度上缩小我国区域发展之间的差距？
- 信息化、经济全球化及科学技术进步引起的社会经济空间重组。
- 从社会经济和资源环境相互协调基础上我国发展的功能区域及其支撑体系。
- 国家区域发展政策基础及中国不同类型地区包括"问题区域"的发展。
- 中国国土规划和区域规划方法论。

### 3. 区域可持续发展能力、指标体系和调控原理

可持续发展研究涉及地理、生态、经济以及系统科学等学科。20世纪90年代以来，

美国、英国、德国和日本等发达国家开展了全球可持续发展问题和各自国家可持续发展目标、议程研究，同时，大量的学者进行了可持续发展评估的指标体系和实际的区域可持续性的研究。地理学研究区域可持续发展问题，是从发展与环境的关系研究区域社会经济发展如何实现可持续。对我国区域社会经济可持续发展研究，侧重点不在于他们各自所包括的要素，而主要在于资源、环境和社会经济发展三者之间的关系。也就是从它们之间相互协调的观点，研究当代人类社会所面临的促进持续发展和保护环境的重大理论问题和实际问题。如人类活动对环境造成的多样性后果，人口过程、自然资源和生态支持系统之间的相互作用，人类生态系统的稳定性，以及国家、地区的人口承载力、经济增长及产业结构调整等。根据我国的国情，建立我国自己的关于区域可持续发展问题的理论体系。

为此，一要对经济发展与生态环境演变作系统分析；二要揭示它们之间的作用机理及其数量关系（这一点集中地体现学科的前沿特性）；三要提出协调的途径，即如何促进、保持区域经济的可持续发展；四要提出各种持续发展模式。这样的研究是一个从区域缺陷的"诊断"到"处方"全过程，可保证这个研究既具有实际意义，又有理论意义。

区域可持续发展的机理，是指在区域范围内影响可持续发展的因素之间的相互作用及因素变化影响持续发展的方向和程度。一旦揭示了区域可持续发展的机理，人们就可以为制定区域可持续发展战略提供理论目标和具体的政策杠杆。

为中国的区域可持续发展建立评价指标体系，用以对我国及各地区的资源、环境和社会经济发展进程进行评估、监控和预警，配合国家有关部门研究区域可持续发展典型区、示范区，增强用可持续发展的思想指导决策的能力。这是实施中国可持续发展战略、建立符合国情的可持续的社会经济发展模式、实施《中国21世纪议程》的重要措施。

其主要研究内容：
- 国家发展特点及环境与发展之间关系的价值标准；
- 中国及各地区不同发展阶段的环境状态和发展状态的诊断、预警及其原理；
- 我国未来区域可持续发展支撑体系和重大问题研究；
- 我国资源节约型的社会经济体系及其区域化。

**4. 城市化发展基础与发展模式**

21世纪我国发展的基本趋势之一是大规模城市化。大规模城市化将对我国的资源环境基础及社会经济的空间结构产生重大影响。城市地理学是现代地理学发展的主要方向之一。国际上城市地理学发展的前沿议题有：不同国家和地区城市化的进程和发展模式，城市化的资源环境基础及效应，城市与区域以及大都市经济区的发展。

至2020年我国的城市人口将达到8亿～9亿，城市化率将达到50%以上。在这个过程中提出的一系列重大问题将是：我国城市化的合理发展速度（未来各阶段城市化发展合理水平）和空间态势，我国资源、环境基础对我国大规模城市化的支撑能力，我国大城市发展及大都市经济区的形成，城乡一体化等。回答这些问题，需要研究国内外工业化和城市化进程的相关规律，未来我国各发展阶段城市化的空间格局及与资源环境的耦合效应，城市化进程和城市空间格局的相互关系，我国城市发展规模结构的基本特点等。

主要研究内容：

- 城市化与区域发展。区域的空间整合和优势重组，推进区域经济一体化进程，促进中小城镇合理发展。
- 各阶段城市化发展合理水平及总体支撑系统。
- 各阶段城市化的空间格局及与资源环境的耦合效应。
- 大城市及大都市经济区的形成与发展，空间集聚、空间扩散与大城市经济区的发展动力机制，城乡一体化的社会、经济和基础设施网络体系，资源供给和空间利用。

**5. 城市化和区域发展的模型模拟与空间分析**

为了揭示地球表层主要要素的地域分异及其变化规律，需要对主要要素在地表的相互作用过程（不同尺度下的模式、条件和一系列参数）进行研究，包括自然地域系统内部的要素作用和"人-地"地域系统内部的相互作用的过程及其参数研究。这种研究既包括微观的水、土、热等要素的相互作用研究，也包括不同尺度范畴的经济发展社会发展和自然、生态之间关系和协调途径的研究。为了实施这些研究，发展城市化和区域发展的模型模拟与空间分析是必要的。

如何以数学语言描述"人-地系统"和经济空间？在复杂的城市化和区域发展问题研究中，模拟和模型是我们分析方法的一部分。地理学在经历了20世纪50~60年代"计量化"后，模拟和模型化的研究已经走上了合理的轨道。学术界普遍认为："计量革命"排斥了难以量化的空间因素，凡是无序的、不可验证的及模糊的空间事物，皆被认为不是知识，或者不属于知识的范畴，不予理会。其结果是无法描述和预测实际的空间经济。现代人文地理学及城市化和区域发展问题的研究不要过于格式化、即追求"决定论"的数学模型。在社会经济空间结构领域里，事物的发展不是受决定论支配的。但是，在这些领域中，因素和要素之间的作用具有方向、幅度、概率等规律。因此，我们既不能在假设中描述和预测城市化和区域经济，也不能在某些难以量化的概念面前就束手无策。

可能被广泛应用于各种人地系统及相应的资源环境与社会经济协调发展问题模拟研究的模型方法有多种类型，例如主成分分析法、层次分析法以及经济控制论模型方法、生态控制论模型方法、系统动力学模型方法等。其中，层次分析法可以在区域人地系统中，作用于社会经济发展的诸要素中求出主要的要素并赋予权重。系统动力学模型方法被认为是模拟人地系统等复杂巨系统的最主要模型。它是一种以反馈控制理论为基础，借助于计算机仿真技术研究自然－社会经济系统等复杂系统的定量方法。该方法适合于长期的、动态的和宏观的定量分析和模拟研究。由于各种模型方法都是以过去和当前的发展趋势推测未来，因此，对过去和当前发展事实本质的把握程度，决定着模型的质量。也就是说，模型的数学结构是建立在对于实际的"人-地系统"结构的深刻了解和把握的基础上的。

建立在数据库、图形库基础上对社会经济客体空间结构及其空间作用趋势进行分析和模拟,谓之"空间分析"。空间分析的广泛运用是目前国际上人文-经济地理学研究方法特别是城市化和区域发展研究方法发展的主要方向。为此,我们需要规划和启动服务于城市化和区域发展研究的模型模拟和空间分析支持系统的建设;创造满足开展各类大型综合性研究所需的信息来源与处理、数据库构架以及开展区域分析和可持续发展模拟等要求的设备和能力;结合开展的研究和规划任务,开展模型模拟和发展的数据库与图形库基础上的空间分析技术的研究和应用。

# 变化发展中的中国人文与经济地理学*

**摘　要：** 人文与经济地理学是研究领域乃至研究方向均处于变化中的学科。本文指出了现阶段可能导致该学科发展转型的主要变化，分析了一些重要研究领域的发展变化趋势，就若干重要问题的研究理念与方法论提出了自己的看法，是一篇供学术界探讨的思辨文章。

半个多世纪以来，中国地理学者对国家和社会做出了巨大的贡献，对国家的影响已经超出学科专业的范围。其中，人文与经济地理学当然也起到了独特的作用。几十年来我们深切体会到，地理学是一门经世致用的学问，通过研究、规划、咨询及科学普及等实现我们学科的目标，依靠科学性与前瞻性更好地为国家和社会服务，同时发展学科本身。现阶段，我们正经历着经济转型、社会转型、信息化迅速发展，以及在更大程度上融入全球体系的过程。国家、世界的变化都从一些方面影响学科的发展，学者需要认真思考与面对。

## 1　研究领域乃至方向都处于变化中

人文与经济地理学的对象是长期稳定的，这是由该学科在科学体系中的地位决定的。其方向是一个时期的目标、领域的综合，领域是阶段性的，课题则是具体的方向领域实施具体包含的内容。

人文与经济地理学是研究领域乃至方向均处于变化中的学科。如何对时代做出及时、准确的响应，是我们要考虑的头等问题。学科方向与研究领域的确定是学科发展的灵魂。领域是不断发展变化的。

从工业革命开始，西方近代地理学萌芽、发展。特别是18～19世纪，那是近代地理学学说纷起、学派林立的大发展时期。第二次世界大战后，地理学由"物理学化"而带来的计量化发展在一部分国家十分盛行。其中，以模型化最为流行。与此同时，欧洲一些学者开展社会经济的空间结构与空间分析研究。现阶段，欧洲的人文与经济地理学发展大约聚焦于全球变化、区域治理、国别地理等。

几十年来，中国经济地理学经历了几个发展阶段：大方向是由生产力布局转到社会经济空间组织与空间分析，这种变化发生在20世纪70年代末至80年代初。但其主要领域的变化是研究对象与学科性质-生产力布局与规划-区域发展（综合分析研究与规划）-区域可持续发展（分析、预测、规划）等。未来会如何呢？功能区、生态经济补偿、信息化与可持续发展会成为主要领域吗？

城市地理学自从20世纪80年代初开始起步，发展迅速。开始是学科特点与一般问

---

*　原载于：地理科学，第37卷第1期，2017年3月出版。

题，城市总体规划与区域城镇体系，此后是城镇化与城镇化模式，以及近些年来对城市空间重构、全球城镇体系、城乡关系发展及数字城市、生态城市的研究等。

旅游地理学是从20世纪80年代初开始迅速发展起来的分支学科。该学科发展大致经历了国外旅游地理学发展态势、资源的分类评价、旅游点（区）布局、旅游路线设计、客源地研究等，近些年关于地区旅游发展战略及生态旅游，以及与社会经济发展的关系等。

上述那些不同时期的学科研究方向的变化受到哪些因素的作用呢？主要是由于国家发展阶段不同，导致国土开发和区域发展（城镇化、社会发展等）程度与任务不同，发展中的问题和方针、政策等当然各异；还由于当今世界大格局及中国与世界间经济关系的变化，科学技术发展对于社会与经济发展的强烈作用等，这些变化发挥了共同的影响。现在，我们是否应该又要重新审视发展方向呢？美国人"重新发现了"地理学，提出了人文与自然相结合的发展思路，很有高度，但没有得到国内外的广泛响应，也没有人在这方面工作。"人-地系统"概念在中国地理学界很有影响，但长期坚持去研究的学者不多。为学科长远发展考虑，应该进行以理论建设为目标、结合应用性实践的研究，很有必要。组织较大规模的探讨，现在一些不是我们学科的东西，我们并不具备特长的东西，也很感兴趣。难道仅仅为了生存就可以不务正业吗？

## 2 现阶段转型发展的背景及对学科应做何种响应的思考

从近现代学科发展的历史分析中可以得到启示：人文与经济地理学的发展主要决定于社会经济发展（阶段、问题）的需求，当然，还与科学技术发展大背景的变化有关。十多年来，中国经济与社会发展上了一个大台阶。发生了哪些同人文与经济地理学关系密切的重要变化呢？这些变化如何带来新的要求、理念及新的发展环境？

（1）经济发展实施战略性转型，经济增长率将会趋于中速增长，各地区发展态势与问题不同，内涵与解决途径也就不同。

（2）城镇化发展实际上也在转型。农村转移人口市民化的过程将会使以往城镇人口快速增长的趋势下降。城乡一体化和农村建设更加需要重视。

（3）信息化的大规模深入发展，正在引起社会经济的空间重组。信息革命新因素作用于我们的研究对象，将可能改变其运动规律。如何改变的，改变了什么，改变之后又如何（改变了空间组织、空间联系，提高了效能，提高了竞争力，等等），这些都是新的地理学理念和观念，它们牵连着我们的大部分研究。

（4）随着经济发展和国力的增强，生态环境问题和区域治理及精细化管理会提到重要位置上来。

（5）中国发展正在改变全球的经济和政治格局，中国发展与世界上广大地区的联系越来越密切，同时面临着严重的地缘政治压力。

（6）"70后"和"80后"的地理学人正在成为学术骨干和学术带头人。年轻人多了，是好事，但也有问题，主要是一些学者，特别是中青年学者的知识结构和实践积累不够，在实际研究中希望有自己的独到看法。

迎接这些新的变化，研究工作可能要实现某种转型。一方面要坚持交叉学科的性质、以"人-地系统"为理论方向和走理论与实践相结合的道路，我们的专业价值观与信仰仍然应该是空间经济、空间节约与空间合理（便利、连接、通达、管理、安全等），还要体现中国特色和中国国情。这些是人文与经济地理学的学科理念，是不变的，但同时要以新的心态、新的视野来思考未来发展的重点领域、发展理念及理论与方法的创新等。

长期以来我们学科主要涉及的问题，如区域经济与区域可持续发展、城市发展与新型城镇化、生态环境承载力及生态补偿、功能区、贫困地区与农村发展问题、"一带一路"、地缘政治等。除这些"传统"领域外，明天将还会出现新的重要领域，我们应该如何去"重新发现"？

做如何选择，可能关系到未来的学科命运。如果对学科的方向感没有了，就很危险。我想，我们已经占据了制高点（政府与学术界认同）的领域或正在攀登某制高点的领域，是要坚持不能放弃的，如中国区域发展与可持续发展战略、中国的城镇化与农村发展、区域与城镇发展的模型模拟、信息化与空间组织、旅游发展理论等，若放弃了或者失去了，学科在国家的地位就成了问题，迟早也会在科学体系中消失。

由于经济与社会转型，出现的问题也不同于以往，规划任务可能会有所减少，而规划任务的性质和内容也会改变。如果规划类工作逐渐发生变化，将不能再用大部分时间做"工作队"了。需要开发多元化的方式为国家和社会服务。战略性、咨询性、预测性甚至总结经验性（成果表现为发展学科理论）的工作将会逐渐增加，重要性将逐渐显现，而且这类研究也一样会提出新的要求。

各种类型的区域、城市及各领域的主要问题都会共同要求我们开展社会经济及其空间组织的预测预报。对于许多战略性研究与规划来说，要求更具有前瞻性和科学性。同时，承担引领当今国际上人文与经济地理学发展方向的重任。

与以往相比，要求我们的工作目标、知识及知识结构、成果深度及表现方式等逐渐有新的变化和质量提高。以区域发展为例，中国未来区域经济增长将以结构调整为主线，新技术、新行业、新集群等，以及新的产销关系等，这些将影响区域发展的方向、增长空间和增长内涵，我们的知识和知识结构必须跟上。再以信息化发展对社会经济空间组织的影响为例，信息化发展正在带来空间、距离、地理邻近性等空间概念的理解、应用方面的变化，通信技术降低空间距离的摩擦力，导致时空压缩和时空汇聚，改变一系列空间客体之间的关系，曾经遥远的地方可能不再遥远等。

对于如何与政府需求进行对接，政府已经有的正在实施的、地方政府领导人已有的政策和设想之间的关系，如何处理科学性及与地方政府意见一致的问题的关系等，都可能成为需要我们去面对的问题。我们专业与政府的关系可能也面临着多元化情况。

## 3 对一些重要领域和问题及其研究工作的认识

### 3.1 如何看待"国际热点"与"国际前沿"

地理学及其重要分支人文与经济地理学是区域性很强的学科，因而也必然具有本土性。必须立足于国情，但同时又要把握当今世界发展的需求与世界科技发展的前沿。

我认为，中国地理科学发展方向与美国、西欧等发达国家有着很大的不同，但中国地理学科学发展却可以代表当今世界上广大发展中国家的客观要求和发展趋势。第二次世界大战后，美国地理学部分学者迷恋于纯自然科学化乃至"物理学化"方向，其结果是反映这种倾向的计量化也基本被学者们自己否定了，可以说真正的自然地理学在美国已经消失了[1]。20世纪80年代末，美国地理学者曾经提倡的"社会-环境动力学"的理论，也没有引起学术界的广泛响应。地理学在科学体系中的价值，更重要的是社会应用价值受到质疑。值得思考的是，今天的美国地理学能否引领世界地理科学的方向？

欧洲的一些发达国家曾经对区位论、空间结构理论，以及20世纪60~70年代对空间分析做出了突出贡献。但此后，特别是近20年来，由于自然结构和社会经济都居于稳定状态，地理学者长期集中于区域和城市的精细化管理、地生态学以及对世界上主要的国别地理进行研究。科学实践的规模和理论方法的进展对在广大发展中国家的影响都不突出，值得借鉴的成果相当有限。

近20年来，西方个别国家人文与经济地理学发生了"社会转向"。地理学发展中所奉行的实证主义，以及被部分学者称为的"科学主义"等，也在部分地理学家那里被否定了，转而强调人本主义、地方主义，以及所谓的"后现代"等基本理念。这样，地理学的方向就从长期以来的"人-地关系"转移到人与社会关系系统的研究。他们提出："在人与其社会环境间存在着一个连续的双向过程，一种社会空间辩证法（sociospatial dialectic）[2]，即人们在创造和改变城市空间的同时又被他们所居住和工作的空间以各种方式控制着"。人按照自己的理念塑造城市空间，这个空间又影响人本身。表现为居民的价值、态度和行为不可避免地被其周围的环境，以及周围的人的价值、态度和行为所影响。例如，邻里关系、内部阶级间冲突、宗教信仰的要求、不同族群的空间领地边界划分等。他们以一些隐喻来解释和描述城市的社会空间。

吴传钧先生针对少数国家的"人本主义地理学"（humanistic geography）和"后现代主义"（post-modernization）思潮，认为这"实则是反映一些新的哲学观点""要着重人在塑造地区特点方面的作用""一个地方人的行动、思想、经验赋予该地方个性"等，最后吴先生强调："对于种种所谓'新'的学科，我们要吸取以往片面学习国外经验的教训，认真判断是否适合中国国情，要有所筛选，不能盲目跟在外国人后面转[3]"。

对于人本主义、"后现代主义"等，地理学要不要空间范畴？不要，不是地理学。如果要，那就要阐述其中的空间效益（经济、节约）、空间效应（方便、合理、安全等）。仅仅是研究实体空间才需要吗？如果不要，研究的目标又是什么呢？对于人本主义转向，即社会转向，建议大家结合当今大多数国家的实际予以评价。这种转向代表多大的地域范畴？是整个"西方"吗[4]？在西方得到多大范围的社会认同？据资料可知，欧洲这种研究并不盛行[5]。

这种"辩证法"，与"人-地关系"不是一样的吗？地理学"人-地系统"研究早就强调"人"与"地"两大组要素的相互作用、相互影响的关系。

"全球变化"大概是当今全球科学研究的最前沿和热点了。然而，本文认为其并不能作为地理学最主要的前沿与热点。全球变化研究却曾经统领了中国地理学20多年的主导方向，用去的人力、物力和财力不计其数，但同时却放弃了国家日益突出的资源问题、环境问题的研究。那些主张将全球变化作为中国地理学的主导方向，甚至要使地理学主导中国全球变化研究的学者，忽视了黄秉维先生当时的谆谆告诫[6]。使我感到欣喜的是，部分著名学者已经明确表述了全球变化并不能成为地理科学主导方向的观念。

一些学者日复一日、年复一年地支出政府的资助，做着脱离实际的"国际前沿"课题。热心从外国人的书上找方向、找课题，在中国做"实验"，写文章。有的学者在唱衰地理学，总想走一条"科学"的道路。对此，我难以理解。

## 3.2 关于理论研究及理论与实践的关系

理论研究及其中的学科方法论研究对任何学科的发展都是极为重要的。但人文与经济地理学以什么样的理念去进行理论研究？我认为，地理学是属于实证主义方法论的学科。社会经济客体（要素）的空间联系、格局与过程等规律，是在实践中产生，经学者们认识与提炼后成为地理学思想并为实践服务。当然，属于概念性的纯理论可以算作理论地理学。前者是各个具体领域都有的应用型理论；后者是高度概括的抽象掉具体事物的空间关系与结构。

理论研究沿着什么样的路线进行呢？我认为，社会经济事物（要素）的空间集聚-集聚规模-合理集聚-集聚形态-空间组织是一条基本的主线。克鲁格曼的"新经济地理学"的工作就是沿这条主线展开的。在中国，沿这条主线延伸，就到了区域可持续发展、合理城镇化、城市体系与城市群、旅游产品设计及其空间组织，区域创新体系与区域竞争力等。

合理集聚与合理规模连接着空间节约与空间结构的合理化，而这一点又会支配地理学者的专业信仰与行动。

阐述任何好的理论研究成果，包括从国外引进的研究成果和阐述外国学者的学术思想，都要使同行学者看得见，摸得着。例如，现在关于城市内的社会空间研究，城市中的社会空间，小区的邻里关系、组群关系、族群关系等微观研究，人的特性、心理等在某种特定空间中如何受到塑造，这种特性又如何影响人们的生活与心理等。现在一些著作和论文有普遍的倾向，就是阐述一些空间作用效果、目标时，缺乏关于何种具体要素作用于何种具体的客体的描述。给人的感觉：其一，以"空间特性""创新系统"的影响、作用解释"空间特性"、"创新系统"的影响、作用；其二，以外人（绕过要素作用客体）论点来解释空间过程和空间效果。我觉得需要自己先消化，明确要素与客体是如何关联的，然后再下笔。都谈"空间组织"，信息化都可能赋予各领域的区域、"空间"等概念以新的含义等。这些都要结合具体的内容有所交代。空间的内涵及如何产生创新，因素作用于哪些客体等，最好在心里能够做出示意图。仅仅引用一些他人的论述，叙述一些特点，还是飘在上面。要扎下来，使其落地。要有较多的资料和情况，叙述才能有立体感，有纵深。如果完全脱离大量的具体的实际事物，仍会给人以"隔靴搔痒"的感觉。

人文与经济地理学者如何进行模型与模拟工作？如何看待和运用统计数据？不能仅仅只懂得数学结构、计算机结构而不了解实际事物的结构与关联。后者才是最重要的，是开始搞模型模拟的基础和前提。

我们可以编制一系列方程式进行预测，方程式中所体现出来的要素的组合和相互作用关系，要符合实际事物内部和外部的关联。对参数的判断如何才能准确呢？如果没有对实际事物之间关联的了解,对公式计算的结果就很难说是科学的。哪些因素跟哪些因素相关呢?统计上可以都是相关的。但是实际上可能不相关,这就是我们对实际事物的结构要深刻了解。如果没有对实际事物的内外部结构有准确的理解和把握,对参数的判断和运用那就是游戏。对此,就要求了解中国各有关领域的基本数据与情况和知识(国情、区情等),还要懂得学科的一些基本原理。

## 3.3 信息化与社会经济空间组织

信息化与社会和经济空间组织问题是新时代的大课题、大方向,提出了许多新问题和新要求。我们的任务是从人文与经济地理学的视角,总揽当今国内外信息化发展的态势,将信息技术及其社会应用与学科方向、研究领域结合起来。发展新的空间经济模式研究的新理念、新方法。也许,20世纪50~70年代的"计量革命"不算成功,互联网与大数据被引入地理学可能会取得理想的进展。

在一定程度上,信息技术正在重塑我们这个时代的经济景观和社会景观。大数据的应用将使对社会经济空间组织(区域发展一系列重要领域)变化的预测预报及其模型化成为可实际应用。因此,这方面的研究应该成为我们学科的新领域、新方向,也是前沿与热点。中国制造业的成本中30%~40%在物流业,而发达国家只有10%,原因是中国物流业与交通运输业之间的空间结合不合理。我们很多的物流园区与公路网不结合。所以,互联网与物流业的密切结合大概就是我们研究的课题之一。

应注意的是,在信息化条件下空间距离效应改变了,企业、集群、园区等事物为什么还要考虑合理的空间区位及合理集聚呢?那是因为信息流的背后还是"物质(性)流""客流"等。生产用的原料、燃料、零部件及半成品、产品(商品)、生产工具等物资还需要运输、人员地点等实体也发生位移。当然运费就不等于零。互联网造就了一系列"新空间",这些空间可能是扁平的。但除信息、互联网各种信息空间以外,还存在一系列实体空间(铁路、公路、水运、管道),各种类型的交通运输平台(空间)、企业生产的前后左右协作形成的多重空间,管理机构、消费实体分布的空间等。不管信息化如何发达,空间距离对社会经济的意义仍然存在——这一点是地理学的灵魂之一。

不要离开具体的事物、客体、因素等讲"道理"(作用机制、创新形成,竞争力提高,社会空间合理等)。信息化条件下的"空间",有些与我们以往的"地域空间"不同,要解释清楚。以往我们所说的"地域空间"就是"区域"。现在我们说的"空间"含义广泛,其"本质"是什么呢?我读一些著作中的"空间",觉得十分难懂。这个"空间",我体会有多重含义。例如,一些银行家经常以各种形式交换信息、危机判断与处理等,形成为一种对汇率、利率、货币交易等方面的决策,这是一种决策的群体运作空间;某几种物资,以特定的运输方式,由某一群体人员操作,形成为一个位移和产销系统,也可称为产销"空间";某一地点的若干企业(产品生产、供应、销售等)组成一个合理的前后左右链接的系统,也是一种"空间";等等。

在信息化背景下,各种功能和范畴的空间、决策和运作群体的空间,与真实的三维的物理空间不同。这些范畴的空间可算作柔性的空间。当然,这其中有的"空间"也有物理的特性。在全球、国家、地区等地理空间的范畴中，这些较为专业性的空间综合在一起，会形成为多层次的、多领域、多范畴的彼此相互链接更为复杂的结构的空间。这样的空间，内部具有不同层次的节点和相应的"流"，其成为这样空间的控制和运作系统。是不是？如果这样认识是正确的，就可以进一步解释。

要较深刻阐述信息时代各种地理单元的创新能力如何能获得提升，区域性的社会经济空间结构如何能优化，而要做到这一点，就要求准确描述各种新因素（信息、网络、节点等）如何作用于社会经济客体及其运动、集聚扩散现象和过程等，使其获得新的动力。我们的理念应该如何变化？

## 3.4　区域经济新格局与新型城镇化

（1）在国内强调建设经济区和发展区域经济一体化已经没有必要。"经济区"及"区域经济一体化"曾经是我们专业及社会上的重要概念，直到近年来，这两个概念仍然大量出现。但是，在当今国际化、信息化及在实施"一带一路"倡议的情况下，中国宏观区域经济正在形成以沿海大城市群为枢纽区、以其广阔的内陆为腹地的"沿海-腹地"型的大经济合作区。这是中国经济发展的区域大格局。这种大经济合作区的合作对象主要是当今世界上近 200 个国家和地区。这样的大格局将使中国及其主要区域更大程度地融入国际经济体系，促进综合国力大幅度增长。

三大城市群（京津冀、长三角、珠三角）及其带起的大经济合作区之间的联系较少。未来实力强大的经济合作区，使传统意义上的经济区已经没有必要，也不可能建立起来，即在中国国内提"区域经济一体化"已经没有意义。传统的经济区概念已经过时。现在有些文献和报告中所称的环渤海经济圈（经济区）实际上是不存在的，也看不出未来可以形成一个经济区的前景，所以就不应该还强调环渤海地区的"经济一体化"。在环渤海地区，正在形成三个经济合作区。

三大城市群正在造就中国经济的"地理枢纽"。这里的"地理枢纽"是由全球经济空间重组和全球生产网络中新的"流"的节点形成的。其特征是高端产业，特别是高端服务业的大规模区域性集聚与不断创新，以及产业链的龙头部分与核心部分及价值链高端部分的集聚，而成为各大经济区域之间连接交汇的战略部位，成为全球与大区域经济的影响、带动与控制中心。

（2）对新型城镇化发展要有客观科学的分析与展望。2013 年 12 月 12 日召开的中央关于城镇化工作会议，习近平总书记和李克强总理分别作了重要报告。会议提出了推进城镇化的主要任务，强调了城镇化发展的"稳中求进"、努力实现"人的城镇化"等方针。在此之后，国家新型城镇化规划（2014~2020 年）正式出台。这标志着中国城镇化发展的重大转型。但新型城镇化的内涵如何在实践中得到实施？按照"新型城镇化规划"的宗旨[①]，目标只能是有限的。但实际上，却规定了太多的目标。因此，需要分析中国国

---

① 国家新型城镇化规划（2014~2020 年）："按照走中国特色新型城镇化道路、全面提高城镇化质量的新要求，明确未来城镇化的发展路径、主要目标和战略任务，统筹相关领域制度和政策创新，是指导全国城镇化健康发展的宏观性、战略性、基础性规划"。

情和总结十多年来高速城镇化发展的经验教训，正确估计中长期内各种类型城市（大中小城市、城市群等）集聚产业和人口的能力，预测未来城镇化发展的可能规模和城镇化的合理进程。实际上，农村人口向城市集中而转为城市人口的速度会有所下降。但现在户籍制度改革取得了重大突破，城乡户口统一登记为居住证户口。这样农业转移人口落户城镇数量可能会明显增加。但问题是，产业支撑能力可否真正相应增加？城镇化的质量又会如何？还需要进一步考察。

中国需要循序渐进和资源节约型的城镇化，需要创新多样性的城镇化模式。关于生态城市，在中国的具体条件下，生态城市应该包括三方面的内涵：其一，城市发展（包括布局、建筑、基础设施系统等）应该尽可能减少能源和其他自然资源的消耗；其二，城市中的生产和生活系统产生的废料及其相应的处理系统尽可能不对周围环境产生严重影响；其三，城市的景观和景观结构应该与其所处的大的自然地带性相一致。

## 4 人文地理学还是人文与经济地理学

"Human Geography"中的"Human"应该如何翻译？《新英汉词典》译有"人的，人类的""具有人的特点的""有人性的"等几种含义，并没有"人文的"的含义[7]，是"人文与经济地理学"吗？人文地理学还是人文与经济地理学？或社会与经济地理学？能否还有另外的译法？在中国许多场合，"人文地理学"是不包括经济地理学的（通常我们说的人文交流，是与经济交流并列的。"Human Geography"的直译是"人的地理学"。但是，我们现在用的"人文地理学"显然不是"人的地理学"。能否还有另外的译法？如果意译为"人文与经济地理学"或"社会与经济地理学"，会展现出更好的印象和发展前景。

概念翻译准确与否关系到事情及事业的"兴衰"。例如，"国土规划"是由日文译过来的，在日文里，"国土"本来指的是"国土，领土，国家的土地"。但中国翻译成"国土"和"国土规划"，就带来了国家管理体制长时期的不顺。在欧洲，普遍运用的是"空间规划""区域规划""领土规划"。日本将欧洲的空间规划、区域规划翻译成"全国国土综合开发计划"，实践中是国土空间的规划，但日本并没有全国土地利用规划。我们现在所用"国土规划"很容易与"国家土地的规划"相混淆。而编制全国"土地利用规划"是国土资源部的重要职能之一。中国的"国土规划"本意也是全国区域规划，是中央政府的综合性职能部门（原国家计划经济委员会，现国家发展和改革委员会）牵头进行的工作。中国的国土资源部门挂的牌子有"国土"概念，所以就被赋予了国土规划的职能。但国土资源部毕竟是专业性职能部门。多年来实践证明，编制综合性、全国性的"国土规划"对该部门是难为之事。在一段时间内（1998年后），综合计划部门没有组织进行全国国土规划（即全国性的区域规划），导致区域规划缺失。城市建设部门为了使城市规划有所依据，将城市规划中的城市总体规划扩大成了区域规划，并且已经制定了相应的规划法。这种情况带来了部门间的矛盾，即国家任务与国家有关部门的职能定位不符。至今如此，带来了工作损失。与此类似的还有"城市圈"的"圈"字。"圈"在日文里是"区域""范围"的意思,而不是一个城市及其周围的圆(环)形范围[8]①。所以,要建议用"城市区""城市地区"等。

新中国成立以后,中国的地理学科分类沿用前苏联的理论与方法,把地理学分为自然地理和经济地理学两门独立的学科(传统两分法)。在很长时期内,地理学界和教育部门对于地理学的概念只是自然地理学和经济地理学。改革开放以来,中国的科学实践也说明应该做出改变。2006~2007的《地理科学学科发展报告》中[4],阐述人文地理学时并不包括经济地理学在内。自20世纪70年代末80年代开始,著名地理学家李旭旦教授和吴传钧院士大力倡导"复兴人文地理学"。但他们这里是不包括"经济地理学"的。因此,在具体称谓时,经济地理学往往与人文地理学并提。改革开放以来,出版了大量的以"人文地理学"命名的专著和教材。在这些著作中,基本上都不包括经济地理学的内容,而是指城市地理学、旅游地理学、人口地理学、政治地理学、社会地理学、军事地理学、文化地理学等。根据以上情况,我们建议,国家在对学科目录进行修订时,将"人文地理学"改称为"人文与经济地理学"。这样的调整符合中国的实际,也有利于学科的生存和发展,其理由是客观存在的。

## 5 发扬科学精神,坚持专业信仰

### 5.1 科学精神来源于不断学习和严谨的思考

无论进行理论研究或实践研究,都要读书、研究问题、辨明概念,具备必要的相关知识,如国家社会经济发展和国土开发的阶段及全局概况、中国与世界的关联,以及政府需求的变化、科学技术发展及国内外地理科学的发展态势等。如果不了解这些方面的大背景,不去深入思考、辨别真伪,就不可能对相关概念和内涵有准确而深刻的理解,而学科研究工作的针对性与前瞻性也就体现在这里。多年来,在一些重要关头,总有少数不了解地理学研究的社会经济重要领域问题的社会人士借着(与社会经济决策有关的)学科门槛低的特点,对一些重大问题发表高见,结果往往是挑起或参与各种炒作。炒作成功,对有些人士来说就是"成就",这类炒作有时候产生了"绑架政府"的负面作用。

对于需要政府决策的问题或正在实施的政策措施,应该以科学的态度去学习、考察和思考。对于不合理的决策和实施中的问题,要有洞察力,也要有科学精神与正义感。对于权力化与政治化的发展概念,学者们不应该"率先"或参与炒作。这里可以举出一些过往的例子。

(1)最早的是20世纪80年代初的几年(1983~1985年),出现了要将中国经济发展的战略重点向西部实行战略转移之说,学术界出现了多种为此服务战略转移理论:向西部进行"转移论""梯度论""均衡论"等,十分盛行。很显然,这有可能要进行第四

---

① 见参考文献[8]。第二次世界大战中日本将缅甸及印度部分地区称作与英国的"决战圈",将大洋洲称作是日本的"资源供应圈"。

次国土开发、经济布局战略重点的大调整[①]。中国的经济发展战略及决策面临着巨大的挑战。

（2）"十二五"的"国家区域战略"带有明显的不足。从"十一五"开始，几乎各省（区、市）都非常重视国家的"区域发展战略"。许多省（区、市）都努力使自己的一部分区域上升为"国家战略"，即将本地区的重点区域进入"十二五"国家战略（区域）的清单，写进国家"十二五"规划的文本。这次的"国家区域战略"是不完整、不清晰的。一些成分是不科学的[②]。

（3）20世纪90年代初，上海浦东开发与特区建设开始后，社会上和学术界就要求在北方地区（环渤海地区）也要建设类似于浦东的新区。大家不约而同聚焦于天津（滨海新区），呼吁像深圳与浦东那样成为北方的"政策高地"而成为"国家战略"。而不主张在首都北京发展以金融、商贸等为主体的高端服务业（中心）。今天看来，这种舆论和要求源自于对当今全球经济格局变化及其控制因素的不了解，对首都北京作为政治中心与以高端服务业为主体的核心经济功能密切结合的战略必要性的不了解，对天津市几十年来发展的特点和优势不了解，给当时的决策带来了误导和难以估量的损失。2015年中央批准了《京津冀协同发展规划纲要》。这种态势得到了根本的调整[③]。

（4）关于"区域经济一体化"的主张。多年来，大凡涉及几个区域的规划，学者们都要提区域经济一体化。前面已经提到，在中国，建立传统意义的经济区观念已经过时。多年来学术界广泛呼吁的环渤海（经济区）要加强一体化是不符合实际的炒作。该范围内有3个相对独立的经济区域，他们以往未曾有过、未来更加不可能实行经济一体化。

---

① 第一次，1953~1963年将国家发展的战略重点（区域）由沿海地带转移到"内地"。沿海地区的经济增长速度低于内地。第二次，国土开发与就经济布局大尺度（战略）转移，1964~1978年，一二三线的划分，重点建设三线地区。第三次国土开发、经济布局的大尺度战略转移：重点建设向沿海地区大幅度倾斜。这一次的战略转移是对以往两次战略转移的大调整，是导致中国经济逐步走向世界并获得30多年高速经济增长、成为世界经济大国的重要保障，完全是必需的，意义特别重大。如果在20世纪80年代中期就实行（第四次）"战略转移"，那将使沿海地区大量的开发区、重点工程、政策配套体系建设形成无数的"半拉子工程"，境外投资者和商人将陷入不知所措乃至大规模撤资的混乱局面，这是完全违背空间经济发展的客观规律的。中国改革开放的伟大事业就可能中途而废。经分析，中国沿海地区要基本建成一批开放开发的城市并形成较强的综合实力，包括开放政策制定、总体发展规划、重大基础设施工程（大型港口、机场、高速公路等）建设、外资引进及开发区规划建设、进出口机构以及大量的管理、立法、政策制定等，需要12~15年的时间。

② 一些学者按照委托方的要求，编制出规划文本。在得到上报的同时，就开展关于某某区域已经升格为"国家战略"的宣传。这些"重点地区"大部分被批准为"国家战略"的组成部分，进入了"十二五"规划文本。主要名目有"经济区""生态经济区""经济带""城市群""都市圈"等。由于各地区编制的"国家区域战略"规划是一个一个上报的，也就一个一个被审批。"十二五"规划文本将"国家战略"区域分别在区域协调发展战略和主体功能区战略两种类型中列出。看起来，它们都是国家的战略重点区域。但仔细分析，它们中相当一部分不可能是国家的战略重点区域。各地区提出"国家战略"的重点区域，区域名称多种多样，类型和内涵也各不相同。有些区域肯定不能作为国家战略（组成部分），名不符实。一些省（区、市）将自己范围内的欠发达地区经过规划（"包装"）上报要求成为"国家战略"的，基本上是省内平衡发展的政治和经济需要；另外，这些"国家战略"区域整合后不成为一个全国性系统，且国土范围过大。这种整合而成的"国家战略"区域，在相当的程度上只是反映了部分地区各种需要和诉求，而不能充分体现国家的整体利益和长远利益。

③ "纲要"开宗明义就提出，推动京津冀协同发展是"一个重大国家战略"。"纲要"对京津冀整体功能定位特别强调："以首都北京为核心的世界级城市群。""北京是京津冀协同发展的核心。"要"优化提升首都核心功能，……大力推进内部功能重组"。首都北京的发展要"突出高端化、服务化、集聚化、融合化，大力发展服务经济、绿色经济，加快构建高精尖经济结构。"这实际上就赋予了首都北京要发展成为世界经济体系中以高端服务业为主体的经济中心之一的目标。以京津冀世界级城市群建应对全球竞争的中国国家竞争力平台，是实现中华民族伟大复兴的重大举措。北京正在成为国际性的金融商贸中心及对全球经济产生重大影响力的世界级核心城市之一。在中国，只有首都北京可以担当这一功能。天津发展及滨海新区开发的目标和方向不宜与上海（及其浦东）、香港类比，更不可代替北京成为高端服务业为主体的国家首位核心城市。天津市几十年来关于"天津市是中国北方经济中心"的诉求，不符合自身的特点和优势，也不符合国家利益。中国的历史和今天国家体制不同于美国，即中国不是移民国家，不是联邦国家，中国的政治不是金权政治。历史上有七任美国在职总统被刺，都与对金融决策与货币发行权的争夺有关。美国的经济中心，早在独立之前就已经形成了。纽约几个世纪以来就是伦敦-华尔街金融家势力天下。独立战争后当然不将首都定在纽约。北京作为中国的首都，首位金融中心必须在首都，这关系到国家的最高安全。因为，国家金融中心依附于国家政治中心，也护卫于国家政治中心。

（5）大城市群，不仅仅是地域上的一组城市或一群城市。在全国及各地区的国民经济高速增长的同时，中国产业的空间集聚也在发展，城市群和诸多的城市与产业集聚带正在形成。但现在，由于地方政府的需求，加上学术界部分学者热衷于炒作，各地力争进行城市群规划，以便上报以获批为目的。被批示的全国城市群也就上升为"国家战略"了[9]①。现在，许多地方都要求将彼此间没有实质上密切联系的一些城市说成是城市群，经过规划"包装"，上报并辅以大量的游说工作，等待最终被批准为全国第几、第几大城市群，从而上升为"国家战略"。这些"城市群"实质上只能是工业与城市集聚区。没有1～2个能够起统领作用的特大城市作核心，也没有统一管理的高效的基础设施系统为其支撑，城市间很少具有产业链的密切联系。这样划一划范围，给予一个富有光环的名称，有多大意义呢？但这个过程却花去大量的行政成本和财力、物力。

近年来，地缘政治学及地缘政治问题引起学界很大重视，出现了非常喜人的局面。但有的学者为了某种需要，竭力回避"政治"两字，强调运用"地缘关系""地缘环境"。实际上，研究的仍然是国家关系与国家安全问题。这两个概念，当然就是"地理关系""地理环境"了，违背原意。按照自己的意愿，如此随意更改学科的内涵是一种难以理解的不严肃。

## 5.2 地理学者依然需要信仰

地理学是一门经世致用的学问。地理学者为什么依然需要信仰？信仰又体现在何处？这门学科专业价值的核心是社会经济客体空间集聚合理以及"人-地关系"和谐，也可以概括为空间的节约、效能与合理，这三者构成了学者的伦理道德。其含义中包含有环境保护、维护生态系统良性循环的强烈意识和理念。为什么克鲁格曼要用"新经济地理学"？大家可以想一想。

巨大规模的社会经济总量和日益复杂而重要的国际关系，使国家的可持续发展不断出现新的变化和新的态势。中国的国内发展和对外发展战略、方针和各种政策的连续性、应变性，以及重新制定等方面需要及时做出科学的调整。政府各部门都有一定的职能分工，但一系列重要方针政策的制定和实施都会产生综合性的影响。条条分割现象仍然严重，条条内往往是"一支笔""一张嘴"。政府职能的分割可能意味着"永远的部门利益"，致使决策过程不透明。政府关于某某问题的政策文件，常常出现相互矛盾的内容。干部行为的标准和理念很复杂，往往只接受正反馈，负反馈不易上达。"报喜不报忧""听喜不听忧"的弊病流行还难以避免。这就使得一旦出现政策偏差，要被上层了解并加以纠正往往要延迟许久，会付出很大的代价。

在完成各级政府交办的任务时，我们要充分考虑到政府部门的发展设想。在这类工作中，专业的研究和工作人员也需要具有独立的观察和分析精神。对于实践中出现的问

---

① 2017年2月媒体报道："标志着中原城市群正式跻身七大国家级城市群。中原城市群范围涵盖河南、河北、山西、安徽、山东5个省30个市，将重点打造郑州大都市区，构建"一核四轴四区"的空间分布格局，实现城市群一体化发展""等了14年""终于等来了国家批复"。

题或问题的苗头,都要及时明确地提出自己的看法。我认为有一点是可以坚持的,即对那些还没有做出决策的问题,只要拥有充分的依据,就应该发表意见或建议。我认为,几乎所有起了重要作用的战略研究、规划及咨询报告,都应该有"yes/no"的观点,甚至可以说,都要说"no"。在权力面前,在潮流面前,在所谓"主流观点"面前,需要敢于坚持科学真理,说真话,明确地提出地理学者自己的主张。我们不能仅仅充当政府的"秘书班子",也不能"看领导脸色行事"。

我相信,今天的高层领导是了解这些情况的。在中国高层领导重视智库建设的情况下,做好各种战略研究和咨询工作,大环境会更好。当然,要求也会更高。我们对一些关系到国家发展、国家安全的问题,应当做到深刻、准确的分析和预警。要为国内外有影响力和对国家决策做出真正分析与判断,不能做"事后诸葛亮"。

价值观也包括看得起自己。我们学科已经涌现一批本专业的权威学者,他们的工作和学术影响得到了国家和社会相当高的评价,在国内外有关的专业同行中通过接触了解而扩大了影响力。其中,2016年中国地理学会向第33届国际地理大会提交了《中国人文与经济地理学者的学术探究和社会贡献》一书[10]。对此,国际地理联合会前主席罗·F·阿尔伯特在评价中强调:"在一些国家,地理学者和同领域专家正希望自己的学科能够拥有比当前更大的影响力和声望,而《中国人文与经济地理学者的学术探究和社会贡献》中所强调的案例为这些国家的学者提供了宝贵的经验。"该书正是一份具有里程碑意义的有力声明,它应作为全世界各国人文与经济地理学的良好榜样"[11]。国际地理联合会现任主席弗·科洛索夫认为:"这部著作是独一无二的知识源泉,展示了中国人文与经济地理学者过去70年的理论范式、主要子学科及其与实践需求的密切关系。……该书值得国外的读者们探究拜读!"[12]我希望我们应该关注到这一点,改变长期以来在国际交往中过于谦卑的表现。这将有利于我们人文与经济地理学学科的更大发展。

## 参考文献(References)

[1] 高泳源. 弱点,还是优势?对学习"地理科学是自然科学和社会科学的汇合"的一点体会[J]. 地理研究, 1992, 11(1): 87-90. [Gao Yongyuan. Whether weakness or suferiority? The understanding of learning "the science of geography is the confluence of natural science and social science. Geographical Research, 1992, 11(1): 87-90.

[2] Soja E W. The socio-spatial dialectic. Annals of the Asso ciation of American Geographers, 1980. 70(2): 207-225.

[3] 吴传钧. 发展中的中国现代人文与经济地理学[M]. 北京:商务印书馆, 2008. [Wu Chuanjun. The Development of Modern Human geography in China. Bejing: Commercial Press, 2008.

[4] 中国地理学会. 2006~2007地理科学学科发展报告[M]. 北京:中国科学技术出版社, 2007. [The Geographical Society of China. The Development Report of Geography Science: 2006-2007. Beijing: China Science and Technology Press, 2007.

[5] Pinch S, Knox P. Urban Social Geography: An Introduction(Fifth Edition). USA: Pearson Education, 2006.

[6] 黄秉维院士学术思想研讨会文集编辑组. 陆地系统科学与地理综合研究:黄秉维院士学术思想研讨会文集[M]. 北京:科学出版社, 1999. [Editorial Department of "Huang Bingwei Ac-ademic Seminar Corpus". Land System Science and Geographical Comprehensive Study: Huang Bingwei Academic Seminar Corpus. Beijing: Science Press, 1999.

[7] 新英汉词典编写组. 新英汉词典[M]. 上海:上海译文出版社, 1985. [ Editorial Department of 'A New English Chinese Dictionary'. A New English Chinese Dictionary. Shanghai: Shanghai Translation Publishing House, 1985.

[8] 北京对外经济贸易大学, 日中词典(第2版). 北京:商务印书馆, 小学馆(日). 2002. [ Beijing International Business and Economics. Japanese-Chinese dictionary(Second Edition). The Commercial Press, Japanese Publishing Houses Shogakukan, 2002. ]

[9] 张赛男. 中原城市群晋升"国字号"战略郑州大都市区为龙头[N]. 21世纪经济报道, 2017-01-10. [Zhang Sainan.

Zhongyuan. Urban Agglomeration Promoted to National Strategy with Zhengzhou Metropolitan Area as the Leader. Financial Report of the 21st Century. 2017-01-10.

[10] 樊杰. 中国人文与经济地理学者的学术探究和社会贡献[M]. 北京: 商务印书馆, 2016. [Fan Jie. How Chinese Human Geographers Influence Decision [M]. Beijing: Commercial Press, 2016.

[11] Editorial Department of Journal of Geographical Sciences. Book Review II. Journal of Geographical Sciences, 2016, 26(12), 1793-1794.

[12] Editorial Department of Journal of Geographical Sciences. Book Review I. Journal of Geographical Sciences, 2016, 26(12), 1792.

# 经济地理学的发展及其战略咨询作用[*]

**摘　要**：近10多年来，我国经济地理学发挥了交叉学科的优势，在国土开发战略研究、国家和重点区域的规划和可持续发展方面完成了一系列重大任务，发挥了独特的战略咨询作用。本文就继续强化这一方向提出了若干理论和实践的要求。

## 1　经济地理学在一系列领域取得的重大进展

经济地理学是地理学的主要分支学科之一。其主要研究对象是各种地域范畴经济发展的因素作用及其形成的地域空间结构。在理论上，其主要回答国家和各种范畴区域的最佳发展和最佳结构问题。在实践上，其主要探讨区域可持续发展途径，提出各种类型区域的发展战略。经济地理学的学科性质是介于自然科学和经济科学之间的交叉学科。

新中国成立初期至改革开放以前，由于人文-经济地理学的许多学科得不到发展，经济地理学在地理学中几乎拥有与自然地理学相等的地位。经济地理学在综合性大学、部分师范大学，以及中国科学院建立了诸多的教学和研究机构。为满足国民经济发展对自然资源开发和生产力合理布局的需要，学者们广泛参与了地区综合考察、铁路选线、工厂选址、工业基地规划、农业区划、城镇体系等领域的研究工作。在为国家经济建设做出贡献的同时，也发展和积累了不少具有重要价值的经济地理理论知识，如工业布局的技术经济论证方法、农业区划方法等。早在20世纪70年代，经济地理学者已经开始重视工业发展、城市建设和环境保护之间的关系，其为后来从事可持续发展研究奠定了基础。

改革开放至20世纪90年代，我国经济地理学发展很快。这个阶段的基本特点是开始广泛地参与国家和地区的发展战略和规划研究，在国家高层管理部门产生了明显的影响，开始显现出战略咨询作用。由于政府部门的重视，中国科学院对院内经济地理研究机构采取了加强措施。90年代，地域开发和区域可持续发展问题开始成为各级党和政府决策的核心问题之一。长期高速经济增长和大规模城镇化使我国的自然结构和社会经济结构发生剧烈变化，我国面临着一系列重大的国土开发和区域发展问题：巨大的经济总量和社会总量如何与各地区的资源环境支撑能力相适应？西部地区如何开发？东北地区如何振兴？京津冀、长三角等大都市经济区如何发展？以及全国功能区的划分和发展，等等。很显然，这些问题关系到国家更好地崛起和可持续发展。

全球环境变化和我国的高速经济增长对经济地理学的迫切和广泛的需求大大激发了经济地理学科的活力。经济地理学者在这些重大领域把握了国家需求，发挥了学科交叉的优势，近10年来，为国家需要和市场需要做了大量的研究工作，特别是在全国国土开

---

[*] 原载于：经济地理，第31卷第4期，2011年4月出版。

发、功能区划和区域发展战略研究与各有关省（区、市）的区域规划方面取得了卓有成效的业绩，在实践和理论上做出了一系列重大的自主创新成果，为国家为社会做出了突出的贡献，成为各级政府在这些领域重要的"思想库"。他们通过服务于国家需求，学好新知识，了解新问题，运用新方法，做出了大量的新成果。因此，学科蓬勃发展得益于政府部门长期以来对我们的信任和支持。

## 1.1 发挥了交叉型知识结构的优势

经济地理学者能够承担和完成国家需求的任务，主要是由于我国经济地理学者遵循这门学科属于自然科学和社会经济科学之间的交叉学科性质的要求。一方面认真地加强自然资源、自然条件和生态学及环境科学等自然科学知识，同时也钻研区域经济科学和部门经济科学的原理，把握国家和区域的产业发展及结构演变的基本规律。同时，还努力掌握新的方法和技术手段，包括 GIS、数据库和相应的空间分析方法等。这支研究队伍基本上同时具备了自然科学（自然地理学及生态与环境科学、地理信息科学）和社会经济科学（区域经济学、发展经济学等）的知识结构，整个工作体现了学科交叉的优势和特点。

20 世纪 90 年代以来，区域发展问题，特别是区域经济发展问题已经成为各级党和政府决策的核心问题之一，也成为学术界和社会所关注的重大实际问题和理论问题。在地理学家、经济学界都认为区域发展研究的极端重要性，纷纷投入到这个领域中来时，深刻了解这其中的科学问题和实践问题是非常重要的。与区域发展问题密切相联系的区域规划也是如此。半个世纪以来，我国经济地理学者进行地域开发和区域发展研究的实践非常丰富。认真体察和总结这些经验，对于回答这两个重大范畴的问题是很有帮助的。我国的自然基础如何不同程度地影响各地区的发展？应该认识到：我国的三大自然区和地势的三大阶梯基本上决定了我国经济和社会发展的基本空间格局。这种空间格局不是人的因素所能大幅度改变的。近 10 多年来，经济全球化和信息化强烈地引起了社会经济要素的空间重组，进而导致全球经济地图即经济格局的变化。解析这种变化和预测未来，需要很深入的机理论证。我们在区域发展和区域规划领域，广泛运用各种统计分析方法。统计分析方法不知道被人们运用了多少年，今后还会长期运用下去，并不能认为这种方法不高级。在数据库和图形库基础上的空间分析，是我们这一学科和区域规划领域近年来方法论和科学性发展的重要标志。经济地理学的入门门槛可能并不高，但进入后如要在实践中能够中肯地阐述观点和提出方案，在理论上能够揭示事物的原理和解释实际"世界"的格局，那是很困难的。

## 1.2 在一系列重要研究领域取得重大进展

各国经济地理学者的研究目标和研究内容相差很大。根据我国的自然基础和自然结构的特点与经济社会发展的阶段，将我国的经济地理学的研究对象定位在国家和区域的可持续发展及其空间结构方面，这符合经济地理学的学科特点和我国的国家需求。正是这种定位使我们在若干重要的理论方法方面取得了重要的进展。这些进展有力地支撑了战略咨询作用的发挥。其内容包括资源环境的区域发展评价、区域产业结构的演进方向、城镇化的规模和结构、基础设施的支撑能力评价等。在 GIS 方法基础上发展了数据库和空间分析方法。如果说，自然地理学的新方法是实验地理学的话，那么经济地理学的新方法就是数据库和空间分析方法。理论和方法上的进展具体表现在以下方面。

（1）影响区域发展和城市化的新因素、新格局及其作用机理。在长期进行的影响区域发展的传统因素自然资源、交通运输、自然和经济区位等研究的基础上，近 10 多年来，我国经济地理学者重点研究了信息化、全球化对区域发展和城市化的影响。在单项因素影响评价的同时，通过对因素作用进行系统总结和初步综合集成，对影响区域发展及其空间结构，包括大城市社会经济客体的区位变化因素作用的动力机制等进行诸多的分析，阐述了我国的自然基础对区域发展的影响，提出传统因素对区域发展的作用强度在下降，而经济全球化、信息化、市场化、技术创新、生态环境等新因素的作用程度不断加强，并进行了技术经济论证；系统总结了不同时期各地区的发展变化、发展战略实施的效果、成就与问题，跟踪分析了各地区发展差距的轨迹、产业结构升级的历程及可持续发展状态；提出了以"效率"与"功能"为基本出发点，调控我国国土有序开发、促进区域经济社会健康发展的科学对策。

（2）空间综合体、集群和空间结构理论的发展。空间结构理论是综合性的区位理论，是国际上经济地理学发展的前沿领域。我们根据我国自然基础和社会发展阶段提出的实际问题，在宏观层面上阐述了社会经济发展从不平衡到较为平衡的发展过程的一般规律，指出空间集聚仍然是我国今后长期的主要趋势；在点-轴-集聚区的发展过程中，集聚区是社会经济空间结构演变的高级形态。我国社会经济空间结构形成的另一个重要基础是自然结构（地球表层系统）的区域分异，初步揭示了两者之间的耦合关系。在中观和微观层面，还加强了土地利用因素的变化及其土地利用扩展的时空过程，并构建了我国半城市化地区界定的指标体系与方法。通过跟踪我国快速经济发展和城市化的态势，分析了大都市区空间扩散的主要驱动因素，解剖了新产业集群的发展演变特点，特别是在高新技术产业集聚方面做了较多的案例研究和规律总结。通过揭示集群的结构、效益、形成门槛等，阐述了空间集聚的规模经济与规模不经济，同时构建了全国的产业集群带格局。

（3）城市、区域的相互作用和都市经济区的发展。经济地理学者结合西部开发、东北振兴等区域性研究，应用了国际上关于空间相互作用模型（引力模型），计算了一系列大城市之间的相互作用力，并且分析评价了它们之间的位置关系、运输联系、供应链、商品流、资本流、信息流（电信流）等，在此过程中，发展了引力模型对区域发展状态刻画和模拟的功能。在对都市经济区（EMR）理论和实践的研究中，对门户城市的标准、指标和城市经济区及一体化进行了研究，论证了大都市经济区是全球化下最具竞争力的空间组织形式，结合我国实际，还探讨了大都市核心与周围地区存在密切垂直产业联系等特征。

（4）功能区形成的科学基础及功能区划分的指标体系。我国经济地理学者参与全国一级和许多省（区、市）的主体功能区的划分和规划。学者们以自己综合性的知识结构，分析揭示了我国的自然基础、现阶段发展的目标和长期高速增长引起的大量区域问题，按照科学的原则和指标，确定了我国未来 15～20 年社会经济发展和综合保护、治理的功能区划方案，阐述了各主要功能区的主体功能和发展原则，以及促进不同功能区可持续发展的支撑条件。在"十二五"规划中，功能区规划和发展已经成为国家的一项战略，这其中地理学家，特别是经济地理学家做出了重要的贡献。

（5）数据库、空间分析及区域模拟。在完成国家战略需求和发展学科理论的同时，科学方法的突出进展是利用地理信息系统和遥感技术成果。近年来，一些研究和教学机构结合课题研究逐步建立了针对性很强的数据库和图形库,应用和发展了空间分析技术。学者们在研究区域发展和城市化等领域时，利用数据库和图形库分析区域间和城市间的相互作用、相互联系，以及地理过程与地理格局的相互关系，确定城市及港口等社会经济客体的吸引范围。运输的最佳路径、以等值线表达的由城市中心出发的空间可达性、客体的空间作用力的场强等。通过这些空间分析，使反映区域发展方法论的"人-地系统"、自然要素和社会经济要素的耦合、可持续发展的综合区划等获得先进科学方法的武装。在区域发展模拟方面，国内有关部门曾经在 20 世纪 80 年代起开展了宏观经济发展预测和宏观经济政策模拟的工作。近年来，我国经济地理学者和 GIS 学者相结合，初步开展了一些区域的发展模拟及规划。

## 2 在国家和区域发展领域充分发挥了战略咨询作用

长期以来，我国的经济地理学者根据学科特点，坚持走一条服务于国家战略需求、"以任务带学科"的发展道路。

改革开放至 20 世纪 90 年代，是我国经济地理学获得持续发展的阶段，广泛地参与国家和许多地区的发展战略和规划研究，开始显现出战略咨询作用。其主要的战略咨询方向是农业区划和地域开发及其规划研究，包括为我国农业服务的农业区划的重点是全国农业区划、江苏省农业区划等。在经济高速增长和城镇化的背景下，经济地理学者积极参与国家重点开发建设区域和许多省（区、市）的区域规划。特别是京津唐国土规划、全国国土规划纲要，以及各省（区、市）的国土开发及整治规划、可持续发展战略研究和规划等，取得了卓有成效的业绩，开始发挥了作为国家"思想库"的作用。在这种背景下，经济地理学在全国范围内得到较快的发展。经济地理学研究机构得到了明显加强。特别是 1984 年，中国科学院地理研究所实现了中国科学院和国家计划委员会的双重领导，南京地理与湖泊研究所、成都山地灾害与环境研究所、东北地理与农业生态研究所等也相应实施了中国科学院与有关政府部门的双重领导，加强了与政府部门的合作。

20 世纪 90 年代中期以来，地域开发和区域可持续发展问题已经成为各级党和政府决策的核心问题之一。全球环境变化和我国的高速经济增长，对经济地理学的迫切和广泛的需求激发了经济地理学科的活力。积极承担国家有关部门和我国的重大国土开发和区域发展战略和规划研究任务，为国家提供了一系列前瞻性的战略咨询报告。在跟踪、评价国家的国土开发和区域发展战略方面，在制定和实施国家"十一五"规划"十二五"规划和大区域发展战略和规划方面,我国经济地理学的战略咨询作用得到了全面的发挥。

## 2.1 编写报送诸多的战略咨询报告

近10年来，我国经济地理学者为国务院有关领导、国家发展和改革委员会、国土资源部等提供了30余份重要的得到国务院和有关部门领导人批示的战略咨询报告。其中包括"关于西部地区开发中几个重大关系问题""为巩固西部国防需要增加西部铁路通道""西部开发重点区域规划前期研究报告""关于东北振兴与可持续发展的若干建议"等。许多建议已经在政策制定及实施中得到了具体体现。特别是主持起草若干国家"热点"问题的咨询报告，产生了重要影响。各高等学校及地区性地理学研究机构的地理学者做了更多的咨询工作。以地理科学与资源研究所的部分经济地理和城市地理学者组成的"中国区域发展问题"研究组，坚持研究中国区域发展的战略和重大实际问题。《中国区域发展报告》的研究和编制工作已经做了12年。其间出版了七期《报告》，向国务院报送了6篇咨询报告。《中国区域发展报告》工作的目的是跟踪、评价我国各地区发展决策和发展态势，分析其中的经验和问题，向政府提供咨询建议，向社会和学术界提供分析资料，培养熟悉国情的研究力量。中国科学院东北地理与农业生态研究所编制了《东北地区发展报告》、南京地理与湖泊研究所编制了《长江开发与保护报告》、中国科学院成都山地灾害与环境研究所编制了《中国山区发展报告》等。

## 2.2 参与了国家和部分省、区、市"十一五"和"十二五"规划的制定

在"十一五"规划正式编制之前的2004年，国家发展和改革委员会委托中国科学院学部进行若干项目的咨询。以经济地理学者为主体的课题组完成了"全国功能区域的划分及其发展的支撑条件"的咨询课题。这项研究成果为国家制定"十一五"规划中关于国家实施"主体功能区"的理念和方针发挥了基础性作用。国家"十一五"规划正式公布后，樊杰领导的团队直接参与全国一级四类主体功能区的划分和规划。在工作中，系统分析了我国的自然基础、现阶段发展的目标和长期高速增长引起的大量区域问题，按照科学的原则和指标，确定了我国未来15~20年社会经济发展和综合治理的功能区划方案，阐述了各主要功能区的主体功能和发展原则，提出了不同功能区可持续发展的支撑条件。这个主体功能区方案和政策体系正在全国反复征求意见。一系列高等学校的经济地理学者受邀完成了大区性和省区性的规划咨询工作。

## 2.3 受委托研究和编制了具有重大影响的地区规划和跨省区市的区域规划

"十一五"期间，我国具有重大影响的跨省（区、市）区的区域规划，如"京津冀都市圈"（国家发展和改革委员会委托）、"长江三角洲区域规划"（国家发展和改革委员会委托）和"东北地区振兴规划"（国务院东北办委托）。国土资源部开展的"新一轮全国国土规划研制"和"广东国土规划"试点、建设部组织开展的"全国城镇体系规划"等。

这些工作均由地理学研究单位和地理学家牵头,取得了满意的结果和得到委托部门的好评。

近年来还接受国家发展和改革委员会的委托,完成了汶川、玉树地震灾后重建规划。

以上内容表明,我国的经济地理学在国家战略咨询和关乎国家全局的大区域的规划中发挥了主力军作用。在国家有关部门、学术界和社会上产生了广泛影响,在国家区域发展研究和区域规划领域的最主要学术单位的地位得到进一步加强。凝聚和培养了一批较强的以中青年学者为主的学术团队。我们深刻体会到,这是经济地理学的创新发展之路。

## 3 新的发展机遇及发展方向

尽管我国经济地理学在为国家发展和社会发展做了一系列很有影响的工作,发挥了作为国家思想库的作用,但现阶段与国家可持续发展领域的一系列重大问题及政府部门对我们的要求还相差较远。问题和困难主要来自三个方面:其一,学科自身理论和方法体系的建设还比较薄弱。其二,作为交叉学科,我国长期以来实施的评价体系严重阻碍经济地理学的学科发展和人才成长,这种状况近年来有所改善,但还没有正式的多元化的评价指标体系来代替。其三,优秀人才的培养和成长还不适应客观需要。

为了适应国家和区域可持续发展的需求,研究和教学单位应扩大经济地理科研队伍的规模,特别是要提高科研人员的学科素质。学者们需要充分了解我们学科发展的国际动态和方法论的创新,要十分熟悉我国的基本国情,掌握基础理论和技术经济知识,要对国家和区域发展的重大问题具有长时期的积累。当然,有些单位也要逐步改变应用研究任务过多、基础性研究偏少、以及支撑系统建设薄弱的状况。对于学科基本理论和基本知识的总结,需要有系统性的著作不断问世。多年来,许多学者都希望将我国经济地理的数据库及区域发展模拟的系统建设起来。但至今,只有中国科学院成立了一个院重点实验室。建设实验室是一项能够明显提升我国在区域可持续发展研究及空间规划领域自主创新竞争力、更好地满足国家战略需求的重要措施,也是我们长期以来想做而没有条件做的一项关键性支撑系统建设。

我们要进一步明确经济地理学这个交叉学科在国家的地位及作用。为了进一步发挥其战略咨询作用的途径,我们需要探索促进学科资源整合、科研体制创新、群体优势发挥的组织模式和长效机制,为强化作为国家和区域的战略咨询研究机构的地位提供强有力的支撑。对此,有如下具体的目标。

### 3.1 以国家可持续发展的思想库为目标,持续做好地域开发和可持续发展领域的战略咨询

20世纪后半叶以来,地球表层中出现了严峻态势(特别是20世纪70～20世纪80年代以来)。经济工业化和社会城市化急剧发展,以及强大的技术手段的运用,强烈地改变着各地区的经济结构和生态环境结构,资源被加速消耗,许多地区的生态环境正在恶化。在这样的背景下,整个地理学研究都开始进入一个新的阶段:注重由自然因素引发的环境变化转变为由人类因素引发的环境变化,即转移到自然过程、生物过程和人类活

动过程间的相互作用方面。在我国，由于高速经济增长和大规模城镇化，资源环境问题及其所引起的区域可持续发展问题将越来越突出。

针对上述社会经济发展对经济地理学提出的需求，地域开发与区域可持续发展对于我国来说是永恒的主题，其内涵将不断提出新课题。经济地理学者要不断明确我国发展态势对经济地理学的重大需求，同时要把握这门学科的国际前沿。党和政府关于地域开发和区域可持续发展的决策需求是长期的，对学者们研究的要求会更高。随着我国经济高速增长和社会主义市场经济的逐步建立，区域发展问题，特别是区域经济发展问题成为各级党和政府决策的核心问题之一，也成为学术界和社会所关注的重大实际问题和理论问题。对于我们已经形成的优势必须不断巩固和强化，对于经济地理学和区域发展的新趋势和新因素，要准确抓住并做好咨询。继续主动地与政府部门合作，力求准确把握政府的决策需求，对一些重大趋势和问题，进行前瞻性研究。

### 3.2 加强"环境-社会动力学"研究，以此作为战略咨询工作的基础

要将"人-地系统"要素的相互作用与"社会-环境动力学"作为经济地理学发展的理论方向，发展理论体系。确定"人-地关系"与区域发展研究领域的战略重点和研究方向，需要按照"人地关系地域系统"（"人-地系统"）及资源环境和发展问题的相互关联性的原则，为国家解决重大地域开发和区域发展问题提供科学基础和方案，并提高自主创新能力及形成我国的理论体系和方法论。应该具有基础性、综合性和战略性，体现出国家实施科学发展观及在五个统筹建设的决策中发挥重要作用的客观要求。其主要研究内容："人-地系统"的系统特征和演变规律，环境与发展及其各要素之间相互作用的机制，即"环境-社会动力学"，区域发展过程与发展格局之间的相互关系，中国及各地区未来不同发展阶段的环境和发展之间耦合态势的预测，综合集成的研究和方法的运用。

在地球表层系统中，以"地"为一方，体现为自然要素，包括水土资源及生态环境各要素。以"人"为一方，即社会经济方面，包括人口、经济、城市和乡村、工农业及交通运输业等产业。我们不研究自然系统内部的作用机制。从区域角度重点研究地球表层中"人""地"两组要素之间的作用及相互作用机制，阐明区域发展的基础。"人-地关系"地域系统的系统特征和演变规律的研究是实现科学的发展和对区域按照人类的要求进行定向调控的前提。为此，必须加强这个系统特性的研究。根据大量的资料和研究成果，"人-地系统"属开放和半开放的系统，这个系统的内部关联构成了各个区域的特征。任何一个"人-地系统"又都是与外部进行物质、能量、信息交流的，这构成了区域之间的联系和整体性。"人类改造世界的思想激发人类与环境的相互作用，并根据结果修正其行为。……人类改造环境和适应环境的纷繁复杂的方式创造了作为人类家园的地球的大千世界，该世界是一个被编织出来的相互依存的网络体系"。认识这个"相互依存的网络体系"的主要方法是揭示系统的特征和进行类型区划。

"人""地"两组要素之间的关系，实际上就是社会和自然基础之间的关系。这种关

系如何影响国家、区域的可持续发展？回答这个问题，需要研究环境与发展及其各要素之间相互作用的机制，即"环境-社会动力学"机制。通过机制的分析，对中国及各地区不同发展阶段的环境状态和发展状态做出诊断和预警，揭示区域发展过程与发展格局之间的相互关系，建立我国自己的关于城市化和区域发展的理论体系。

如何研究"环境-社会动力学"？区域发展研究学者面对的"人-地系统"是一个非常复杂的系统。认识这个系统，必须发挥地理学方法论的特长，同时要充分吸收系统科学、生态学、经济学等学科的方法。在这些学科方法的基础上发展综合集成方法。这里包括历史数据和资料的集成，要素及要素作用的集成，对系统中各种区域变化状态的相互关系的集成等。综合集成的研究和方法的运用要求学者在传统方法基础上做出创新。

## 3.3 深化学科交叉，加强因素作用及其机理的分析

以可持续发展为核心的区域发展，既是社会经济不断增长与完善的过程，也是社会经济与人口、资源、环境等诸要素间关系不断调整的过程。协调好这些要素间的关系并使其动态良性发展，需要多学科交叉研究。在今后的课题研究过程中，更积极地吸纳有关学科的理论、方法和技术手段，推动了学科的交叉和融合，提高为国民经济发展提供决策咨询的质量。

长期以来，区域发展的因素作用、过程和态势演变的机理难以准确地把握。在这个领域，似乎谁都可以提出看法，但是大量决策过程与决策成功和失败，说明这个领域的科学内涵是丰富的。今后要在建立各种类型区域的基础数据库、开发和集成分析手段和预测预报工具（模型）的基础上，广泛深入地进行因素作用及相应的机理研究。这是加强区域发展研究能力的必要途径。今后相当长一段时期内，在城市化与区域发展领域，国家需要进行大量管治和调控工作，这对科学监测和模拟分析工作有着旺盛的需求。

## 3.4 加强我国经济地理学战略咨询作用的途径及措施

我们希望，在我国要逐步改变多年来资源环境领域研究不延伸到区域可持续发展的状况。将资源环境的研究延伸到可持续发展领域，是加强战略咨询进一步发挥国家队和思想库等目标最基本的指导思想。这样可以使资源环境研究为国家为社会的目标更加明确。需要在今后的研究部署及一系列政策措施方面加以具体化和落实。

资源问题、环境问题、可持续发展问题，这三个重大方面本来是密切联系而且是顺乎延伸的部分（图1）。只研究资源环境问题，不利于对解决资源环境问题提出有效的途径。科学发展和人类重大实践都要求突破纯自然科学研究的理念。当今的地球表层的一系列重要过程都已经是综合性的了，因此，重大的科学问题和社会经济发展问题都是交叉和综合性的。研究和回答这些问题天然要求多学科，特别是自然和人文学科的交叉和合作。强调这一点，学术界、科技方面的管理部门需要转换思维，充分考虑到经济地理学发展的一些客观要求。

经济地理学科的独特性需要得到充分的保障和尊重。经济地理学的学科特点应该属于不确定性的学科和领域。这是由这门学科所研究的要素和要素作用系统——"人-地系

统"的基本特征所决定的。这种不确定性的学科和领域，除了经济地理学及其地域开发区域可持续发展研究领域外，还越来越多地出现在全球变化研究、水资源和水环境研究、生态系统及生态补偿研究等方面。

对于这种不确定研究领域和学科，长期以来在自然科学界存在偏颇的认识。但是，随着人类发展和资源环境关系问题的重要性越来越被人们重视，这些领域和学科的研究将是蓬勃发展之势。需要破除人为障碍，采取多方面的措施予以加强。

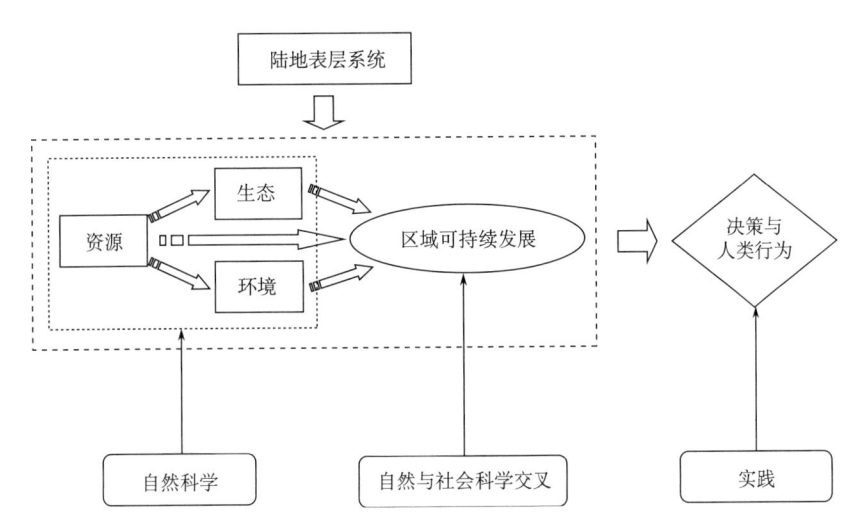

图 1  区域可持续发展问题在地球表层系统研究中的位置示意图

经济地理学和地域开发、区域研究是一个综合交叉领域，需要大量自然科学和人文科学知识的研究和积累。随着社会经济的发展，科学技术在解决人类面临的一系列重大问题方面的作用在日益增强。在这个过程中，学科发展的交叉趋势也越来越明显，长期以来，严守着"自然科学"这个"大门"和这道"门槛"。部分领导和一些学者在理论上也认为学科交叉，特别是自然科学和社会经济科学的交叉，对于解决重大实际问题和促进学科发展很重要，但是在实践中，又设计许多指标和种种措施排斥交叉学科的存在和发展。资源、环境、生态的研究与区域发展研究，其研究的整体性实际上很强；但由于机构的分割，在具体研究工作中难能认真的合作。

在条件比较成熟的地区和单位，建议逐步建设数据与技术支撑平台，提高相关研究任务和规划任务的前瞻性，实现对区域发展态势做中长期预测预报。应用相关技术手段，提高区域可持续发展研究及相关国家规划任务的可视化表达水平。

为了进一步发挥经济地理学的战略咨询作用，建议具体实施相关措施研究，包括体制、多元化的考核目标和指标体系，鼓励科研人员关心国家发展的问题和将重要的发现首先凝练成问题和政策建议报送有关政府部门。

## 4 结 束 语

20世纪80～90年代，钱学森一直强调地理科学要为国家的经济建设服务。他说："地球是人类活动的物质基础，但最终决定这个活动的结果还是社会因素。地理科学应该研究这类既涉及自然过程又涉及社会过程的宏观规律和综合规律。""最近小平同志讲到要进行中、长期规划，这应是地理科学所关心和要解决的问题。把地理科学的概念完善，使地理科学在国家中长期规划中起了作用，我们就算做了件大事"。黄秉维先生也多次谈到："现在应该怎么前进，应该不应该把自然和社会两方面都结合起来考虑，特别在可持续发展方面，从解决问题方面来考虑。"

今天，我们可以告慰钱老和黄老，我国的人文与经济地理学队伍正在按照你们指引的方向，将地理学的学科知识运用到国家的可持续发展领域，在战略研究和国家规划方面已经做出了诸多卓有成效的工作，对于新阶段国家社会经济发展的全面转型起到了突出的促进作用。

如何看待国家和区域规划和发展战略研究工作？这大约是一些自然科学的学者不认可人文与经济地理学及其研究成果科学性的主要疑问。我们确实重视承担和参与国家级和地区级的各种规划和发展战略研究。那是因为我们将掌握的多学科知识应用于国家需要的信念支配的结果。搞好政府部门委托的各类区域性规划是很不容易的。

20世纪90年代中期，钱学森先生多次提出地理学者要理直气壮地参与"国家的中长期规划"。黄秉维先生特别强调钱学森"他号召有关科学工作者理直气壮地为此而努力经营，语重心长，期望殷切。"钱学森先生和黄秉维先生为什么倡导地理学者要"理直气壮"地为国家重大发展任务进行工作呢？现在有越来越多的地理学者和相邻学科的科学家已经体会到其中的深刻意义了。

## 参考文献

[1] 刘卫东, 陆大道. 经济地理学研究进展[J]. 中国科学院院刊, 2004, 19（1）: 35-39.
[2] Rediscovering Geography Committee. Rediscovering Geography: New Relevance for Science and Society [M]. Washington: National Academy Press, 1997.
[3] 吴传钧. 地理学的昨天、今天与明天[R]. 在第四次地理学会代表大会上的学术报告, 1979.
[4] 黄秉维. 地理学综合工作与跨学科研究[C]// 陆地系统科学与地理综合研究——黄秉维院士学术思想研讨会文集. 北京: 科学出版社, 1999.
[5] K. J. 约翰斯顿. 地理学与地理学家[M]. 北京: 商务印书馆, 1999.
[6] 钱学森, 等. 论地理科学[M]. 杭州: 浙江教育出版社, 1991.

# 中国人文与经济地理学发展的机遇与任务*

**摘　要**：本文阐述了新时期我国人文与经济地理学发展面临着国家发展的大量需求，有传统的领域，也有全球变化区域响应、区域和城市可持续发展、全球化和信息化导致的社会经济要素的空间重组等新兴领域。根据人文与经济地理学的学科特点，当前需要加强学习自然科学和社会科学的基础知识，发扬综合性知识结构的长处，立足于"人地关系地域系统"和区域（城市）的可持续发展，加强数据库、模型和决策支持系统的研究和运用。

改革开放20多年来，我国人文与经济地理学建立起了比较完整的学科体系。针对国家和地方的需要做了大量科学咨询、规划和规划研究工作，在社会经济的空间结构理论、区域的人口、资源、环境、发展（PRED）协调与可持续发展理论、地区产业结构的阶段论、大城市郊区化等理论研究，以及旅游资源评价及学科的基本建设方面取得了显著的成就。有大量的出版物出现和众多的优秀人才在成长。国际学术交流也有一定的进展。当然，经济地理学和城市地理学的发展也有弱势和问题。例如，综合性理论总结工作没有很好地展开，人文与经济地理学发展的关键议题和前沿领域不是很明确，大型的针对国家战略需求的研究工作比较薄弱。"计量革命"之后，在数学和模型方法的研究和运用方面没有系统的发展，数据库和空间分析方法的运用不是很普遍，这影响了我们对事物的认识和研究水平的提高。

## 一、人文与经济地理学发展的广阔空间

几十年来地理学发展的基本经验是服务于国家的战略需求，"以任务带学科"。在这个方针的指导下，不仅完成了大量的国家和地方任务，而且在基础理论和应用基础理论方面有大量的发现和发展。现阶段，人文与经济地理学发展面临着国家发展的大量需求，研究领域非常宽广，发展空间很大。有传统的领域，也有新型的领域，如全球变化的区域响应、区域和城市的可持续发展、全球化和信息化导致的社会经济要素的空间重组等。特别是在自然和人文交叉的许多领域，有大量的问题值得研究。在今后的发展中，要特别强调和认认真真地争取和完成体现国家和地区战略需求的课题。这是我们学科发展的源泉。

这种广阔的发展空间从根本上是由于地理学的综合科学和交叉科学的科学性质所决定的。前任IGU主席Messili教授2000年8月在韩国首尔发表讲演中提出，地理学的研究对象已经由自然引起的环境变化转变为由人类引起的环境变化[1]。这也体现在黄秉维先生强调的地球表层系统和可持续发展研究的内涵里。黄秉维先生强调："我们地理学现

---

\* 原载于：地理学报，第59卷（增刊），2004年10月出版。

在显然包含自然和人文,但真正跨学科的研究还没有形成。"[2]郑度和陈述彭先生也指出:"地理学是一门研究地球表层自然要素与人文要素相互作用和关系及其时空规律的科学。它所面对的是复杂的地球表层巨系统,该系统是由大气圈、水圈、岩石圈、生物圈与人类圈所构成的统一整体,是由各种自然现象、人文现象组合在一起的复杂体系"[3]。"地理科学系统理论研究人类与自然间的相互关系,一直把人类作为与各种自然因素综合(环境)的对等部分进行研究,并在 IGBP II 理论框架之外,增加了一个人类圈,把人类圈作为与各自然圈的总和对等的一个圈,这符合全球变化研究发展的最新趋势的。"[4]任美锷先生在 2002 年地理学年会上的发言中就指出:"IGBP 后来就请国际人文研究计划(IHDP)合作,研究人类活动与全球环境变化的相互影响,实际上,这就是人地关系的一种高级综合研究。"

在人类影响下的环境变化已经成为一系列地学和环境科学主要研究对象的情况下,人类活动导致环境变化的大背景为地理学的迅速发展提供了大前提和好时机,揭示了一系列问题和领域的本质,就要求将人类社会经济的要素与自然因素综合在一起进行研究。任何区域对象和区域系统,典型的如绿洲系统,不能将社会经济等要素(种植规模和结构、灌溉和灌溉技术、城乡人口分布及其规模、发展水平等)排除在外。如果只是简单地说由于人类的干扰,但并没有将社会经济要素与自然要素综合在一起进行研究,就不可能得出绿洲生态系统变化规律和趋势的科学结论。一系列区域问题的研究都同样体现出这样的客观要求。

地理学由于其本土特征和区域特征,具有大量的应用基础研究,甚至还需要地理学家进行必要的应用工作。人文地理的许多领域既有很强的应用色彩,又有很强的应用基础特征。基础研究就是揭示领域或现象内部各要素的相互作用机理和反映这些机理的参数。揭示区域(地区、城市、流域、绿洲等地域范畴)各要素的关系,当然也是基础性研究,而且是地理学交叉科学和交叉研究的需要。对于地理学来说,基础研究和应用基础研究往往不能截然分开。

我国 20 多年经济高速增长,工业化和城市化迅速发展。加上全球变化的影响,我们面临严峻的可持续发展态势,提出了一系列处于交叉学科领域的问题,这些问题都是我们需要而且可以研究和回答的。这种研究侧重点主要在于人口、资源、环境和经济发展之间的关系,也就是从它们之间相互协调的观点,研究当代人类社会所面临的促进持续发展和保护环境的重大理论问题和实际问题,如人类活动对环境造成的多样性后果,人口过程、自然资源和生态支持系统之间的相互作用,人类生态系统的稳定性,以及国家、地区的人口承载力、经济增长及产业结构调整、资源保护政策等。根据我国的国情,建立我国自己的关于区域可持续发展问题的理论体系。主要研究内容如下:

(1)在中国乃至全球框架内,研究人类社会经济活动对环境和资源的影响。在不同的社会经济发展战略、模式和生产与消费方式下的生态环境演变的一般规律。

(2)探讨环境与发展及其各要素之间相互作用的机制,环境与发展之间相互的价值标准,对中国及各地区不同发展阶段的环境状态和发展状态做出诊断和预警,探讨中国区域可持续发展指标体系的科学基础。

(3)从发展与环境相协调的角度,通过系统模拟和方案试验,探索中国长期经济增长、结构转型、资源开发利用与保护、生态环境的基本战略,建立资源节约型的社会经济体系的途径。

(4)不同类型地区人与自然相互关系的协调(包括不同类型的自然区、经济区和其他的区域)。

(5)大规模、快速的城市化趋势及其资源环境效应、我国独特的城市化过程模式、半城市化现象、城镇体系与城镇化的空间格局等,成为我国人文与经济地理学乃至整个地理科学核心问题之一。

人文与经济地理学在研究上述问题时,一要对经济发展与生态环境演变做系统分析;二要揭示它们之间的数量关系(这一点集中地体现学科的前沿特性);三要提出协调的途径,即如何促进、保持区域经济的可持续发展;四要提出各种持续发展模式。这样的研究,是一个从区域缺陷的"诊断"到"处方"全过程,可保证这个研究既具有实际意义又有理论意义。

中国的区域发展问题包括城市发展问题研究成为重大的社会经济问题和生态环境问题,各种问题在区域层面上的集聚,使中国区域发展问题成为实施科学发展观、解决一系列重大问题的关键之一,成为党和政府长期关注的问题,成为学术界关注的地球系统问题的重点之一。

## 二、关于人文与经济地理学的学科特点及素质要求

各个学科的特性不同,评价标准也不同。人文与经济地理学所具有的工作特点、所要求的知识结构和研究方法与纯自然科学家不同,也与社会科学家不同。在经济地理和城市地理学领域内,事物的发展不是受决定论支配的,不具有如水面蒸发量(与水面温度和表面风速相关)的规律和线性特征。这种线性特征,如宇宙飞船在太空的对接要求(可以)精确到百万分之一秒。一台机器会严格地按照输入的一定参数去运转等。在交叉科学领域内,没有这种决定性的规律。但是,在这些领域中,因素和要素之间的作用具有方向、幅度、概率等规律[5]。例如,人口预测,任何科学的公式和模型,都不可能精确到个位数地预测某一时间点某地区或城市的人口数,这是肯定的事实。尽管在这个时刻到来时,这个区域或城市一定会出现一个精确到个位数的人口数。但是,不能说这种预测不是科学。人口预测肯定是属于科学研究的重要领域之一,具有自然科学和社会科学交叉的特性。

深刻了解国家发展的战略需求,同时了解国际发展趋向及新方法,这对我们学科的发展和人才培养是非常重要的。战略研究和规划也是我们的工作对象,需要科学的理论作指导。如何看待规划和规划研究工作?现在的规划已经不是以前的规划了。规划成了发展和建设的依据、审批项目和建设用地的依据了。战略研究的成果需要得到政府的认可。只要是被政府认可且在实践中得到应用取得好的效果的研究成果,都是我们追求的目标。同样,咨询报告一类的研究和编写也是极为重要的。但是,如何做好这些工作,要求我们具有深厚的理论基础和应用新方法的素养。作为地理科学的学者,我认为做好这些工作是实施"以任务带学科",进行原创新和发展理论的一条重要途径。对于人文与

经济地理学乃至整个地理学成果的评价，在杂志上发表论文及获得高影响因子当然是重要的，但不是最主要的，更不是唯一的。

要继续发扬人文与经济地理学者知识结构的长处。加强学习自然科学基础知识和社会科学基础知识，是人文与经济地理学者胜任我们面临一系列重要任务的客观需要。在进行区域发展及可持续发展、城市化领域研究时，需要应用和发展空间结构理论、产业发展的阶段论、增长极理论、过程和发展格局之间关系论、发展与环境之间关系论等，需要同时具备自然科学和社会经济科学的知识。这种知识结构不是各种类型的学者都具备的。近年来完成大量的研究和规划研究工作，与国外学者的研究内容是相通的，是接轨的。人文与经济地理学者应该促进传统方法和新方法的结合。要求对实际事物即我们的研究对象（领域）内外的实际关联和结构有深刻的了解。也就是说，在发展数学方法和模型的运用时，首先是要求我们对相应事物的因素、结构等相当了解。由于我们长期跟踪全国及各地区的发展及我们的知识结构特点，使我们对各种统计资料具有较强的解读能力。只有具备这种能力，才能认识统计数字背后所说明的问题及这些问题与其他问题的关系。而对于一般的人来说，这可能是看不出来的。

进一步发展理论和增加新技术方法的应用。以往人文与经济地理学者在农业区划的指标体系和原则、区位理论和空间结构理论、交通经济带理论、大城市郊区化理论、城市集聚区的扩散与集聚理论、综合体和产业集群理论等做出了一系列的应用和发展，成绩是不少的。但是，成果重点往往是为国家提供科学咨询和战略建议。同时，理论的研究和总结是一点不能忽视的，其中，包括具有创新意义的论文和具有重要意义的学术著作。但不能要求每一天都发现理论。理论研究，包括发现理论、提出理论（规律、模型等）和发展、完善已有的理论，都是在大量实践研究的基础上才能做到的。理论工作一个重点是将理论研究成果系统化，也就是将某一领域的一些理论观点、模型、规律等综合起来，形成一个系统。近年来，在人文与经济地理学工作中，日益增加了对 GIS 和空间分析方法的应用。但同时我们也还大量应用统计分析方法。如何看待统计分析方法？路甬祥院长最近（2003 年 11 月初）在关于"我院科技战略规划研讨会上的讲话"中指出："许多重大的科学发现，如布朗运动、微小颗粒运动是没有规律的，但是却有统计规律"。在社会和经济领域，特别是在社会和自然交叉的领域，统计规律是重要的。不能以为统计分析就不是先进的研究方法。但是，我们要求科学地运用好统计分析方法，这是非常重要的。

科学理论和模型的表现形式是多种多样的。判断是不是科学理论和科学模型，主要应该看有没有科学内涵，是不是对特定领域的现象具有解释能力。各个学科都有自己的特点。科学理论和模型不仅表现在曲线和图像方面。我们在运用、发展科学理论和模型时，一定要了解研究对象的结构和主要关联，这样才能编制和判断模型、公式及其参数的科学性。国家和区域发展战略、城市化发展等，很多决策都是许多学者研究的结果。不能要求经济地理学者能够编制一组方程，精确预测 GDP 的数量到个位数。现在有的学者不了解问题的性质，不了解对象的实际结构，凭空制造模型，对参数缺乏鉴别、判断能力，模型计算的结果有什么意义呢？

## 三、几点建议

总结我们的经验和不足，根据我们国家发展中所提出的问题，考虑到地理学发展的国际动向，人文与经济地理学者需要在以下几个方面去努力。

关于区域发展和城市化的发展过程和空间格局研究。现代区域发展中的因素作用和格局研究是基础研究或应用基础研究。例如，我们这些年的区域发展及可持续发展研究更是强调了"人地系统"范畴的核心。"人"是什么？是人口、经济、城市和乡村等。"地"是指水土资源及生态环境各要素。未来研究区域发展问题不断有新的因素和格局出现，也同样包含基础研究的内容。我们知道，区域差异及区域之间的相互依赖性是地理学的研究核心和方法论之一。这个内涵体现了发展过程和发展的空间格局之间的关系。近年来，《中国区域发展报告》的研究和编制工作就是属于过程和格局关系的实践研究。编制《中国区域发展报告》除了具有重要的实际意义从而扩大了地理学在国家决策中的影响外，同样具有重要的理论意义和学科发展意义，即通过连续的实践研究和报告编制，深刻认识到自然资源自然条件、市场及国际化等因素对区域发展的影响，地区发展差距发生发展的变化的规律，可以丰富关于经济地理学和城市地理学关于地学因素作用规律的认识，发展人文与经济地理学的理论。通过对我国各类区域的长期跟踪研究个考察，揭示和认识了长期以来我国各地区的发展特征和他们的关系。"报告"也揭示了各地区发展与生态环境的关系，促进了地理学和其他学科之间的交叉和结合。

理论研究需要立足于"人地关系地域系统"，研究目标是（区域和城市的）可持续发展。这是人文与经济地理学自 20 世纪 80 年代中期以来逐步探索和明确的目标。今后需要坚持和发扬！黄秉维先生在生前强调进行地球表层研究，指出：自然地理学是研究可持续发展的基础。这种研究必须延伸到可持续发展，解决国家和人类面临的重大问题。"现在应该怎么前进，应该不应该把自然和社会两方面都结合起来考虑，特别在可持续发展方面，从解决问题方面来考虑"。"钱学森先生和我们所想的则是以地表为中心，最后与可持续发展接轨。"[1]黄秉维先生的话为我国地理学发展指出了大方向。80 年代以来，吴传钧先生反复强调，地理理学要"着重研究人地系统人与自然的相互影响与反馈作用""对人地关系的认识，素来是地理学的研究核心，也是地理学理论研究的一项长期任务，始终贯彻在地理学的各个发展阶段。"[6]

在可持续发展领域，最重要是各种区域尺度上的可持续发展问题。这些问题是人文与经济地理学的特点和知识结构能够胜任的领域。

加强理论的运用与发展，运用和结合我国的情况发展了一系列的理论。例如，产业结构转换和升级理论、增长极理论、空间结构理论、综合体理论，以及近年来西方学者提出产业族群理论、地域分异理论等。我们要抓住自然与人文的交叉、及这种交叉的机理研究，在设计和进行战略研究和重要的规划、咨询研究时，都要阐述工作的理论基础等。也就是说，在规划和战略研究开展之前，一是要确认工作的国家和地方需求目标。同时，要求明确这项工作的理论依据和方法、途径。由于现在的规划已经不是以前的规划了，需要成为建设和发展的依据，而要达到这个目标，必然要以科学理论和先进方法为基础。

数据库、模型和决策支持系统的研究和发展。我们应该创造条件，在每个人都会应用 GIS 和空间分析技术的同时，要求将区域发展和城市问题研究中的决策支持系统建立起来。尽管区域发展和城市发展所取决的因素太多、太难以确定，也应该去探索。但是，我们应该知道模型在我们整个研究中的地位。

## 参考文献

[1] Messerli B, Martin G, Thomas H, et al. From nature-dominated to human-dominated environmental changes [A]. IGU Bulletin, 2000, 50(1): 23-38.
[2] 黄秉维. 地理学综合研究——黄秉维文集. 北京: 商务印书馆, 2003.
[3] 郑度, 陈述彭. 地理学研究进展与前沿领域. 地球科学进展, 2001,16(5): 10. 2001.
[4] 任美锷. 地理科学研究的理论与实践——以长江三角洲为例. 地球科学进展, 19(2), 2004.
[5] 陆大道. 关于地理学的"人-地系统"理论研究. 地理研究, 2002, 21(3):135-145.
[6] 吴传钧. 论地理学的研究核心——人地关系地域系统. 经济地理, 1991，11(03): 1-6.

# 西方"主流经济地理学"发展基本议题演变的评述*

——为《牛津经济地理学手册》中译本所作序言

《牛津经济地理学手册》汇集了西方学者,主要是西欧和北美40多位著名地理学家和经济学家关于经济地理学这个交叉学科的讨论。书中充满着20世纪90年代以来对经济地理学发展方向、领域、特性等问题的思辨和评论。主编和作者的目的不是形成一本系统的关于经济地理学研究对象、理论和方法的理论专著,而是提供一个关于经济地理学发展状态、前沿领域和研究方法的讨论平台和今后一个时期该学科发展及研究议程的论坛。

## 1 西方经济地理学基本议题与视角的发展

经济地理学的传统主题是:何事在何处?为什么?应该怎样?从区域或"空间"的角度将这一个主题进行扩展,问题就成为:众多社会经济客体在空间中是集聚还是分散,集聚或分散是如何产生的?集聚或分散的程度受到哪些因素的影响?城市区位论的创立者W.克里斯泰勒在构思他的中心地理论及模型时,常常问自己:城市为什么有大有小,城市大小是受什么因素支配的?同样地,我们也可以问:区域的发展特点为什么不同?发展程度会有那么大的差异?为了这些既司空见惯又难以捉摸的问题,学者们进行了不懈的努力,以求科学地描述、解释、模拟和预测现实中的区域("空间")经济,也正是在这个过程中,推动了经济地理学这门学科生机勃勃的发展。

20世纪50年代末我读大学的时候,我的经济地理学的基本思想是从苏联学者那里学来的。U. G. 萨乌什金的"经济地理学导论",以丰富的资料阐述了人类社会从狩猎、农耕、采掘、工业化等历史阶段,生产的发生地点和历史条件揭示了"各国各地区生产发展的条件和特点"这一经济地理学的传统定义,给我的印象最为深刻。60年代初我进入中国科学院,开始学习原苏联研究生产力布局、在空间经济许多方面做出了独特建树的经济学家A. E. 普洛勃斯特的著作,他以大量的技术经济的统计分析数据,揭示了决定经济的空间格局合理化的一系列原理。他的技术经济分析和论证的方法曾经给予了我们这一代经济地理学者很大的影响。他们的经济地理学思想基本上是从交通、资源、社会制度等因素分析入手,阐述经济体和经济活动的空间布局及发展特征。

20世纪70年代末,我们这一辈人开始大量接触西方的现代地理学思想。1980年我

---

* 原载于:地理科学进展,第24卷第3期,2005年5月出版。

有幸到原联邦德国进修，具体地了解到在上述原苏联学者的区域经济思想提出之前，德国农业经济和农业地理学家 J. H. 杜能就提出了农业"孤立国"理论（即农业区位论）、经济学家 A. 韦伯提出了工业区位论、经济学家 A. 廖什提出了市场网理论及地理学家 W. 克里斯泰勒提出了城市区位论，这些是古典经济地理学思想。与此同时，西方经济学者在古典经济学家亚当·斯密和 D. 李嘉图的基础上，继承发展了古典贸易理论，也力图揭示空间经济的发展和地区间贸易的发生。代表人物俄林认为，工业区位的形成是按照由生产要素禀赋差异所决定的比较利益分工的结果。这些古典区位理论或者古典空间经济理论认为，空间经济中的区位及其彼此之间的关系是一个均衡的系统，这种空间均衡产生的基础是被设定的，即均质地表和完全竞争。作为经济地理学理论基础的区位理论，交通运费是影响空间经济的主要因素之一。但古典贸易理论和古典经济理论则是以运费为零作为假设前提的。

第二次世界大战后，西欧和北美的经济学家提出了新古典经济学理论（neoclassic theory），用来描述地区间贸易发生和空间经济规律。其假设前提是充分就业、完全竞争下的产品市场、生产要素的自由流动、各地区的单位要素价格相同、地区间的运费为零等。在这些种假设条件下，要素报酬的地区差异可以通过要素的流动来达到平衡，即所谓的市场机制（market-mechanism）。其结果是可以最终导致人均收入地区差异的均衡。这种新古典经济学理论是关于地区经济集聚和增长的主要理论，并广泛以数学模型加以表达。几乎同时，在美国经济学家 W. 艾萨德的倡导下，出现了跨经济学与地理学之间的"区域科学"。"区域科学"使用新古典主义经济学的逻辑、理论及方法，加入了地理学者所重视的空间因素，而且通常以数学模型加以分析和论证。但是，其模型也以众多的假设为特征，因此，仍未摆脱"理性选择理论"（rational choice theory）的范畴。

在经济学家发展大量的数学模型和提倡"科学主义"以提高预测性的同时，20世纪50~60 年代，西欧和北美的主流经济地理学兴起了一股"计量革命"的浪潮。这一时期，W. 艾萨德的区域科学方法对经济地理学者产生了相当程度的影响。诸多的地理学者力求以数学模型及图形来刻画经济区域的现况及预测未来演变的趋势。为了将区域的社会经济要素及其发展变化过程、格局进行量化，地理学家也广泛运用假设。例如，假设人类的活动是有序的，每一个"经济人"和"经济体"都处在"完全竞争"的状态下。但是，"计量革命"排斥了难以量化的空间因素，凡是无序的、不可验证的及模糊的空间事物，均被认为不是知识，或者不属于知识的范畴，不予理会。其结果是无法描述和预测实际的区域经济。因此，其受到来自业内外的猛烈批判。

在计量化受阻而经济全球化迅速发展的情况下，美国麻省理工学院经济学家 P. 克鲁格曼及其他几位经济学家力图将地理学的基本观念带入经济学领域。他们在强调实践中存在的规模收益递增、外部经济、不完全竞争、空间集聚等的同时，也重视地理学所重视的区域、区位、距离等因素，并重视以数学模型来表达，以此解释国家与区域经济发展的竞争优势。他们将此称为"新经济地理学"，也有人称此动向为经济学的"地理转向"（geographical turn）。实际上他们仍然是以经济学家的视角，仅用经济因素分析空间经济。对社会及文化因素在经济活动中所扮演的重要角色几乎完全忽视。其本质上仍未超越新古典经济的范畴，只能说是"新区域科学"。

20世纪90年代开始，北美的人文与经济地理学，特别是经济地理学，发生了"制度转向"及"文化转向"的新变化，即引进了"制度环境"（包括各种正式的及非正式的社会、经济、文化和政治系统特征）和"制度安排"（指组织形态、市场、公司商号、工会、议会、政府单位及国家福利制度）等概念，用各种社会科学的新观点来探讨经济的地理现象。学者们将一地的经济现象与该地的制度及文化因素联系起来，强调区域及地方的经济活动是嵌入在当地的社会、政治与文化系统之中而与之密不可分。这与经济学家仅用经济因素来分析经济现象有本质上的不同。在这种背景下，在地理学范围内，也流行着"新经济地理学"这一概念。

本书的部分作者认为，现在是新经济地理学发展的时期。但同时也有学者认为，由于经济地理学面对各个时期和各个地区的区域经济，其内涵、议题等所表现出来的历史随机性特别突出。大家的看法是不同的。

## 2 什么是"新经济地理学"？

书中几十位著名的地理学家和经济学家就经济地理学和"新经济地理学"的前沿议题，包括全球经济一体化、公司战略与区位、创新的地理、地方性与差异、全球变革等的研究思路、概念和逻辑、范畴和论点等进行了思辨、评论与批评。拓展了经济地理学的范畴及其学科意义。如同本书主编在"前言"中所阐述的，本书在总体上：①捕捉和梳理了经济地理学学科当前的主要研究脉络和相关争论；②突出其交叉学科的特性，展开了不同学科在此领域的对话与交流；③通过阐述其主要研究脉络和议题，提出了经济地理学各主要研究领域的范畴。这对于我国经济地理学的发展是很有参考价值的，我们应该认真地关注。

本书的作者们强调，过去几十年，特别是20世纪90年代以来，经济地理学进入思维变革和快速成长时期，充满着各种具有深远意义的思维争辩。初读本书可以得出，大量的思辨和评论围绕在什么是新时期经济地理学的主要议题？如何对空间经济进行模拟和编制模型？地理学家和经济学家等各种不同的学者如何以不同的视角考察实际的空间经济？等等。学者们在进行思辨时，涉及了现实经济生活中一些最重要的问题，如经济变化的驱动力、全球化中地方之作用、区域的成长与衰落、地方创新系统、经济系统的空间重构、全球经济变化中的环境管制等。在阐述和揭示这些问题时，学者们从经济学、地理学、城市与区域规划、管理学和政治科学等不同学科加以切入。

书中各学科在该领域的对话与交流，有助于我们明确我们学科的本质及其模型化的作用和途径。

本书以大量的篇幅讨论了"新经济地理学"。书中有的学者认为："以 P. 克鲁格曼等为代表的经济学家通过发展可以模拟空间集聚经济的新数学模型，重新发现了经济地理学"。克氏自己也强调，新经济地理学就是力求描述现实中的空间经济。他认为，以往的贸易理论即新古典主义在模拟和解释空间经济时，选择最为省事的做法，即假设空间经济是静态、经济体之间处于完全竞争和要素的报酬不变（见第三章），而且大部分将世界想象为没有运输成本的空间，因而回避了地理问题。他认为，这不能解释经济空间，需要从最基本的"经济人"的决策、规模报酬递增(由于经济体的空间集聚而产生的外部经济)、不完全竞争、再加上运输费用来加以阐述,并构建有关模型(描述事物的机器)。通过模拟,找出经济活动的向心力和离心力,借以解释一个经济体的地理结构如何被这些因素的消长所塑造。这就是克鲁格曼的"新经济地理学"。

克鲁格曼的"新经济地理学",其模型具有多重均衡,即经济空间中多个经济体处于多种组合所形成的均衡体系之中。由于空间经济的自组织功能及某些因素的作用,如经济体之间的前向联系和后向联系,即上下游联系,往往形成更大的集聚。从经济个体的集聚到产业的集中,动力来源于"外部经济"。而某一个"点"的外部经济导致的产业集中,就可能使这种多重均衡体系受到局部破坏。其结果就是核心-边缘模型产生,即核心区和边缘区格局形成。

克鲁格曼等经济学家在解释乃至模拟经济个体的集聚到产业集中的动力来源时,引入"市场外部经济"的因素(即市场规模的变化可以通过生产商的前向和后向联系导致生产商的集中或分散程度),并因此提出新经济地理学模型是内生性的,它们不需要通过外生差异(如山脉、河流、海港等自然条件的利弊)来解释经济活动的空间分布。他们认为,运用这个因素,可以科学地揭示经济体的空间集聚及空间分散的机理,并将这个因素与报酬递增、运输成本、产业联系等因素动态的、非线性的相互作用进行综合分析,可以得出经济活动沿地理空间呈倒 U 形轨迹演化的规律。他们争论到,这可以用来解释产业向不同地区或国家渐次扩散的原因。因此,他们认为,"新经济地理学"可以解释集聚的产生和外部经济源于何方,其长处恰恰在于它能够解释传统的区位理论(被西方部分学者称为"传统经济地理学")所不能解释的问题。"市场外部经济"和运费及规模经济等共同决定了经济体之间的距离。学者们在评价这个理论的特点时强调,这是克氏引入地理学家所强调的空间因素的标志(见第三章)。

总体上认同克氏的"新经济地理学"的地理学家不多。克氏及其支持者所说的"传统经济地理学"实际上是古典的区位理论。经过 20 世纪 60 年代的"计量革命"和 70~80 年代的政治经济学派浪潮,随着经济全球化及世界上各地区经济表现的差异不断加强,西方社会越来越多的经济地理学家开始倾向于用制度因素和社会文化因素来解释现实中的区域经济发展。这种趋势被学者们称为经济地理学的"制度转向"和"文化转向"。不少经济地理学家将此称为"新经济地理学",认为目前正处于这个"新经济地理学"发展时期。很显然,这里的"新经济地理学"与克氏等经济学家的"新经济地理学"是不同的。

如何描述、模拟和预测经济空间其演变,经济学家和地理学家有着不同的视角和观点。在一般情况下,经济学家所强调的是报酬递增的原理,地理学家所强调的是区域(空间)的异质性;也就是说,不同地点经济发展条件和发展特点的差异性。在描述当今世界上的区域经济时,距离(被视为社会经济发展过程所累积的表现),以及区域、国家之间和全球范围内的相互交织的因素是被分析的主要对象。在这里,地理学家采用一种综合的观点,试图理解地点和经济个体之间,经济、政治和文化过程之间,以及社会和生物物理之间的相互依赖性。而经济学家则倾向于对空间做简化处理,视为均质的和没有边界的。本书的作者之一詹米·佩克认为,制度等因素的引入,"使经济地理学实践变得丰富起来"。他强调，制造商、供应商和承包商结合成为生产中心或者称为产业集群，制度嵌入（即地方性的政治、社会组织等特征的嵌入和作用）是推动实现规模经济和创新的重要因素。地理学是关于区域差异和区域之间的相互依赖性的科学。这是一位英国地理学家给地理学下的定义（见《地理学与地理学家》）。由此，我们可以理解经济地理学就是要揭示区域经济的差异和经济区域之间的相互依赖性，这是经济地理学者的思维理念。但是，正如本书所显示的，在阐述一系列区域经济新因素及其作用和当代经济地理学面临的重大议题等具体讨论时，经济学家和地理学家具有很多的共同语言和交集点。这一点，也是我们应该关注的。

## 3 经济地理学中的模拟与模型化

在对待诸如区域经济的模拟和模型化等方面，西方主流经济地理学家也存在着明显的差异。这种差异也带有地理学和经济学差异的色彩。

本书针对如何有效地认识实际的区域经济和阐述经济地理学的方法论时，做了大量的深刻思辨。特别是，实际的区域（空间）经济是"决定论"的还是"非决定论"？在认识和预测过程中，数学模型起着什么样的作用？

长久以来，人们在提出解释这些问题时，总是力求找出一套观点或理论，编制出相应的模型或模式，提供一个可以一劳永逸、无所不能的区域发展和空间经济的模拟器。但结果是，对于同一个问题"三个学者、四个观点"的现象在持续地重复着。

按照本书一些作者的说法，经济学家在编制模型时，设想（即假设）的性质过于明显，而地理学家则力求阐述现实中的经济区域，其中许多理想的因素是无法量化的。对此，经济学家，包括以往以艾萨德为代表的区域科学家，常常对部分要素做出假设。"数学方法牺牲复杂性以追求严密，在地理学家中并不流行""数学理论和部分数学模拟中所做的假设，使得世界可以缩减为数学逻辑"，但地理学家也认为数字是起作用的（见第六章）。

由此他们强调需要将运输成本、地区种种差异等考虑在内来编制数学模型。但是由于现实的空间经济是连续的，运用计算机进行模拟和仿真的空间经济与我们在地图上看到的有很大差别，很多因素作用的结果是不确定的，很难加以"彻底的理论化"即量化，也不能肯定地预测其影响。由此，学者们强调，经济地理学应该具有"格式化"的倾向，但不可能完全做到"格式化"。现实中的区域经济"更可能是非'决定性'，而不是决定性"（见第四章）。我个人在经过长期的体验后认为，地理学在进行数量分析和编制数学模型用来解释和预测区域经济发展问题时，常常只是整个研究和分析的一部分，即我们所说的定性和定量相结合。但是，类似这样的做法在西方"主流"那里往往被贸易理论学家和经济学家认为是"半拉子"模型。

## 4 以独特的学术身份发展我国的经济地理学

20 世纪 40～60 年代的苏联，经济地理学者就已经专注于"真实"的经济体布局和区域经济组织。他们没有在均质地表、完全竞争等一系列假设下进行经济的空间结构的理性推演。长期以来，我国的经济地理学和区域经济学学者专注于我国的区域发展问题，按照影响因素、增长及其结构变化、区域布局等工作模式，进行了大量的研究和规划。许多工作给国家及各级政府的决策提供了重要依据。就这种研究规模和所起到的作用，我们超出了西方的"主流"。但是，在发展学科理论方面，尽管改革开放以来，我们引进并结合我国具体情况，在某种程度上发展了产业结构阶段论、空间结构理论、核心-边缘理论、产业集群理论等，近年来也有部分学者开展了经济国际化和信息化如何导致经济增长及其空间重构的研究，以及对企业地理的研究等。但我们的学术思维和工作成果基本上是实证性的，而很少进行理论分析和思辨，更缺少关于区域经济和社会发展中各个客体之间所形成的均衡态势的形成及其演变的分析，而这种所谓空间均衡的分析和推演对于认识理论上的和真实的经济区域（空间）、发展经济地理学的方法论是很必要的。我们还应该看到，在多年来的人文与经济地理学的迅速发展中，也出现不可忽视的倾向：一些文章和著作停留在一般的描述和一般性的汇总。其中，也不乏想当然地发表没有针对性的议论，或者堆积了大量的空话和套话，缺乏有深度的思维挖掘和有宽度的横向分析。多数学者不具备多学科的理论知识，没有以新的概念、逻辑和朴实的科学语言揭示事物及其关联的习惯。我们在学术思想方面仍然是不活跃的。

如何以数学语言描述经济空间？我们不是不要模型，而是不要过于格式化，即追求"决定论"的数学模型，去无所不包和一揽子去严密推导区域经济的发展。模型实际上应该被理解为是一种分析构架，一种分析问题的逻辑表达。模型，是我们分析准则的一部分（见第三章）。模型不一定都是数学公式。近年来，我们通过研究可持续发展指标体系和看到生态学家研究生态价值化后受到启发：虽然我们不相信可以找到一个所谓的"绿色 GDP"指标来替代现在的 GDP，但是我们认为可以设定一组指标（包括 GDP 在内）来代替现在这个唯一的 GDP 指标。

本书第五章作者提倡"用一套创新性的数据来测度新产品的创新，阐述城市中思想的生产，这样的新变量和数据集对于理解驱动城市增长的过程将是很有价值的"。高密度的城市可以具有更快的创新速度，"通过模仿各种各样的榜样和边看边学获得新的人力资本"。作者认为，揭示和描述城市中的思想生产，有助于认识驱动城市增长的过程。我认为，我们应该学习和运用这些做法；我们既不能在假设中描述和预测区域经济，也不能在某些难以量化的概念面前就束手无策。

应该提倡学科之间的交叉；交叉和融合是发展学科的重要途径。本书的作者，无论是经济学家还是地理学家，他们各自工作的特点不同，考察问题的视角不同，但是并没有进行相互之间的批判和指责，没有妨碍他们在同一平台上就共同的对象进行观点的交流。他们也并不强调在新经济地理学与传统经济地理学之间存在根本的对立。我们还注意到，对于一系列前沿领域和重要议题，他们的看法有分歧，并不是以专业和学科为基础的。这可能是一种追求真实的科学精神。

关于"区域"和"空间"两个概念的理解和运用。由于假设均质地表、完全竞争、运费为零而将区域的非均质性要素加以抽象，"区域"很自然地就被描述为"空间"了。这当然主要是经济学家在推演区域经济发展时的理念和逻辑。但是，多年以来，我们地理学在阐述区域中的经济和社会要素的格局时，除了二维的平面以外，总是联系"时间维"来进行。因此，广泛运用了"空间结构"的概念。本书第二章的作者A.斯科特也强调："任何对于'经济地理学的核心是什么'这一问题的回答都容易带有历史随机性。我认为，这就是为什么经济地理学可以称作三维的空间经济学。"这里的"历史随机性"，我的理解也就是"时间维"。因此，我以为在描述经济增长及其结构演变、城市化发展等多运用"区域"概念，其实也可以运用"空间经济"。在阐述客体的分布格局时，多运用"空间"一词甚至可以更确切地阐述事物的特性和形象。

新思想、新思维的出现给我们带来了兴奋和启发，往往也使我们产生新的困惑，就是如何对待这些所谓"主流"的思想、观点和视角？如同本书的作者之一A.斯科特所强调的经济地理学带有"历史的随机性"，我国的区域发展和城市化的进程，在发展基础、发展阶段和发展特点等方面都与西方社会有很大不同。我们需要深刻认识我国的国情，发展适合国情的经济地理学理论，这样才有可能在国际上建立我们特有的学术身份，并与西方"主流"对话。今天我国经济地理学者面临的某些国家重大需求（问题）可能并不是当前国际的"热点"。然而，通过完成这些重要的研究而总结出的理论应该是"与国际接轨"的。将人家研究的"热点"和某些概念、思路拿来硬套在我国的经济地理学研究中，不应该是我们的价值取向。

我强烈地感到，我国经济地理学者需要学习理论著作，了解我们这个学科理论思想的发展态势，提高对实际区域经济问题的分析能力。从3~5年的尺度考虑，无论多么忙，也应该看书。如果在忙了几年后而认真读些优秀方法论的著作，并进行一番认真的思考，那就一定会感到有很大的收获：视野开阔了，理论水平有所提高，这是我多次得到验证的体会。十多年来，我国在经济地理学导论、区域发展研究、企业地理和产业集群研究、城市体系及大城市郊区化研究、区域可持续发展研究等方面已经出版了若干著作。我们等待不断有新的理论著作问世。我们处在经济全球化、信息化及中国经济高速增长的大背景下，剧烈的社会经济变革，使全球的和国家的，以及区域的经济发展问题层出不穷。生机勃勃的经济地理学发展的空间极为开阔。

感谢本书的译者刘卫东研究员、王缉慈教授、李小建教授、杜德斌教授等几位同志的辛勤工作。他们在研究和教学工作任务很重的情况下，以极大的热情和努力翻译了这本好书。商务印书馆长期以来坚持组织翻译和出版世界优秀的地理学著作，我和读者们都会铭记他们的贡献。

# 中国经济地理学的发展历程*

**摘 要**：作者从中国经济地理学参与地方和国家的经济发展与区域规划研究入手，根据其参与实践的程度，把中国经济地理学的发展大致分为 3 个阶段，同时详细描述了各个阶段的经济地理学是如何融入到地方的规划建设和国家大政方针的制定中的，并指出其为中国经济发展和区域规划所做的巨大贡献。在此基础上，总结了中国经济地理学学科发展的特点、成就及在发展中遇到的问题。

中国现代经济地理学的建立开始于 20 世纪 50 年代。50 多年来，经济地理学乃至整个地理学发展的基本经验均服务于国家的战略需求，"以任务带学科"。在这个方针的指导下，不仅仅完成了大量的国家和地方任务，而且在基础理论和应用基础理论方面有大量的发现和发展[1]。目前，在中国科学院几个地理学研究所与几乎所有的综合性大学和师范大学都有了经济地理学的研究和教学机构，全国经济地理学博士点约 15 个，拥有教学和科学研究人员 500～600 人。在国家有关生产力布局、地域开发、区域发展与规划等方面完成了一系列重要任务，由此带动了学科的进展，以及理论和方法的发展。中国经济地理学培养了大批人才，他们在教学、科学单位以及政府管理部门做出了应有的贡献。

## 1 中国经济地理学的发展历程

回顾中国经济地理学的发展历程可以看出，根据经济地理学学科的特点，中国学者遵循的是服务于国家经济发展需求和服务于社会的指导思想，通过实践来促进学科发展。根据中国经济地理学参与实践，以及参与解决中国现实区域发展问题的深入程度，可以把中国经济地理学的发展划分为 3 个阶段。

### 1.1 初步参与区域研究与规划阶段（20 世纪 50～90 年代）

20 世纪 50～60 年代经济地理学者参与了即将大规模开发的地区，如黑龙江流域、新疆、内蒙古和宁夏等区域的自然和经济的综合考察，以及工业基地规划、铁路选线调查，为这些地区的大规模开发提供了大量的科学资料。与此同时，中国地理学会组织了部分地理学家编辑了十多卷的《中华地理志》，向政府部门、学术界系统地介绍了中国各地区的自然和经济发展概况。60～70 年代，部分经济地理学者在山东省、安徽省、辽宁省、河北省等进行了重点建设地区的区域规划研究，促进了一批重点工业项目的合理布局。到了 80 年代，由于国家经济的快速发展，经济地理学的机构和人员大幅度增加。在

---

\* 原载于：世界地理研究，第 16 卷第 4 期，2007 年 12 月出版。

中央政府组织的全国农业区划、各省（区、市）农业区划、京津唐地域开发规划、各省（区、市）的地域开发规划中，经济地理学者承担了主要角色，完成大量的研究和规划工作。当时的政府领导人曾经到中国科学院地理研究所参观这方面的研究成果。出版的重要著作有《中国农业地理》《中国工业地理》《中国交通运输地理》等。在20世纪80年代末和90年代初，周立三先生领导的以"生存与发展"为主题的国情研究，向中央政府提交了几份关于"生存与发展"的国情咨询报告，同时向社会公开发表了系列国情研究著作。系列报告和著作首次阐述了我国经济长期高速增长带来的资源过度消耗及我国自然资源难以支撑日益庞大的经济和社会总量的前景，向世人发出了节约资源、建立"资源节约型社会"的呼声。这些研究在政府和社会上产生了巨大影响，对于我国可持续发展国策及科学发展观的确立和实施起了前瞻性和基础性的作用。

## 1.2 参与制定大区域发展战略及解决区域发展问题阶段（20世纪90年代至21世纪初）

20世纪90年代以来，针对我国经济全球化和国民经济的迅速发展，经济地理学者相应的研究工作集中在大区域的发展战略、地区差距、西部开发、东北老工业基地振兴等方面。以地理科学与资源研究所的部分经济地理和城市地理学者组成的"中国区域发展问题"研究组，坚持研究中国区域发展的战略和重大实际问题，和国家有关政府部门密切合作，对中国的区域发展差距、地区发展战略和政策、城镇化的进程及空间扩张、高速增长下的生态与环境状况等进行了长时期的跟踪和评价。10年来，该研究组编制出版了系列《中国区域发展报告》，同时向国务院提交了10多份战略咨询报告，向各级政府和社会有褒有贬地提出了分析和建议。同时，由10多位学者合作，对中国区域发展研究因素和格局进行系统总结，编写了《中国区域发展的理论与实践》一书。更多的学者在总结中国和国外经济地理学发展的基础上，编写了诸多的《经济地理学导论》，以及经济地理学理论问题、经济地理学发展史、企业地理学等方面的著作。其中，原国际地理联合会（IGU）副主席吴传钧院士主持编纂的《中国人文地理》系列专著，包含了《中国经济地理》等多卷经济地理的著作。经济地理学者与地图学家结合，编制出版了《中华人民共和国经济地图集》（中英文版）。

## 1.3 深入研究大区域发展和规划并积极参与政府决策阶段（2000年至今）

近年来，经济地理学者在国家和各地区政府决策方面的作用进一步提高，广泛参与了国家级和省（区、市）级中长期发展规划的制定。特别突出的有三位经济地理学家被中央政府聘任为"中华人民共和国国民经济和社会发展第十一个五年规划"专家委员会成员。经济地理学家受聘担任了国家级区域规划的专家组组长就有京津冀都市区区域规划、长江三角洲区域规划、东北老工业基地振兴规划。由经济地理学家直接负责编制的大区域的区域规划除了上述三个大区外，还有武汉都市区区域规划、广东省地域规划等，目前这些工作还在继续。根据国家"十一五"规划的要求进行的全国功能区划分和主要功能区的规划，经济地理学家也正在起着重要作用。

## 2 中国经济地理学发展的特点与存在的问题

### 2.1 方法论的变化

20世纪50~60年代,中国学者借鉴了苏联经济地理学的方法论。80年代初以来,一批批学者到欧洲、美国、日本学习,了解西方国家经济地理的理论和方法。近20年来,欧美国家的学术思想对我国经济地理学的发展产生了比较大的影响。中国的经济地理学者最为关注的是各种理论和方法如何在研究中国发展问题中加以运用,同时结合中国的实践,发展经济地理学新的学术思想和观点。中国的自然基础、经济发展水平、经济管理体制等与西方发达国家差异较大,我们必须寻找符合我国国情的研究对象和研究目标,确立相应的研究思路和方法。当然,经济地理学家关注的问题本质很多是相同的。因此,我们也很愿意了解国际同行的发展和创新。

### 2.2 研究内容的多元化

长期以来,中国学者很关心国际上经济地理学科发展的动态。20世纪90年代以来,我们很感兴趣"新经济地理学"的讨论。同时,关注经济学家的"新经济地理学"和地理学家的"新经济地理学"的前沿议题,包括全球经济一体化、公司战略与区位、创新的地理、地方性与差异、全球变革等,了解经济地理学学科当前的主要研究脉络和相关争论。

在发展学科理论方面,尽管改革开放以来我们引进并结合中国具体情况在某种程度上发展了产业结构阶段论、空间结构理论、核心-边缘理论、产业集群理论等,近年来一些学者开展了经济国际化和信息化如何导致经济增长及其空间重构的研究,以及对企业地理的研究等。但是多数的学术思维和工作成果基本上是实证性的,很少进行理论分析和思辨,更缺少关于区域经济和社会发展中各个客体之间所形成的均衡态势的形成及其演变的分析[2]。

中国经济地理学者非常关注新技术发展的影响。在新的技术革命的大背景下,经济地理学方法发展的方向是建立在数据库和图形库基础上的空间分析。现在,空间分析已经成为我们研究工作的基本技术手段,中青年经济地理学家都已经熟练地运用。

### 2.3 对于模型的思考

目前,在经济地理学的研究中,尤其是在一些文章和著作中,大量数学模型和冗长的数学公式被用来分析经济、区域和社会发展方面的问题,从而导致在经济地理学的研究中,出现注重数学分析和模型推导,而忽视了对现实问题的深入思考和调研。在对待诸如区域经济的模拟和模型化等方面,西方主流经济学家也存在着明显差异。这种差异也带有地理学和经济学差异的色彩。

在中国也有一些学者力求以数学模型刻画经济区域的现况及预测未来演变的趋势。

但是多数学者认为，那种过于依靠模型或者模式、力求提供一个可以一劳永逸、无所不能的区域发展和空间经济的模拟器的想法，可能不符合学科特点。我们不是不要模型，而是不要过于格式化，即追求决定论的数学模型去无所不包和一揽子去严密推导区域经济的发展。如何以数学语言描述经济空间？模型不一定都是数学公式。模型实际上应该被理解为是一种分析构架，一种分析问题的逻辑表达。我们认为，学科之间的交叉和融合是发展学科的重要途径。

## 3 小 结

总结几十年的理论发展，中国学者在人地关系地域系统理论、社会经济空间结构理论、农业区域划分的理论和指标体系、中国产业集群的发展演变、功能区的形成及其划分、企业创新与区域发展、交通经济带形成等理论领域都做出了系统的发展和创新，出版的著作很丰富。

尽管中国经济地理学取得以上非常显著的成果，但是我们仍然不能忽视中国经济地理学在快速发展中存在的一些弱势和问题，如综合性的理论总结工作没有很好的开展；大型的针对国家战略需求的研究工作还需进一步加强；如何正确处理国家目标与理论研究之间关系的问题；学术研究的全球化与建设有中国特色的经济地理学之间的关系；宏观研究和微观研究之间的关系；等等。这些问题有待于广大中国经济地理学者在今后进一步工作和研究中得到解决，从而使中国经济地理学的发展有着更加美好的未来。

在新的发展环境下，中国的人文与经济地理学面临更多的机遇和挑战。如何更好地与国际接轨，展现我们中国人文与经济地理学的特色，深入进行理论和实践活动，将是我们，特别是年轻的人文与经济地理学工作者的主要任务。2006年12月23～24日在华东师范大学举办的第三次人文与经济地理学发展前沿沙龙，召集了国内外40多位著名的中青年人文与经济地理学家来深入探讨这些问题。与会学者对近年来人文与经济地理学发展方向、领域、特性等问题进行了交流和讨论；探讨了如何让人文与经济地理学在国家经济建设、制度建设和文化建设中更好地发挥作用，解决经济高速发展带来的问题；如何让中国的人文与经济地理学在全球化的背景下走向世界；等等。作为本次沙龙成果之一的《世界地理研究》第三次人文与经济地理学发展前沿沙龙专刊，其收录了其中一些具有代表性的论文和学术报告，反映出目前国内外人文与经济地理学界研究的大致方向和未来的关注热点。由于文章较多，所涉及的研究领域广，《世界地理研究》将按照研究内容的不同，分两期（2007年第四期和2008年第一期）刊发。人文与经济地理学发展前沿沙龙为国内人文与经济地理学的同行提供一个关于人文与经济地理学发展状态、前沿领域和研究方法的讨论平台，其也是探讨今后一个时期该学科发展和研究方向的论坛。希望人文与经济地理学沙龙这种良好的学术交流氛围和中国人文与经济地理学家们对学术研究锲而不舍的追求精神能够延续下去并发扬光大！

## 参考文献

[1] 陆大道. 中国人文地理学发展的机遇与任务[M]. 地理学报, 2004, (59): 3-7.
[2] 陆大道. 西方"主流经济地理学"发展基本议题演变的评述[M]. 地理科学进展, 2005, 24(3): 1-7.
[3] 刘卫东, 陆大道. 经济地理学研究进展[M]. 中国科学院院刊, 2004, 19(1): 35-39.
[4] 蔡运龙, 陆大道, 周一星, 等. 地理科学的中国进展与国际趋势[M]. 地理学报, 2004, 59(6): 803-810.
[5] 蔡运龙, 陆大道, 周一星, 等. 中国地理科学的国家需求与发展战略[M]. 地理学报, 2004, 59(6): 811-819.
[6] 陆大道. 中国区域发展的新因素与新格局[M]. 地理研究, 2003, 22(3): 261-271.

# 区域发展地学基础综合研究的
# 意义、进展与任务*

**摘　要**：区域发展问题是一个重大的地学问题。由于背景和驱动力的变化，我国的区域发展正面临着一系列复杂问题；解决这些问题很大程度上依赖于对我国区域发展"地学基础"的深刻认识和研究。这种研究不但具有重大的实际意义，而且也是发展地理科学和深化地球表层系统研究的重要途径。本文论述了区域发展地学基础综合研究的意义，回顾和评价了国内外在该领域内的研究进展，提出研究的目标和任务。近年来国内外的研究表明，人文与自然要素的交叉和综合研究正在成为区域发展研究的前沿领域。我国在影响区域发展的单要素和多要素研究上取得了丰富的积累，而且地球表层系统中"人地关系"综合研究思想也已经兴起了 10 多年，但真正的交叉和综合研究还很少。我国区域发展地学基础综合研究的目标是阐明我国自然和人文要素的区域分异特征及其与区域发展分异之间的耦合关系，揭示地学因素在各时期影响我国区域发展的综合作用机制。

## 1　区域发展问题是一个重大的地学问题

20 世纪 80 年代以来，国土开发与区域发展问题成为我国各级政府决策的核心问题之一；同时，也是全社会和学术界关注的重大问题之一。首先，各种类型区域的发展问题，关系到资源的合理开发利用、生态环境的保护，以及社会经济的可持续发展。其次，在经济全球化的趋势下，区域正在成为世界经济竞争的基本单元，区域如何获得可持续发展能力是保持国家竞争力至关重要的基础。过去 20 多年中，我国在取得显著的经济发展成就的同时，许多地区发展所面临的问题和矛盾也越来越突出了。为了取得快速、稳定、健康的社会经济发展，各地区都高度重视发展战略和发展政策的制定和实施。而要做到决策科学化，就需要了解全国及各地区发展的自然基础和社会经济基础，以及各种外部影响因素，并对这些因素的影响做出综合评价。

首先，我国国土开发与区域发展的背景和驱动力正在发生深刻变化。由于经济的快速增长、总量的扩大，以及强大技术手段的运用，我国自然环境结构和社会经济结构正在发生剧烈变化。这些深刻变化正强烈地影响着我国区域发展的进程和格局。而未来各地区的发展不仅受全国经济发展走势和全球经济发展的影响，还将受到人和自然共同支配的自然环境演变的影响。区域发展已经不仅仅是投资、资金、劳动力等因素所决定的了，其涉及的因素比以前更加广泛。其主要表现在影响和决定区域发展的自然因素和社会经济因素的交叉作用上。这表明，我国国土开发与区域发展问题在越来越大的程度上需要综合性科学研究的支撑。

---

\* 原载于：地球科学进展，第 18 卷第 1 期，2003 年 2 月出版。作者为陆大道、刘卫东。

其次，我国国土开发与区域发展面临着一系列复杂问题，从而对地学研究产生了巨大需求。我国地域辽阔，各地区的自然基础和社会经济发展水平有很大差异。20 世纪 80 年代以来，我国区域经济发展出现了异常活跃的局面。总体上，各地区经济快速增长，综合国力大幅度提高。但是，许多地区发展与环境之间的矛盾越来越突出；地区发展差距明显扩大；地区性社会经济发展与资源、生态环境之间的矛盾和冲突越来越严重。这为地理学及其他相关学科提出了一系列重大的理论问题和实践问题，如资源的合理开发与可持续利用、环境问题与可持续发展、区域分工与协作、全球化下的区域发展、公平与效益、地区差距的扩大、地区特色经济发展等。根据我国目前的发展阶段，这些问题在不同程度上都与我国的地质条件、自然地理条件、人文地理条件等具有深刻的关系。也就是说，解决这些问题很大程度上依赖于对我国区域发展"地学基础"的深刻认识。

所谓"地学基础"，是指地学要素对区域发展的作用机制和两者之间的耦合关系。从地理学的"人地关系"理论出发，它可以被视为影响区域发展的"地"要素和"人"要素，以及"人""地"相互作用所形成的空间格局基础。"地"要素也就是自然要素，包括地质基础、自然地理条件（地形、光热水土条件、生物区系等）、自然资源条件和生态环境基础。其中，生态环境是"地"要素的综合，其变化是"人""地"相互作用的结果。"人"要素则指人类及其社会经济活动，其表现指标是人口及人的知识积累、生产能力和需求等。体现经济发展的主要指标（如经济总量、产业结构、基础设施等）在很大程度上是"人""地"相互作用的结果，在逻辑上不是直接体现"人"要素的指标。也就是说，从根本上看，人类社会经济活动的过程一直受到"地"要素的约束。

在影响我国区域发展的地学基础中，宏观上三大自然区与地势的 3 个阶梯（其中包括大地构造、气候、自然地理等方面的要素）几乎构成了决定性因素，是我国区域发展格局的基础。第二层次上（如大区和省一级的区域）的影响因素包括地质及自然地理因素中的水资源、温度、地形等和自然资源禀赋等，人文地理因素中的人口及素质、产业基础、地理区位、基础设施等。当然，这些因素的影响程度在不同的空间尺度、不同发展阶段、不同内外部条件下是不同的。目前与地学要素相关的重要变化包括全球环境变化和区域性资源环境问题得到社会的普遍关注、可持续发展问题日益紧迫、全球化正在导致人文和社会经济资源的空间重组、信息技术的广泛应用使"人地关系"产生新的变化等。因此，研究地学因素对区域发展的影响方向、程度与机理，以及如何调控地学基础与区域社会经济发展之间的关系，是非常重要的理论问题和实际问题。这种研究可为区域发展的应用研究、为政府制定区域发展政策和调控区域发展提供基本原理、基础参数和可借鉴的基础模型。

长期以来，我国广大地学工作者对我国的地质、自然地理和人文地理及国土开发、区域发展问题进行了大量研究。但是，这些研究之间相互联系不足。也就是说，虽然地学要素对我国发展问题的影响是巨大而深刻的，但到目前为止这方面只有单要素或多要素的研究，深入的、交叉性的和综合性的研究几乎没有。开展区域发展地学基础的研究，要求将地学要素中的自然因素和人文要素（包括社会经济诸要素）结合在一起进行相互关联的分析和综合研究。其中，地学范围内的学科交叉和跨学科研究是必要的环节，其将有助于促进我国地理学的基础研究，特别是地球表层系统研究的深化，其对提高我国地学研究的理论水平也具有重要意义。因此，综合认识我国区域发展的地学基础、揭示新时期地学要素对区域发展的作用机制及其之间的耦合规律是地理科学发展的重要途径，也是地理学发展的重要的"国家目标"之一。

## 2 国内外区域发展地学基础研究的进展与评价

### 2.1 西方国家区域发展地学研究的简要回顾

西方学者早期关于区域发展问题研究只考虑比较简单的因素。他们在完美市场竞争的假设下，根据生产和运费最小成本的原则，推导工业、农业、商业设施的最佳空间区位。同时，在法国和英国，地理学者提出了人地关系思想，为第二次世界大战之前人文与经济地理学的发展奠定了基础。这些学者在研究国家、区域的发展问题时，用人地相关解释发展的特点和水平。这一时期自然资源研究和农业地理研究也都在较大程度上保留着人地关系的理论视角。当时，学者的目标是认识经济活动的空间分布，以及国家和区域发展的差异。第二次世界大战以来，伴随着各国快速的社会经济发展而出现的大量的区域发展问题，西方区域发展研究转向注重人文因素研究，即所谓的"人文化"转向。在区域发展问题的研究中，学者们的注意力主要关注研究的是数量化、企业空间组织、新的产业聚集现象和全球化与地区关系等方面。在很长时期内，资源和环境问题没有置于核心位置，在这种情况下，导致了区域发展与自然环境的关系在这些国家区域研究领域中逐渐淡化[1,2]，即西方区域研究学者在资源环境和可持续发展问题领域建树不多。

但是，严峻的全球变化问题和可持续发展问题使研究区域发展问题的学者认识到，应将环境对发展的影响和可持续发展作为区域研究的重点内容之一，要开展包含文化和资源环境要素的综合性研究[1-6]。学术界已经认识到，只有综合研究才能为区域发展和可持续发展问题提供坚实的理论基础和具有可操作性的指导，而这通常需要人文因素和自然因素的综合[7]。这种研究需要克服两种偏向：人文与经济地理学家很少关心经济发展与自然环境的关系；被自然科学家研究的环境问题也经常被构建为纯自然问题，而不是人类社会与自然之间的结构性问题[8]。在这些关于发展问题的综合研究中，形成不同的学派，如认为经济活动与环境之间紧张关系的改善可以在现存制度和社会结构内实现的"生态现代化"学派（ecological modernization）[9,10]；认为只有现有的社会结构、经济发展模式和道德价值观念发生根本性改变，才能实现经济活动的环境表现的显著改进的激进学派[1]。另外，政治生态学（political ecology）、环境政治学（environmental politics）、生态经济学（ecological economics）和文化生态学（或文化景观学）等分支也都从不同角度对人地关系进行了研究。

除了人文研究学界对环境要素越来越关注外，自然要素研究也逐渐出现了人文化倾向，唤起了对区域发展的多因素跨学科的综合研究。20世纪70年代中期，国际上出现了以气候变化为先导的全球变化研究，继而出现全球性的水循环变化、土地利用和土地覆盖变化、地区性和全球性的资源问题、环境问题，以及地区性贫困和冲突等领域的研究。这种变化的一个重要特点是研究由自然支配的生态系统变化演变到由人类支配的生态系统变化，表明全球变化研究的注意力已经转移到自然过程、生物过程和人类活动过程间的相互作用方面。其中，地理学家是从区域的综合影响和响应方面来研究全球环境的变化的，而且侧重于研究近现代的变化[11]。这样一种研究视角（即 global change, regional challenge；thinking globally, acting locally）在 1998 年举行的国际地圈生物圈计划（IGBP）第 5 次科学顾问委员会（SAC-V）上受到高度重视。这次大会强调指出，全球变化研究成果应在决策中起作用，而决策者更关注的是直接与区域和地方相关的问题。因此，IGBP 必须重视区域综合研究，应该发展新的视角，清楚地界定区域和地方尺度上的科学问题，聚焦危急区、脆弱区或热点地区，正视多学科和多空间尺度的综合。

"全球变化"给了人们关于地球的新观念——关于地球表层的综合系统概念。对地球表层系统的研究必然涉及大量的要素和复杂的相互作用过程，也越来越揭示出地球上各要素之间是相互作用的。为此，必须跨越学科的界限，进行交叉和综合研究。

例如，在全球环境变化研究领域，许多学者（包括地理学家）早已呼吁开展跨人文和自然学科的综合研究。国际全球环境变化人文因素计划（IHDP）就是这种努力的结果。IHDP 曾经确立了 10 个研究方向，包括土地利用与土地覆被变化，工业化转移，能源生产与消费，资源利用的社会因素，全球环境变化的态度、观点和行为，制度因素在地区、国家和国际层次上的影响，工业增长，环境保障与可持续发展，淡水保护与质量，人类健康与全球环境变化，贸易与全球变化[12]。这些研究方向充分体现了自然科学研究对人文要素在自然过程中作用的认同，也表明综合性研究在解决重大问题上的重要性与价值。

总的来看，20 世纪 50 年代以来，西方区域研究的主流忽视了人地关系的视角，但近年来环境意识的觉醒再次触发了不同角度和不同程度的人地关系的综合研究。人文与自然要素的交叉和综合研究正在成为西方全球变化和区域发展研究的前沿领域。

## 2.2 苏联和俄罗斯区域发展地学研究的动向

20 世纪 80 年代之前，苏联在国土开发、区域规划和发展研究范畴内一直被"二元论"主导，即认为自然界与人类社会按各自的规律发展。自然地理学者在研究自然综合体的形成、结构与演变规律时，很少考虑与社会经济发展的关系。研究国土开发、区域规划和发展是经济地理的任务，除了自然资源因素以外，很少考虑其他自然方面的地学要素。相应地，地理学被割裂为自然地理和经济地理两门互不相关的学科。经济地理和区域研究的重点在地域综合体、综合经济区划和区域发展规划等方面，与自然环境很少挂钩[13]。20 世纪 60 年代末至 70 年代中期，苏联地理学家 B. A. 阿努钦等曾为地理学的统一性而努力。他们认为，为了建立统一的方法论基础和统一性模式，必须消除自然地理和经济地理之间的鸿沟，逐步将其融为一体。他指出："随着地理学的发展，要把自然地理和经济地理分别'塞进'自然科学与社会科学之中是越来越困难了。"地理科学之间的相互渗透不可避免地是要加强的，因为这是被全部地理科学研究的客体——地理环境的特征要求的。但是，他和同事们的努力在很长时期里并没有取得预期的结果。

由于环境问题越来越影响到社会经济发展，自 20 世纪 80 年代以来，苏联学者开始注意把自然因素和人文因素结合起来，如 Исаченко（伊萨钦科）等学者在前苏联及俄罗斯《地理学报》上发表了一系列研究成果，试图寻找解决统一地理学问题的建设性途径[14,15]。伊萨钦科认为，自然地理学家和人文与经济地理学家在一些重大的科学问题上共同实践具有更大的必要性和重要性，而人与自然环境相互作用研究领域的一些重大问题无疑符合这一要求。近10多年来，地理生态学的出现与发展则表明，针对发展问题的地学要素的综合研究在俄罗斯越来越受到重视。地理生态学在针对发展问题方面强调了以下内容：自然利用的地理理论；根据生态状况复杂程度进行地域区划和生态地理图的编制，以及研究灾害风险条件下区域可持续发展的原理等[16,17]。因而，地理生态学实际上是综合地理学研究的一种尝试。其代表性、实践性成果有《苏联生态脆弱形势和区域图》《俄罗斯西北地区生态地理》等[18, 19]。但这种研究以寻找和分析地区发展中的生态脆弱环节为主要目标，指导区域发展的意义还不突出。

## 2.3 新中国成立以来我国区域发展地学基础研究的主要进展与评价

### 2.3.1 国土开发和区域发展要素研究的进展

50年来，在"以任务带学科"方针的指导下，我国地学工作者在国家的自然改造、国土整治和生产力布局、区域发展等方面取得了丰硕的研究成果，包括根据实际需要，对自然因素和社会经济因素进行了大量的综合研究。从新中国成立初期的自然资源综合考察和铁路选线，到20世纪60年代开始的农业区划，再到70~80年代进行的对主要工矿基地工业布局和区域规划的研究，都表现出一定程度的综合特性[20, 21]。同时，在这些工作中，单要素在当时区域发展中的作用规律也得到了总结。

为农业生产服务的自然区划和自然条件综合研究取得了重要进展。在黄秉维等的领导下，地学工作者对自然条件及其合理利用进行了大量的研究，最著名的是"中国综合自然区划"的有关研究工作；根据我国水热条件的差异，划分了若干地带和亚地带；在部分专题性区划的基础上，编著了《中国自然地理》，这是对我国自然地理要素认识最全面的科学著作。20世纪80年代以来，针对黄淮海平原综合开发、黄土高原开发与保护、西部开发等重大主题，以自然地理为主的学者开展了对自然条件和自然环境的综合研究。

近年来，单项自然要素对区域发展影响的研究著述甚多。在众多自然要素的"人文化研究"中，除了土地利用变化研究外，在气候变化和水要素对区域发展的影响方面的研究比较深入，如张翼等[22]研究了气候变化对我国北方地区农业、植被、水文、水资源等的综合影响。唐国平等[23]分析了气候变化对中国农业生产的影响。同时，气候变化对中国多年冻土和寒区环境的影响也较大，对中国寒区经济环境有重要影响[24]。在强调可持续发展的今天，水是产业结构优化，特别是工业结构优化的重要约束条件[25]。刘昌明等[26]研究了基于国民经济发展的21世纪我国水问题方略。吴凯等[27]通过研究发现，黄淮海平原水资源开发对农业持续发展的影响很大，客水资源的利用是黄淮海平原农业发展的关键。此外，水资源和水环境容量开始成为区域发展和环境保护的关键参数[28, 29]。

地形地貌对区域发展的影响也得到了一定程度的研究，如胡兆量[30]分析了高原山地地形地貌对民俗的影响，认为其直接影响通过坡度、海拔、岩性对民俗产生作用，间接影响通过高原山地的气候、水文、植物、动物、土壤,通过山区交通不便对民俗产生折射作用。地貌条件对区域旅游业发展也有着较大的影响,如喀斯特地貌、洞穴景观等成为区域旅游业开发的自然地理基础[31]。此外,区域发展中人类活动与自然环境的相互影响也逐渐得到关注,如叶笃正等[32]认为,2000年的沙尘天气很大程度上是由我国北方地表覆被状况改变而整体恶化的结果。没有这些自然要素的人文化研究,进行区域发展地学基础的综合研究是十分困难的。

对于农业生产因素影响的研究方面,吴传钧等[33]对农业生产地域分异规律和农业类型进行了深入研究。在工业布局要素研究方面,李文彦等[34]在长期对自然资源进行技术经济评价的基础上,总结了我国矿产资源的地域组合类型及其与区域发展的关系。陆大道等[35,36]则对水资源对工业布局和区域发展的影响进行了深入分析,还分析论证了工业企业成组布局的机制和技术经济效果[37]。李文彦等[38]对我国各大区截至20世纪80年代中期的工业发展和工业布局进行了系统总结。陆大道对涉及我国工业发展和工业布局的若干重大问题进行了理论性总结[35]。在基础设施要素研究方面,张文尝[39]等比较系统地总结了交通运输(特别是铁路和港口)在工业布局和区域发展中的作用。

资源的优化配置对区域发展起着至关重要的作用。资源再配置对经济增长的贡献有可能超过科技的进一步贡献,资源配置失当导致资源利用效率低下,产业结构失调,劳动生产率极低,资源的优化配置能极大地影响区域产业结构的优化调整[40]。另外,由于资源需求生命周期的作用[41],资源型城市的发展及其产业结构的调整优化转型对资源需求的变化特别敏感,其区域和城市的持续发展必须依靠产业转型[42]。

在影响区域发展的人文要素中,除了传统研究成果的积累外,近年来对地域文化因素的研究比较多[43]。也有一些学者开始关心人力资源、知识和知识经济与区域发展的关系[44-46]。但是,对国际人文与经济地理学界比较重视的网络与制度等因素的研究还比较少见。应该说,这些单要素的研究水平与国际学术界相比并不逊色,而且这些研究的积累使多要素的集成研究成为可能,为开展我国区域发展地学基础的综合研究奠定了良好的基础。另外,也必须看到,虽然这些要素研究多数强调了经济发展与物质环境的关系,但主要侧重于自然要素对人类经济发展的影响,较少考虑人类活动对自然环境的影响,还不是"人""地"之间相互作用的研究。

### 2.3.2 地球表层系统中"人地关系"综合研究思想在我国的兴起

20世纪80年代以来,以黄秉维为代表的自然地理学者则倡导开展陆地系统科学研究。黄秉维多次强调:"地球系统科学是可持续发展战略的理论基础"。他认为地球系统科学研究工作的重心就是要揭示"人与自然的相互作用及所应采取的对策"。这两种呼吁虽各有侧重点,但实际上都是在强调地理学综合研究的重要性和迫切性。与此同时,以吴传钧[47]为代表的人文与经济地理学者不断强调将人地关系的地域系统作为地理学的研究核心。吴传钧认为,地理学着重研究地球表层人与自然的相互影响与反馈作用;对人地关系的认识是地理学理论研究的一项长期任务。在人口、资源和环境问题日益突出的形势下,人地关系的研究具有紧迫性和巨大的现实意义。

在国际上普遍重视资源环境问题和可持续发展问题的形势下,这种呼吁促进了我国地理学对人地相互作用的"双向"尝试性研究。一方面，人文与经济地理学家开始注重人口-资源-环境-发展之间的复杂关系研究，其成为可持续发展研究领域的一支重要力量[48,49]；另一方面，自然地理学家对自然要素的研究不再局限于自然过程和规律，而是拓展到对区域发展的影响，向人地关系综合研究迈出了一大步。20世纪80年代后期，中国地理学会自然地理专业委员会编辑出版的《自然地理学与国土整治》[50]和《自然地理学与中国区域开发》[51]，任美锷等[52]主编的《中国自然区域与开发整治》，以及众多自然地理学家对土地承载力、土地覆被变化、气候变化、水文过程的研究[53]，都在一定程度上表明了对自然要素过程和规律的研究正在逐渐落实到区域发展和可持续发展这个目标上。

### 2.3.3 区域发展综合研究进展

在区域研究方面，近10年来取得了巨大进展。从20世纪80年代中期起，地区经济增长和收入水平的差距迅速扩大，引起了社会各界的强烈关注。学术界对区域发展及差异的研究也随之大规模展开。近年来，对区域发展差距的解释从最初单纯的"政策说"[54]发展到目前的"多因说"，如吴传钧、陆大道等认为，造成我国地区之间经济发展差异的原因可归纳为自然环境、资源赋存条件、地理区位、历史因素和政治经济因素[55,56]；厉以宁等[57]认为，"贫困—人口增长—环境恶化"的恶性循环、历史基础、政策倾斜和体制因素是我国社会经济发展不平衡的主要原因。除此之外，一些学者将国际环境的变化（如全球化与全球产业转移）也视为造成区域差异的背景因素。这些研究越来越清楚地表明，我国区域发展与差异的现状是由众多因素共同作用的结果。国家的区域政策表面上是直接原因，而实际上则是其他众多因素的综合反映。近年来，陆大道[58,59]主持的《中国区域发展报告》系列研究正是从这样一个综合的角度来反映和科学分析我国的区域政策与各地区的发展战略的。研究中，综合地剖析了国家区域政策和各地区发展战略背后的自然、社会和经济因素，为理解我国的区域发展提供了较好的科学基础。

## 3 区域发展地学基础综合研究的目标与任务

区域发展地学基础的综合研究，既是国际上地理科学发展的前沿，又是推进我国地理学理论和方法发展所非常需要的工作，同时也是实施我国可持续发展战略的一项基础性研究。我国对地球的各圈层和要素做了大量的研究，但同时涉及自然和人文的跨学科研究很少。人文与自然要素的交叉和综合研究正在成为西方关于各种地域范畴的发展研究的前沿领域，但至今也没有明显的进展。几十年来，我国地理学的分支学科有了很大的发展，但在重大的基础研究和应用研究中却缺乏有效的综合。其中，地理学基础理论发展薄弱是一个重要原因。在区域研究方面，还没有真正意义上的以区域发展机制为目标的、包含人文和自然要素的综合集成研究。20世纪50~70年代，我国地理学家研究了我国的自然地带性分异、自然综合体及综合自然区划、农业生产地域条件差异和农业区划等重大课题，以及地域生产综合体、综合国土规划等重大问题，对我国的国土整治、农业发展和区域经济发展等起到了巨大的作用。但是，在理论上，在研究自然系统时较少考虑人类因素的作用，没有从"自然-人文"综合巨系统研究自然综合体；而在研究地区人文发展时，虽然将自然要素的评价当作发展的基础，但没有将其与社会经济要素的相互作用作为研究的目标，即也没有从"自然-人文"综合巨系统研究社会经济综合体。因此，在区域发展地学基础（要素）的综合研究过程中，将可以促进地理学研究的真正综合。

**区域发展地学基础综合研究的目标**：在总结不同阶段主要地学要素的一般影响与我国区域经济和社会发展的基本进程的基础上，阐明我国自然和人文要素的区域分异特征及其与社会经济发展区域分异之间的耦合关系，从而揭示地学因素在各时期影响我国区域发展的机制（方向和程度），并从人地关系作用机理的角度全面总结我国区域发展的理论和研究方法。

研究的重点是要素的综合及其作用机制方面：一方面，应注重剖析不同性质的要素在各种空间尺度的区域范围内是如何匹配和相互作用的、对区域发展的作用是如何相互消长的；另一方面，要分析区域发展格局的变化是如何受地学要素的综合作用的，并对各阶段形成过程进行模拟和类型划分。当然，还要在这个基础上，研究对这个过程进行控制的一些基础性原理。此外，还要考虑到地学要素的作用（方向和程度）是随着社会经济发展的不同阶段及外部环境的变化而变化的。

区域发展地学基础的综合研究关系到如何认识和调控由经济和社会的迅速发展而引起的自然结构和社会经济结构的剧烈变化。因此，该项研究也要为我国实施可持续发展战略提供科学基础。通过对我国不同地区发展的地学基础作用规律的研究，可以提出不同类型地区人与自然相互关系的协调（包括不同类型的自然区、经济区和其他区域）的途径。由于我国自然基础和社会经济发展的地域差异很大，这种规律的表现就具有强烈的地域特征。地理学的任务就是要从区域和区域要素综合的角度，研究我国及各地区所面临的促进持续发展和保护环境的重大理论问题和实际问题。其具体包括以下内容。

（1）探讨不同区域范畴内环境与发展及其各要素之间相互作用的机制，研究中国区域可持续发展的科学基础，对中国及各地区不同发展阶段的环境和发展状态做出诊断和预警。

（2）从发展与环境相协调的角度，通过系统模拟和方案试验，探索中国长期经济增长、结构转型、资源开发利用与保护、生态环境的基本战略，建立资源节约型社会经济体系的途径。

（3）在保持我国水、土地（主要是耕地）、能源、主要矿产、生物等资源可持续利用和生态环境可持续发展的前提下，未来不同时间尺度上中国和各地区的资源保障程度与生态系统的适应性及不同社会和经济发展水平下的地区资源承载力，中国及各主要区域适宜的经济总量和人口总量，应在多大程度上依赖外部市场（国际市场）。

根据这些重大问题，在对区域发展及与生态环境演变做系统分析时，要求揭示它们之间的数量关系，提出协调的途径，即如何促进、保持区域经济的可持续发展，还要提出各种可持续发展模式。这样的研究是一个从区域缺陷的"诊断"到"处方"的全过程，可保证这个研究既具有实际意义又具有理论意义。

这项研究也要推进要素综合集成方法研究。进行地学要素综合集成研究，揭示要素与区域发展之间的耦合关系，不仅对于地理学学科发展是迫切需要的，也是对地球系统科学研究方法的贡献。当今全球变化及引起的全球和各地区的人口、资源、环境与发展的关系问题已经成为人类面临的最紧迫的问题，这其中的关系非常复杂。无论是地理学面对的"人地关系地域系统"或人类面临的地球系统，都是一个非常复杂的系统。认识这个系统，必须发挥地理学方法论的特长，同时要充分吸收系统科学、生态学、经济学等学科的方法，在这些学科方法的基础上发展综合集成方法，这里包括历史数据和资料的集成，要素及要素作用的集成，对系统中各种区域变化状态的相互关系的集成等。综合集成的研究和方法的运用，要求地理学家在传统方法的基础上做出创新。单纯的定性研究是远远不够的，需要和定量分析相结合。地球系统内各地区的人地关系内部是否协调，人类对其施行调控的可能幅度等，都应该使其数量化。定量研究的前提是要求深刻认识系统的特性。这种特性是由系统各组成部分的关系及其相互作用决定的。

## 参考文献（References）

[1] Angel D P. Environmental innovation and regulation[A]//Clark G L, Feldman M P, Gertler M. The Oxford Handbook of Economic Geography[C]. London, New York: Oxford University Press, 2000: 607-622.

[2] Gibs D, Healey M. Industrial geography and the environment[J]. Applied Geography, 1997, 17: 193-201.

[3] Gandy M. Crumbling land: The postmodernity debate and the analysis of environmental problems [J]. Progress in Human Geography, 1996, 20(1): 23-40.

[4] Kates R. The human environment: The road not taken, the road still beckoning [J]. Annals of AAG, 1987, 77: 525-534.

[5] Driver F. New perspectives on the history and philosophy of geography [J]. Progress in Human Geography, 1994, 18: 92-100.

[6] Katz C. Major/Minor: Theory, nature and politics [J]. Annals of AAG, 1995, 85: 164-168.

[7] Sneddon C S. "Sustainability" in ecological economics, ecology and livelihoods: A review [J]. Progress in Human Geography, 2000, 24(4): 521-549.

[8] Harvey D. Population, resources and the ideology of science [J]. Economic Geography, 1974, 50: 256-277.

[9] Gouldson A, Murphy J. Ecological modernization and the European Union[J]. Geoforum, 1996, 27: 11-21.

[10] Hajer M. Ecological modernization as cultural politics[A] //Lash S, Szerszynski B, Wynne B. Risk, Environment and Modernity: Towards a New Ecology[C]. London: Sage, 1996.

[11] Dirzo R, Fellous J L. Strengthening the regional emphasis of IGBP[J]. Global Change News Letter, 1998, 36: 5-7.

[12] Commission on Climate Change of GSC. Global change study and geography[A]//Wu Chuanjun, et al. China's Geography at the Dawn of the New Century[C]. Beijing: People's Education Press, 2000: 68-76. [中国地理学会气候专业委员会. 全球变化研究与地理学[A]. 见: 吴传钧等主编. 世纪之交的中国地理学[C]. 北京: 人民教育出版社, 2000: 68-76.]

[13] Wu Chuanjun. An introduction to the development of international geography[J]. Geographical Research, 1990, 9(3): 1-12. [吴传钧. 国际地理学发展趋向述要[J]. 地理研究, 1990, 9(3): 1-12.]

[14] Исаченко А Г. На тернистом пути к интеграции[J]. Изв РГО, 1996, (3): 25-32.

[15] Котляков В М. и др. Понятие струтктуры территориаьных систем и некоторые подходы к ее моделированию[J]. Серия Географическая, 1999, (5): 17-24.

[16] Котляков В М, Глазовсцкй Н В. Перспективы научного исследования института географии РАН [J]. Серия географинс-кая, 1993, (3): 7-13.

[17] Котляков В М. Географическая наука в конце двадцатого столетия и перспективы института географии РАН[J]. Серия Географическая, 1996, (1): 8-20.

[18] Исаченко А Г. Экологическая география северозапада России[J]. Серия Георафичсская, 1995, (6): 32-41.

[19] Исаченко А Г. Ландшафтное райниронвание России как основа для регионального анализа[J]. Изв РГО, 1996. (5): 12-23.

[20] Wu Chuanjun. The progress in human geography in China: Its achievements and experiences[J]. Geojournal, 1990, 21: 7-12.

[21] Li Wenyan. Regional Development and Industrial Allocation[M]. Beijing: Science Press, 1999. [李文彦. 地区开发与工业布局[M]. 北京: 科学出版社, 1999.]

[22] Zhang Yi, Zhang Peiyuan, Zhang Houxuan, et al. Climate Change and Its Impact [M]. Beijing: Meteorological Press, 1993. [张翼, 张丕远, 张厚暄, 等. 气候变化及其影响[M]. 北京: 气象出版社, 1993.]

[23] Tang Guoping, Li Xiubin, Fischer G, et al. The impact of climate change on agricultural production of China[J]. Acta Geographica Sinica, 2000, 55(2): 130-138. [唐国平, 李秀彬, Fischer G, 等. 气候变化对中国农业生产的影响[J]. 地理学报, 2000, 55(2): 130-138.]

[24] Jin Huijun, Li Shuxun, Wang Shao-ling, et al. Impacts of climatic change on permafrost and cold regions environments in China [J]. Acta Geographica Sinica, 2000, 55(2): 161-173. [金会军, 李述训, 王绍令, 等. 气候变化对中国多年冻土和寒区环境的影响[J]. 地理学报, 2000, 55(2): 162-173.]

[25] Wang Xiqin, Yang Zhifeng, Liu Changming. Regional economic structural adjustment and water environmental protection: A case of Guangzhong region in Shanxi Province[J]. Acta Geographica Sinica, 2000, 55(6): 707-718. [王西琴, 杨志峰, 刘昌明. 区域经济结构调整与水环境保护[J]. 地理学报, 2000, 55(6): 707-718.]

[26] Liu Changming, He Xiwu. Water Resources Problems and Countermeasures in China[M]. Beijng: Science Press, 1995. [刘昌明, 何希吾. 21世纪水问题方略[M]. 北京: 科学出版社, 1995.]

[27] Wu Kai, Xu Yuexian. Environment effects and adjustment and control countermeasures of water resources utilization in the Huang-Huai -Hai Plain[J]. Acta Geographica Sinica, 1997, 52(2): 114-122. [吴凯, 许越先. 黄淮海平原水资源开发的环境效应及其调控对策[J]. 地理学报, 1997, 52(2): 114-122.]

[28] Tian Wei, Yu Muqing, Liu Guiqin. Study on aquatic environmental capacity and its influence on reginal exploitation in the Tumen River region[J]. Scientia Geographica Sinica, 1998, 18(2): 167-175. [田卫, 俞穆清, 刘桂琴. 图们江地区水环境容量及其对区域开发的影响研究[J]. 地理科学, 1998, 18(2): 167-175.]

[29] Bao Quansheng, Jiang Wenlai. Relationship between spatial differentiation of water environment capacity of rivers in China and macrolayout of industrial productivity [J]. Scientia Geographica Sinica, 1998, 18(3): 205-212. [鲍全盛, 姜文来. 论我国河流水环境容量空间分异与工业生产力的宏观布局[J]. 地理科学, 1998, 18(3): 205-212.]

[30] Hu Zhaoliang. A geographical analysis of Chinese folk languages[J]. Economic Geography, 1999, 19(1): 1-5. [胡兆量. 中国民俗语地理探幽[J]. 经济地理, 1999, 19(1): 1-5.]

[31] Zhu Wenxiao, Li Po, Su Weici. Diversity and protection of scenery in Karst tourist caves[J]. Economic Geography, 2000, 20(1): 103-107. [朱文孝, 李坡, 苏维词. 喀斯特地貌洞穴景观多样性特征及其保护[J]. 经济地理, 2000, 20(1): 103-107.]

[32] Ye Duzheng, Chou Jifan, Liu Jiyuan, et al. Causes of sandstormy weather in Northern China and control measures [J]. Acta Geographica Sinica, 2000, 55(5): 513-521. [叶笃正, 丑纪范, 刘纪远, 等. 关于我国华北沙尘天气的成因与治理对策[J]. 地理学报, 2000, 55(5): 513-521.]

[33] Commission on Sustainable Agriculture and Rural Development of GSC. A review of agricultural geography studies in China[A] //Wu Chuanjun, et al. China's Geography at the Dawn of the New Century [C]. Beijing: People's Education Press, 2000: 315-327. [中国地理学会持续农业与乡村发展专业委员会. 我国农业地理学研究的回顾和发展趋势[A].//吴传钧等. 世纪之交的中国地理学[C]. 北京: 人民教育出版社, 2000: 315-327.]

[34] Li Wenyan. Assessment on the geographical conditions for industrial development in China[A] //Li Wenyan, et al. Industrial Geography of China [C]. Beijng: Science Press, 1990: 5-19. [李文彦. 中国工业发展的地理条件评价[A]//李文彦等. 中国工业地理[C]. 北京: 科学出版社, 1990: 5-19.]

[35] Lu Dadao. Theories and Practices of Industrial Allocation in China[M]. Beijing: Science Press, 1990. [陆大道. 中国工业布局的理论与实践[M]. 北京: 科学出版社, 1990.]

[36] Liu Weidong, Lu Dadao. The impact of water resource shortage on regional economic development[J]. Geographical Sciences, 1993, 13(1): 9-16. [刘卫东, 陆大道. 水资源短缺对区域经济发展的影响[J]. 地理科学, 1993, 13(1): 9-16.]

[37] Lu Dadao. Locational patterns of grouping firms in industrial district and their techno-economic effect [J]. Acta Geographica Sinica, 1979, 34: 248-264. [陆大道. 工业区工业企业成组布局的类型及其技术经济效果[J]. 地理学报, 1979, 34: 248-264.]

[38] Li Wenyan. Industrial Geography of China[M]. Beijing: Science Press, 1990. [李文彦. 中国工业地理[M]. 北京: 科学出版社, 1990.]

[39] Chen Hang, Zhang Wenchang. Transport Geography of China[M]. Beijing: Science Press, 2000. [陈航, 张文尝. 中国交通运输地理[M]. 北京: 科学出版社, 2000.]

[40] Wu Dianting, Liu Xiaoyong. Allocation of resources and regional development: Taking Shanxi Provinces as an example[J]. Scientia Geographica Sinica, 1998, 18(2): 176-182. [吴殿廷, 刘小勇. 资源优化配置与区域发展——以山西省为例[J]. 地理科学, 1998, 18(2): 176-182.]

[41] Zhang Lei. Mineral life-cycle curve and its implication in regional development[J]. Acta Geographica Sinica, 1997, 52(6): 500-505. [张雷. 现代区域开发的矿产资源需求生命周期研究及意义[J]. 地理学报, 1997, 52(6): 500-505.]

[42] Liu Yungang. Studies on the adjustment of the industrial structure of resource type cities in the Northeast Area—Daqing as anexample[J]. Economic Geography, 2000, 20(5): 26-29. [刘云刚. 大庆市资源型产业结构转型对策研究[J]. 经济地理, 2000, 20(5): 26-29.]

[43] Hu Zhaoliang. Introduction to Regional Development of China[M]. Beijing: Peking University Press, 2000. [胡兆量. 中国区域发展导论[M]. 北京: 北京大学出版社, 2000.]

[44] Jiang Huigong, Li Songtao. Knowledge economy and regional development[A]//Feng Zhijun. Knowledge Economy and the Development of China[C]. Beijing: Central University of the Communist Party Press, 1998. [蒋慧工, 李松涛. 知识经济与区域发展[A]//冯之俊. 知识经济与中国发展[C]. 北京: 中共中央党校出版社, 1998.]

[45] Liu Yanhua, Liu Yi, Li Xiubin. Issues of geographical study in the era of knowledge economy [J]. Acta Geographica Sinica, 1998, 53(4): 289-294. [刘燕华, 刘毅, 李秀彬. 知识经济时代的地理问题探索[J]. 地理学报, 1998, 53(4): 289-294.]

[46] Yang Qinye, Li Shuangcheng. Knowledge economy and geographical comprehensive study [J]. Geographical Research, 1998, 17(3): 229-231. [杨勤业, 李双成. 知识经济与地理综合研究[J]. 地理研究, 1998, 17(3): 229-231.]

[47] Wu Chuanjun. The core of geographical research: The territorial system of human-nature relationship[J]. Economic Geography, 1991, 11(3): 1-6. [吴传钧. 论地理学的研究核心: 人地关系地域系统[J]. 经济地理, 1991, 11(3): 1-6.]

[48] Hu Xuwei, Mao Hanying, Lu Dadao. Problems and countermeasures of the sustainable socio-economic development in China's coastal region[J]. Acta Geographica Sinica, 1995, 50(1): 1-12. [胡序威, 毛汉英, 陆大道. 中国沿海地区持续发展问题与对策[J]. 地理学报, 1995, 50(1): 1-12.]

[49] Geographical Society of China. Research on Regional Sustainable Development[C]. Beijing: China Environmental Sciences Press, 1997. [中国地理学会. 区域可持续发展研究[C]. 北京: 中国环境科学出版社, 1997.]

[50] Commission on Physical Geography of GSC. Physical Geography and Territorial Management[M]. Beijing: Science Press, 1988. [中国地理学会自然地理专业委员会. 自然地理学与国土整治[M]. 北京: 科学出版社, 1988.]

[51] Commission on Physical Geography of GSC. Physical Geography and Regional Development of China[M]. Wuhan: Hubei Education Press, 1990. [中国地理学会自然地理专业委员会. 自然地理学与中国区域开发[M]. 武汉: 湖北教育出版社, 1990.]

[52] Ren Mei'e, Bao Haosheng. Natural Zones of China and Their Development Management[M]. Beijing: Science Press, 1992. [任美锷, 包浩生. 中国自然区域及开发整治[M]. 北京: 科学出版社, 1992.]

[53] Wu Chuanjun, et al. China's Geography at the Dawn of the New Century[M]. Beijing: People's Education Press, 2000. [吴传钧等. 世纪之交的中国地理学[M]. 北京: 人民教育出版社, 2000.]

[54] Hu Angang, Kang Xiaoguang. A Report of Regional Disparity of China[M]. Shenyang: Liaoning People's Press, 1995. [胡鞍钢, 康晓光. 中国地区差距报告[M]. 沈阳: 辽宁人民出版社, 1995.]

[55] Lu Dadao, Xue Fengxuan, Liu Yi, et al. Regional Development Report of China: 1997[M]. Beijing: Commercial Press, 1997. [陆大道, 薛凤旋, 刘毅, 等. 1997 中国区域发展报告[M]. 北京: 商务印书馆, 1997.]

[56] Wu Chuanjun, et al. Economic Geography of China[M]. Beijing: Science Press, 1998. [吴传钧, 等. 中国经济地理[M]. 北京: 科学出版社, 1998.]

[57] Li Yining. New Perspectives of Regional Development in China[M]. Beijing: Economic Daily Press, 2000. [厉以宁. 区域发展新思路[M]. 北京: 经济日报出版社, 2000.]

[58] Lu Dadao, Liu Yi, Fan Jie, et al. Regional Development Report of China: 1999[M]. Beijing: Commercial Press, 2000. [陆大道, 刘毅, 樊杰, 等. 1999 中国区域发展报告[M]. 北京: 商务印书馆, 2000.]

[59] Lu Dadao, Liu Yi, Fan Jie, et al. Regional Development Report of China: 2000[M]. Beijing: Commercial Press, 2001. [陆大道, 刘毅, 樊杰, 等. 2000 中国区域发展报告[M]. 北京: 商务印书馆, 2001.]

# 地理学关于城镇化领域的研究内容框架*

改革开放以来，中国实现了长时期的高速和超高速的经济增长，成为世界第二大经济体；与此同时，实现了大规模的城镇化。到 2012 年，全国城镇化率超过了 52%，2010 年与改革开放初期的 1980 年，即 30 年前相比，全国能源消耗由每年 5.7 亿吨标准煤增加到 32.5 亿吨标准煤，增加的城市人口相当于 350 个 100 万人口的特大城市的规模。巨大的经济总量和社会总量（特别是城市人口规模）再加上长时期低端产品"世界工厂"的发展模式，使中国的自然结构和社会经济结构发生了剧烈变化，也使我们付出了极大代价：自然资源大耗竭，环境大污染，国土开发和基础设施建设惊人浪费。这些影响较之全球气候变化对我们生存和发展的影响大得不可估量，因此给地理学提出了一系列重要的实际问题和理论问题。其中，城镇化是一个多学科研究的重大领域。地理学家应以强烈的意愿去研究。

地理学是关于资源、环境结构变化和区域可持续发展研究的应用性基础学科。地理学对于城镇化领域的研究需要以资源、环境、生态等国情要素为基础，进入可持续发展领域的若干重要方面，即资源、环境和生态系统的研究需要与区域可持续发展相衔接。地理学家的知识结构完全可以胜任这方面的研究并提出建议。

中国地理学工作者参与城市发展领域的工作始于 20 世纪 50 年代，至今已有半个多世纪。他们先后参与研究（规划、战略研究、咨询研究等）的工作有新工业基地建设条件评价和布局、区域发展、作为城市和城镇化发展的区域基础（资源、环境、生态）与城镇化、城市和城镇体系发展、城镇化等。随着社会经济发展和自然结构的变化，人-地系统的理念越来越深入到地理学各个研究领域。这种情况使得城镇化研究不仅仅是区域地理学、城市地理学、经济地理学的重要课题，也越来越成为自然地理学、资源地理学及生态学关注的重要对象。地理学的交叉学科性质和地理学家较为独特的知识结构，也更加有利于在城镇化领域发挥重要作用。多年来，中国地理学家的研究成果及完成政府部门委托的大量规划任务所产生的重大影响已充分说明了这一点。

## 1 城镇化是一个关于国家发展和区域发展的重大领域

考察城镇化及城镇发展的驱动因素、城镇化进程的快慢、城乡之间的关系，以及城镇化引起的资源环境问题，没有例外地都需要从国家和区域的角度进行分析和评价。不了解国情，不去研究区域特点和区域发展差异，只从城市发展的角度去规划城镇发展、规划区域的城镇体系，就可能引起无法想象的后果。这方面的研究任务有区域经济发展是城镇化发展的内在动力；自然结构基础和生态环境对于城镇化发展具有重要的基础作

---

* 原载于：地理科学，第 33 卷第 8 期，2013 年 8 月出版。

用；城镇化格局是区域社会经济的空间结构的重要组成部分；城乡关系是区域内极为重要的关系。

## 2 城镇化发展的动力因素及其作用

几十年来，中国城镇化高速发展最重要的是大规模工业化及整个国民经济高速和超高速增长，经济全球化和进出口贸易大幅度增长，人口的大规模流动，特别是几亿农民工对城市发展和经济增长做出的巨大贡献，土地、水资源大规模开发，以及环境和生态付出的巨大代价等，它们对于中国城镇化的高速发展起到了推动作用。除此之外，国家制定的各个时期城镇化发展政策也是重要因素。预测未来中国城镇化的进程，也要理解这些因素的作用及其变化，还要考虑到新的因素。例如，产业结构的调整，特别是第三产业的发展将成为城市吸纳人口的主要因素，经济全球化对城市人口增长作用将趋缓等。

深刻认识上述影响因素及其变化，其一，将深化对国情的认识，因为国情是中国城镇化发展的基本依据；国情，决定中国城镇化道路、发展模式和一系列方针政策。其二，对未来中国城镇化的合理进程可以做出较为科学的判断和预测。

## 3 关于中国城镇化的进程

改革开放以来，特别是1996年以来，中国城镇化一直处于高速发展中。城镇化水平从1978年的17.9%提高到2002年的39.1%，年均增长0.88个百分点。城镇化率从20%到40%只用了22年，这个过程比发达国家平均快了一倍左右。近年来，城镇化率年均增长1.3个百分点。2012年中国城市化率达到52.6%。这样的高速发展进程与国家关于城镇化发展方针出现的偏差及正确的方针政策得不到贯彻执行是分不开的。"九五"时期城镇化已经高速发展，但是"十五"规划中又提出要"不失时机推进城镇化发展"，使本来已经高速行驶中的城镇化列车进一步"加速"，导致城镇化速度出现冒进。针对出现的问题，国家"十一五"规划进行了明确的调整，提出要"积极稳妥推进城镇化"，要集约和节约用地。"十二五"规划中再次强调"统筹城乡发展，积极稳妥推进城镇化"。但是，从这些年各地区出现的问题看，"十一五"和"十二五"的"积极稳妥推进城镇化"的方针和城乡统筹的基本指导思想在许多地方没有得到重视和贯彻执行。

高速发展的城镇化带来了一系列严重问题：土地城镇化太快，失地农民持续增多，中小城市和小城镇发展迟缓甚至衰退，农村空心化、土地闲置现象十分突出，一些地区城乡差距进一步拉大等。地理学家要参与总结这些问题，明确中国城镇化的经验教训，促进未来中国城镇化健康发展。

## 4 关于城镇化的质量和标准

何谓城镇化发展的质量？现阶段城镇化的质量主要指城镇人口的就业、社会保障、教育、医疗、基础设施、环境等方面的水平（保障程度和公平程度等），产业结构和就业的改善，城市基础设施及人居环境等。当今世界上，特别是在拉丁美洲的许多发展中国家，快速城镇化和形成的高城镇化率（很快达到70%乃至80%）引起了广泛的"大城市病"。城市中出现的大量失业人群及大量存在的"贫民窟"，造成了社会内部的深刻矛盾，乃至成为社会动乱的主要原因。在中国，这种由高速城镇化带来的严重问题也不应该被低估。不同程度的"大城市病"也广泛存在。根据多年来各地区用于人为拉动城镇化的种种错误措施和片面追求城镇化速度的基本理念，中国要着力提高城镇化的质量。其核心是改变过去"要地不要人"的城镇化，着力解决人的城镇化，即实现农民工完全市民化。而要做到这一点，就要让在城镇打工者能够买得起房子，并享受同等的城镇社保、医疗等待遇。应该说，这是城镇化的高标准，也是应该达到的标准。长期以来，在诸多地区的城镇大规模建设中出现的强撤强迁事件导致的社会矛盾，以及局部地区的环境事件所引起的社会事件，也日益成为中国社会的不稳定因素。2008年年底美国人的金融危机，引起了2009年上半年中国几千万农民工离开东部沿海的工厂，回到了仍然有自己的土地和住房的农村，而没有导致大规模的社会动乱，从一个侧面昭示了大规模的"半城镇化"对于社会安全来说是多么危险。

## 5 区域的差异性和城镇化的区域特征

中国各地区在城镇化发展基础和发展条件等方面差异很大，必然会影响到各地区城镇化发展进程及城镇化水平、城镇体系的等级规模结构、城乡关系，以及首位城市的区域作用等。

其一，自然资源、环境与生态等因素对于国家和地区的城镇化发展具有重要的基础和支撑作用。其中，水、土、能源、气候资源等是城市产生、发展的直接条件，也是特大城市形成和大规模城镇化发展的必要条件。其二，通过对经济发展的促进或限制而影响到城镇化的发展。最为突出的是"胡焕庸线"所说明的区域分异现象。世界经济发展是很不平衡的，最为明显的区域差异是海岸带和内陆之间的巨大差异。由于人类社会经济活动受到海洋的吸引是长期趋势，全世界60%以上的人口和经济总量集中在距海洋100 km的海岸带范围内。核心城市，特别是大型金融商贸中心城市更大程度地集中在沿海地带。

由于各地区的自然基础和社会经济发展的历史差异，城镇化的规模和城镇体系的规模结构差别很大。这一点，中国东北地区、东南沿海地区、西南地区、西北地区的差异可以说明之。在理论上，可以运用区位论和空间结构理论加以推导说明。

中国西部地区的城镇化发展受到自然条件的影响和制约最为突出。在干旱和半干旱地区的绿洲经济情况下，绿洲的经济总量，特别是水资源的总量影响乃至在某一阶段决定城镇化的总规模，即城镇（人口、经济和社会活动）的总规模。因为在一定社会经济发展阶段下可能采取的节水措施（投入的节水技术及其经济性）是基本上被确定的。长期以来，一些外国学者在研究和解释全球变化的机制时高举"人类干扰"的大旗，这种理念已经被中国许许多多学者所宣传。作者认为，就全球而言，人类面临的由自然引发的环境变化正在转变为由人类引发的环境变化。解决这个人类共同的关乎生存和发展的重大问题，需要人类采取相应的行动，减少化石能源的消耗，以及实施其他保障人类社会可持续发展的行动。但是，在中国西部地区的一些绿洲，长时期的开发及人口的增加包括城镇化的发展，使绿洲周围的环境和生态状况发生了变化，主要是天然绿洲和天然湖泊面积萎缩、荒漠化和沙化扩大等。对于这样的变化是不是也应该斥之为"人类干扰"而主张完全恢复原有的生态系统呢？作者以为，在中国西北地区的具体条件下，考虑河流、湖泊及其周围地区所形成的绿洲生态系统时，应该将"人"包括在内的自然-社会经济的复合生态系统。其水资源的合理利用应该以人类社会经济活动为中心而不是相反。另外，我们在评价人类社会经济活动使天然绿洲缩小的负面影响时，也应该看到人工绿洲以几倍的面积出现及其对改善周围环境及可持续发展条件的正面作用。

## 6  关于"资源节约型和环境友好型"的城镇化道路

根据多年来，特别是自"九五"以来的经验教训，中国必须十分强调"资源节约型和环境友好型"城镇化的基本理念，并始终贯彻到城市发展（规划）和城市管理的每一个环节。

中国人均占有的资源非常有限，尤其是耕地资源和淡水资源短缺。各类城市的规划建设要充分考虑到这一基本国情。即使到了现代化之时，中国人民也要过着相对节俭的日子。城市人均占地、人均生活能源消耗和淡水资源的消耗等不能仿效西方世界，特别是美国人（人均生活能源消耗高达 10 t 标准煤以上）的人均指标。

城镇人均占地和人均生活耗能必须实行较低的指标：从 20 世纪 90 年代以来，中国城市的人均综合占地增加很快，达到了 110~130 m$^2$。大部分小城镇的人均综合占地指标高达 200~300 m$^2$。中国不能走美国和澳大利亚等国那样蔓延式城镇化发展的道路。2000 年，中国的人均耕地只有世界平均水平的 47%，是澳大利亚的 1/30，加拿大的 1/19，俄罗斯的 1/9，美国的 1/8。近年来，这个比例在进一步下降。建议以人均 70~100 m$^2$ 作为中国城镇综合用地的适宜区间。需要根据人口、经济密度和人均耕地等指标在全国范围内划分若干大区并确定它们的适宜控制指标。由于中小城市一般没有大型的公共设施（体育场、交通枢纽、市政广场等），未来的规划建设完全可以进一步缩小占地规模。

## 7  关于生态城市

什么是生态城市？各国还没有一个公认的定义和指标。但可以肯定的是，不同的自然结构和生态系统环境下的生态城市的标准是不一样的。作者认为，在中国的具体条件下，生态城市应该包括三方面的内涵：其一，城市发展（包括布局、建筑、基础设施系统等）应该尽可能减少能源和其他自然资源的消耗；其二，城市中的生产和生活系统产生的废料及其相应的处理系统尽可能不对周围环境产生严重的影响；其三，城市的景观和景观结构应该与其所处的大的自然地带性相一致。

生态城市的基本内涵是"资源节约"和"环境友好"。生态城市决不可以理解为不顾客观条件的大规模"绿化"，特别是违背城市周围自然环境去造优美的风景：大型林地、草地、水景等。近年来，全国许多城市都建设了诸多的人造景观，美化城市形象，吸引观光旅游。其中，有一些人造景观是不具备客观条件的。在未来各地区的实践中，关于"生态城市"还将有更多的具体内容和标准。

## 8　正确看待城镇化的国际经验

各国城镇化大都经历了漫长的历史过程。欧美主要资本主义国家城市化水平（城市化率）的起步阶段平均每年增加只有 0.16~0.24 个百分点，加速阶段每年增加也仅达 0.30~0.52 个百分点。但是，发达国家今天的城镇化水平普遍达到 70%甚至 80%以上。回顾它们走过的城镇化发展之路，并不是主张将我国的城镇化速度降到它们那时的速度，而是为了客观地思考中国有没有条件大大超过发达国家城镇化的速度？根据中国的国情、城镇化人口总量及产业支撑等条件来分析判断，要不要将 70%~80%城镇化率作为中国社会发展的长远目标呢？后一个问题长期以来没有人提出过，似乎是不言而喻的问题。但是，这种最终目标已经在支配人们的行为目标，甚至导致地区之间的攀比。作者认为，中国未来长远的城镇化目标不一定要追求 70%~80%的城镇化率。

## 9　未来城镇化合理进程的重要依据

正确估计中长期内中国各种类型城市（大中小城市、城市群等）集聚产业和人口的能力，才能科学地预测未来中国城镇化发展的可能规模和城镇化的合理进程。

2013 年以来，为落实党的十八大报告和中央经济工作会议提出的"积极稳妥推进城镇化并着力提高城镇化质量"的方针，许多地区已经开始制定以大规模城镇化为核心的经济刺激计划，紧锣密鼓地编制城市群规划、城镇体系规划及各种类型的开发新区、产业园、产业基地规划。种种迹象表明，新一轮大规模推进城镇化、拉动内需、使经济高速增长的强大势头正在兴起。在这种情况下，我们认为，如何正确认识"积极稳妥地推进城镇化"的方针及如何正确地理解城镇化所面临的任务十分重要。为此，需要分析中国国情和总结 10 多年来高速城镇化发展的经验教训，正确估计中长期内中国各种类型城市（大中小城市、城市群等）集聚产业和人口的能力，预测未来中国城镇化发展的可能规模和城镇化的合理进程。在此基础上，制定推进农业转移人口市民化、发挥各类城市综合承载能力等一系列政策措施。在启动这样大规模的中长期发展规划时，应该充分考虑遇到的困难和过程的长期性，以求科学地引导中国城镇化的健康发展。

预测和规划未来城镇化的合理进程，最重要的是科学地评估产业支撑能力。在今后一个较长时期内，工业化和现代化的发展，特别是通过经济结构的调整，可以扩大内需和扩大市场，使城市就业空间扩大。城乡建设本身也将提供新的就业空间。但是，这些方面都不会如同以往 10 多年高速经济增长所带来城市就业增加那样快。没有产业支撑的城镇化是虚假的城镇化。特别是中小城市的发展，最大的不是基础设施问题，而是产业支撑问题，也是市场问题。就现阶段来说，一个中小城市，如果没有特别优势的自然资源、人力资源或在附近大城市某些产业链上占有重要位置，则难以迎来持续较大规模的就业增加。为此，需要找出本地优势，搭建发展平台，培育特色产业，为农村劳动力就地就近转移就业创造条件，为城镇化建设提供产业支撑。

经济全球化与进出口贸易的未来发展对于新的就业岗位增加所起的作用将会趋缓。而资源、环境和生态条件的制约作用将比以往强。

## 10 关于城镇化模式的多样性

在城乡统筹发展中推进城镇化。城乡关系是国家、区域内最重要的关系。需要从区域的角度、从城乡整体的角度进行规划和统筹，使城市促进农村社会经济结构的变化和生存条件的改善，同时使城市发展获得广泛的支撑。其结果是使城镇化速度和模式与区域的社会和经济发展相协调。如果我们深入地从中国的城乡关系及其产业支撑、资源环境支撑等角度进行分析和思考，会不那么倾向于也不那么乐观地认为中国的城镇化率会明显超过发达国家所经历的城镇化速度和较快地达到发达国家今天所达到的城镇化率水平。

传统理念总是将城镇化理解为"农民进城"。这种理念上的守旧导致了城乡统筹的困难，因此需要逐步改变这样的理念。由于现代社会经济发展的今天，实践中已经发生了新的变化。美国等发达国家已经具有大量的人口分布在不城不乡的小镇，中国部分发达地区也出现这种情况。应当根据具体条件灵活地发展城镇化。建设生活方式逐步"城镇化"的新农村将是许多地区进行城乡统筹的重要模式。经济繁荣的新农村是中国社会安定的"稳定装置"。

## 11 关于各种类型的区域性规划和城镇规划、城市群规划

近几年来，全国大约已经有20多个省（自治区、直辖市），以及众多的地、市正在广泛地组织编制各种区域性规划（有的称作"空间规划"），包括城乡一体化和城乡统筹的新区规划、产业集聚新区（地带）规划、新城规划等。这些规划普遍存在问题：规划的盘子过大，目标不切实际。多数区域的产业规划主观臆断，重大基础设施建设缺乏科学论证。更为严重的是，普遍借各类"新区"建设规划之名，实行大规模圈地、（向上）"要地"和"造城"。

地理学者多年来积极主动参与了国土空间规划和城镇化规划、城市规划。但是，我们也看到近年来的一些区域性规划和规划研究普遍受到各种自身和外部因素的影响而缺乏科学性。前者主要由于学者自身的知识结构和实际工作方面的缺陷，表现为缺少对于各类型新区发展客观规律的深刻认识和判断能力，后者主要是遵照乃至迎合某些缺乏实际精神的领导的意志的结果。

实践证明，经过严格论证的科学的规划特别重要。这里包括全国性的国土空间规划、多种类型的区域性规划、城市群规划、城镇体系规划、城市规划和开发区规划等。其中，近年来完成的全国主体功能区规划和长期酝酿的全国国土规划二者在目标、原则等方面实际上是一致的，都属于国土空间规划。国土空间规划是其他区域性规划的主要基础。

城镇化规划可以分为全国性和省区市两级，不宜编制地市一级的城镇化规划。城镇化规划主要阐明城镇化发展的意义、趋势、中长期目标及本区域城镇化发展的基础条件、产业发展方向和支撑潜力、人口集聚、城镇规模结构、重大基础设施建设、资源保障和集约利用、生态环境，以及促进城镇化健康发展的政策措施等。全国一级的城市群规划可以先确定在长江三角洲（以上海为核心）、珠江三角洲（香港是这个大城市群的核心城市，广州应该培育成核心城市）、京津冀（以北京、天津为核心城市）及成渝地区（以重庆、成都为核心城市）和辽宁中南部地区（以沈阳、大连为核心城市）5个地区进行。现在有关部门提到的省市区一级的城市群，就核心城市的产业层次、城市间产业联系、人口和就业人员流动的规模等还不具备城市群的条件，需要暂缓进行规划。城市规划及各种新区规划需要在总结以往经验教训的基础上进行，在产业规模、重大基础设施等方面要经过充分论证，坚决实行资源节约和环境友好的方针，坚决防止借各种名义再搞大规模"圈地"和"造城"。

## 12 重视理论和方法方面的总结和创新

20世纪70年代以来国际地理学的发展，越来越从注重由自然支配的环境变化转移到由人类支配的环境变化，这种变化将地球表层系统的理论研究任务提到我们的面前。这样的大背景在中国的重要表现就是城镇化的发展及其带来的环境变化，这是今后一个阶段理论研究的重点。从各种类型区域的城镇化过程及特点阐述这种变化的驱动力，以及不同地域范畴人-地系统的结构演变的规律，是理论研究的重要方向。其具体内容包括城市化与区域发展；区域的空间整合和优势重组，推进区域经济一体化进程，促进中小城镇合理发展；各阶段城市化发展合理水平及总体支撑系统。各阶段城市化的空间格局及与资源环境的耦合效应；城市群的形成与发展，空间集聚、空间扩散与大城市经济区的发展动力机制，城乡一体化的社会、经济和基础设施网络体系，资源供给和国土空间利用等。

以地理信息科学的方法，推动中国城镇化的数字化，为城镇化区域的可持续发展提供分析预报和决策支持系统。这既是地理学的一项基础性工作，也是资源环境研究的方向之一。

城镇化领域的种种问题，已是今天国人最常用的概念之一，因而谈论这一问题所需要克服的知识门槛也最低。因此，这个领域似乎谁都可以高谈阔论。但是，真正的分析研究和论断需要学者们去做。我们要了解城镇化领域一系列基础性理论和重大实际问题，除了上述提到的以外，还有以下的理论问题，如城市等级规模法则、合理集聚的外部经济与外部不经济等。

地理学家对于走符合中国国情的城镇化道路应该具有更深刻的认识。我们需要树立牢固的节约资源、保护环境、维护生态系统良性循环的强烈意识，在权力面前，在所谓的"主流观点"面前，为实现中华民族的可持续发展，需要敢于坚持科学真理，说真话。对于"大""假""虚"的城镇化的种种现象应该是嫉恶如仇，应以敏锐的科学眼光和强烈的责任感去发现、批评这种现象，分析其原因，并明确地提出地理学者自己的主张。

# 关于区域性规划环评的基本内容和要求*

**摘　要**：我国环境问题越来越严重，要从源头上控制污染，开展区域性规划环评显得十分必要。文章首先梳理了区域性规划环评的概念、特点、背景与意义，以及与项目环评的关系；其次，提出了区域性规划环评的目标和主要内容；最后，指出地理学者进行区域性规划环评应该具有的知识准备。

为了加强对规划的环境影响评价（EA）工作，从源头上预防环境污染和生态破坏，促进经济、社会和环境的全面协调可持续发展，在《环境影响评价法》的基础上，2009年10月1日国家又出台了《规划环境影响评价条例》，要求对各级政府或部门编制的"土地利用的有关规划和区域、流域、海域的建设、开发利用规划（即综合性规划），以及工业、农业、畜牧业、林业、能源、水利、交通、城市建设、旅游、自然资源开发的有关专项规划，进行环境影响评价"。实际上，各地的环评大多为项目环评或专项规划环评，综合性规划环评或区域性规划环评开展得不多。

近年来，根据国家有关部门的部署，区域性规划环评逐步在一些重点建设区域展开。一部分经济地理学者已经和正在参与进行这些区域性规划环评工作。

"区域性规划环评"评估各类区域性（发展和建设）规划是不是符合其资源禀赋条件，与其环境容量和生态承载力是不是相适应，人口和产业的密集程度能不能承载规划项目建成后所带来的环境影响。而这些工作就是对区域的发展定位和发展方向进行环境评估。也就是说，各地区（各种类型、各种尺度的区域）的经济和社会发展规划，需要根据资源和环境承载能力，确定合理的发展目标（方向、规模等）和行业发展，保障规划区域的生态与环境安全，并避免给相邻和相关区域带来严重的环境安全影响。

在国家"关于落实科学发展观加强环境保护的决定"中指出："各地区要根据资源禀赋、环境容量、生态状况、人口数量及国家发展规划和产业政策，明确不同区域功能定位和发展方向，将区域经济规划和环境规划目标有机结合起来。"在这里，实际上已经将区域环评的目标和内容做了基本的规定。

区域性规划环评，是相对于具体项目和具体企业的建设所带来环境影响的评价而言的。由于是针对区域内政府的综合性社会经济发展规划或多个部门和行业发展规划的环评，也可以称其为区域性综合环评。

区域性规划环评的"区域"可以包括各级行政区域的规划环评，也可以包括特定的自然区域（如流域、三角洲区域、盆地、绿洲等的开发规划环评），以及特定的自然资源开发区域、生态系统保护区域的规划环评等。

区域性规划环评是针对区域性中长期规划的环评，具有宏观和前瞻性的特点，也可

---

* 原载于：经济地理，第33卷第8期，2013年8月出版。

以简称为"战略环评"。在时间尺度上，其与项目（企业）环评不同。区域性规划环评也是"环境风险管理"的第一个环节，但不是实体意义上的风险管理。

# 1 背景与意义

近年来，我国的环境问题越来越严重，国民的生存环境日益恶化，社会经济可持续发展受到威胁。环境污染引起的潜在危机正在由局部向更大地域范围发展。在一些局部范围内，环境问题正在演变成社会事件和社会危机。

过去 10 多年中，我国对环境问题的重视程度和环境治理投入不断加大，对遏制环境污染产生了积极作用。但是，由于庞大的人口规模、超高速经济增长和低端产品"世界工厂"的发展模式，10 多年来我国环境恶化趋势并未因治理投入增加而得到扭转。环境污染的空间范围持续扩大，从东部地区向中西部地区扩张，由城市向农村地区扩张；由部分河段到整个流域，由局部近海海域到几乎全部近海海域。环境污染已经遍及全国主要的三角洲、平原、河谷和绿洲地区。几乎所有的大中城市周围的地表和地下水体都受到严重或较严重的污染。

我国的环境污染状况越来越严重的原因和解决我国环境问题的途径都是多方面的。人们特别强调要从源头上遏制污染的产生。开展"区域性规划环评"可以说是"源头上"的"第一环节"！

（1）我国各地区自然结构、已经形成的经济及社会基础、自然地理和经济地理区位等差异巨大。这种巨大差异的自然基础和社会经济基础及区位，在很大程度上影响了甚至决定了各地区对社会经济发展的承载力。各地区（各种类型和空间尺度的区域）必须从环境安全的角度认真审视自己的经济规划和社会发展规划（重点是城镇化发展的规划）。

（2）单个项目和企业的环评，往往是在企业和项目已经布点的情况下做的环评工作，工作目标实际上在于对具体对象（企业、车间等）的环境风险管理。在区域规划已经完成并得到审批的情况下，生产过程所造成的污染已经"既成事实"。也就是说，如果没有区域性规划环评，很可能产生"只见树木，不见森林"的偏差。

（3）近 10 多年来，我国环境状况恶化的重要原因之一就是许多地区不适宜地发展低端产品生产的"世界工厂"和布点大污染的企业，严重地超过了其环境承载能力，与其经济特点和区位敏感性完全不符合。

由于以上的背景，必须认真进行区域性规划环评。

# 2 与项目（企业）环评的关系

如何准确地把握和进行区域性规划环评，首先需要明确和企业（项目）环评的关系。认识和处理好这种关系，就可能体现出区域性规划环评的目标和特点。区域性规划环评和企业（项目）环评的方向、目标的定位是不同的。区域性规划环评也不应该是区域内一个一个企业（项目）环评的总和。

区域性规划环评需要回答的主要问题是：区域规划中关于产业的结构和方向的定位是否合理，一些重大项目是不是可以建设。这些重大项目可能由于产品方向及生产过程中使用的原料和半成品会对区域环境带来严重的污染，使区域的生态、经济和居民受到严重的影响和损失。在区域性环评中，为了回答区域性规划的内容是否可行，对于区域性规划中主要的工艺路线涉及的污染物排放性质等也应该评价。

企业（项目）环评要求针对具体的企业在主要产品生产及其排放的废弃物进行环境影响评价，提出如何进行环境安全的风险管理，在涉及具体的厂区布局、污水处理厂的布置时，也还是立足于对其进行风险管理的。

现在政府有关部门委托进行并已经完成的区域性规划环评工作存在的缺点主要是没有准确体现区域性规划环评的目标和要求。应该说，一些区域范围较小的规划环评基本上还是企业（项目）环评的思路和框架，大量的工作放在各个生产企业和车间的危险性识别方面了，而对于区域经济发展的产业结构和产业布局、城镇化规模及其规划目标等，缺乏深入的分析，特别是这些区域性规划的主要内容将给区域环境安全带来什么样的影响缺乏全面而明确的评价结论。

在区域性规划环评工作中，要特别注意区域的自然结构和已经形成的经济布局、人口分布态势，因为在同样的污染物排放情况下，不同人口密度和经济密度的区域受到的影响不同，也需要注意区域所处的区位和区域之间的上下游（上下风）的关系。

区域性规划环评，在时间尺度较企业（项目）环评长；在空间尺度上较企业（项目）环评大；在工作程序上，应该在企业（项目）环评工作之前，衔接而不重复。

## 3  区域性规划环评的主要目标

在综合分析规划区域的自然基础、经济增长与结构，以及人口分布的特点和评价区域的资源及环境承载力的基础上，按照区域环境安全的要求，评估区域规划中的发展目标、经济增长、产业方向和布局对于区域环境安全的影响，并根据环境影响的严重程度对区域规划的发展目标（方向、规模等）、行业发展和空间布局提出调整的建议。

通过区域性规划环评，排除规划中那些将给本区域或给相邻区域带来严重环境安全问题的行业、企业或者产品生产，控制某些产业、某些城镇、工业区（开发区等）、资源开发的矿区等的规模，使区域性经济和社会发展规划与环境承载力和环境规划等相互协调。

## 4  区域性规划环评的主要内容

第一，区域的自然结构（包括自然地理区位和经济地理区位）和承载力。一般情况下，可以从以下方面入手：区域性的自然结构包括地质基础、地形结构、水资源及其时空分布、热量状况、气象条件等特点的评述，特别要针对区域的水文特点评价水体的稀释能力和自净能力，针对气象条件阐述其对大气污染的敏感性。规划环评区域的自然地理区位和经济地理区位的特性如何？是否邻海和位于大河的下游？是不是在人口密集和经济密集流域的上游？等等。

第二，区域规划中经济发展方向、规模、总投资等的基本评价和阐述。在承载力基本一定的情况下，规划期规划的项目规模、工艺特征、污染物排放和治理目标不同，带来的环境危害也不同。

第三，各种不同部门和行业的工业基地，主要产品的生产规模，需要从外部运入的配套原材料、化工原料的规模（数量）及其污染特性等。未来不同阶段主要能源、资源（矿产、水土资源等）的消耗量等。

第四，工业基地的产品方向。例如，钢铁厂的生产结构是不是完整的，如果带有焦化厂，则污染性就很大。因为，在炼焦、熄焦过程中，大量有毒的有机物排出，炼焦的副产品焦油含有很多种有机化工原料，回收利用过程中有毒有机物的污染。对于炼油和石油化工基地，要针对其类型做出评估：炼油厂的类型可以分为燃料型、化工型、燃料化工型。不同类型的炼油厂对区域环境安全的威胁差别很大。

第五，区域内的经济和人口集聚态势与区域之间的关系。也就是说，规划区域是否处在流域的上游（包括地下水的上游，如处在冲积扇及其附近的产业区等），下游的人口和经济密集情况等。

关于风险管理的分析和要求：对于企业或项目环评而言，需要对企业及其各个产品（车间）的危险性进行识别，对各个生产车间、装置等的环境风险进行监控、辨识等。而对于区域性规划的环评，上述各方面内容已经就是规划的"风险管理"了，不需要强调（在厂区）设立监测点等要求。

## 5　关于区域性规划环评结论的表述

在区域性规划环评中，需要根据具体的情况，针对区域规划的内容进行准确的科学表述。

第一，不同范畴的区域和不同特征的区域会要求不同的环评目标。如果省一级区域主要评价产业发展规模、方向，经济发展给全省水资源、能源供需平衡带来的影响，水资源的总体平衡，水环境、大气环境和土壤质量变化的趋势，一般性的承载力分析得出的结论也只是预警性的。那就是可能会出现什么样的环境问题，严重程度如何；或者在采取什么样的措施的情况下，可能避免什么样的环境影响；等等。如果是小区域，如一个城市工业区、面积在几千平方千米以上的资源开发区（或者"矿区"）、林区、农业及其产业化区等，可能带来严重的环境灾害，那就要对规划的主体内容或者部分内容（某种开发方案，或者某某项目，或者某某产品方案，某某工艺流程等）提出类似"不宜""不能""禁止"等更明确的结论。

第二，针对不同时间尺度的区域性综合规划，在环评时，在运用"是"或者"不"时，也很有不同。如果是针对区域性的长期发展规划，环评的要求主要是预警性的。对于中短期的规划，在环评时，由于建设项目、区域性支撑系统和已有承载规模都比较确定、清楚，对"是"或者"不"的表述应该很明确。

第三，充分考虑到目前和今后不同阶段一些产业的技术经济可能性，根据这种可能性来评估区域性规划内容的实施带来的环境影响。这里主要涉及循环经济发展对环境影响是否可以减轻等。循环经济的主体是综合利用。而循环经济发展的关键是特定生产在技术上可行，同时在经济上合理（经济上过得了"关"）。这种技术上的可能性主要体现在新的生产工艺（流程）、新的原材料（作为原料的中间产品）不会引起严重的环境污染等。

第四，如何根据国家污染物排放总量控制指标对区域性规划提出预警性结论或者"是"或者"不"，也要根据区域的空间尺度、区域自然环境特性等来进行。在实践中，由于区域规划中涉及的污染企业很多，各种污染物的排放量很难准确计算和加总，而在企业（项目）环评中是可以做到的。

## 6 关于进行区域性规划环评所需要的知识准备

根据区域性规划环评的工作性质和要求，环评学者需要具备相应的知识结构，即工业经济和工业生产的技术经济、（中国）自然地理和经济地理、环境经济等基本知识，了解全国特别是环评区域及相邻区域的水土资源、气候特征及较大范围内生产力布局的状况等。

第一，在区域性规划环评中接触到大量的技术经济问题，需要进行技术经济论证。技术经济和环境效果的综合是极为重要的工作要求。不能脱离经济谈技术，有时候技术可行，但经济上不可行。有时候，经过技术经济论证可行了，但是环境效果不可行。这种情况下，区域性规划应该不能通过环评。

在评价区域的能源产业发展规模与方向对于区域生态环境的影响时，就需要分析、预测能源生产和能源结构：大型火电厂的厂用电率和输电距离等技术经济指标，以及风电、核电、水电等投资和成本的技术经济比较等。对于滨海区域的开发规划的环评，往往涉及大规模工业发展和城市发展利用海水的问题（为了不使过量开采地下水而产生生态和环境问题）。海水利用的可行性问题在环评中需要交代，因为这涉及我国沿海地区的气候和实际的技术经济问题，需要经过论证，方可提出是否可行的建议。这里主要涉及海水淡化的设备、原材料、工厂成本、输送到城市用户的成本等。一个综合性的钢铁基地，每生产 1 吨钢，产生的厂外运量 6~8 吨，需要引起新建或者大规模扩建干线铁路、枢纽等，对区域的影响当然特别大。类似这些知识，是进行区域性规划环评所需要的。

第二，要求了解相邻区域的产业和自然结构的特点，这样才有可能准确地评估环评区域产业排放的污染物对邻区（包括流域的下游）影响的严重程度。

第三，了解各种企业和各种产品在生产、运输、存储以及加工转化过程中对环境和人体的卫生危害程度。从大的分类，过去已经明确：三大部门（化工、有色冶金、造纸）和六大企业是"大污染"企业。由于技术的发展和新的原料及中间体的应用，现在需要按照污染程度对行业、产品（车间）等进行污染程度的分级。以主要产品衡量，部分有机化工原料（苯、甲苯及其加工的化工原料和中间体，酚及其加工的中间体和化工原料等）的生产，部分化纤品种的生产，氯气生产，中小型造纸生产，电镀，炼焦生产，皮革生产等，是污染严重的污染源。又如，附近建设大型气体、液体储罐区的企业可能对周围居民区产生危害。

第四，关于理论上的装备：区域性规划环评是非常实际的工作，不同于一篇理论文章和理论著作。无论评价对象还是环境影响严重性等，都不能使用非常抽象的概念。使用任何概念、任何指标、任何预测趋势表达，都应该让人能够理解其中的内涵，能"看出"是什么东西，能够操作。什么"能量""能量平衡"等虚的概念、非常理论化的概念，或者表述概念内涵的指标非常不确定等，虽然在学者的论文中可以应用其来做理论上的探讨，但在区域性规划环评中，应该尽可能少用或不用。

第五，现在进行的区域性规划环评，科技人员在污染物质的识别及其影响程度等方面有很高深的素养，将污染物质作为污染因子，评价它们对环境的影响程度，是这部分学者的特长。但是，他们较少从规划区域整体的角度评价产业规划的规模、生产方向、主要生产企业、装置、产品等是如何影响规划区域的环境的。什么样的规模、方向对该区域有什么危害？应不应该同意这样的区域规划和建设？很少有针对性的分析。其表现在结论上，几乎没有"是"或者"不"。区域环评主要是针对规划的环评，目标是要评估规划的环境影响而得出区域性规划的科学性和可行性，对不科学不可行的方向、规模、产品的规划（或者区域性规划中的部分），规划环评当然不应该通过，即需要提出修改区域规划的评价意见。

# 第三部分　对首都北京功能定位、城镇化及国家区域发展的分析与建议

　　作者自2007年起一直强调首都北京在全国及京津冀中的特殊地位，北京应是我国首位以高端服务业为主体的经济中心城市。作者认为，2015年《京津冀协同发展规划纲要》实际上就赋予首都北京以高端服务业为主体的经济中心功能，这是一个关乎中国崛起的重大决策。本书阐述了这一重要决策对于国家发展、国家前途的重要意义，并论证了只有首都北京能够承担这一重要功能的诸多优势与条件。

　　作者深刻分析了我国经济增长的支撑系统，论证了我国高速经济增长（2015年以后）已不可持续，将很快进入中速增长，认为中速增长是精明增长，是通向世界经济强国的增长。在"十五"规划及"十一五"规划的十年中，我国城镇化进程脱离了循序渐进的原则，出现了冒进态势。有关文章分析了问题形成的原因，提出了我国实施循序渐进和资源节约型城镇化的目标和政策建议。在关于我国地域空间开发的方略方面，分析了未来我国地域空间开发的基本理念并提出了大致的框架，认为信息、科技、生态环境、体制创新等都成为我国影响区域发展的新因素，特别是信息化对我国社会经济空间组织引起的变革作用，以及建立区域创新体系是需要着力研究的重大领域。在区域发展新格局形成过程中，我国区域发展也出现了值得注意的严重倾向。

# 京津冀城市群功能定位及协同发展*

**摘　要**：本文回顾了京津冀大城市群内部各组成部分的经济联系与利益矛盾，阐述了改革开放以来京津两市和河北省的经济发展特点及已形成的优势。根据各自的特点、优势和符合国家战略利益的原则，提出了京津冀大城市群中北京、天津、河北省的功能定位。

## 1　引　言

大城市群，是指以 1~2 个特大型城市为核心，包括周围若干个城市所组成的内部具有垂直的和横向的经济联系，并具有发达的一体化管理的基础设施系统给予支撑的经济区域。大城市群往往是一国或一个大区域进入世界的枢纽，是世界进入该区域的门户，是一个国家或区域的增长极，也是最具发展活力和竞争力的地区。大城市群发展的主要背景如下：在全球化和新的信息技术的支撑下，世界经济的"地点空间"正在被"流的空间"所代替。世界经济体系的空间结构已经逐步建立在"流"、网络和节点的逻辑基础之上。一个重要结果就是塑造了对于世界经济发展至关重要的"门户城市"，也就是各种"流"的汇集地、连接区域和世界经济体系的节点，即控制中心。当今世界，处于世界性"流"的节点上并以高端服务业为主体的"门户城市"，其对于国家乃至世界经济发展的意义和地位比相同级别的制造业大城市要重要得多。中国的长三角、珠三角和京津冀三大城市群，已经具备条件逐步建设成为对东亚、对世界经济有明显影响的全球性城市群。以三大城市群及其所直接影响的经济区域来构建应对全球竞争的国家竞争力，是国家发展规划和区域性规划的重要目标（陆大道，2008）。

上述三大城市群中，京津冀城市群包括北京、天津两个直辖市及河北省的石家庄、唐山、秦皇岛、廊坊、保定、张家口、承德等城市（图1）。在此区域范围内，集中了3000多万城市人口，2013 年 GDP 总量约 4.8 万亿元，沿着上述城市的连接线所包围的区域约 60 000 km²。京津冀城市群是中国核心经济区的重要组成部分。本文根据京津冀的相互经济联系及发展特点，分析主要核心城市的优势与特点，探讨北京、天津及河北省的战略定位，最后提出京津冀城市群一体化发展的目标与任务。

## 2　京津冀的经济关系及经济发展特点

京、津两市在河北省地理范围之内。在长期发展过程中，两大直辖市之间及其与直接腹地之间具有多方面的利益联系和利益矛盾，"两市一省"经济发展也逐步形成自身特点和优势。分析这些问题有助于认识实现京津冀地区协同发展的重要性及途径，有助于制

---

\* 原载于：地理科学进展，第 34 卷第 3 期，2015 年 3 月出版。

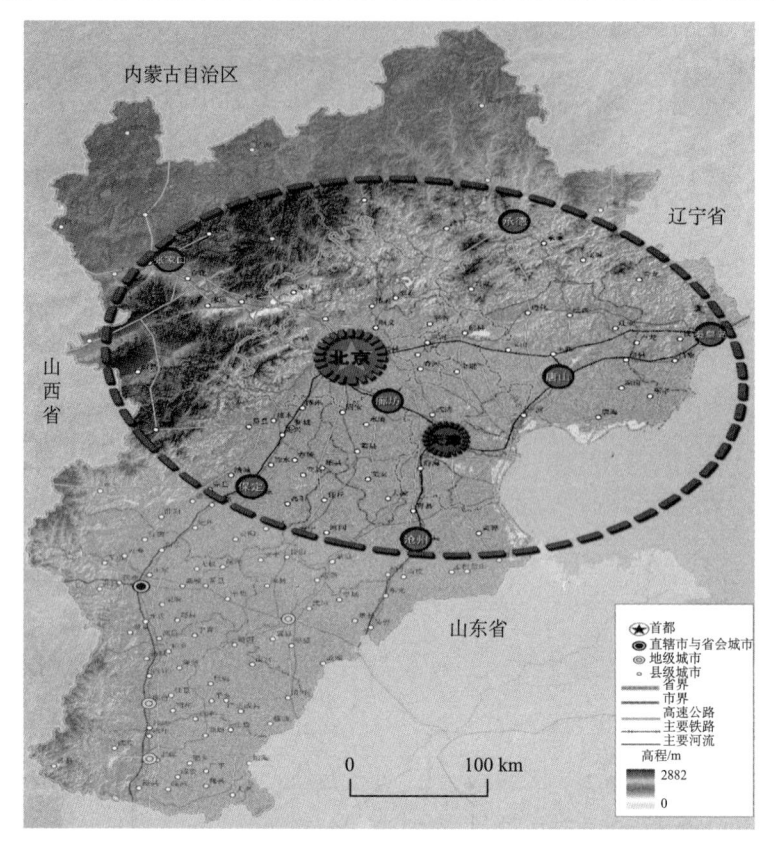

图 1  研究区示意图

定科学的京津冀城市群一体化规划。

## 2.1 河北省与京、津两市的经济利益关系及发展中的问题

河北省与京、津两市发展关系中的利益矛盾及影响河北省是中国东部沿海地区人口规模和国土面积较大的省份，具有丰富的煤炭、铁矿石、石灰石等矿产资源和一定量的石油资源，海滦河流域水资源多年平均为 570 亿 $m^3$。其大部分面积属于华北平原，一般年平均降水量为 400～800 mm。地理位置扼渤海的西岸和关内外的通道。应该说，河北省的经济发展和现代化建设具有较为优越的自然条件。但改革开放以来，河北省经济增长和人均经济总量水平有关指标在沿海各地区中是较低的。

（1）河北省长期以来是京、津两市矿产资源、工业原料、水资源、电力和农产品的供应地。

河北省的唐山、邯郸、邢台向京、津两市供应炼焦用煤和发电等动力用煤，向首钢、天钢供应铁矿石和炼钢生铁，以及大量的玻璃、水泥等建筑材料；京、津两市在河北省建设迁安铁矿、涉县铁矿及钢铁厂，在行政上都分别设立了"飞地"。

张家口、承德和秦皇岛、唐山地区是保障京津两市淡水供应的密云、潘家口和官厅（已基本丧失了供水功能）等水库的主要径流形成区和水源涵养区。为了保护京津两市的水源供应，这些地区在资源开发、产业发展方面受到了诸多限制，在生态保护和污染治理方面付出了不少的投入。应该说，这些水源在量和质方面基本保障了京津两市庞大经济和社会发展的需求。

河北省的多个大型火电厂（陡河、唐山、沧东等）是供应京津两市的主力电厂，这些大型电厂给河北省的水资源、环境和运输带来巨大的负担。

河北省的张家口、廊坊等地区是京、津两市的蔬菜、肉类和部分鲜活农产品的重要供应基地（图2）。

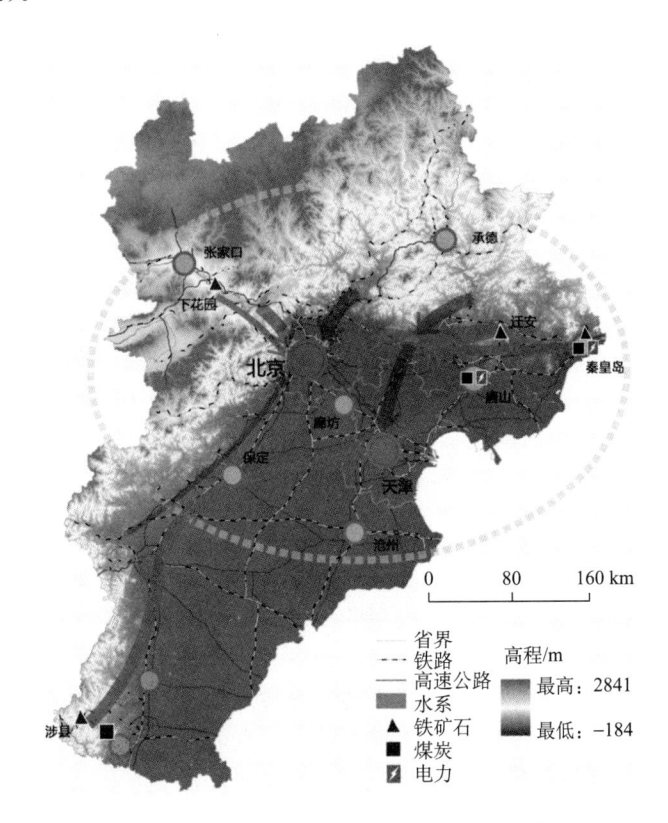

图2　河北省向京、津两市供应资源示意图

（2）北京和天津的大型交通运输枢纽和交通运输系统覆盖了河北省大部分区域。

以北京和天津为枢纽的交通运输系统，是全国性的交通运输大系统的主要枢纽。国家系统在客观上导致难以形成以河北省（省会城市石家庄）为主体的运输体系。河北省大量客货运输由京津两大运输枢纽来完成。而石家庄机场的客流量少于全国几乎所有省、市、自治区首府城市机场的客运量；石家庄铁路枢纽的客流量和货运编组流量也少得很。由于河北省为天津港的腹地，其本身没有大中型的综合性港口（商港）。近年来围绕首都第二机场的选址，河北省强烈推出固安方案，但最终还是采用了北京大兴方案。

（3）关于河北省"环京津贫困带"。

20世纪90年代，一些学者提出河北省"环京津贫困带"的概念。这个"带"主要包括河北省的廊坊、保定、张家口、承德及沧州的部分县。他们认为，这个"贫困带"

的形成主要是由于京津两市特别是北京市不顾河北省发展利益的结果；甚至提出，河北省的经济是"缺钙经济"，是由于中央政府要河北省向京津两市供应廉价资源和淡水，并接纳两市大量污染物而又得不到合理补偿，河北省没有"骨气"而屈从于中央压力的结果。

## 2.2 近年来河北省加快了经济增长的步伐，能源重化工大规模迅速扩张

近10年来，河北省采取了追赶战略，经济增长速度加快，2006~2012年GDP翻了一番。这种超高速经济增长主要是依靠能源重化工的大规模扩张实现的。规模迅速扩张的钢铁、水泥等原材料产能中，落后设备占到一半以上。由此成为京津冀城市群地区的主要污染源，并酿成了相当突出的结构性问题。"稳增长、调结构"和经济社会的持续发展陷入了困境。

## 2.3 对河北省与京津两市间经济矛盾及其影响的分析

从发展过程来看，在改革开放前的近30年间，河北省所获得的国家重点项目并不少，经济增长也是比较快的。当然，河北省经济发展也面临很多不利因素：首先，河北省在京津两市（特别是北京）的国家最大型交通运输枢纽的覆盖下，没有本省大型区域性铁路枢纽、综合性的海港和以省会城市为枢纽的地方性航空运输系统，这对省域经济发展是个重要缺陷。其次，在京津冀经济关系中，河北省付出了很大代价：一是在长时期的计划经济条件下，河北省是输出能源、原材料、工业半成品和农畜产品的一方；二是基本上没有规范化的渠道使河北省得到应得的生态补偿。这些对河北省经济发展带来一定的负面影响。

但是，河北省经济发展不尽如人意，与地方政府关于发展战略和空间布局上的不当也有很大关系。其一，从20世纪50年代开始，河北省就将经济发展重心置于保定以南的太行山东麓地带，而未重视沿海，"内陆意识"是导致河北省经济增长较其他沿海省市发展较慢的重要原因之一。其二，近年来的急于追赶而大搞能源重化工，导致了结构性危机，决策上的不当对目前的困境有很大影响。河北省"环京津贫困带"的形成，其根本原因不是京津冀之间资源供应方面某些不公平的经济关系所引起的，而主要是由于历史因素，其次是很长时间内缺乏关于如何主动利用京津两市所提供的发展条件进行具体谋划。

## 3 京津冀城市群主要核心城市的特点与优势

京津冀城市群的主要核心城市是北京和天津。在京津冀城市群及一体化发展中，北京和天津的功能定位非常重要。

（1）北京正在成为以高端服务业为主体的国家经济中心。

北京，作为国家的首都，随着国家经济实力的迅速增强，北京正在成为金融、商贸、高技术以及大规模研发、信息、中介等高端服务业的基地。北京早已是中国的"政策高地"，这一重要性质是由首都的功能决定的，也是长期发展态势的自然延伸。国际性的高端服务业机构（国家、大洲等地区总部）进入中国，首选落户地自然是北京。30多年来，总部设在北京的金融机构占据中国金融资源的半壁江山，其中对金融市场发展有重要影响的决策和监督机构，以及四大国有商业银行、11家保险公司总部设在北京（陆大道，2014）。北京已成为全球拥有500强企业数量最多的城市之一。2012年经国家商务部认定的各类跨国公司地区总部累计达到127家，其中，世界500强地区总部84家，包括日、美、英、德、法等国一批世界级企业的地区总部。2013年北京有48家企业入选《财富》世界500强，这个数量首次超过东京，成为全球聚焦世界500强企业总部最多的城市（佚名，2014）。根据2010年北京市国资委的数据，跨国公司在北京设立的投资性公司已达到165家，占跨国公司在华设立的投资性公司总数的40%。此外，北京还集中了全国1/4的央企总部，在国资委管理的136家大型企业集团中，有104家企业总部设在北京。

这些情况突出地表明，北京已经是大批国内外特别是国际经济机构的云集之地。北京高端服务业的持续发展，正在为中国大规模融入世界经济体系创造极为重要的机遇和条件。近年来，北京金融业的GDP已超过了上海。许多发达国家的首都也都是由于这种功能而发展成为国际大城市和国际性金融和商贸中心的，如东京、巴黎、伦敦、首尔等，这种情况是客观规律的反映。作为全球第二大经济体，中国必然会逐步形成2~3个具有国际意义的金融中心城市，并与若干个次级金融中心组成布局合理的金融中心体系。北京，作为中国的政治中心，具有成为国际意义的金融中心的重要优势，其不仅可建成国家金融决策中心、金融监管中心、金融信息中心和金融服务中心，同时，也应该发展金融营运和金融交易（陆大道，2014）。

以金融为龙头的高端服务业在城市群核心城市的高度集聚，可以产生巨大的空间集聚效应。这种效应源于：①这些行业服务（控制）范围广，对信息依赖程度大，其区位在信息流的"节点"（城市）具有及时、准确和共享的效果；②这些行业（企业）的空间集聚有利于管理理念、合作和竞争策略、危机应对策略等隐性知识的传播；③这些行业之间需要相互密切合作，这种合作程度远比制造业的垂直产业链和横向产业链的合作更为广泛和深刻。

北京应不应该同时成为中国的经济中心，一直以来是一个有"争议"的问题。争议的焦点如下：如果将北京作为经济中心，可能会带来污染增加，以及人口规模进一步扩张的风险。其实恰恰相反。从北京的经济结构来看，第三产业增加值已经占到全部三次产业的75%以上，第二产业只占不到1/4，而且是以轻型制造业为主。北京地区的环境污染，已经不是由首都北京"经济中心"功能而造成的。北京建设以高端服务业为主体的经济中心，更有利于进一步优化经济结构，减轻人口过度集中的压力；单位国民经济增加值所需要的就业岗位数量，高端服务业仅仅是制造业和其他服务业的1/5~1/3；发展高端服务业对于减轻环境污染也是有利的。解决北京及周边的环境污染问题，应该将重心放在北京外围聚集的大量污染环境的中小制造业企业。

(2)天津发展优势和特点与北京、上海及香港明显不同。

如何认识天津的城市功能定位,以及天津在京津冀地区及北方地区的地位?天津能不能代替北京成为具备大规模高端服务业的京津冀城市群的核心城市?回答这些问题,需要对天津的特点进行全面深入的分析。

天津市在中华人民共和国成立前有一段作为"北方经济中心"的短暂历史。但新中国成立以来,由于种种原因,天津市在发展过程中错失了一些机会。例如,按照地理位置和功能,天津港本可以成为北京进出口物资的首选港口,但由于天津与北京没有很好协调和配合,北京于20世纪80年代又在河北省乐亭联合建设了京唐港;天津和北京在新中国成立以来多个发展阶段对大型和重点工业项目的定点都有强烈要求,其中对大型炼油、乙烯等项目最为突出。在改革开放以前的30年间,这种对工业项目争取的结果,北京市一般都居于优先地位,这使得天津市的工业基础在较长时期内没有得到充分利用和发挥;20世纪90年代国家决定在上海浦东建立特区(浦东新区),天津市就一直要求国家决策在天津滨海建立同样的新区(天津滨海新区)。该项申请终于在2006年获得国家批准。但此时北京作为国家重要的金融商贸等高端服务业中心之一的地位实际上已经确立了。

从20世纪70年代特别是从80年代起,天津市的大型钢铁工业、石油化学工业和通信设备制造业等基础原材料和先进制造业发展很快,作为北方重要的航运中心的地位也得到确立。应该说,从这个时期开始,天津市的发展符合其本身的发展优势和发展潜力,也与其地缘经济的地位相适应。今天的天津具有相当强大的多部门的制造业、航运业、原材料生产等,是中国华北地区的经济中心城市,也是东北亚地区重要的航运中心之一,是中国进出关及京津冀与华北及西北内陆的铁路交通枢纽之一。但就经济总量而言,天津仅属于全国第二梯级大都市范畴;就产业特点而言,天津明显以第二产业为主体(53%),总部经济远远不及北京、上海和香港。因此,天津的经济辐射力和影响力在国内基本上是大区域性的。

天津的发展及滨海新区开发的目标和方向不宜与上海(及其浦东)和香港类比。上海的腹地几乎包括大半个中国,腹地范围内产业和人口密集。上海在历史上就曾是很大区域的门户和枢纽,目前正在成为全国乃至国际性的金融、商贸、中介服务与市场营销及广告服务的中心,综合性的交通通信枢纽,人才聚集地和培育中心,以及进入国际市场最便捷的通道和门户(陆大道,2008)。而香港早已是世界级的以高端服务业为主体的核心城市。

将天津定位于京津冀城市群以高端服务业为主的经济中心城市,不符合天津的优势、区位条件及发展现状。2014年4月有媒体报道,位于天津滨海新区的响螺湾商务区定位于商贸金融中心,并进行了大规模建设,那里曾一度被称作"中国未来的曼哈顿",但"48栋摩天大厦至今仅两栋正式完成入驻,多数项目或半途停下或封盘"[①]这种情况也从一个侧面反映出高端服务业发展潜力受到限制。

---

① 刘利平. 2014-4-14. "中国空城"系列调查之一:折戟响螺湾. http://finance.ifeng.com/a/20140414/12116946-0.shtml.

# 4 关于京津两市和河北省战略定位的思考

综上所述,京津冀"两市一省"在历史发展过程中已经形成了相当明显的各自特点和优势。京津冀"两市一省"的战略定位,需要根据其各自的特点、优势和最符合国家利益等重要原则来确定。对其功能定位作如下建议。

## 4.1 首都北京的定位

关于首都北京在京津冀城市群中的定位,2005年1月12日,时任国务院总理的温家宝主持召开国务院常务会议,讨论并原则通过的《北京城市总体规划(2004～2020年)》"总则"中要求:"实现首都经济社会的持续快速发展,解决城市发展中面临的诸多矛盾和问题,迫切需要为城市未来的长远发展确定新的目标,开拓新的空间,提供新的支撑条件"。在关于"城市性质"中明确:"北京是中华人民共和国的首都,是全国的政治中心、文化中心,是世界著名古都和现代国际城市"。强调"以建设世界城市为努力目标,不断提高北京在世界城市体系中的地位和作用。"根据这些论述和几十年来首都北京发展所形成的巨大优势,我们建议:在北京的"城市性质"中,明确补充强调"首都北京是以高端服务业为主体的国家经济中心城市"。北京应作为中国最主要的金融、商贸等高端服务业中心,这样的定位完全体现了"现代国际城市"的内涵,也是为发展确定"新的目标"和开拓"新的空间",其将会使北京和京津冀城市群较快成为全球经济的核心区之一,从而大大提高中国在世界经济体系中的竞争力和影响力。

## 4.2 天津市(及滨海新区)的定位

天津是中国华北地区的经济中心城市。天津港已经是具有国际意义的大型港口,是中国北方最主要的航运中心,其腹地范围包括华北和部分西北地区;天津市的制造业已有强大的基础,研发力量强;大规模建设所需要的土地资源可以得到保障。根据这样的发展优势和特点,天津市发展的战略定位可以强调以下几点。

一是进一步加强综合性制造业及其所需要的基础原材料、新材料的发展。其重点包括航空航天设备、海洋工程设备、交通运输工具、电子元器件及通信设备、石油化工和精细化工、精密仪器仪表、化学和生物制药等,应继续加强这些产业的研发和技术创新。

二是加强作为东北亚重要航运中心功能的建设。其包括新的远洋航线的开辟、发展后方的集疏运及仓储系统,调整进/出港口货物结构(减少散装货物的运量)等。在国内,扩大与直接和重叠腹地的经济联系和协调工作,特别是为首都北京的进出口运输发挥更大作用。

三是与作为中国华北地区经济中心城市相适应,发展中高端的金融、商贸、中介、保险、产品设计与包装、市场营销、财会服务、网络经济和物流配送、技术服务、信息服务、人才培育等服务业,发展为京津冀城市群服务的其他生产型服务业,调整滨海新区的有关规划。

### 4.3 河北省的定位

从发挥河北省特点和优势考虑，其未来发展的战略重点包括：①对现有的能源原材料工业实行大幅度结构调整、规模调整和技术更新。②发展海洋工程装备、先进轨道交通装备和新型材料工业，并注重与京津大型制造业相关产业链、产业基础相结合。③大力发展现代农业、畜牧业及农畜产品加工。④瞄准城市群发展的要求，发展生产性服务业，滨海、山区和山麓地带的旅游业。⑤加强对京、津及其他城市的生态服务功能建设。

## 5 京津冀城市群一体化发展目标与任务

### 5.1 发展目标

京津冀城市群的发展目标是成为世界性的"资金流""信息流""物流""人才流"等"流"的重要节点，成为影响乃至控制世界性经济体系的大城市群之一，成为中国在国际经济体系中强大竞争力的最主要支撑平台。

### 5.2 基本理念

为达上述目标，城市群及其一体化发展的基本理念有以下几点：

（1）把握世界大城市群发展的趋势，以高水平、高效率规划建设具有强大竞争力的世界经济核心区。

（2）对京津冀城市群各部分做出科学定位，并制定能够发挥各自优势和特点的总体规划。这既符合国家的战略利益，也是实现京津冀协同发展的基本要求。

（3）城市群地域结构符合地域有机体发展的客观要求，并促进在地域分异基础上的高度整体性。

（4）合理划分城市群的地域范围，控制并逐步减轻城市群对生态环境的压力。

### 5.3 主要任务

（1）进一步加强服务于国内外的金融、商贸、信息服务、中介、保险、财会服务、物流配送等高端服务业的发展和基础设施建设。发展服务于华北地区和航运中心的金融商贸中介等功能建设。在整个城市群范围内发展生产性服务业，并使生产性服务业和制造业融合发展。在适当的时候，京津冀共建自由贸易区。

（2）针对中国具有世界第一制造业规模但还不是制造业强国的状况，京津冀应瞄准国际趋势，发挥科技资源和研发力量较强的优势，要在装备制造领域和电子信息系统领域成为国家级新型工业化产业示范基地，建立若干个有重要影响力的产业聚集区，逐步建成具有强大竞争力的产业体系和重点产业链。

（3）促进空间重组和整合，有效引导人口、产业适度集中（陆大道，2014）。编制、落实关于产业集聚区的发展规划。逐步建立京津冀科技创新联动机制，加强科技协同创新。

（4）优化城乡土地利用结构，严格保护耕地。积极治理大气污染及水污染（陆大道，2014）。要将环境治理置于特殊位置，按照世界级大城市群和世界级经济核心区的要求，大幅度改善大气和水环境质量。

（5）加强区域性基础设施（由多种运输方式组成的交通运输、能源供应、供排水、环境保护等系统）的统一规划建设和一体化管理。为此，必须坚决跨越现行体制（各城市对基础设施行业的分块管理）的门槛（陆大道，2014）。在加强生态建设的同时，要下决心在京津两市和河北省之间建立生态补偿制度，并付诸实施。

（6）根据国家关于不同规模城市户籍制度改革的要求，发展中小城市，重点是河北省的廊坊、保定、张家口、承德及若干县级市和县城。严格控制京津两市的人口规模。

## 参考文献（References）

陆大道. 2008. 我国区域发展的战略、态势及京津冀协调发展分析[J]. 北京社会科学, (6): 5-7. [Lu D D. 2008. The regional developing strategy, tendency and the development of Jingjinji[J]. Social Science of Beijing, (6): 5-7.]

陆大道. 2014. 京津冀功能定位须跨越体制门槛[J]. 中国房地产业, (11): 50-51. [Lu D D. 2014. Jingjinji gongneng dingwei xu kuayue tizhi menkan[J]. China Real Estate, (11): 50-51.]

佚名. 2014. 加快北京世界高端企业总部之都建设的对策建议[J/OL]. 方迪智库, (3). http：//www. zgzbjj. com/tem-plates/T_Second/index. aspx?nodeid=19&page=Arti- cle&periodicalid=44&catalogid=1 56& articleid=3 80. [Yiming. 2014. Jiakuai Beijing shijie gaoduan qiye zong-bu zhi du jianshe de duice jianyi[J/OL]. Fangdi Zhiku, (3). http://www. zgzbjj. com/templates/T-Second/index. aspx?nodeid=1 9&page=Article&periodicalid=44&cata—logid=156&articleid=380.]

# 关乎中国百年国运的重要决策*

**摘　要**：《京津冀协同发展规划纲要》首次赋予首都北京以高端服务业为主体的经济中心功能，即将北京发展成为未来全球经济的核心城市和未来世界财富的聚集中心（之一），这是一个关乎中国崛起的重大决策。文章阐述了这一重要决策对于国家发展前途的重要意义，并论证了只有首都北京才能够承担这一重要功能的诸多优势与条件。

2015年4月底中共中央审议通过的《京津冀协同发展规划纲要》（以下简称《纲要》）指出，推动京津冀协同发展是一个"重大国家战略"。其中，我认为这个"重大国家战略"至关重要的是对京津冀整体功能定位在"以首都为核心的世界级城市群""以北京为核心城市""北京是京津冀协同发展的核心"，并明确强调首都北京（经济）要"高端化、服务化、集聚化、融合化，大力发展服务经济、绿色经济，加快构建高精尖经济结构""优化提升首都核心功能"等。这里的"服务经济、绿色经济""高精尖经济结构""首都核心功能"，说的是什么呢？当然，就是当今世界上以银行、非银行的金融机构以及商贸、信息、研发、物流、中介等高端服务业了。这就明确了首都北京作为国家以高端服务业为主体的经济中心的功能，目标是建成少数以高端服务业为中心的全球核心城市和全球"节点"城市。

首都北京被赋予以高端服务业为主体的经济中心功能，是构建和提升中国应对全球竞争的国家竞争力的重大举措，也是中国国家长期发展的重大目标。这一重大决策完全符合全国人民的整体利益和长远利益。

## 1　30多年来为何再也不提首都北京城市性质中的经济功能

1980年以来的30多年间，几次关于首都北京的城市总体规划都不再提北京的经济功能，这是对新中国前30年关于北京城市性质历次规划的重大调整[①]。早期的考虑可能主要是首都重化工业规模过大，从资源消耗和环境保护等角度考虑，不强调经济功能，这当然正确。但在20世纪90年代初浦东开发与特区建设开始后，社会上和学术界就要求在北方地区（环渤海地区）也要建设类似于浦东的新区。大家不约而同聚焦于天津（滨

---

\* 原载于：经济地理，第36卷第4期，2016年4月出版。

① 1953年《改建与扩建北京市规划草案要点》提出首都应该成为我国政治、经济和文化的中心，特别要把它建设成为我国强大的工业基地和科学技术的中心。1958年《北京城市规划初步方案》提出北京是我国的政治中心和文化教育中心，我们还要迅速地把它建设成一个现代化的工业基地和科学技术的中心。1973年《北京市总体规划方案》提出要多快好省地把北京建成一个具有现代工业、现代农业、现代科学文化和现代城市设施的清洁的社会主义首都。1983年《北京城市建设总体规划方案》提出北京是全国的政治中心和文化中心。1993年《北京城市总体规划》提出北京是我们伟大社会主义祖国的首都，是全国的政治中心和文化中心，是世界著名的古都和现代国际城市，提出了城市建设重点"两个战略转移"的目标。2004年《北京城市总体规划》提出北京是中华人民共和国的首都，是全国的政治中心、文化中心，是世界著名古都和现代国际城市。

海新区），而不主张在首都北京发展以金融、商贸等为主体的高端服务业（中心）。今天看来，这种舆论和要求源自于对当今全球经济格局变化及其控制因素的不了解，对首都北京作为政治中心与以高端服务业为主体的核心经济功能密切结合的战略必要性的不了解，对天津市几十年来发展的特点和优势不了解，但其却给决策带来了误导和难以估量的损失。本文对"损失"一面不加阐述。

2006年政府高层关于滨海新区开发的批文发出后，滨海新区就开展了大规模的以高端服务业为主的建设。直到近年，有关方面还提出要将天津市定位在"北方的经济中心"。因为当时天津第二产业已经很大，已经是北方的制造业中心和航运业中心了。因此，这样就要求将天津市定位为中国国家的金融、商贸等高端服务业的中心。直到两年多以前，学术界和媒体等人士也还建议和要求：在滨海新区发展高端服务业并取代首都北京的经济功能地位。支撑这些主张和建议的理由如下。

沿海地区的3个直辖市，行政级别和领导人级别相同。北京已经是政治中心和文化中心，经济功能就该由另外两个直辖市承担。美国的纽约（经济中心）和华盛顿（政治中心）不就是分开的吗？天津市解放前曾经是北方的"经济中心"。现在，当然应该是"我国北方的经济中心"。此外，还有两个具体的理由：北京城市规模已经过大，污染严重，就不应该再搞经济功能了。在一段较长时间内，大家再也不敢提北京的经济功能了。如果强调北京的经济功能，就可能被认为与中央决定不符，这几乎成了一种"政治氛围"和政治压力。北京是中华人民共和国的首都，这不是政治吗？应该说，是更高层次的政治。

经过以往20多年的不懈努力，北京现在的经济结构已发生了根本性的转变：第三产业增加值已经占到全部三次产业的70%以上。第二产业只占不到1/4的比例，而且也是以轻型制造业为主。北京地区的严重污染，肯定不是首都北京"以高端服务业为主体经济中心"的功能带来的[①]。北京市人口规模过大，高端服务业的发展肯定不是影响因素。恰恰相反，单位GDP所需要的就业岗位，高端服务业仅仅是制造业和其他服务业的1/5左右。建设以高端服务业为主体的"经济中心"有利于优化经济结构，有利于控制首都北京的人口规模，减轻特大城市的人口负担。

中央这次的战略决策是立足于当今全球地缘政治、地缘经济的高度，从中国经济、政治、军事、科技整体实力及其相应的全球视野做出的科学判断。赋予首都北京的以高端服务业为主体的经济功能及世界级城市群的核心城市定位，符合当今中国的实际能力和客观需要。首都北京今天已经成为中国进入世界的首位枢纽城市和世界进入中国的主要门户城市。因此，北京也将成为实施"一带一路"倡议的"龙头"和总枢纽，并很可能成为未来世界财富的主要聚集地之一。因此，中央决策关乎我国百年国运，意义极其重大。

---

① 北京地区的严重雾霾主要是由北京周围半径约200km范围内能源重化工排放的烟尘所致。据不完全统计，近10年来由于河北省政府急于追赶而大搞能源重化工，钢和生铁产量2012年都曾分别高达1.8亿t的惊人数字，6年内GDP翻了一番。规模迅速扩张的钢铁、水泥等原材料产能中，落后设备占到一半以上。由此成为京津冀城市群地区的主要污染源，并酿成了相当明显的结构性危机。

## 2 中国需要发展全球最大的经济控制中心（之一）的城市

全球化和信息化促使世界经济发展新格局的形成：世界经济的"地点空间"正在被"流的空间"所代替。世界经济体系的空间结构已经逐步建立在"流"、连接、网络和"节点"的逻辑基础之上。其中，一个重要结果就是塑造了对于世界经济发展至关重要的"门户城市"，即各种"流"的汇集地、连接区域和世界经济体系的"节点"，即控制中心，以及由这样的核心城市所统领和凝聚起来的世界级大城市群[2-4]。

在当今全球化和信息化迅速发展的时代，核心城市往往是跨国公司区域性（国家、国家集团、大洲）总部的首选地。因此，大城市群核心城市在全球经济上是命令和控制中心（通过高级生产者服务业和跨国公司总部等载体来实现）、在空间结构上是全球城市网络最主要的"节点"、在文化上是多元的和具有包容性的、在区域层面上是全球化扩散到地方（大区域、国家集团、国家）的"门户"。

在今天的世界上，处于世界性"流"的"节点"上的以高级服务业为主体的"门户城市"，对于国家乃至世界经济发展的意义和地位比相同级别的制造业大城市要重要得多。其中，关键的是这种"节点"和"门户城市"是世界级城市群的核心城市，是世界级的金融、商贸、信息业等高端服务业最集中的城市。

在今天的世界上，要维护国家利益，增强国家的影响力，最最重要的是要占有世界金融体系的制高点（之一）。金融对于中国，犹如战略核武器和战略空军。今天美国之所以仍然强大，最主要的不在于F22和视窗软件，而是占据了世界金融体系的制高点和控制权。在信息化和全球化下，纽约成为最大的世界性"流"的"节点"，是控制世界经济体系的首位"节点"和控制中心。

这样的世界级城市群和核心城市，在全球范围内也只是集中在少数国家和地区。

中国经济创造了世界奇迹，这充分反映了中国人民和中国政府巨大的财富创造力。中国已经是世界上第二大经济体、第一大贸易国、出口国以及最大的债权国。中国实体经济的规模已经接近全球的50%。中国经济总量将赶上并超过美国已经不容置疑。无论从实际影响还是从保护中国的国家利益考量，在世界级最主要"节点"城市中应该具有中国的席位。

## 3 只有首都北京才能够担当中国国家在全球的经济核心城市（之一）的功能

哪一个城市可能成为世界进入中国的首位门户，中国进入世界的最主要枢纽？回答是：只有首都北京能够成为全球性"流"（金融流、信息流、物流、人流）的最大"节点"之一，全球经济的控制中心之一。

30多年来，总部设在北京的金融机构占据中国金融资源的半壁江山。国家的金融决策和监督机构，如中国人民银行、证监会、银监会、保监会总部，四大国有商业银行总行，11家保险公司的总部，中国工商行、中石化、中国移动等拥有国内前十家最大规模资产的企业的总部等，均聚集在首都北京。

北京已成为全球拥有500强企业数量最多的城市之一。北京已经是大批国内外特别是国际经济机构的云集之地[4]。

近年来，首都北京的金融业GDP也已经超过了上海市。

北京，作为中国国家政治中心具有成为国际意义的大型金融中心的重要优势。在我国，具有这种地位和承担这一特殊功能的城市也只能是首都北京。

许多发达国家的首都也都是由于这种功能而发展成为国际大都市与国际性金融和商贸中心的，如东京、巴黎、伦敦、首尔等。这一种情形反映了世界级城市群核心城市功能发展的普遍规律。

为什么不可以选择其他特大城市作为中国的首位以高端服务业为主体的经济核心城市？回答是：不可以。

中国的历史和今天的国家体制不同于美国。美国是移民国家、联邦制国家、金权政治国家，美国实行的是私有中央银行制度。中国不是移民国家，不是联邦制国家，中国的政治不是金权政治。在中国，央行是国务院的一个部门，国有商业银行是中央政府的国家银行。很显然，在这几个导致美国政治中心与金融商贸中心分立的重要方面，对于中国来说，都是一种例外的情形。

中国最主要的银行、非银行的金融机构、大型国内外商贸机构，以及其他高端服务业机构集聚在北京是必然趋势。北京作为中国的首都，理所当然就是中国高端服务业最大的聚集地。

国家金融中心商贸总部依附于国家政治中心，也护卫于国家政治中心。

## 4　首都北京应该也完全可能成为未来世界财富的聚集中心

以往200多年，世界财富的汇聚中心先后是伦敦和纽约。然而，美国现在已经积累了80万亿美元的天文数字债务，且越来越快无限制地增加。华尔街的银行家和美国精英们百年来通过掌控以美元为主导的不合理国际贸易结算和金融交易体系这个金融制空权，操纵货币及其价格，制造经济危机，已经且还在继续大量透支、大量窃取全世界人民和美国人民的巨额财富，亚洲、非洲、拉丁美洲的发展中国家正在逐渐认清这一事实。世界上潜在的最大的债务危机在美国。今天的美元，再也不是昔日的"美金"。半个世纪以来的沉重的债务负担，导致了经济长期的通缩下行，以往强大的实体经济生产力已经萎缩[5]。

未来世界财富还会像今天这样汇聚到纽约吗？全世界各国还会将货币和财富继续在现行的全球金融体系下不断被稀释、被窃走吗？还愿意继续延续现在极不合理的动荡不定的货币体系吗？

中国经济对世界各国的意义，最大的莫过于动摇了美国对世界金融体系的操控能力，给已经运行了50多年的国际金融王国的纳贡体系带来了颠覆性的变化。美国长期以来所具有的庞大的金融资产利润来源越来越成了大问题。美元的危机将以越来越大的规模周期性地爆发,"美元崩溃"被许多经济学家认为是必然的"逻辑"。

美元,这个西方世界文明及其价值观最主要的载体,在非洲、拉丁美洲、东南亚、俄罗斯甚至在印度、欧盟的公信度已经明显下降乃至动摇。美国在全球范围内左右局势发展的政治影响力也已经下降。

除了纽约外,未来何地可能成为世界各国寻找财富汇集的安全港湾?确定未来世界财富汇聚的安全港湾,需要什么样的条件呢?这个国家必须有强大的经济实力、巨大的金融财富、稳定的货币和货币度量衡,政府能提供安全保障,能够保值并可能升值等。

中国已经是几个第一(贸易、外汇储备、美元国债)的经济大国,就必然要求成为世界财富的汇集地。首都北京应该是未来全球金融资本、商业资本的汇集中心(之一),其成为亚投行、"一带一路"等大布局的组成部分,也是全球新格局的一部分,这也是全球治理的重大举措。随着中国经济的持续发展和强大,京津冀将是最大的世界级城市群之一。首都北京将是中国最大的高端服务业聚集地,其成为影响全世界经济的枢纽和全球金融流、信息流、物流、人才流汇聚的最大"节点",即中心之一,当然也就是全球财富重要的聚集中心(之一)。

世界财富聚集于中国这样的大国首都,将会产生更大的安全感。

中国的强大及在全球的信任度正在给世界上许多国家的发展创造新的机遇和希望,为它们在争取国际援助、发展互利合作及平等贸易等方面提供了新的选择。

## 5 金融商贸等高端服务业在核心城市内的空间集聚

将首都北京定位在世界级城市群的核心城市,以高水平、高效率规划建设具有强大竞争力的世界经济的核心区是非常及时的、重要的。

世界级城市群空间结构具有的一般特征如下:大城市群中的核心城市是国家或大区域的金融中心、交通通信枢纽、人才聚集地和进入国际市场最便捷的通道,即资金流、信息流、物流、技术流、人才流的交汇点;土地需求强度较高的制造业和仓储等行业则扩散和聚集在核心区的周围,形成庞大的都市经济区。核心城市与周围地区存在密切的垂直和横向产业联系。核心城市的作用突出地表现为生产服务业功能,如金融、中介、保险、产品设计与包装、市场营销、广告、财会服务、物流配送、技术服务、信息服务、人才培育等,而周围城市和地区则主要体现为各种制造业和加工业基地,以及交通、农业、环境、供排水等基础设施功能。

具有全球意义的城市群都市或"世界城市",其高级别的服务业机构和总部一般都集中在核心区,如纽约曼哈顿及其华尔街、东京的银座、伦敦的金融城、香港的中环、悉尼的金融区等,它们都位于市中心,占地面积有限,但世界性的金融和商贸等机构非常集中,高楼林立。除了诸多的银行非银行的金融机构、商贸机构、保险、信贷、基金运作、中介、研发等以外,物流、财会服务、综合性的信息中心、专业化的信息机构、危机分析和监测机构、市场监测机构、与国家各有关政府部门及智库媒体等的联络机构等,甚至诸多的媒体、智库等都在这些庞大的综合体系之中。这显然比工业企业的成组布局、现代产业链的上下游和左右侧协作企业、产业企业集群的结构更加复杂。

高端服务业在城市群核心城市的高度集聚可以产生巨大的空间集聚效应：通过形成产业集群、产业集聚区，以得到所需要的高级服务和支撑条件；有利于管理理念、合作和竞争策略、危机应对策略等隐性知识的传播；有利于高端产业新产品的创新，从而获得更大的集聚。这种高度集聚，有利于高端服务业企业在各种全球性"流"的"节点"上对跨国家的大区域乃至全球范围的经济运行产生巨大的影响力乃至支配作用，具有重要的经济意义和安全意义。

在当今世界上少数大城市群核心城市的中央商务区，世界级的金融、商贸、信息等高端服务业企业凝聚在一起，它们高效精密地如同钟表般地运行着、被操纵着。每日每时都在监测、应付着全球瞬息万变的市场情况、利率变化情况、投资风险情况、债务违约情况，以至于地缘政治、局部战争、军事政变等情况。

这样强大的金融商贸等高端服务业综合体系，在世界范围内，给它们的全球市场和无数客户显示出一种极其稳定的安全感。当然，这对于国家安全也就十分重要。

这样庞大、精密、协调运作的综合体系中的每一个企业都不能离开这个综合体系的整体。如果我们曾经确有将北京的金融企业迁走、在外地打造一个世界级的金融中心的设想，那是多么的不切实际。

## 参考文献

[1] 陆大道. 京津冀城市群功能定位及协同发展[J]. 地理科学进展, 2015, 34(3): 265-270.
[2] 刘卫东, 樊杰, 周成虎, 等. 中国西部开发重点区域规划前期研究[M]. 北京：商务印书馆, 2003.
[3] 金凤君, 张平宇, 樊杰, 等. 东北地区振兴与可持续发展战略研究[M]. 北京：商务印书馆, 2006.
[4] 赵弘. 中国总部经济蓝皮书：中国总部经济发展报告(2013~2014)[M]. 北京：中国社科文献出版社, 2008.
[5] 宋鸿兵. 货币战争(升级版)[M]. 北京：中信出版社, 2011.

# 《京津冀都市圈区域综合规划研究》序*

## 一、关于本书：是一本什么样的书？

这是一部区域规划也是一部国土规划研究的著作。"国土"一词在汉语中当然早已有之。但"国土规划"这一概念却是20世纪80年代初期从日本引进的。这一概念在日文中的意义并不主要是"国家的土地"，而内涵是"地域""区域""地域空间"等。这与欧洲德国、法国、荷兰等国广泛开展的"区域规划""空间规划"完全是相吻合的。

地域空间规划是政府对地域空间开发利用、治理保护进行宏观调控的重要的基础和手段之一。其目标在于通过资源的合理利用、人口和经济活动的合理空间配置以及重大生态和环境问题的整治，解决地域空间开发利用、治理、保护和社会经济发展中的重大矛盾和问题，促进区域可持续发展和区域间的协调发展。

我们很长时期都想编写和出版区域规划问题的著作。从20世纪50年代开展重点工业基本建设区域的区域规划以来，至今尚没有一本系统的方法论著作，也没有一本实施科学发展观和区域统筹、区域管制方面的应用性著作。多年来，我国地域空间规划职能和体制的矛盾突出，而政府对地域空间的管制又很不得力。因此，国家急需战略性和具有约束力的地域空间规划，以打破地区行政分割，发挥各自优势，统筹重大基础设施、生产力布局和生态环境建设，提高区域的整体竞争力和区域的可持续发展能力。

在总体框架设计者和工作组织者樊杰研究员的带领下，该书全体作者认真完成了国家发改委部署的"京津冀都市圈区域规划"和中国科学院关于功能区划方向性项目研究。他们同时参考了国内外多年来在区域规划、区域发展方面的理论和实践。通过系统研究和总结，这本《京津冀都市圈区域综合规划研究》终于出版发行了。

该书从我国区域发展现阶段的态势和特点出发，阐述了开展京津冀大都市区区域规划的背景。其中，包括我国宏观经济发展正经历着转型期，全国范围内国土开发和经济布局的"T"型结构基本形成，华北地区乃至更大范围的发展需要更好地发展北方的经济核心区，在落实科学发展观统筹区域发展方面这一区域具有极端重要性和典型性，市场经济发展条件下，中央政府已经掌控一定的资源，可用于协调这种类型区域发展中所出现的部门间、地区间的利益矛盾和利益冲突等。

该书对京津冀大都市经济区区域规划所要回答的一系列重大问题，进行了定位和描述。这些问题涉及京津冀大都市区在全国乃至东亚地区未来发展中的地位，京津两个特大城市之间的功能定位和合作，重要自然资源的合理利用和重大区域性基础设施的建设布局，区域性的生态建设、生态补偿以及重要的环境治理工程，区域管制的政策，规划区域的数据集成和模拟平台等。

---

\* 原载于：京津冀都市圈区域综合规划研究，樊杰主编，科学出版社2008年6月出版。

这是全国功能区规划中优化开发地区区域规划研究和规划的范本。近年来，国家发展和改革委员会和各地区政府都非常重视发展大都市区和城市群。为了促进大都市经济区和人口、产业集聚带的形成和竞争力的提高，进行了许多城市群规划、都市经济区的区域规划。这些规划对于促进城市经济区的形成和城市群的合理发展起到了促进作用。当然，其中也有一些规划是"做大""做强"而脱离实际的"大规划"。但是，这本著作所阐述的京津冀地区区域规划的科学内容，其中包括科学地阐述了规划区域的国土开发与社会经济发展的大背景、京津冀区域的基本特征及其在国家的战略地位，提出和论证了京津两市及"冀"范围内在经济和社会发展职能方面的分工和方向，规划了未来区域性重大基础设施的建设布局，阐述了大城市与资源、生态支撑体系之间的补偿关系，建议实施的地域空间管制的各种措施。"规划研究"还包含了该地区数据集成和规划模拟平台建设的内容。这些科学内容对于全国许多大都市区和城市群地区的区域规划都是重要的借鉴。因此，这也是我国第一本关于大都市经济区区域规划的应用性著作。其中也提供了关于优化开发地区区域规划的工作程序、分析方法和方案论证的借鉴。

## 二、京津冀地区在中国对外开放大格局中不是"政策高地"吗？

在经济全球化和信息化的强烈影响下，海洋对于国家和区域的发展更加显现出极端重要性。沿海地区及其大都市经济区在提升国家竞争力中的特殊地位需要得到全国的共识。沿海地区的特殊地位，使得全球沿海地区正在形成若干大都市经济区。对于我国来说，过去长时期计划经济形成的布局和空间组织正在改变。由于市场经济的发育，几个大都市经济区正在形成。这些地区的优化发展就极端必要，也是必然的选择。

30年前，我国改革开放从东南沿海地区开始。20世纪90年代初期，国家决定在上海浦东实行特殊政策并进行大规模的以金融商贸中心为主的发展。自此以后，人们就期待着我国北方地区或者环渤海地区也出现类似浦东开发那样的"国家行为"的"国家政策高地"。

实际上，北京长期以来就是这样的"政策高地"，近30年来更是如此。改革开放以来30年间，京津冀已经逐步成长为中国三个大都市经济区之一。北京，作为国家的首都，随着国家经济实力的迅速强盛，北京成为金融、商贸、高技术以及大规模研发、中介等高级服务业的基地。北京早已是我们国家的"政策高地"了。这种局面不是像东南沿海和浦东开发那样，而是通过党和政府的最高文件确定的政策纲领规定的，是由首都的功能决定的，有些也是长期发展态势的自然延伸。30年来，逐步发展壮大起来的中国工商行、中国石化、中国移动通信等拥有国内前十家最大规模资产的企业，它们每一家的资产都有几千亿元乃至几万亿元。它们的总部在首都北京，就自然产生了庞大的总部经济，这种情况并不奇怪。许多发达国家的首都也都是由于这种功能而发展成为国际大都市的，如东京、巴黎、伦敦等。

"环渤海地区"不是一个经济区。通常人们将环渤海地区和长江三角洲地区、珠江三角洲地区相提并论，认为环渤海经济区应该如何发展等。在这里需要说明的是，"环渤海"作为一个地理单元，是指以渤海为中心的包括渤海及环渤海周围地区，并没有一定的外围界线。这个区域概念并不是一个经济区的概念。环渤海地区现在及所能预见的未来不是也不可能成为一个经济区。因为成为"经济区"的地域应该具备四个基本条件：一具有1～2个大城市成为区域发展的"统帅"和中心；二是地域范围内的各个城市之间在产业上形成一定的分工和协作关系，即城市的功能定位比较合理；三是交通、通信、能源等基础设施系统成为一个区域体系；四是区域的社会和经济发展与生态、环境的支撑系统相适应。在这四个基本条件具备的情况下，区域经济有机体基本形成。按照这几点，环渤海地区大致可以划分成三个经济区域：京津冀（冀，是河北省的中北部）经济区（以首都北京为核心）、辽中南经济区（以沈阳、大连为核心）和山东半岛经济区（以青岛、济南为中心）。也就是说，包括上述三个经济区的环渤海地区现在不是、未来也不可能形成一个具有统一的核心，"统帅"又使各城市之间形成具有有机联系的区域整体。

## 三、京津冀地区为何需要编制区域规划？

20多年来，我国取得了持续高速经济增长和大规模城市化的辉煌成就。但国土开发和建设布局出现无序乃至失控，许多高速增长的地区，特别是大城市地区，产业和城市布局混乱，社会和经济发展与资源、生态、环境之间的矛盾和冲突表现非常严重。一些生态脆弱地区的人口和经济发展压力太大。许多地区的自然资源过度开发利用，生态和环境状况严重恶化。一些地区的基础设施供应不足，发展潜力未得到充分发挥。

至2020年，我国的经济总量将达到年近百万亿元GDP，城市人口将达到9亿人以上。我国基础产业的规模将较现在仍有较大幅度的增长。相应地，经济和社会发展对资源和空间的占用将进一步扩大。我国资源和空间如何合理利用、构筑什么样的空间格局，才能维系日益庞大的经济总量和社会总量？为了回答这个问题，就需要明确国土开发、保护和区域发展的战略问题，即我国未来国土开发的总体战略是什么？地区发展的合理格局将会是什么形态？哪些区域将可能成为未来人口、城市和产业的集聚区？哪些区域应当采取以保护和整治为主的措施？如何实现空间上的总体部署？

根据我国自然地理基础和经济增长与不平衡之间的倒"U"型相关规律，"空间集聚"将是我国未来很长时期内社会经济空间结构演变的基本趋势。根据这种基本趋势，我国社会经济发展的空间格局无法按照目前的态势均衡延伸下去。一些特殊类型地区，大都是生态脆弱的区域，有些是水土资源严重缺乏的区域。这些区域不可能实施大规模的工业化和城市化。在这种情况下，未来经济增长和进一步城市化的重点区域，必然是气候、地形及水土资源条件比较适宜和优越的区域。这些区域主要是沿海地带和中西部地带的平原和盆地。当然，这些区域已经集聚了大规模的工业和城市人口。但无论从国际发展经验、社会经济空间组织的程度以及国际化、信息化所带来的高度开放的发展系统的可能，这些区域在现代化支撑体系保障下，都可以建成"高密度、高效率、节约型、现代化"的发展空间。

我国沿海地带正在形成珠江三角洲地区、长江三角洲地区和京津冀地区等三个大都市经济区。同时，在全国范围内还有十多个城市和产业集聚区（带）。未来几十年，我国经济增长和城市人口的集聚主要发生在这些区域。经济和社会的大发展，使得单位面积的地域空间上的经济和社会压力剧增。其结果将不可避免地引起各种矛盾，即各地区和各部门发展目标及相应的利益冲突普遍出现。

在上述情况下，京津冀地区发展目标的实现和内部协调发展，避免造成经济上和国土资源利用方面的巨大浪费及长期的不合理利用，客观上就非常需要进行总体性的地域空间规划。

（1）京津冀地区将成为世界上最发达的高度现代化的大都市区和产业聚集区。近30年来，我国取得了持续高速经济增长和大规模城市化的辉煌成就。京津冀地区形成我国最大的都市区之一，也是我国未来继续大规模推进国际化的重点地区。在顺利发展的情况下，至2020年，该地区可能成为类似目前美国、欧洲和日本几个最发达的高度现代化的大都市区和产业聚集区。这样的大都市区，将具有若干强大的主体功能、复杂的一体化基础设施系统，并对资源环境支撑提出巨大的需求。因此，现在就非常需要对这样的大都市区和产业聚集区各主要组成部分的战略定位、资源和空间利用、支撑系统等一系列重大问题作出科学的预测和规划。

（2）在近年来的高速增长中，大城市之间在功能定位和重大基础设施建设上缺乏协调。产业和城市布局出现一定程度的混乱，城际交通基础设施供应不足，地区间产业和基础设施重复建设，特别是大型基础设施没有跨区域的联合开发和共同使用，造成巨大的浪费和不合理配置。开发区建设过多；中小城市摊子太大，大城市的郊区化过程过快；某些基础产业发展势头过猛，超出所在地区的资源支撑能力；一些地区和部门的规划互不协调，不同地区在资源利用、环境保护、基础设施建设及管理方面利益冲突明显。

（3）开展京津冀区域的规划是落实科学发展观的重要措施。我国是一个地域辽阔但人均资源严重不足和生态环境问题多的国家，如果不能科学地利用有限的空间和资源，协调好发展与环境之间的关系，将会严重阻碍我国小康社会的建设和整个现代化的进程。这一点在京津冀地区表现更为突出。社会和经济发展与资源、生态、环境之间的矛盾和冲突表现非常严重。城市特别是大城市周围区域生态和环境（包括海洋环境）状况严重恶化。

总之，开展京津冀地区的区域规划是落实科学发展观、实现发展和环境之间的协调、创造好的人居环境、发挥大城市特别是首都北京的功能的重大行动和措施。

## 四、如何看待以往的区域规划成果？

20世纪80年代初期的京津唐地区国土规划的分析和地域空间开发的导向具有科学预见性。当时，京津唐地区规划的总面积为5万多平方千米。在北京、天津两个直辖市和河北省的唐山地区（包括今天的唐山市和秦皇岛市）范围内，经济总量、城市规模的扩大及资源环境和基础设施的支撑能力等方面出现了一系列地区间、部门间发展不协调的问题，使得国务院决定在这个区域开展地域空间规划（试点）。当时的国家计划委员会组织了国家级和两市一省的科研及规划设计单位的500多位学者，组成规划研究力量，进行了两年多的调查研究，编制该地区的综合国土规划和若干专业性的地域规划。当时的规划，就已经在以下方面做出了基本的科学分析和规划：关于京津唐地区在发展方向和重大基础设施建设布局及水资源合理利用等方面的问题，北京、天津两大城市和主要产业的发展方向，地域空间开发的总体方向，重大基础设施建设方案和资源合理分配；等等。特别是，当时规划中提出的京津唐地区地域空间开发和空间结构调整的总体战略：重点开发冀东地区，生产力布局向沿海地带推进，发展大城市的远郊小城镇。这些年的实际发展情况验证了这些规划和预测在方向上的正确性，对后来20年来的地域空间开发起到了导向作用，说明当时的京津唐地区区域规划并不只仅仅是"墙上挂挂"的东西，而是一次比较好的区域规划试点。

地域空间规划的基本要求为地域空间开发和管制提供了方向和政策，规划的内容是在空间目标冲突分析基础上的空间协调。地域空间开发和格局的形成是长期发展的结果。地域空间规划包括空间开发的导向和约束，都是为达到长期趋势目标的行为。它在相当程度上是地域空间开发方向的倡导。衡量地域空间规划是否科学，是否在实践中起到了作用，主要是看地域空间开发中的问题是不是提得基本准确，规划的基本目标和原则是否针对这些问题，规划提出的重大基础设施是否得到部分实施。由于规划对象或者研究对象的特性不同，不应该要求地域空间规划的全部内容都得到实施或者都被证明是正确的。由于在规划实施过程中经常出现以往没有预见到的情况，因此规划内容一般也不可能如规划期所设计的那样准时实现。也就是说，对于地域空间开发规划的评价标准不同于对一部机械设备的设计所要求的那样。

## 五、从"京津唐"到"京津冀"说明些什么？

20世纪80年代京津唐地区的区域规划范围只包括北京、天津两个直辖市和河北省的唐山市（包括现在的秦皇岛市），这次京津冀地区规划范围包括北京、天津两个直辖市，以及河北省的石家庄、廊坊、保定、唐山、秦皇岛、沧州、张家口、承德等8地市。规划范围的扩大基本上正确地反映了以下几方面的客观需要。

（1）以首都北京为核心的大都市经济区正在形成。这其中包括几个意思，即京津二市经济发展规模大幅度加强的同时，它们的发展方向和职能分工需要予以明晰，相互合作的必要性显得更加突出。将首都北京建设成为在全球具有重要意义的中国首位门户城市和大都市经济区符合国家的需要。20年来，这一大都市经济区的直接影响范围明显扩大了，规划需要反映这一客观实际和要求。

（2）资源的合理开发利用及相关的利益协调要求扩大规划范围。由于京津及唐山等城市规模的扩大，客观上需要在更大范围内利用和调配水土资源、能源资源等；同时，在较大的地域范围内统一规划产业和城镇发展将有助于缓解城市人口的过度集聚。但是，包括京津冀在内的北方地区的水资源和耕地资源的严重不足而人口众多。为了使水土资源的利用建立在科学的基础上，开展京津及其周围区域的规划就显得非常重要。

（3）要求将生态保护和生态补偿纳入政府的宏观调控和协调职能中。随着京津二市规模的大幅度增加，周围区域的环境和生态问题对大都市发展所造成的影响越来越突出。京津二市的发展需要在更大范围内的生态服务功能的支撑。也因此，京津二市与周围广大的区域构成了以生态服务和生态补偿为纽带的整体。

京津二市规模上的扩大和职能上的加强，使周围越来越大的区域纳入到地域体系中来。而使这一体系的发展需要相应的完善的区域性基础设施来支撑。这是统筹京津两大都市与周边区域关系的重大要求。

## 六、如何认识天津在京津冀地区及北方地区的地位和天津滨海地区开发？

这是天津市长期以来不断提出同时希望中央政府明确并将其提高到"国家战略"高度的问题。因此，也是京津冀区域规划的重大任务之一。

天津曾经是北方的经济中心，那是上个世纪30~40年代。天津当时的金融商贸得到较快的发展，也是当时全国比较重要的轻重工业基地。当然，今天看来这个"基地"只是一些中小型的基本化工、小型钢铁生产以及纺织工业、手工业等。20世纪50~60年代，由于当时的区域发展方针（建设重点在内地，特别是在"三线地区"）的影响，天津市工业受到明显的制约，在很长时期内，没有配置大型的基础原材料和能源工业项目。但是，从70年代特别是80年代起，天津市的大型钢铁工业、石油化学工业和通信设备制造业发展很快，作为北方重要的航运中心的地位也得到确立。应该说，天津市的发展符合其本身的发展潜力，也与其地位相适应。

天津滨海新区开发的目标和前景不可能与上海浦东开发区类比。人们关于北方地区的"国家政策高地"的期望，大约就是天津滨海新区的开发。但是，天津滨海新区的发展潜力和战略地位是不可能与上海浦东开发区相提并论的。上海的腹地几乎包括大半个中国，腹地范围内产业和人口密集。上海在历史上也就是这样很大区域的门户和枢纽。历史上的天津在一段时期内曾经成为北方的综合性经济中心，但那是在国家经济和区域经济都非常薄弱的情况下的相对态势。经历了半个多世纪的发展，今天的天津已经没有那样的相对地位和相对优势。在经济上，天津市属于全国二级大都市的范畴。天津滨海新区开发具有相当的条件和优越性，主要是有天津港这样的大型国际性港口，天津是我国北方主要的航运中心之一。其腹地范围包括华北和部分西北地区。大规模建设所需要的土地资源可以得到保障。基础原材料工业及制造业有相当的规模，等。因此，进一步发展先进制造业、原材料工业、国际性航运业和物流业、仓储业、产品设计与包装等具有较大的前景。但是，作为国家乃至国际性的金融、中介服务及市场营销、广告服务中心，商贸中心，综合性的交通通信枢纽，人才聚集地和培育中心以及进入国际市场最便捷的通道、门户等功能，天津市及其滨海新区不应该也不可能争取到与北京、上海及其浦东开发区同样的目标。

## 七、为什么要通过区域规划实施对地域空间的管制？

在经历了近30年的改革开放和高速经济增长的大背景下，针对已经和正在出现的国土开发和地域空间管制方面出现的十分严峻的态势，必须加强区域规划，并通过区域规划制定必要的区域政策和措施，实施对地域空间的管制。

在全国的尺度上，国家必须对未来的国土开发和区域发展战略做出宏观决策。未来进行功能区的划分及按照各类功能区进行空间管制，成为我国发展的必然趋势。地域空间管制的目标就是通过国土开发的评价、承载力的评估等划分各类功能区，确定它们的科学定位，并制定相应的政策，以实现地域空间上的合理部署和科学发展。

在区域的尺度上，特别是针对跨省自治区、直辖市的重点地区，需要进行区域规划（在全国进行了功能区划的情况下，区域规划的对象也就是功能区）。在目前国家已经启动了"长江三角洲地区"和"京津冀都市圈地区"区域规划的情况下，需要逐步启动其他一些大都市地区和重点产业带的区域规划。对跨行政区的建设项目和区域性的资源环境问题进行区域协调。在进行全国尺度上重点区域的区域规划的同时，各省自治区、直辖市也必须逐步开展其行政区域范围内的跨地区的区域规划。

通过区域规划制定针对区域发展目标和方向的区域政策和措施，并根据这些区域政策和措施对区域进行管制，是现代国家的政府和社会都非常重视和关注的理念和行为。什么是地域空间的管制？基本的解释应该是政府通过区域规划及制定的区域政策和措施，对一定范围的地域空间及其社会经济客体的职能、空间扩张及相互作用、资源、环境进行导向、约束、调配，以使地域空间可持续利用和社会经济可持续发展的行为和过程。

在实践中，地域空间管制的行为可以分成两种类型：其一，属于导向性的，包括导向、促进、诱发和刺激等；其二，属于约束性的，包括强迫（命令）、禁止（命令）、限制等。第一种的，例如，为了促进"问题地区"的发展：有时间性的全部减免或部分减免税收，提供劳动力培训和补贴的优惠措施，提供（低息）贷款和补贴，以优惠价格提供由政府控制的公共资源（水、电、气等），提供经济和市场信息，优惠的运价政策，基础设施投资的优惠政策，社会订货与委托，政府投资建设社会性基础设施，等。第二种的，例如，在规划中对于今后工业企业及其他设施的用地选择时，科学地划出或预留出一定的范围，不许超越；关于污染性企业区位选择的禁止区域；具体地点废水、废气的排放规定不许违反；一定期限内基础设施供应能力的上限和下限规定；生态保护区域的产业和城镇发展限制；等等。

## 八、区域发展、区域规划领域谁都可以发表"高见"，科学性何在？

随着我国经济的高速增长和社会主义市场经济的逐步建立，区域发展问题，特别是区域经济发展问题成为各级党和政府决策的核心问题之一，也成为学术界和社会所关注的重大实际问题和理论问题。在地理学界、经济学界都认为区域发展研究的极端重要性，纷纷投入到这个领域中来的时候，他们深刻地了解其中的科学问题和实践问题是非常重要的。与区域发展问题密切相联系的区域规划也是如此。

近年来，我国许多方面的人士都在研究区域问题、区域经济发展和区域规划问题。不管什么人也都可以谈论区域经济发展问题。其中，有许多不甚了解区域发展的人士也发表了诸多区域经济发展战略、区域发展规划及理论问题的文章。由于这种发表意见的方式决定了人们可以不负责任，所以具有这种勇气的人士呈越来越多之势。但是，真正的分析、评价和建议需要学者们做实质性的工作。也就是说，区域发展领域的深入研究工作需要由学者们做，这是学者们的责任。

经济地理和区域经济学者及社会各方面人士都非常重视区域发展不平衡问题。在面对这个重大的理论问题和实际问题时，学者们既要有坚实的理论知识，也要有丰富的关于国内外发展的实践知识。如何看待中国区域发展的不平衡？在我们这样幅员辽阔且各地区发展基础和发展潜力差异巨大的国家中，从区域发展不平衡到较为平衡的发展，需要经历什么样的过程？半个世纪以来，中国区域发展的实践非常丰富。认真体察和总结这些经验，对于回答这两个重大范畴的问题是很有帮助的。我国的自然基础如何不同程度地影响各地区的发展？应该认识到，我国的三大自然区和地势的三大阶梯基本上决定了我国经济和社会发展的基本空间格局。这种空间格局不是人的因素所能大幅度改变的。早在20世纪30年代提出的"胡焕庸线"（从黑龙江省的黑河至云南省的腾冲的一条直线，是我国著名老一辈地理学家胡焕庸先生发现、提出并给予科学解释的），将我国分成东南和西北两个人口和经济密度完全不同的部分。80年后的今天，这两大部分的人口和经济总量分布的相对格局仍然没有发生变化，应该可以说明问题了。附带说明一点：一年前，刚刚完成了一项重大发展问题研究成果的某学术机构的大领导在大会上说，他们在这项研究中发现了这条划分我国东南和西北巨大差异的"线"。我们希望他能了解一点相关的历史，谨慎地说"发现"。

近十多年来，经济全球化和信息化强烈地引起了社会经济要素的空间重组，进而导致全球经济地图即经济格局的变化。解析这种变化和预测未来，需要很深入的机理论证。我们在区域发展和区域规划领域，广泛运用各种统计分析方法。统计分析方法不知道被人们运用了多少年！今后还会长期运用下去，并不能认为这种方法不高级。在数据库和图形库基础上的空间分析，代表了我们这一学科和区域规划领域近年来方法论和科学性发展的重要标志。无论如何，经济地理、城市地理等学科的这种科学性的表现，不像某些自然科学领域的决定论，而是或然论，即表现为对"事物"发展的方向、概率、幅度等的科学分析和发展建议。

在区域发展和地域空间规划的领域内，像各个学科和研究领域一样，其对象都是具有一定组织结构和特定功能的"体系"（系统）。但是，这种"体系"所表现出来的特征却很不同于自然科学领域的许多对象"体系"。这个系统具体特征表现如下。

（1）就其与外界的关系来说，其是半开放的系统。也就是说，任何一个区域系统既有内部的组成要素并关联在一起，构成了各个区域的不同特征；但同时，这个系统又都是与外部进行物质、能量、信息交流的，这构成了区域之间的联系和更大范围的整体性。认识这个半开放的区域系统的主要方法是揭示系统的特征和进行类型区划。地理学的对象十分关注地域的差异性和地域之间的相互依赖性。因此，研究这种半开放的系统也是地理学家的特长。

（2）就其稳定程度而言，其是非稳定系统。就是说，在地域空间系统内，一个或一组要素的变化就可能导致整个系统的变化，甚至导致系统运行方向和本质的改变。当然，类似这种不稳定系统是很多类型的。

（3）区域系统就其变化的机制来说，其是或然性系统，而非决定性系统。在区域系统内，要素相互作用的变化及要素变化对于系统状态的影响不像宇宙飞船对接那样，可以精确到百万分之一秒。一部机器，给它一组参数，他就一定那样运转。区域系统绝不是这样的系统。例如，人口数量和质量是区域人地系统中非常重要的变量。进行人口预测，不可能预测到个位数，尽管在那个时刻到来时有一个精确到个位数的数据。但是，人口预测毕竟是科学的一部分，是有意义的，也是可能的。

也就由于上述原因，经济地理科学和区域经济科学的入门门槛可能并不高，但进入后若要在实践中中肯地阐述观点和提出方案，在理论上揭示事物的原理和解释实际"世界"的格局是很困难的。这部著作的分析判断和规划论述可以说明和印证这一点。

人们往往很提倡学科之间的交叉，但是对真正交叉性的工作成果又往往带有偏见。他们有时将自己学科的科学特点和方法论以及相应的评价标准，也套在对别人的学科和学科方法论评价的眼眶上，这是少数学者的思维逻辑。本书的作者是具备自然科学（自然地理学及生态与环境科学、地理信息科学）和社会经济科学（区域经济学、发展经济学等）的知识结构的，整个工作体现了学科交叉的优势和特点。

## 九、国家给我们提供了学习、研究和发挥作用的平台

长期以来，国家有关部门，特别是当时的国家计划委员会、国家建设委员会和现在的国家发展和改革委员会，在区域发展研究和国土规划、区域规划等领域给了我们学习、工作和发挥作用的平台。

20世纪50～60年代初，经济地理学者参与了矿产资源开发及工业基地建设布局工作，特别是工业基地规划中的联合选厂和区域规划。60年代中期至70年代初期，经济地理的研究工作主要是"三线"建设的工业选厂定点和以工业为主的区域规划。同时，农业区划及其研究工作开始进行；70年代初期至70年代末，经济地理学者参与了重点地区区域规划及其研究工作。

20世纪80年代初，当时的国家计划委员会根据国务院领导的指示开展了"京津唐地区国土规划"（试点），组织了几十个政府部门的规划单位和研究单位约500人员参加，经历了四年多的时间。在这项工作中，当时的中国科学院地理研究所以胡序威为首的学者承当了综合规划组的任务，提出了发展方向和空间结构的调控战略，写入了综合规划文本。之后，1985年国务院发出44号文，由国家计划委员会组织开展全国国土规划。当时的编制和文本编写工作以国家计划委员会为主，邀请了中国科学院地理所胡序威、郑度和我参加。20余年后，根据国家宏观计划体制改革和编制"十一五"规划的总体安排，京津冀地区是国家开展区域规划的试点地区。这个任务的主要部分再次委托给了我们这个研究机构，交给了经济地理学者来完成。近年来，越来越多的经济地理学者乃至整个地理学领域的学者又受聘参与国家发改委等部门组织的国家级和部分省区市级的功能区规划任务。

全国几乎各地区都曾经给予过我们这个学科这样的学习机会和工作机会。以任务带学科，通过完成国家任务而发展了学科。今天，我国的经济地理学乃至城市地理学的蓬

勃发展，主要是建立在国土开发与区域发展研究（包括城镇化和城镇体系研究和规划）工作基础上的。在几十年的时间里，通过上述学习和研究的平台，我国的经济地理学科得到了持续的发展。当看到令人鼓舞的学科发展态势时，我们衷心感谢政府部门长期以来对我们的信任和支持！

经济地理学者为什么可以完成这样的任务？主要是由于我国经济地理学者遵循这门学科属于自然科学和社会经济科学之间的交叉学科性质。一方面，认真地加强自然资源、自然条件和生态学及环境科学等自然科学的知识，同时也钻研区域经济科学和部门经济科学的原理，基本了解国家和区域的产业发展及结构演变的基本规律，还努力掌握新的方法和技术手段，包括 GIS、数据库和相应的空间分析方法等。正是我们具有这样的知识结构，才使我们在国家一系列战略需求面前具有承担的可能及较特殊的优势。我们需要继续坚持走这一条道路。主动地、虚心地与各级政府部门合作。学好新知识，了解新问题，运用新方法，做出新成果。

\* \* \*

由于该书的编写背景及其编写基础的原因，该书在对地区间和部门间矛盾和冲突的分析方面存在"轻描淡写"。作为区域规划或者国土规划，其主要职能在于"协调"。什么叫做"协调"？"协调"什么？我们以往完成的地域空间规划和近年来进行的地域空间规划，是在上级政府的组织下编制的。这为区域协调解决资源和空间开发利用方向的利益冲突客观上提供了前提。但是，"征求意见"的过程往往存在严重的缺陷，即将各部门和各地区的要求都写上了，这个过程很少有观点的交锋和方案的取舍。其结果是大家的利益都满足了，没有意见了。这样的地域空间规划（国土规划、区域规划甚至还包括某些城市总体规划等）往往是"皆大欢喜"的规划。完成之后，就很可能被束之高阁。对于没有分歧、没有约束对象的文书和条文，自然就没有必要经常拿出来作为遵循的依据了，这就是区域规划遇到的"困境"。我认为，规划工作者和相应的政府部门，都需要注意到地域空间规划目标的有限性。应该不回避争议，而要将各方面的利益冲突摆到桌面上来，做出有取有舍、有科学性的规划。当然，这需要规划学者作出科学的目标冲突分析和方案论证，这样工作量和方法运用的要求就大大提高了。这是我的一个希望。

关于"京津冀都市圈"的称谓。我认为没有必要用"都市圈"，因为其并不准确。其一，无论是京津唐地区还是京津冀地区，在我国都已经是很习惯的称谓了。其二，"都市圈"的概念是从日本引进的。根据它们在运用"圈"时所表达的含义，也是"区域""地域范围"的概念，并不是表达带有某种圈层概念的"圆形区域"。许多城市区域并不是"圆形"的区域。我认为，日文的"都市圈"应该翻译成汉语的"都市区"或者"都市区域"比较确切。

作为经验性和应用性的著作，该书可算作一个范例。我希望有更多的这一类著作及理论性更强一些的著作问世，实现这样目标的条件也已经具备了。

樊杰主任让我写作这本书的"序"。我用了差不多一个月的时间，写了这么多的"感言"。有一些显然是"节外生枝"。希望领导和学者们进行争论和批评。

陆大道

2008 年 4 月 20 日

# 首都北京高端金融商贸区发展的重大意义与滨海新区建设的教训[*]

（在"2017年中国城市百人论坛"上的主报告，2017/06/06）

**摘　要**：本文阐述了《京津冀协同发展规划纲要》对首都北京所做的定位具有重大意义。在我国，只有首都北京能够建设成为全球性"流"的最大节点之一、全球经济影响与支配中心之一。首都北京的国家最高级的金融商贸中心地位，是国家经济和安全的重要支柱。本书认为，首都北京的定位和实现这个定位是国家的千年大计，其他任何大城市都不能替代。首都北京的高端金融商贸区需要科学规划，本文对此提出了若干建议。滨海新区由于功能定位不妥和过大规模的开发，导致了严重的浪费，教训值得认真总结。

## 1　《京津冀协同发展规划纲要》对首都北京的功能定位意义重大

2015年4月底中央审议通过的《京津冀协同发展规划纲要》（以下简称《纲要》）没有在媒体上发表。其意义极其重大。如何理解现在所说的"千年大计、国家大事"？我认为，因为这个《纲要》对于首都北京的定位和实现这个定位是千年大计。

《纲要》表明了中国大国崛起的决心和雄心。对未来世界发展能够发挥重要影响乃至控制作用的核心城市，首选只能是首都北京。首都北京是中国国家的首位枢纽与门户。

《纲要》指出，推动京津冀协同发展是一个"重大国家战略"。其中，我认为这个"重大国家战略"至关重要的是对京津冀整体功能定位在"以首都为核心的世界级城市群""以北京为核心城市""北京是京津冀协同发展的核心"，并明确强调首都北京（经济）要"高端化、服务化、集聚化、融合化，大力发展服务经济、绿色经济，加快构建高精尖经济结构""优化提升首都核心功能"等。这里的"服务经济、绿色经济""高精尖经济结构""首都核心功能"说的是什么呢？当然，就是当今世界上以银行、非银行的金融机构，以及商贸、信息、研发、物流、中介等高端服务业了。这就明确了首都北京作为国家以高端服务业为主体的经济中心功能的定位。

《纲要》指明了实现京津冀世界大城市群重大目标的基本保障：京津冀协同发展。什么是协同发展？即以首都北京为核心城市，不是两个城市为核心；河北省、天津市的发

---

[*]　原载于：地理科学进展，第37卷第2期，2018年2月出版。

展要服从、服务于京津冀世界大城市群发展的需要（陆大道，2015）。《纲要》的实施就可以保障京津冀协同发展。

实施这个协同发展的《纲要》，关键是疏解部分功能。保障首都北京核心功能的强有力，能够充分发挥一个大国在世界上的政治、经济、科学、文化等方面的影响力和中国崛起的意志，成为影响乃至控制世界经济的一个"节点"，未来世界财富的主要集聚地（之一），给大多数国家，特别是广大发展中国家一个新的选择与新的安全感。

全球化、信息化的发展，世界经济体系的空间结构已经逐渐建立在"流"、连接、网络和节点的逻辑基础上，其结果是正在塑造对于世界经济发展至关重要的"门户城市"，连接区域的控制中心，以及由核心城市统领和凝聚的世界级大城市群。

核心城市是跨国公司区域性总部的首选地。中国已经是世界第二大经济体、第一大贸易国、第一大外汇储备国，时不时还是最大的债权国。中国实体经济的规模相当强大。无论是从经济影响还是从保护中国国家利益考量，在世界级最主要的"节点"城市中应当有中国的席位。今天要维护国家利益，增强国家的影响力，最重要的是需要占有世界金融体系的制高点。金融对于中国犹如战略核武器。今天美国之所以仍然强大，是由于占据了世界金融体系的制高点和控制权，控制了当今世界主要货币美元的发行及货币的汇率及利率，并由此窃取世界上许多国家人民的财富。在信息化和全球化条件下，纽约成为最大的世界性"流"（信息流、金融流、物流、人才流等）的节点，是控制世界经济体系的首位节点和中心。

哪一个城市可能成为世界进入中国的首位门户？中国进入世界最主要的枢纽？在我国，只有首都北京能够建设成为全球性"流"的最大节点之一，全球经济影响与支配中心之一。30多年来，总部设在北京的金融机构占据中国金融资源的半壁江山，北京已成为全球拥有500强企业数量最多的城市之一，北京已经是大批国内外，特别是国际经济机构的云集之地。过去200多年伦敦和纽约先后成为世界财富的汇聚中心。随着中国经济的持续发展，京津冀将成为最大的世界级城市群之一，首都北京是中国最大的高端服务业聚集地。北京完全有可能成为世界财富的集聚中心之一。这将给世界上许多国家的政府好人民带来一个极其安全和重要的选择。

北京是中国国家的首都，在政治上不同于其他任何城市。美国是移民国家、联邦制国家、金权政治国家。美国实行的是私有中央银行制度。美国先后有七位在任总统被刺，这都与控制金融体系及货币发行权有关。很显然，这三个特点和中国都不一样。美国政治中心与金融商贸中心是分立的。要求中国也这样，理由是完全不成立的。国家金融中心和国内外大型商贸总部依附于国家政治中心，在关键时刻也会保护国家政治中心。中国近现代史大家可以看一看，政治中心与金融中心在一起是何等的重要。美国是例外，中国的国情不同于美国。这一点大家不要搞错了。另外，国际性金融商贸机构进入中国，首要的是要跟中国中央政府合作，首选落户地自然是首都北京。

北京的金融中心是国家经济和安全的重要支柱，何以能够搬家呢？华尔街集中了数千家企业，包括美国和很多国家银行和非银行金融性机构，如投资、信贷、基金、证券、保险、专利、贸易、研发、物流、财会服务等，以及多功能的信息中心、专业化的信息机构、专业性分析机构、监测机构、媒体等。核心城市的中央商务区、世界性的金融、商贸、信息、高端服务业集聚在一起，它们高度精密如同钟表般的运营着，这样庞大的体系不能让它们彼此分开。世界金融体系与金融市场事关国家重大的安全利益与经济利益，且瞬息万变。因此，在中国不能让它离开政治中心。

## 2 如何规划建设好首都的高端金融商贸区？

在今后十多年内，规划建设好首都的高端金融商贸区是极其重要的，因为这是首都未来强大的核心功能的重要部分。

《北京城市总体规划》（2016~2030 年）基本全面地体现了《纲要》的精神，特别是在城市基础设施规划建设、公共服务、生态环境保护等方面，按照世界级大城市发展的要求，做了前瞻性和科学性的规划，规划具有很好的可行性和可操作性。

高端服务业在城市群核心城市的高度集聚可以产生巨大的空间集聚效应。将来，首都北京将集中越来越多的银行和非银行的投资、信贷、基金、证券、保险、黄金（交易）及商贸、中介、研发等机构，还有物流、财会服务、综合性的信息中心、专业化的信息机构、危机分析和监测机构、市场监测机构、与国家各有关政府部门及智库媒体等的联络机构等，甚至诸多的媒体、智库等都会在这些庞大的综合体系之中。

目前，我认为最影响高级服务业发展的是全市高端产业的园区分散，特别是服务于国家和国际性的高级服务业的集聚规模和集聚经济尚未凸现出来，与经济大国的地位和形象的要求还有距离。

北京现有的金融街（西城区）和中央商务区（CBD）（东城区）都是定位在高级服务业的聚集区，主要方向是金融产业功能区和商贸产业功能区，经过近 20 多年的发展，都已经建成了相当的规模。以金融街为主体的金融业资产总规模现在已经占到全国很大的比重。CBD 的高端服务业发展以与国际接轨的商务中心、跨国公司和国际金融机构的总部集聚地为目标，要使其逐步发展成为世界了解中国的窗口和中国走向世界的桥梁。这两个高端产业，特别是高级服务业集聚区应该布局具有国家级甚至国际性意义的大型服务业机构和总部，紧凑集中。但是，现在形成的局面是各种级别的机构都有，特别是亚投行即在其中。但其间也有较多的非高级服务业的单位和机构，其占据地域范围已经很大，但进一步发展又缺少空间。两个高级服务业集聚区在功能上也有重复。实际上 CBD 和金融街高级服务业的集聚还很不够，远没有达到所需要的集聚规模。

北京高端产业和高级服务业的集聚区还有中关村、大兴（经济技术开发区）、顺义（机场）临空经济区和奥林匹克中心区等，今后的功能定位和发展目标都要发展高端产业，特别是金融、商贸、中介、信息及相应的高级别的总部经济。从国家利益和北京市整体发展来说，高端产业和高级服务业的大分散并不是最佳的选择。

我对首都北京高级金融商贸集聚区规划提出的建议如下。

（1）服务于国家和具有国际意义的高级服务业企业和机构，尽可能在金融街和 CBD 区域发展。服务于本市特别是服务于本园区的服务业，应该配置在本园区。

（2）对于金融街和 CBD 区需要按照位置级差地租的原理，通过科学规划，逐步实现空间重组。也就是，通过现有建筑物的功能置换，让具有重要国际意义的高级服务业和总部定位于这两个集聚区。

（3）重点在金融街和 CBD 区域加强高效的支撑系统建设。

## 3 关于滨海新区功能定位及建设中的问题

在以往几十年京津冀的发展中，首都北京与天津市及其滨海新区的定位问题曾经存在着不同的观点与诉求。直至中央 2015 年通过《纲要》才解决了分歧。我们在理解这个《纲要》的重要意义时，仍然需要与前些年滨海新区超大规模快速开发的教训联系起来。这对《纲要》的落实、科学发展京津冀这一世界级大城市群是很必要的。

1992 年 10 月 11 日，发出关于开发开放浦东问题的批示。此后，人们就期待在我国北方环渤海地区也出现类似浦东开发那样的国家行为的"政策高地"。学术界及媒体的呼吁、市政府的要求等，都要在北方地区新建一个类似于上海浦东的新区。终于，2006 年 5 月 26 日发出了滨海新区的批文，2006 年 7 月 27 日对城市规划做出了批复。在此前后，北京再也不提经济中心了，北京不能再提经济中心功能了。很快，就开始了滨海新区的大规模建设。

对天津的主体功能定位，即北方的经济中心、金融创新运营中心，这个定位是不当的。在实施过程中，就要求天津与上海一样，成为中国北方的金融商贸中心（媒体报道：中国未来的曼哈顿）。在天津搞国家的金融商贸中心，要求北京金融商贸企业搬家，以代替北京成为中国最大的金融商贸中心。实际上北京早就是我国的政策高地，北京早就是中国最高级的金融中心。这个地位是由国家首都的特殊功能确定的，不是由"批文"确定的。滨海新区建设的投资规模太大，建设速度太快。真不知道为什么建设规模要如此之大，速度如此之快。

2006 年新区总投资约 700 亿元。2009 年打响十大战役，总投资 1.5 万亿元，要求加快滨海新区核心区建设，加快响螺湾和于家堡中心商务区建设，加快东疆保税港区及其综合配套服务区域建设等。2009 年 1～11 月固定资产投资完成了 3000 多亿元。2010 年年初，滨海新区 5000 万元以上重点项目 455 项，总投资 9598 亿元。2013 年天津的投资规模达到 1 万多亿元，是上海的两倍。大家知道，2010 年我们国家制造业的产能过剩就达到 30%，为什么 2013 年还要投入万亿元呢？2014 年整个滨海新区几乎全部停建，相信这个指令是在 2013 年年底发出来的。媒体报道大规模"鬼城"一直到今天。

超大范围的开发。2270 平方千米的滨海新区全面开花。十几个新区、开发区开始建设。

2014 年 7 月媒体报道的照片，响螺湾显示出大面积"鬼城"景象。当年 7 月 11 日傍晚，街上如同黑森林一般。这时候响螺湾和于家堡两个中心商务区已经大约投资了 2000 亿元。今年（2017 年），根据我们的现场考察，响螺湾和于家堡如何呢？于家堡和响螺湾是前些年被媒体报道的"未来中国的曼哈顿"，是大规模开发的"重中之重"。今年 5 月 25 日，从海河对岸（北岸）望过去，外表确有些像（纽约）的"曼哈顿"，但走近看，所见的基本上都是烂尾楼。这些烂尾楼到现在有的已经有 6～8 年了。许多大楼外面没有安装玻璃，里面没有装修的也很普遍，但脚手架都已经撤除。没有建成的海河大桥也停工在那里。"上海浦东陆家嘴，今日滨海响螺湾"的售楼口号随处可见，但成交量很少；已建成的高端写字楼只有几家入驻机构和配套商业体。一个上午，我们见到的中船重工、第八工建两家大型机构在一座大楼挂牌。原计划的高端金融区的于家堡，只看到几家银行的街道营业处。餐饮等生活性服务业也只有几家不成规模的个体商户。即便在通勤高峰期内，街道上也只有几辆车行驶，整个街道依然冷清。停车场停驻的汽车基本上是楼房管理与物业人员的。我们根据媒体零星吐露的数据加总及判断，整个滨海新区2007~2016年总投资额可能在2万亿元左右。这其中，对大批制造业及对天津港大规模投资的效果我们不得而知。但是，2010年我国的制造业产能过剩，即达30%，我相信，除了与A320有关配套生产的建设外，制造业过剩情况也会在滨海新区制造业大规模投资中有明显的反映。因此，今年（2017年）5月眼前看到的局面不得不令人深思。

问题的出现应归于2006年5月26日那个批文和7月27日那个批复中关于定位的说法。为什么2010年和2013年敢于那么大的投资？天津欠国家几万亿元，有关媒体也报道了，天津人何时能还清？我们决策有失误怎么不总结一下呢？说"投资过度"，为什么会出现"投资过度"？我认为是来源于定位的不当，来源于决策的疏忽。为什么出现决策的疏忽？责任应该由谁承担？我们为什么没有正式的文字性总结呢？1992年对上海浦东的批文到2006年对天津的批文，经历了14年。我了解这其中天津方面的诉求是非常强烈的。要求上级明确将天津定位为"北方的经济中心"。我们学者呼吁很多，我们总结了吗？20世纪60~70年代就提出诉求，希望中央政府明确，但上级一直没有明确。在新中国成立后头20多年国家对天津的大项目投资很少。这是由当时大的宏观背景决定的，是有一些问题的，其使天津的工业基础没有充分发挥作用。但是从70年代后期起投资就已经很大，50万吨钢管及其配套生产、无线电通信设备的制造、海洋工程设备制造、石油加工及石油化工、钢铁工业等，一直到现在的大量的配套工程，还有医药化工、生物制药等，A320组装及其大量零部件生产等，这些制造业规模是很大的，已经是我国重要的制造业中心之一了。为什么2014年还报文要求定性为"北方经济中心"呢？我认为，此时还强调这样的诉求是不妥的，是要求获得首都北京的国际金融商贸中心的定位。

我觉得未来雄安新区要建设好，需要总结这些。现在全国有几百个中央级、省一级的新区、新城、开发区，成绩是极其辉煌的，不然我国也不会成为世界第二大经济体。但是，一部分新城、新区建设的代价也是巨大的。同事们，我们能不能让代价小一点呢？以上是我的发言，请大家批评指正。

本文部分现场考察资料由孙东琪、宋涛提供，特此感谢。

## 参考文献（References）

陆大道. 京津冀城市群功能定位及协同发展[J]. 地理科学进展, 2015, 34(3): 265-270. [Lu Dadao. Function orientation and coordinating development of subregions within the Jing-Jin-Ji Urban Agglomeration. Progess in Geography, 2015, 34(3): 265-270.]

# 大都市区的发展及其规划*

## 1 经济全球化及信息化推动了全球城市和大都市区的形成和发展

20世纪70年代石油危机之后,发达国家经济体系中的传统制造业部分逐步转移到发展中国家,形成了以跨国投资为基础的复杂的全球生产网络,并深化了国际劳动地域分工;同时,发达国家主导的国际经济机构(如世界贸易组织、世界银行、国际货币基金组织等)的作用增强,一定程度上建立了全球资本主义规则,为资本的全球扩张提供了制度保障。投资和贸易自由化是全球化的基础和核心。

经济合作与发展组织(OECD)把经济全球化直接定义为"在货物和劳务贸易、资本流动和技术转移与扩散的基础上,不同国家市场和生产依赖程度不断加深的动态过程"。

经济全球化至少包含以下几个因素:金融资本地位的上升及其在全球范围内的快速流动,生产技术与技巧迅速的跨国扩散,市场的全球化,在新的信息技术支撑下知识与信息的全球性迅速流动,跨国直接投资的迅速增加,跨国公司垄断势力的强化,以及各国国家战略的全球化导向。

经济全球化过程不仅影响着一个国家或地区产业的空间变化,而且也在促成社会经济新的空间表现形式。其中,城市体系、空间组织和空间形态的变化最为明显。经济全球化正在引起城市之间的关系在全球范围内的重组,形成全球城市体系(global urban system)、世界城市(world city)和大都市经济区。

信息化促进知识的扩散、应用和创新。由此可导致经济和社会要素的空间重组。

信息技术驱动下企业管理模式的三种主要变化:其一,管理理念从以生产为核心到以消费者为核心。这种变化的一个信号就是定制生产的广泛采用。其二,管理框架从垂直分层(金字塔形)变为扁平化(流的管理)。流的管理使企业决策者能更直接地把握市场变化的脉搏。其三,管理范畴从内部管理变为供应链控制。这将导致整装厂与零部件厂之间关系的变化,特别是两者之间B2B电子商务将更加普遍。

信息化下区域空间重组的主要形式如下。

"后店模式"(back-officing):银行、保险、航空售票、消费者服务中心、咨询业等管理和文案工作可以在计算机网络上完成的部门,在空间布局上可以远离"前店"。

"远程工作"(teleworking)方式,即职员可以通过现代信息设施在家庭办公,而不需要每日通勤前往工作地点。

"信息港"(teleport)的企业空间组织方式。"信息港"指能够提供先进通信设施的

---

* 原载于:经济地理,第29卷第10期,2009年10月出版。

高科技办公区或办公楼。中小企业可以"信息港"共享先进的信息设施,形成新的企业空间集聚。一方面使企业的商务活动和生产活动分散到小城市或大城市的郊区;另一方面也使经济活动有向信息基础设施水平高的大城市及周围地区聚集的倾向。

城市体系越来越被具有更好通信基础设施的城市所统治,这样促进了大城市经济区的形成与发展。我国三大都市区充满着发展的活力。

## 2 大都市区及大都市经济区

### 2.1 全球化下"城市-区域"空间结构

在新的信息技术支撑下,伴随着全球化过程,世界经济的"地点空间"(space of place)正在被"流的空间"(space of flow)所代替。当前世界体系的空间结构是建立在"流"、连接、网络和节点的逻辑基础上的。这些"流"在运动路径上依赖于现有的全球城市等级体系;另外,其也在变革着后者。

一个重要结果就是塑造了对于世界经济发展至关重要的"门户城市"(gateway city),即各种"流"的汇集地、连接区域和世界的节点、经济体系的控制中心……

在经济全球化趋势下,由"门户城市"及其腹地组成、具有密切劳动分工的"城市区域"(city-region)正在成为全球经济竞争的基本单元。

都市经济区的核心城市:国家或大区域的金融中心、交通通信枢纽、人才聚集地和进入国际市场最便捷的通道,即资金流、信息流、物流、技术流的交汇点;土地需求强度较高的制造业和仓储等行业则扩散和聚集在核心区的周围,形成庞大的城乡交错带。

核心区与周围地区存在极为密切的垂直产业联系。核心区的作用突出表现为生产服务业功能(如金融、中介、保险、产品设计与包装、市场营销、广告、财会服务、物流配送、技术服务、信息服务、人才培育等),周围地区则体现为制造业基地的功能。

大都市区,在空间上表现为由大运量的高速通道联结的、庞大的、多核心的、多层次的城市群。在这个空间里,由于集聚形成的规模经济和范围经济,加之高速通道缩短了城市间空间距离和经济距离,生产和服务的交易成本、运营成本和管理成本大大降低,投资回报率和要素收益率明显提高。

由于经济活动高度密集和在空间上的压缩,大都市区往往是一个国家或区域的经济核心区与增长极,也是最具活力和竞争力的地区。通过强化经济活动和生产要素向优势地区,特别是向沿海大都市区集中的趋势,可以提高生产要素的空间配置效率,促进地区经济增长。

大都市区的发展也加剧了地区发展不平衡,其自身也存在城市过度投资和扩张、资源供需矛盾和环境污染加重等问题。

### 2.2 大都市经济区的空间结构

核心区与周围地区存在极为密切的垂直产业联系,即产品研发和设计、融资、营销等在核心区,而制造过程聚集在周围地区。在外资驱动为主的地区,核心区还是跨国公司地区性总部的首选地。

都市经济区是当今世界上最具竞争力的经济核心区域。东京、首尔、曼谷、新加坡、雅加达等城市地区被认为是典型的都市经济区。

在我国，以香港、广州为中心的珠江三角洲地区，上海及其周围地区正在成为这样的大都市经济区，它们近年来的空间形态变化可以一定程度上反映全球化对城市空间重组的影响。

### 2.3 大都市经济区的核心城市

在经济上是命令和控制中心（通过高级生产者服务业和跨国公司总部等载体来实现）在空间结构上是全球城市网络重要的节点，在文化上是多元的和具有包容性的，在区域层面是全球化扩散到地方的"门户"。

以"城市区域"的空间形态构建应对全球竞争的国家竞争力、国家内的区域竞争力，是区域发展和空间规划的重要目标。

### 2.4 我国大都市经济区和部分城市群地区正在进行空间重组

大都市经济区的核心区（城市）一般都是一个国家或大区域的金融中心、交通通信枢纽、人才聚集地和进入国际市场最便捷的通道，即资金流、信息流、物流、技术流的交汇点；而土地占用较多的制造业和仓储等行业则扩散和聚集在核心区的周围，形成庞大的城乡交错带。

### 2.5 "门户城市"

在经济全球化的趋势下，由核心城市及其腹地组成的、具有有机联系的"城市区域"正在成为全球经济竞争的基本单元。以国际性门户城市为核心的城市区域（即"大都市经济区"）是目前全球最有竞争力的地区。进一步加强大城市的集聚功能，建设具有国际竞争力的都市经济区。

### 2.6 经济全球化背景下上海市产业结构的调整和空间结构的重组

全球化力量和地方基础的相互作用使各种生产要素在部门和空间上重新组合和调整的过程。这种过程一方面体现在纵向的地方产业结构调整上；另一方面则体现在横向的区域经济联系上。

近10年来，上海推进"三、二、一"产业发展方针。发展金融、贸易及相关配套服务产业；发展与城市现代化相关的基础设施和房地产业；逐步收缩已不具备竞争优势的传统轻纺和普通机械等工业部门，着重发展汽车、钢铁、石化、电站、电信设备和家用电器六大支柱工业部门。

为继续保持其在亚太劳动分工中的地位，上海还对其产业层次进行了调整。积极注重产业链上游节点的拓展，着重发展附加值高的生产单元。例如在工业生产中，开始从整机组装生产转向生产技术含量高、销售利润可观的核心部件；由注重一般产品生产转向注重新产品研究开发与创新，通过收购国外研究基地活与国内、国际研究机构合作，掌握市场竞争的主动权。为了迎接全球化的产业转移，上海"十五"计划中进一步提出要以"提高经济效益和创新能力为导向，积极引进世界一流技术和全球著名品牌企业"的思想为指导，调整支柱产业方向，大力发展信息、金融、商贸、汽车、成套设备、房地产六大支柱产业，并努力扩大信息、汽车、成套设备等产品与技术的出口，强化金融、商贸对外辐射能力。

## 3 大都市区的规划

区域规划的重点是将与开发建设有关的资源开发、环境整治、城乡建设和生产力布局各项规划落实到具体的地域空间。其是市场经济条件下政府利用可调控资源、实现政府发展思路和政策导向的科学依据和有效手段，也是新时期加强政府宏观调控的重要环节。通过区域规划加强地域综合协调和管理，也是实施新的发展观、实现可持续发展的重要措施。

京津冀地区、长江三角洲地区、珠江三角洲地区等的规划。

（1）区域的整体功能及城市发展方向定位。例如，长江三角洲、珠江三角洲及京津冀在全国及更大范围内的功能定位；京津冀地区中的北京、天津的战略定位；北京、上海需要强化国际中心功能建设；等等。

（2）产业发展、产业结构的整合，形成具有强大竞争力区域特色经济体系。

（3）促进空间整合和优势重组，有效引导人口、产业适度集中，形成有机的经济地域，促进中小城镇合理发展。

（4）优化城乡土地利用结构，严格保护耕地，积极治理水污染，改善水环境质量。跨流域资源调配与流域综合开发治理。

（5）区域性基础设施系统或重大的区域性生态环境工程建设等。增强中心城市与内陆中心城市联系，构筑1~2小时的交通圈等。

# 中速增长：中国经济的可持续发展*

**摘　要**：中国实现了国民经济的长期高速增长，但也面临着突出的结构性难题。针对这一问题，不循以投资、消费和出口论证未来经济增长速度的传统路径，而对支持经济增长的资源（能源）、环境（承载力）及建立在资源环境基础上的城镇化和发展模式等支撑系统能力进行了分析。在这些分析的基础上，进行了综合集成研究并得出结论：中国经济将较快地进入中速增长。中速经济增长，将为建设经济强国和实现中国和谐社会提供重要的机遇和空间。

改革开放以来，中国国民经济获得了长时期的高速和超高速增长，取得了辉煌的成就。2014年国内生产总值达63万亿元，不变价GDP是1978年的28倍，同期名义GDP为174.6倍[1]（图1），成为世界第二大经济体。但同时，在长时期以GDP及其增速为主要目标的引领下，社会经济及人与自然关系诸多方面出现了严重的不和谐，环境和自然资源已经不能支撑如此发展的国民经济[2]。当前国家发展面临着突出的结构性转型的难题。

如何实现中国国民经济发展的转型？多年来的经验教训说明，调整经济增长速度的预期值非常重要。如果持续地谋求高速经济增长，经济结构难以优化，发展模式难以转变。

对于经济增长的合理速度问题，学术界和政府人士往往较多地从投资、消费和出口所谓"三驾马车"方面进行论证。在制定经济增长目标和衡量经济绩效时，我们已经习惯于指数增长。长时期维持较高的指数增长，由于需要支撑系统的相应增长和扩大，到一定阶段经济发展规模将突然变得很大"[1]（图2），可能会遇到增长因素供应"极限"的阻碍。指数增长具有诱惑力，也具有欺骗性"[3]。

本文着重分析高速经济增长以来中国环境污染加剧、能源和矿产资源消耗，以及建立在高消耗高污染基础上的发展模式、城镇化等对高速经济增长的支撑或制约作用。资源利用和环境保护直接作为经济增长的支撑，发展模式、城镇化也直接关乎到经济发展和增长速度。中国几十年的发展深刻表明，中国的发展模式、城镇化和资源利用、环境保护之间具有强烈的正负反馈关系。因此，只分析资源、环境和经济增长的直接关系还是很不全面的，必须将经济增长模式及城镇化纳入分析框架中。通过这些分析，阐明资源（能源）、环境（承载力）等支撑系统能力的现状和扩大的可能，揭示发展理念和发展模式的转型及对经济增长速度的作用和要求。在此基础上，进行综合性集成研究和判断，形成观点，提出建议。

从"十三五"开始，我们应当谋求多高的经济增长率（预期），在学术界和社会人士

---

\* 原载于：地理科学，第35卷第10期，2015年10月出版。

中都存在着明显的分歧。我们认为,从"十三五"开始,需要将中国经济发展的预期值调整为中速增长。

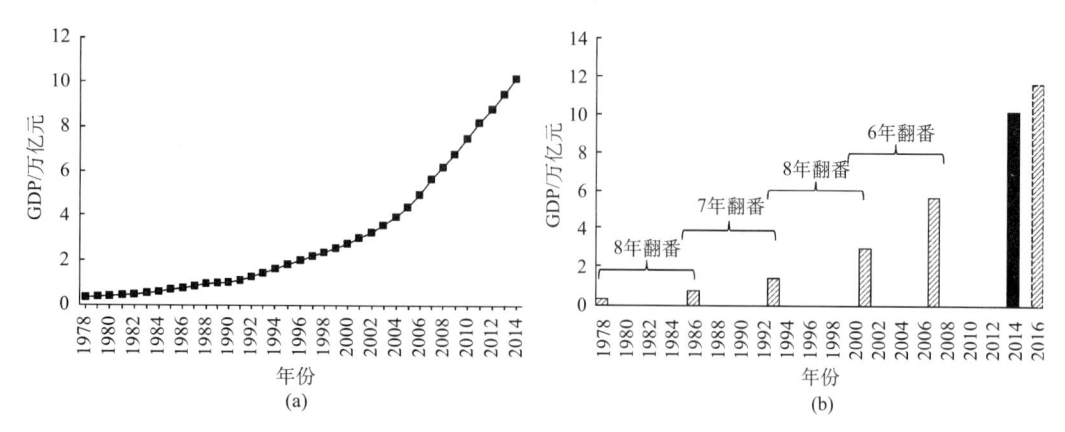

图1 中国改革开放以来经济增长(a)及 GDP 年总量翻番(b)态势

1978 年为基期的可比价,2014 年可比价 GDP 较 1978 年增长 28 倍,实现 GDP 翻 4.8 倍

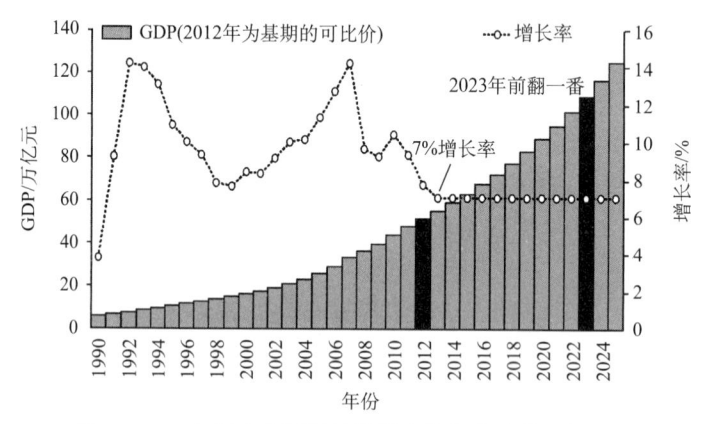

图2 1990 年以来中国经济增长态势与高速增长的趋势

## 1 长期高速经济增长引起结构性困境

1992 年中国国民经济进入高速发展时期,但同时通货膨胀问题逐渐突出。1996 年中央政府提出实施国民经济的"软着陆"。但在 1998 年春天暴发亚洲经济危机的冲击下,为保持经济增长,防治通货紧缩,中央政府采取措施,实行扩张性的财政政策和货币政策,大幅度增加基础设施建设投资,使中国在周边国家经济增长放慢的情况下能一枝独秀。2000~2007 年,经济增长率连续 8 年处于 8%~13% 的上升通道。2008 年美国次贷危机迅猛演变为国际金融危机"[4]。为应对这次危机对世界范围内经济发展的冲击,中央政府实施追加投资 4 万亿元(实际上包括各地区在内为近 30 万亿元)的经济刺激措施。自 2009 年中国经济又一直保持着高速增长(GDP 年增长率为 8~8.5 个百分点)。

两次大规模的经济刺激计划,加强了基础设施建设和能源重化工的大发展,加强了低端产品生产的"世界工厂"和投资拉动经济的发展模式,在保障了经济高速增长的同时,造成了过剩的产能和大量的投资浪费,透支了增长因素和环境的承载力。中央提出的"科学发展观""平衡发展""和谐发展"等理念没有得到认真的贯彻执行。

2012年起,国家统计局在相关数据发布中不再使用"轻工业""重工业"分类,所以数据仅更新到2011年。中国在20世纪50~70年代工业化过程中,曾经出现过重工业"过重"的不协调状况。然而,21世纪开始又来了一次大规模的能源重化工业扩张,这次重化工业的扩张使中国经济总量在很大基数上翻了两番,引起全国轻重工业结构又一次大幅度重型化(图3)。高消耗、高污染的重化工业产品产量的大幅度增长,带来严重的环境污染和空前的自然资源消耗。1990~2013年,中国主要工业产品产量增长十分迅猛(图4)。其中,水泥增长了10.5倍,钢材和粗钢分别增长了19.7倍和10.7倍,塑料(初级形态)增长了24.7倍。2012年起,国家统计局在相关数据发布中不再使用"轻工业""重工业"分类,故数据仅更新到2011年。

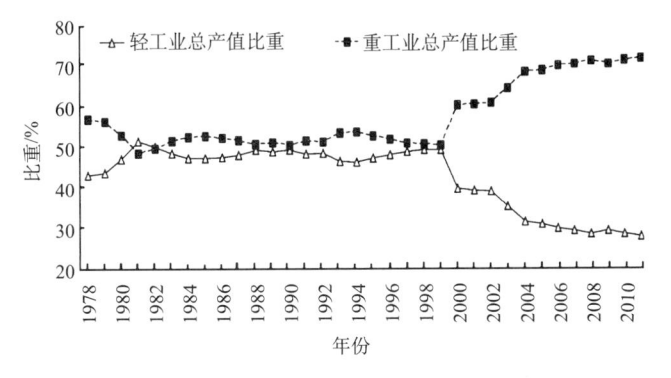

图3 改革开放以来中国轻重工业产值比重的变化

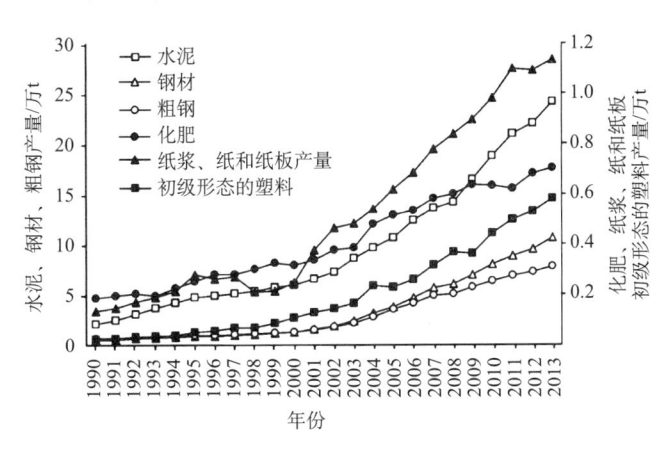

图4 1990~2013年中国主要工业产品产量的迅猛增长

中国作为全球第二大经济体,对全球资源和世界市场的依赖程度在世界上是没有先例的。2013年中国进出口贸易总值4.16万亿美元,占世界各国进出口贸易总值的11.73%。其中,从210个国家和地区进口总值1.95万亿美元,向230个国家和地区出口2.21万亿美元，分别占世界各国进口总和和出口总和的 10.4%及 13.2%。在进口总值中，最重要的是大量的优质能源石油、天然气以及对工业化极为重要的铁矿、铝土矿、铜、铅、锌、锰、铬等大宗金属矿产资源。这种情况下，不可避免地造成经济发展的不稳定。

有些地方政府在经济刺激政策和 GDP 政绩观的引导下，以高负债的方式，强力推进城市空间扩张，超前建设了大量的新城、新区。与此同时，房地产商在政策鼓励和价格泡沫的刺激下，盲目投资房地产项目，造就了大量的"鬼城"。可以说，在中国许多地区出现了冒进式城镇化[5]。现在，这种冒进式城镇化已无法持续，房地产业大幅下降。房地产业关联上下游 50 余个行业的发展，由此对民民经济持续发展带来重大影响。

20 年来，经济发展的结构性问题日益积累，中央政府多次提出要下力气进行结构性调整和转变经济增长方式。然而，虽强调要优化结构，但由于财政、金融、税收等措施刺激经济，结果又使经济持续地高速发展，错过了结构调整的时机。

## 2 高速经济增长已经超出了环境的承载能力

高速和超高速经济增长，使中国环境和生态系统承受了越来越大的压力[6]。环境污染及其对国民生命健康的威胁已经成为广大民众的沉重负担，成为对党和政府执政能力的重大挑战。2013 年 5 月 24 日，习近平主席就大力推进生态文明建设主持第六次集体学习时强调："决不以牺牲环境为代价去换取一时的经济增长"。在一定的区域范围内，经济规模、增长速度和经济结构共同决定环境的状况。经济增长的规模过大、速度过快或者经济结构不合理都会引起环境的恶化以至破坏。反过来，要免于对环境的破坏，就应限制经济增长的规模或速度，或者改变经济结构。环境与发展是公认的一对矛盾，但在制定经济增长目标和增长速度时往往又不考虑这一重要因素，似乎环境的承载力是一个具有无限弹性的皮球，可以任意压缩。

### 2.1 环境污染恶化的严峻态势、影响及主要原因

中国环境污染的主要原因是长时期高速和超高速经济增长。特别是 21 世纪第一个十年，经济持续高速增长，污染也直线上升。

水污染：从局部河段到区域和流域、从单一污染到复合型污染、从地表水到地下水，以很快的速度在全国扩展。淮河、海河、辽河、松花江、珠江、长江、黄河等大河的水质在恶化，而太湖、洞庭湖、鄱阳湖、洪泽湖、滇池、巢湖等大湖在水质恶化的同时，还伴随着日趋严重的富营养化。近年来的总体状况是边治理、边污染，而治理赶不上污染。中国的水污染及影响比雾霾污染更严重。

大气污染：东部沿海城镇密集区，普遍存在城市群大气复合性污染[7]。2014 年秋天至 2015 年春天，包括华北中南部、江淮以北、西北东部在内约 150 万 km$^2$ 范围被雾霾天气所笼罩。其中，全年空气污染的天数：北京 175 天，天津 197 天，沈阳 152 天，成都 125 天，石家庄 264 天，兰州 112 天。雾霾的影响范围远远超出了 1952 年的"伦敦雾"。雾霾给经济、健康等方面带来的损失和代价有多大，无法估量。

土壤污染：全国 0.2 亿 hm² （约 3 亿亩）耕地（绝大部分为优质耕地）正在受到重金属的污染，占全国农田总数的1/6。而广东省未受重金属污染的耕地仅有11%左右。大量持久性有机污染物（POPs）和重金属污染物等毒性极大的物质通过种植的农产品进入人的食物链。这些耕地正在或已经丧失作为生产农产品、水产品的功能。

近海海洋污染：全国大多数海湾污染严重。杭州湾、长江口、辽东湾、珠江口和部分渤海湾的水质为重度污染。其他沿海近海海域，由于长期大规模高密度养殖，海水污染也同样突出。

2002~2008年，在全国范围内各媒体报道的"癌症村"有120多次，2013~2015年3月底的15个月内，媒体报道的"癌症村"和特别严重的污染事件就有40次。致毒的类型主要有砷中毒、铅中毒、镉中毒、汞中毒等。这些"癌症村"分布于中部、南方、西南、川陕甘的许多河流中下游，其中包括长江的若干中小支流及淮河、钱塘江等，有的山区几十千米的小河沿岸出现了多个"癌症村"，甚至在北京、天津、重庆、西安等特大城市的郊区也有"癌症村"。这些情况并不是有关部门说的是"中国个别地区出现了癌症村"。"癌症村"就其涉及的地理范围人口规模，对居民生命和健康的摧残及对社会经济的影响，都远远超过了20世纪50年代日本的"水俣病"。

环境污染如此严重的主要原因是长期高速经济增长。可以河北省为案例[①]，近10年来河北省采取了追赶战略，大规模发展能源重化工。自2005年开始，河北省GDP的年增长率就超过10%，2006~2008年每年增长14%，2006~2012年GDP实现了翻一番。这种超高速经济增长主要是依靠能源重化工的大规模扩张实现的。2005~2012年，河北省的钢和生铁产量都翻了一番，达到1.8亿t的惊人数字。水泥产量增加了85%，达到1.4亿t。火力发电量翻一番，达到2400亿kW·h。全省煤炭消费量达到2.7亿t标准煤。这7年间，河北省的电力和煤炭消费的弹性系数分别高达1.0和0.85。规模迅速扩张的钢铁、水泥等原材料生产能力，落后设备的中小企业占到一半以上。由此，河北省成了京津冀地区的主要污染源。

## 2.2 中国环境污染的特点

①在传统的有机污染相当严重的同时，持久性有毒有害物（POPs）已经在中国许多水体和土壤等环境中被广泛检出。②越来越严重的环境污染导致一些地区生态系统严重退化，生态灾害事件频繁发生。③由于没有环境设施的大量中小企业和畜禽养殖业、水产养殖业的大发展，许多重要的农业地区正在成为"藏垢纳污"的主要场所，农业和农村环境问题广泛而突出。在长江三角洲、珠江三角洲、江汉平原、成都平原等广大的农业区内，人们对环境改善的强烈要求已经超出了对实现温饱的愿望。④环境污染已经开始从周边环境进入生态系统并进一步浸入人的食物链和呼吸系统，导致多种疾病包括目前尚不知道确切病因的疾病增多。⑤环境污染的区域范围遍及全国城市群和经济密集地区。严重的污染就连人烟稀少的内蒙古毛乌素沙漠腹地也无法幸免，那里发现

---

① 资料来源：河北省有关年份的统计年鉴。

10 km² 的污水湖（查汉淖尔湖），暗黑色的湖水上漂浮着泡沫，泡沫里时隐时现腐烂鸟儿的尸体。

## 2.3 环境系统承载能力的"过冲"现象

现阶段环境和生态系统已经无法继续承载经济的高速增长和冒进式城镇化，即中国经济和社会发展的规模和结构超出了环境和生态系统的承载能力，发生了"过冲"现象。解决环境和生态系统保护的"良药"是在加大治理、保护力度的同时，坚决实行国民经济发展的转型。而此阶段的经济转型在客观上无法要求保持经济高速增长。

关于评价中国环境（承载力）对经济增长的适应状况，我们有以下判断。

基本适应（可承载）：局部区域环境污染，且影响不严重。其涉及的污染企业较少，经过治理和对污染企业进行技术改造等措施，可基本恢复原来环境本底状况。

基本不适应（承载能力接近极限）：环境重污染的面积大，分布较广，环境事件与生态灾难时有发生，对环境卫生和人体健康造成重大损失，治理能力和效果不能遏制污染的加重。

已经超越了承载能力（负荷已经超越了承载能力的极限，即产生"过冲"现象）：环境重污染遍及广大城乡地区，环境事件与生态灾难频发，对环境卫生、公共健康、社会经济乃至社会稳定造成诸多损失，在局部范围内对环境本底、自然结构造成了难以逆转的结果[8]。

大范围环境恶化问题已经成为关系到中国现代化事业成败的大问题。其严峻程度是人类历史上前所未有的。如果不能从经济增长速度、结构和发展模式解决问题，遏制环境污染的进一步加剧，环境问题就像一颗定时炸弹，随时可能引发环境危机，严重影响发展进程。因此，要将环境问题上升到关乎中国能否迈过"中等收入陷阱"、中华民族能否平安崛起的高度来对待。

## 3 自然资源的过度消耗将可能带来严重的国家安全问题

在全世界已知的有探明储量的 170~180 种矿种中的关键矿种是煤、铁、石油、天然气，对中国国民经济和社会发展的贡献率约 70%。重要矿种有铜、铝、硫、磷、铅、锌、锰、盐 8 种，对中国国民经济和社会发展的贡献率约 20%。从发展国民经济、保障国家资源安全角度衡量，主要不在于国民经济耗用量极少的矿种的多寡，而在于意义重大、耗用量极大、很大的矿种在数量和质量上的保障程度[①]。

### 3.1 对自然资源的空前规模需求

改革开放以来的 30 多年间，以能源重化工、低端产品"世界工厂"为特色的中国经

---

① 此地的"贡献率"分析结论基本来源于 20 世纪 80 年代末中国科学院北京地理研究所李文彦先生的统计分析。本文作者结合现阶段中国经济规模、结构和资源利用效率、价格等因素对李文彦先生的结论做了小的调整。

济持续高速增长,加上快速城镇化、大规模空间扩张和大规模基础设施建设,引起钢铁、化工和石化、有色冶金、建筑材料、电力等工业产能与产品规模迅速扩张。至今,中国的能源和矿产资源消费总量已达到惊人的规模[9]。2013 年,能源消费总量 37.5 亿 t 标准煤。其中,煤炭 37 亿 t,原油 4.8 亿 t。中国 2013 年 GDP 占世界 8.6%,但能源消费却占到世界的 22.4%,是世界上一个极其粗放的大经济体。大宗金属矿资源的年消费量:铁矿石(精矿粉)12 亿 t 以上,氧化铝 4000 多万吨(合铝土矿 8000 万~9000 万 t),锰矿砂及其精矿、铜矿砂及其精矿、铬矿砂及其精矿都在 2000 万 t 以上,还有大量的非金属矿资源、木材、化工原料等,这些重要资源的消耗量都占世界上相当大的份额。

上述消费量的激增发生在 2000 年后的 10 多年,推动力是经济高速增长。2000~2013 年,中国经济在较大基数上的持续大幅度增长(年 GDP 由 9.8 万亿元激增到 56.6 万亿元),使得能源总消费由 14.6 亿 t 标准煤上升到 37 亿 t 标准煤,净增达到 27 亿 t 标准煤,年均增速达到 7.6%。2013 年全国能源消费总量占全球总消费量的 22%以上(图 5)[10]。

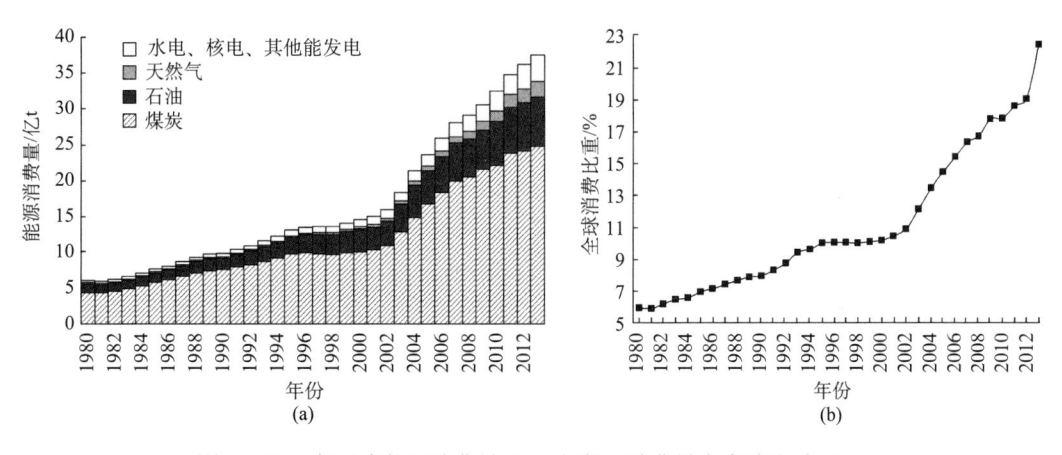

图 5　1980 年以来能源消费量(a)与能源消费量占全球比重(b)

2001 年以来,中国钢产量从 1.29 亿 t 增加到 7.79 亿 t,在全球粗钢总产量中由 17.8% 约攀升至 45.1%。电解铜产量从 137.1 万 t 增加到 649 万 t,消费量从 230.7 万 t 增加到 930.6 万 t,占到全球铜消费量的 45%。氧化铝和电解铝的产能也迅速增长。在近 10 多年中,单位 GDP 的矿产资源消耗不但没有下降,反而攀高。能源消费弹性系数达到 0.8 以上(图 6)。单位 GDP 粗钢消耗从 1998 年的 1195t/亿元增加到 2012 年的 1841t/亿元,精铜消耗从 13.6l t/亿元增加到 23.34 t/亿元,原铝消耗从 1998 年的 25.97 t/亿元增加 2012 年的 59.6 t/亿元,增幅均在 50%以上。这充分表明,近年来的高速增长是依靠能源重化工的大规模扩张取得的。

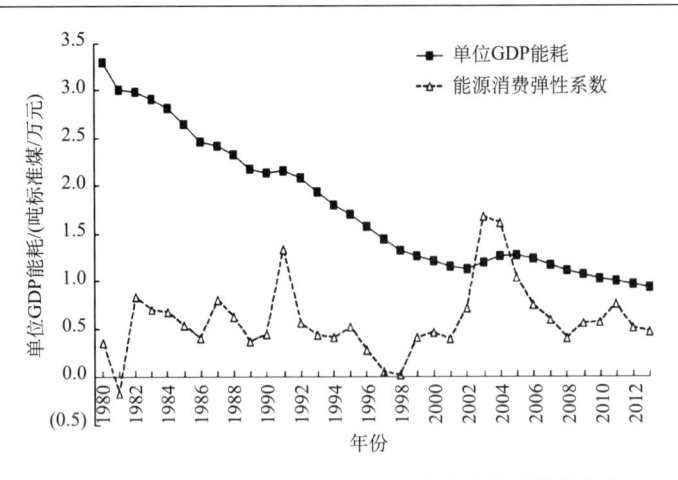

图 6 中国单位 GDP 的能耗和能源消费弹性系数的变化

## 3.2 对世界资源的高度依赖将会使国家面临巨大的地缘政治压力

长期以来国内油气供不应求，缺口不断增大。2012 年，中国原油进口量高达 2.8 亿 t，进口依赖度为 60%。铁矿石进口依赖度由 2001 年的 35.7%增加到 2013 年的 70.1%。铜矿石的进口依赖度从 1998 年的 70.8%上升到 2012 年的 83.%，铝土矿的进口依赖度也从 2006 年的 33.7%升高到 2011 年的 55.5%（图 7）。

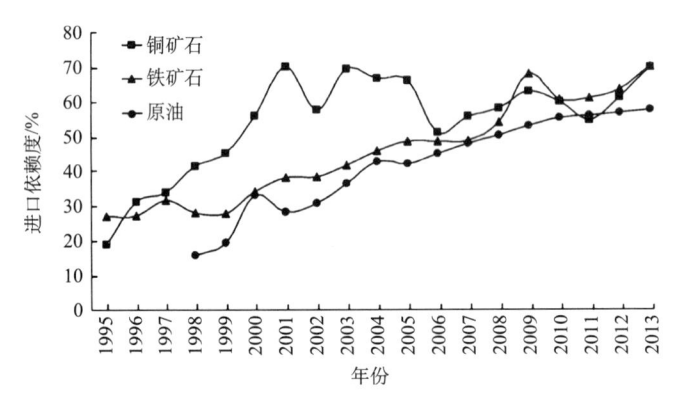

图 7 1995 年以来中国原油、铁矿石和铜矿石进口依赖度

中国经济和社会的持续发展必须具备庞大的能源和矿产资源的支撑，对外的依赖程度在总体上肯定会越来越大，特别是在经济高速发展（设年增长速度 7.0%～7.5%）情况下。如果按照能源消费弹性系数 0.5 计，2020 年中国的能源消费规模将达到 48.5 亿 t 标准煤，2025 年、2030 年将分别达到 60 亿 t 标准煤和 70 亿 t 标准煤。如果在经济中速发展（设年增长速度 5%）的情况下，2020 年中国能源消费规模将达到 47 亿 t，2025 年、2030 年将分别达到 54 亿 t 和 60 亿 t 标准煤。

根据已有的勘探资料，今后 10 年左右中国油气产量在目前年产量 1.8 亿～2.0 亿 t

的基础上，很难有大幅度的增长。在考虑到缓解环境保护和减排压力的情况下，进口油气的比例还可能大幅度提高。在上述中速和高速经济增长情况下，进口原油将分别达到4.0亿t和5.0亿t左右，进口依赖度将提高到接近70%和超过80%；天然气的进口依赖度将达到40%和50%左右。进口原油部分大约60%来自中东，20%来自非洲，约15%的原油和60%的天然气来自中亚和俄罗斯。

进口如此大量的优质能源和大宗矿产资源会遇到什么样的地缘政治压力？在中国崛起过程中，地缘政治的严峻态势是长时期的：中亚地区在地缘政治历史发展过程中被认为是"破碎地带""缓冲地带"。今天，中俄两国共同维系中亚地区的稳定。俄罗斯在中亚地区具有巨大的政治利益及深刻的思想和文化影响。这几方面，中国的影响还差得多。中国从中亚地区进口大量的石油、天然气，对他们依赖程度越来越大。但他们对中国经济上的依赖程度并不大。经济上的相互依赖是地缘政治上的"稳定装置"。印度逐渐强大，其地缘战略最主要的目标是控制印度洋。未来中国在印度洋很可能同时面临美国和印度两个强权。当美国的世界独大地位受到挑战时，不可能接受一个不相信上帝的（民族）国家（中国）与其平起平坐[11]。美国不仅在东亚和太平洋地区，而且已经在全球范围内围堵中国。一旦出现极为不利的地缘政治态势，如若干个对手联合起来对中国实行军事围堵、控制进口能源航线、实行价格"围堵"等，那将使中国优质能源和诸多的矿产资源来源突然大幅度减少。

如果中国持续保持现有的经济高速增长，其对能源与矿产资源的需求规模将快速增加。如果考虑减少对国际资源的依赖程度，在一定量能源消费的情况下，还可以继续加大对煤炭的开发利用规模，将每年煤炭开采和消费量提高到50亿t甚至60亿t。这就必须面临更严重的环境恶化压力，承受着更加高额的经济成本。

中国高消耗的经济结构和技术状况很难在较短的时期内得到大幅度的扭转。要避免上述几种情况，比较可行的途径是选择中速经济增长，而下大力气进行节能技术的开发和推广应用。

## 3.3 能源矿产资源对经济增长的严重制约将可能使经济成本过高甚至经济大幅波动

未来中国经济无论中速增长亦或高速增长，能源和矿产资源的消耗量都将是极其巨大的。这样的资源量，如果不能保障长期稳定的供应，必然会引起经济的大幅波动，即使量的方面能够保障，也因为各种原因，能源和资源价格过高而反过来制约经济发展。以铁矿石为例，中国是世界上最大的铁矿石进口国，近年来每年铁精矿进口量都在7亿t以上，但没有价格的定价权（全球四大贸易巨头控制了70%的铁矿石贸易量）。过去10年，铁矿石价格上涨6倍，钢铁业矿石原料超额支出达2万亿元。近年来维持巨大的金属矿产资源（精矿）进口，由于出口国的原因，难度很大，也由于价格垄断的原因而使矿产资源的价格不断攀升，给国内生产企业带来巨大威胁。

多年来，部分地区利用能源和矿产资源"优势"，大规模发展能源重化工业，使GDP长期高速增长。这种所谓的"优势"正在发生变化。其表现在东北、华北和西北的一些省区，近年来国有企业经济效益下降，利润减少，出现大面积亏损。国有经济结构偏重于重化工业是这种状况的主要原因之一。

### 3.4 从国情出发，节约利用资源

从国情出发，中国必须建立资源节约型的社会经济体系。在人均占有自然资源方面我们永远不能效仿西方国家，特别是美国、加拿大等高消耗的国家。欧洲国家、日本已经走成了一条比美国、加拿大较低耗能、较低排放的发展道路，说明发达国家几乎拥有一样的现代化水平，但并不完全拥有同样的发展方式。因此，可以走上一条既经济增长、又资源节约的道路。对于中国，就更需要走节约资源的道路，提倡"适度消费"。中华民族将需要永远过相对节俭的日子，即使到了现代化实现之时。

1973年西方世界发生石油危机，推动了其国内产业结构的调整，并对产业和资本向外实施大规模转移。中国空前规模的能源和资源消耗，既是现实的压力、潜在的危机，也是进行结构调整和发展对外投资的重大机遇。

## 4 高速发展与大规模空间扩张的城镇化：战略方针调整之后

近20年来的城镇化发展，有力地促进和保障了大规模工业化，推动了经济的国际化，综合国力大幅度提高，成为世界上第二大经济体[12]。城镇建设和居民生活大幅度改善。高速发展和大规模空间扩张的城镇化，强烈地推动了大规模土地开发和大规模投资；城镇化与大约50个产业的发展相关。中国的城镇化，是经济高速和超高速增长最重要的要素和支撑因素。

中国城镇化在"九五"时期就开始了高速发展，有3年的城镇化率每年增加1.7个百分点。2001年开始的"十五"计划却又强调"中国推进城镇化的条件已经成熟，要不失时机地实施城镇化战略"，使本来已经高速行驶中的城镇化列车进一步"加速"。"十五"期间年平均增长1.4%。"十一五"以来，年平均增长1.3个百分点，即每年城镇新增人口在1 800万人以上。2012年城镇化率达到52.6%（图8）。但是，实际的人口城镇化率只有35%，即城镇化速度过快，城镇化率虚高。2.6亿多农民工并没有市民化，是所谓的"半城市化"。农村空心化加剧，农业生产与粮食安全面临严峻考验[13]。农民工和农村的上述状况说明了中国城镇化存在严重的质量问题。

欧美主要资本主义国家城市化水平（城市化率）的起步阶段平均每年增加只有0.16～0.24个百分点，加速阶段每年增加也仅达0.30～0.52个百分点。西方发达国家的城镇化率从20%发展到40%用了几十年至上百年，中国只用了21年。自40%的城镇化率到今天80%左右的城镇化率它们又经历了50～100年。

在城镇化进程高速发展的同时，由于以GDP为主导的干部绩效指标和土地财政的引领，全国范围内持续不断地出现大规模占地和圈地，开发区之风、新区之风、新城之风愈刮愈烈。被媒体称为的"鬼城"广泛出现。由此，耕地资源消耗过多。近10年来每年征地失去耕地的农民平均有260万人。全国总计已造成了上亿失去耕地的农民。2009～

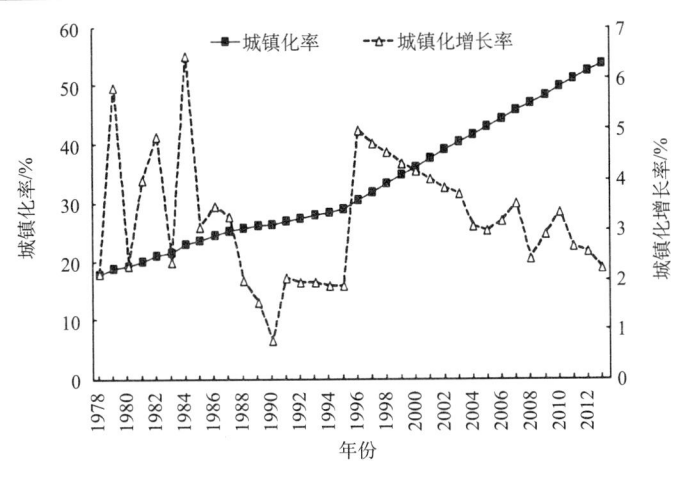

图 8 改革开放以来中国城镇化发展进程及城镇化速率的变化

2013年全国因城镇化占用耕地约 100 万 hm² （约 1 500 万亩），平均每年约 20 万 hm²（约 300 万亩），基本上都是优质耕地。如果再加上环境污染造成的耕地损失（重金属污染、POPs 污染、其他类型污染），每年因城镇化和环境污染而失去（不能恢复具有农产品、水产品生产功能的）耕地约 67 万 hm²（约 1000 万亩）。如此惊人的耕地资源消耗速度在整个地球上是没有先例的，其对我们中华民族的永续生存是巨大的威胁。

高速发展与大规模空间扩张的城镇化，使国民经济对房地产业的依赖度持续上升，国家经济、金融和地方财政均有突出的房地产化倾向。建筑业，主要是房地产建筑业，是 10 多年来对经济增长率影响很大的领域。房地产投资是固定资产投资的支柱之一。许多省份的经济都高度依赖房地产投资。《第一财经日报》统计[14]各省（自治区、直辖市）2014 年上半年固定资产投资中对于地产投资依赖度排名前 10 位的分别是上海（55%）、北京（52%）、海南（46%）、贵州（33%）、重庆（33%）、广东（32%）、浙江（30%）、福建（26%）、云南（26%）、辽宁（22%）。这种情况表明，中国大规模投资、大规模"造城"带动了建筑业、房地产业的空前繁荣。

经济增长和产业支撑与高速城镇化不能相适应，一些地区是基本没有产业支撑的"城镇化"。环境污染代价巨大，一些城市基础设施不堪重负[15]。上述严重态势的发展，将不可避免地引起城乡对立、城市中人群之间的对立，给中国的现代化伟大事业带来严重危害。

2013 年 12 月中央召开了关于城镇化工作会议，习近平总书记和李克强总理分别做了极为重要的报告。会议提出，农业转移人口市民化、解决好人的问题是推进新型城镇化的关键。在进程上要稳中求进。之后，国家新型城镇化规划（2014～2020 年）正式出台。中国城镇化的战略方针实现了重大调整，城镇化进程正在转型中。中国城镇化的未来发展，将要求更加关注城镇化的质量而非速度，重点将是"人"的城镇化。城镇化发展水平应当与水土资源和环境承载力保持一致，与城镇产业结构转型和新增就业岗位的能力保持一致，与城镇实际吸纳农村人口的能力保持一致。城镇化将进入一个平稳发展阶段。由此判断，全国经济增长速度也将进一步趋缓。

## 5 建立在高消耗、高污染基础上的发展模式不可持续

长时期实行的低端产品生产的"世界工厂"和投资拉动的发展模式是中国经济高速增长的重要理念和支撑。现在,需要认真考虑这种发展模式的可持续性。这两种发展模式的重要支撑仍然是资源和环境,其作用是通过相应的产业发展和产业结构来体现的,即资源、环境→产业结构与产业发展→发展理念与发展模式三方面密切关联。

### 5.1 低端产品生产的"世界工厂"

低端产品生产的"世界工厂"发展模式在以往较长时间内推动了中国经济的高速增长(图9)。钢铁、水泥、焦炭、铝及铜铅锌、基本化工产品、皮革、印染、造纸等部门的高污染、高排放、高耗能行业的项目,大量上马,能源和基础原材料生产规模迅速扩大。2001~2013年,中国钢材年产量由1.29亿t增加到7.79亿t,发电量由1.36万亿度增加到5.4万亿度,煤产量从不到10亿t增加到36.8亿t。这种情况使中国成为世界上第二大经济体和世界最大的出口国。2002~2012年主要高耗能产品铝材、铜材、钢材、水泥、平板玻璃等基础原材料的出口规模都以惊人的速度增长。

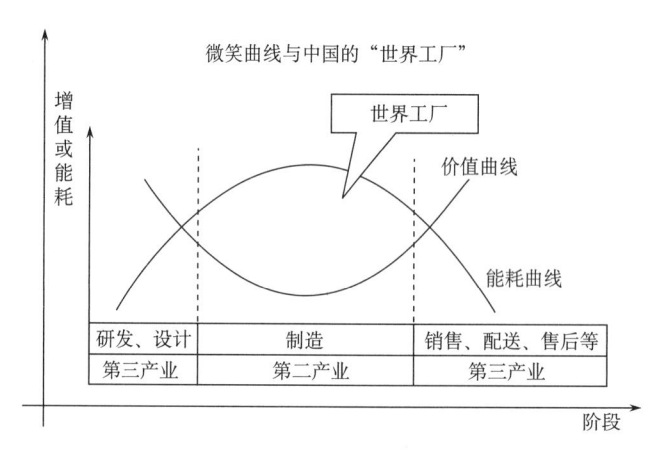

图9 中国低端产品生产的"世界工厂"

根据参考文献[16]修改

这种模式导致国内重要资源在加速消耗,并引起"世界在污染中国",以及经济效益低、国内竞争国际化、加深国民经济结构性困境等问题,2007年左右这种发展模式就已经到了"尽头"。但2008年美国人的金融危机爆发、中国政府实施大规模经济刺激计划,低端产品生产的"世界工厂"发展模式得以持续。

### 5.2 经济刺激计划和投资拉动

大规模投资是中国经济高速增长的重要保障因素之一。2000~2013年,固定资产投资对国内生产总值的贡献率平均达到50%。其中,2009年这种贡献率高达87.6%。2000~

2013年固定资产投资弹性系数一直居于高位（图10～图12）。

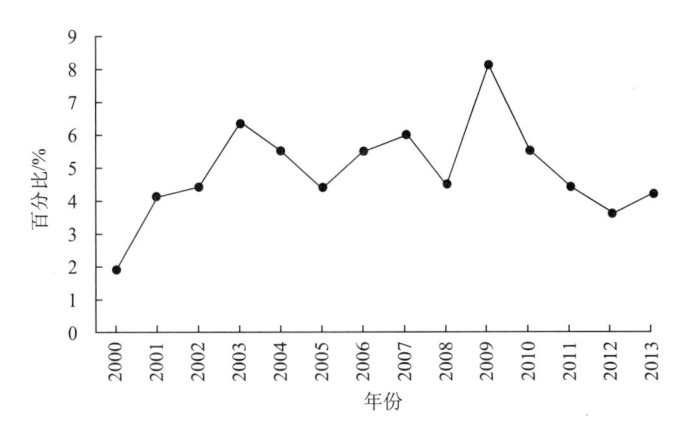

图10　2000～2013年投资所拉动的中国国内生产总值增长率

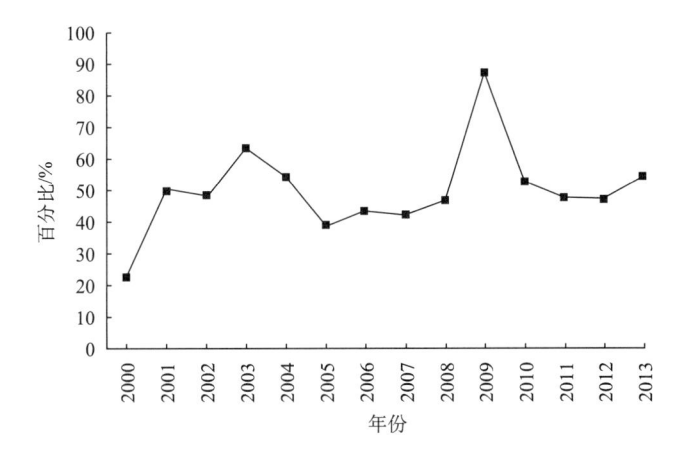

图11　2000～2013年投资对中国国内生产总值增长的贡献率

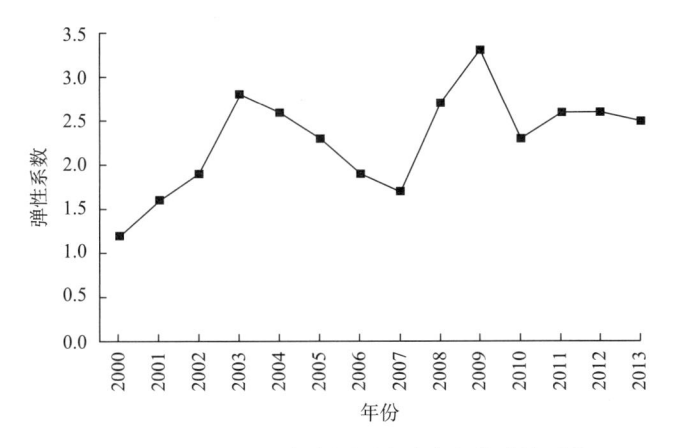

图12　2000～2013年中国固定资产投资弹性系数

通过扩大投资，增加了产能，解决了经济发展低迷乃至危机。在保障了经济高速增长的同时，积累了大量的结构性问题，也造成了巨量的投资浪费。

大规模的投资拉动经济增长的模式，到 2012~2013 年实际上也已经走到了"尽头"。其一，引起了巨额的财政支出和货币发放，形成了投资过度、产能过剩、重复建设，以及调控也止不住的房价高涨。其二，地方政府的巨额投资，一方面来源于土地财政，另一方面来源于大量举债。2001 年全国土地出让金为 1 296 亿元，到 2013 年全国土地出让金总额首次超过 4 万亿元。13 年间增长超过 30 倍，累计达到 19.4 万亿元。这既表明了对土地资源的浩劫，也表明了政府资金来源的不可持续性。地方政府积聚的债务风险不断升高。如此高速增长的链条已使经济发展不可持续。

## 6 如何判断中国经济增长的"后发优势"

### 6.1 中国已经充分发挥了"后发优势"

改革开放以来，中国实现了 30 多年的高速经济增长。在经济全球化和信息化的大背景下，通过建立特区、开发区、自由贸易区等形式，吸收资本、吸引技术，并在各个行业和层面进行了管理体制改革，实现了技术追赶。经济增长速度长时期都超过了发达国家相应的历史进程。

但是，"后发优势"也是有限度的。30 多年来的经济增长速度是发达国家所没有的，就是"后发优势"得到超常规发挥的结果。例如，中国充分利用国际上先进的技术和设备，在过去的 10 多年中，通过消化和研制，生产了大批 60 万 kW 及其以上规模的大型火力发电机组，用于国内改造旧设备。今天中国的燃煤发电总体水平已居世界前列。中国火电装机容量中的 2/3（约 5 亿 kW）是在 2006~2013 年新安装的。也就是说，今后火电发电设备制造的更大发展需要在自主创新的基础上，并且主要市场将由国内转到国外。发电设备制造面临的形势反映了中国装备制造业的整体情况。

充分利用"后发优势"是中国经济长时期高速增长的主要因素之一。在经济发展达到如此规模和整体水平的情况下，今后的发展将主要依靠创新驱动模式，经济增长速度趋缓是必然的。

### 6.2 中国人均 GDP 指标在世界上的排位

近年来有些学者强调，中国人均经济指标刚过世界平均水平的一半。2008 年中国人均经济只有美国的 21%，相当于日本的 1951 年、新加坡的 1967 年、韩国的 1977 年与美国的差距。而这些国家和地区在达到中国今天的人均经济指标后都持续地发展，现在都达到了当时人均 GDP 水平的几倍，与美国等发达国家人均经济指标的差距大为缩小。2014 年中国是进入 10 万亿美元以上的俱乐部国家，但人均只有 7575 美元，仅排在世界的第 80 位左右。认为中国经济具有很大的"追赶空间"，可以保证今后 20 年的高速增长。

现阶段考虑中国人均 GDP 指标，主要目标应是逐步赶上世界平均水平。如果要使中国人均 GDP 达到美国、德国、日本等发达国家的水平（人均在 4 万美元以上），中国的年经济总量要求比现在总量增加 4 倍以上。达到如此规模的总量，各主要增长因素的供应能否达到所需的规模，那时候中国产业结构和技术水平等情况现在还很难预见。仅强调人均 GDP 指标在世界上的排位，不足以作为中国经济还可以保持高速经济增长的理由。

## 6.3 创新驱动下的经济增长速度

20 世纪 80～90 年代初，中国经济发展的主要驱动力来自于廉价的劳动力、土地、矿产等资源，可以归之于要素驱动的发展。近 20 年来，以大规模投资更新设备，扩大规模，增强产品的竞争力，实现大规模生产而驱动经济增长。现在，中国正在逐步进入创新驱动阶段，这个阶段的特点是以技术创新为经济发展的主要驱动力，竞争优势主要来源于产业中整个价值链的创新，特别是注重和投资高新技术产品的研发，并把科技成果转化为商品作为努力的目标。重要的产业集群开始出现，世界级的具有竞争力的新产业也在相关产业中产生，企业的创造力表现在产品、流程技术、市场营销和其他竞争方面，已经接近精致化程度。但是，中国经济增长由投资驱动向创新驱动转变的动力不足，主要表现在缺少具有世界竞争力的民族品牌。今后，在实现从"中国制造"向"中国创造"的转变过程中，将是一个渐进式的过程。从低端产品生产、投资拉动等模式，转型到创新发展（为主，提质升级），本身就很难在高速经济增长中实现。

欧美主要发达国家在达到中国目前人均 GDP 水平时，也基本处于创新发展阶段，当时它们经济增长和城镇化发展速度并不高，从能耗、排放、污染等方面考察的三产结构都比中国明显优化。

# 7 经济增长速度与就业、国家影响力及经济转型的关系

## 7.1 经济转型与就业

### 7.1.1 导致就业增加趋缓的因素

经济增长率下降、技术进步和劳动生产率提高等是使中国就业增加趋缓的主要因素，这也是实现经济发展转型的必然趋势。

中国已经拥有庞大的基础原材料产业，依靠这些产业的继续扩张来扩大吸引农村劳动力、增加就业，空间不大。经济结构调整和科学技术发展，必然导致部分 GDP 所需的就业岗位数下降。

能源、原材料和设备制造业的技术进步将使劳动生产率得到提高，产业结构的升级将提高高附加值产业的比重，而高端产业对就业拉动的作用一般是减弱的。根据分析，2008 年创造一个就业岗位需要增加值数量：资源密集型部门 1.6 万元，劳动密集型部门 3 万元，资本密集型和技术密集型则高达 7 万元。一般制造业和低端服务业不超过 5 万元，高新技术产业、高端服务业等高附加值的新兴产业普遍需要 10 万元以上。

重型大企业劳动生产率显著提高，同规模产出的用工数量大幅度减少。以轻纺产品

为主的中小企业劳动力成本的上升驱使用工强度缩减。2010 年以来，在中小企业集中的珠三角和长三角地区，劳动力成本上涨了 20%~25%。改革开放以来，中国就业弹性呈逐年下降趋势。特别是 2005 年后，就业弹性呈直线下降趋势，从 2005 年的 0.118 下降到 2010 年的 0.068。就业弹性的下降预示着产业吸纳劳动力能力减少。以钢铁、合成氨、电力、汽车、水泥为代表的重型大企业的人均产出量逐年上升，意味着劳动生产率显著提高和单位增加值的就业岗位数下降（图 13）。

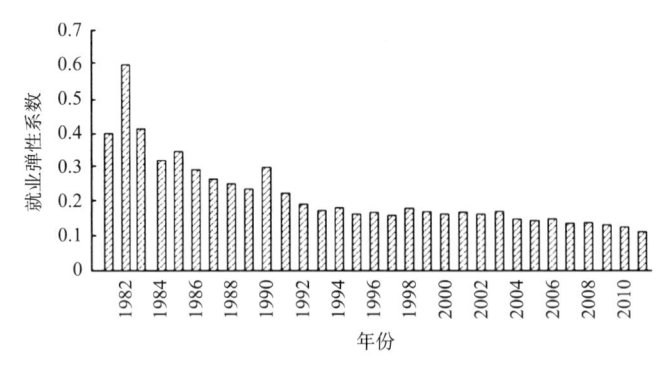

图 13　中国 1980~2010 年就业弹性变化

### 7.1.2　促进社会就业增加的因素

（1）改善企业的规模结构。近年来政府非常重视中小（微）企业的发展。中小企业可以因地制宜地充分利用地区的各类资源，满足地方性的多样化需求，可以使地区经济较快增长。最重要的是在一定的经济总量情况下，可以容纳较多的劳动力。因此，改善企业的规模结构对那些欠发达且近年来经济重型化突出的地区更为重要。

（2）改善教育结构。中国教育改革的主要方向之一是加强职业教育。职业教育的发展，一方面可以提高"中国制造"的水平，提高出口竞争力和增加出口规模；另一方面可以"学以致用"，增加就业岗位。

（3）发展社会服务业。服务业是今后就业增加的主要领域。根据摩根大通 2013 年 5 月的预计，当年全国与服务业（零售、旅游和休闲）有关的工作岗位在 GDP 所占的比重首次超过工业领域的下作岗位。在过去 2008~2012 年，服务业共创造 3700 万个就业岗位，而包括制造业、建筑业和矿业在内的工业领域仅仅创造 2 900 万就业岗位。但是，上述的统计数据中，有相当大的部分是不正规的、稳定性差的就业岗位。

（4）发展城乡一体化、建设新农村可以减轻城镇就业压力。根据长江三角洲地区近年来的实践经验，城乡一体化和农村现代化发展有可能增加就业岗位。为此要进行土地制度改革，促进城乡人口的双向流动制度，创造城乡一体的制度环境。以分级门槛、柔性推进人口市民化，构建城乡无差别的聚落体系。以产业链延伸和服务化为路径，构筑城镇化的就业及经济支撑体系。适度保护乡村，积极探索参与式的绿色乡村旅游的发展路径。

## 7.2 经济增长速度与国家影响力

人们可能认为，现阶段中国经济增长速度无论如何不能降。速度一下来，中国对周围国家的影响势必就会减少。中国已经是世界大国，但是还不是世界强国，经济发展和综合国力的提高无疑是国家崛起的长期重大战略任务。但是不是在今天具体情况下只有经济高速增长才能加强国家的影响力？现代社会的国家影响力（大小）具有以下基本特点。

（1）国家影响力是众多因素相互作用的结果。国家影响力的培育与强化需要一定的经济发展速度作支撑。但国家形象与经济发展速度之间也不存在正比例关系。在发展史上，世界权力中心在转移过程中，退位者往往具有较低的经济增长速度，承接国家往往具有较高的经济发展速度，多处于经济高速发展状态。但中心地位稳定之后，经济发展则降低为低速或中低速增长。

（2）当今世界上，经济发展速度与国家竞争力之间呈现逆向的对应关系，经济发展速度较高的国家往往有着较低的竞争力，而竞争力较高的国家却保持着较低的经济增长速度。经济发展超高速、高速增长的国家往往是竞争力处于平均水平以下的国家，拥有较低的竞争力。

## 7.3 经济转型与经济增长速度

在中国如此庞大的经济总量条件下，转型和速度不可能同时兼得。如果继续谋求高速，就难以实现转型。而要实现国民经济转型，必须下大力气，将较多的资金、人力、资源以及时间、空间等用于科技创新、技术进步、改善管理等，也难以高速。

美国、日本、德国等发达国家在发展过程中也都具有经济转型的经历。德国人均GDP约1万美元时实现转型，重视社会发展，同时提升"德国制造"上新台阶。在他们的经验中，实现技术含量较高的发展，也往往伴随着经济增速趋缓的过程。所以，在转型过程中由高速变为中速增长不是走下坡，不是下滑，是旧常态到新常态的转型，是走向经济强国的过程。

在进入创新驱动阶段时，还需要防止出现这样的情况，即很可能在需要坚决实施发展转型时又要谋求经济高速增长，结果使调整和转型不能坚持下去，或转型没有收到大的实效。

# 8 小结及建议

## 8.1 中国经济进入中速增长已是必然趋势

上述分析强调，中国长时期高速经济增长引起了严重的结构性问题，而具有如此结构性问题的国民经济已经超越了环境承载力的极限，空前规模的资源消耗将可能给国家安全和经济稳定带来难以承受的威胁，曾经支撑了高速经济增长的发展模式和高速发展及大规模空间扩张的城镇化已经不可持续。

鉴于中国经济长时期高速增长的历程及国内外发展的大环境，经济发展的客观趋势是较快地进入中速增长（阶段）。这既是经济发展规律的客观反映，也符合经济、社会可持续发展的客观要求。

聚焦一下世界部分发达国家（美国、加拿大、日本、英国、法国、德国、瑞士、荷兰）经济增长速度的变化轨迹。这些国家达到中国目前人均 GDP 水平之前的 10 余年甚至更长的时间里，除日本保持 10 年左右的高速增长外，其他发达国家发展速度并不高；在达到中国目前人均 GDP 水平之后的 30 年的发展中，经济增长率都基本维持中、低速的发展态势。其中，美国在第二次世界大战后的经济增长率基本保持了中速发展的态势，英国近 200 年的时间内经济增长率都比较稳定，除少数的特殊年份外，都保持在中、低速增长。近 30 年来，这些国家在与经济增长紧密联系的重大领域，即城镇化、产业结构、能源消耗、环境状况等并没有出现严重的不协调状态。

中国进入中速经济增长，将为建设经济强国和实现中国和谐社会提供重要的机遇和空间。中速增长对于今后发展是精明增长、佳好增长、通向世界经济强国的增长，不是差增长，更不是糟糕的增长。

## 8.2 充分考虑到 GDP 指标的局限性

长期以来，经济（GDP）增长率已经成为经济发展最重要的号召力，不可侵犯的业绩衡量尺度。但到了今天的发展水平和发展阶段，则需要充分认识到 GDP 指标的局限性。

由于经济增长指标由中央政府下达，各地区各部门极少有完不成的情况。其中，难免会有 GDP "兑水" 的问题。

我们建议，今后制定国民经济和社会发展年度计划时不以经济增长率作为主要衡量指标，有关部门可以提出 GDP 的预期值。政府可以通过财政、货币和产业政策等来促进经济发展，但不提出必须完成的经济增长率指标。

## 8.3 提倡"三维目标"的发展

经济增长、社会发展和生态环境保护是国家发展的 3 个主要目标。在工业化的初期，经济增长几乎是唯一目标。之后，社会发展成为国民收入分配的主要方向之一。到了工业化的中期，生态环境保护逐渐成为国民收入分配又一个主要目标，经济增长便在三维目标空间中运行。在三维目标空间中的经济发展，即受到经济利益因素的驱动，同时还受到社会公正和控制生态环境恶化因素的制约。因此，增长速度低于二维空间，更低于一维空间的结构状态。但是，从人与自然关系相互协调的角度衡量，是一种高级的常态化发展[17]。

致谢：本文由陆大道在中国科学院学部咨询项目《中国经济增长速度的基本要素和支撑系统研究》咨询报告的基础上修改而成。在编写过程中，项目秘书组陈明星、王成金、马丽、唐志鹏、周侃、宋涛、孙东琪等提供了有关的分析资料。

## 参考文献

[1] 国家统计局. 中国统计年鉴[M]. 北京：中国统计出版社, 1991-2013.
[2] 樊杰, 王亚飞, 汤青, 等. 全国资源环境承载能力监测预警(2014版)学术思路与总体技术流程[J]. 地理科学, 2015, (1): 1-10.
[3] [美]丹尼斯·米都斯. 增长的极限[M]. 李宝恒译. 长春：吉林人民出版社, 2008.
[4] 朱太辉. 美元环流、全球经济结构失衡和金融危机[J]. 国际金融研究, 2010, (10): 37-45.
[5] 陆大道, 陈明星. 关于"国家新型城镇化规划(2014~2020)"编制大背景的几点认识[J]. 地理学报, 2015. 70(2): 175-185.
[6] Sun D Q, Zhang J X, Hu Y et al. Spatial analysis of China's eco-environmental quality: 1990-2010[J]. Journal of Geographical Sciences, 2013, 23(4): 695-709.
[7] 李名升, 张建辉, 张殷俊. 近10年中国大气$PM_{10}$污染时空格局演变[J]. 地理学报, 2013, 68(11): 1504-1512.
[8] [美]德内拉·梅多斯. 增长的极限[M]. 李涛译. 北京：机械工业出版社, 2015.
[9] Li C F, Wang A J, Chen X J, et al. Regional distribution and sustainable development strategy of mineral resources in China[J]. Chinese Geographical Science, 2013, 23(4): 470-481.
[10] 国家统计局能源统计司. 中国能源统计年鉴[M]. 北京：中国统计出版社, 1986-2013.
[11] 张维为. 中国触动全球[M]. 北京：新华出版社, 2008.
[12] 姚士谋, 张平宇, 余成, 等. 中国新型城镇化理论与实践问题[J]. 地理科学, 2014, 34(6): 641-647.
[13] 杨忍, 刘彦随, 陈秋分. 中国农村空心化综合测度与分区[J]. 地理研究, 2012, 31(9): 1697-1706.
[14] 第一财经日报. 哪些省份最依赖地产投资[N]? 第一财经日报, 2012-08-12(1).
[15] Fang C L, Wang J. A theoretical analysis of interactive coercing effects between urbanization and eco-environment [J]. Chinese Geographical Science, 2013, 23(2): 147-162.
[16] 毛蕴诗, 郑齐志. 基于微笑曲线的企业升级路线选择模型——理论框架的构建与案例研究[J]. 中山大学学报, 2012, 52(3): 162-174.
[17] 陆大道. 区域发展及其空间结构[M]. 北京：科学出版社, 1995.

# 关于我国区域发展战略与方针的若干问题*

**摘　要**：文章回顾了我国区域发展战略及方针的演变，评述了基本态势，阐述了区域协调发展战略的基本内涵，提出了按照功能区对地域空间进行管制的重要意义。

## 1　区域发展的战略方针演变及近年来区域发展的基本态势

区域发展战略是国家关于在一定阶段国内各（类型）区域的发展方向和总体格局的指导思想和基本方针的概括。中华人民共和国成立以来的半个多世纪，国家的区域发展战略和方针经历了几次重大变化。

20世纪50年代中期，国家将全国划分为沿海和内地而将战略重点置于内地，当时的指导思想主要考虑国防安全。"三线建设"时期国家的区域发展战略是将全国划分为一、二、三线地区而将国家的战略重点置于"三线地区"。"六五"期间（1981～1985年），实施沿海地区发展战略，沿海地区成为国家发展的战略重点。"七五"期间（1986～1990年），国家划分三个地带而将战略重点置于东部沿海地带，同时部分基础设施和产业的发展重点工程转移到中部地带，西部地带基本上处于准备开发状态。1992年中央政府开始考虑"地区协调发展战略"，在"九五"期间正式实施这一战略。在这一战略的大背景下，1999年国家实施"西部大开发"，2002年实施振兴东北老工业基地的"东北振兴"。这里的"西部大开发"和"东北振兴"都只是国家的区域发展方针，不能说成区域发展战略。2005年国务院正式确定将"中部崛起"作为我国的区域发展方针之一。这些就构成了今天我国区域发展战略的全部。

"西部大开发""东北振兴""中部崛起"组成我国现阶段区域发展战略的整体构架。但是，我国现阶段区域发展的战略重点到底是什么，反而变得有些模糊了。我认为，我国区域发展的战略重点自改革开放以来就置于沿海地区，现在和未来很长时期内也都在沿海地区。沿海地区的率先现代化和大规模地进入国际经济循环，无论在国家政策层面或者在经济发展水平、产业结构升级、大规模基础设施建设及国际大都市的发展等方面，都是不争的事实，这是完全符合全中国人民的整体利益和长远利益的。海洋，早在19世纪就被认为是"伟大的公路"。人类的社会经济活动受海洋的吸引是长期趋势。在经济全球化和信息化迅速发展的今天，沿海地区的发展优势进一步加强了。我国的区域发展战略和方针科学地反映了客观规律的要求。

"西部大开发""东北振兴""中部崛起"等方针所针对的"西部""东北""中部"，它们在总体上并不是"问题区域"。但是，根据这些方针所制定的政策和措施是针对"问题"的。

---

\* 原载于：经济地理，第29卷第1期，2009年1月出版。

在中央政府实施了多年的改革开放政策及近年来实施的西部大开发、振兴东北老工业基地等一系列方针的指引下，中国目前的区域发展态势有以下特点：①全国及各地区的国民经济高速和超高速增长。②地带间经济实力的差距继续扩大，全国范围内形成了明显的技术经济梯度。沿海地区的发展水平高于全国平均水平，处于工业化中期向工业化后期过渡的时期。而中西部地区总体上还处于工业化的初期阶段。高新技术产业迅速发展，在全国高技术产业增加值总体迅速增长的同时，强势省份越来越强。③大多数地区产业结构调整基本找到了自己的位置，产业结构特色更加区域化。基础原材料工业向沿海地区转移，能源工业向西部地区转移。部分地区的基础原材料工业规模过大。④与产业集聚和发展水平相适应，出现了大城市经济区、城市与产业集聚带（是正在形成中的都市经济区）。⑤资源、环境、生态等方面的问题出现严峻的态势。沿海经济高速和超高速增长，人口密集，大中城市规模迅速扩张，引起突出的环境问题。经济高速增长主要依靠大规模开发资源和对资源进行大规模加工的地区的污染加剧。在生态基础本来就很脆弱的地区，增长速度和产业结构正在导致严峻的生态退化。

## 2 区域协调发展战略的内涵

根据我国自然结构和社会经济分布的基本特点，实现区域协调发展必须倡导以下理念并采取相应的政策、措施。

### 2.1 科学地确定各地区的发展定位

要根据各地区资源环境承载能力、开发密度和发展前景，把握区域比较优势，进行合理的功能定位（发展方向、发展目标），选择差异化的发展路径。充分发挥各地区的优势，不能实施普遍的赶超和缩差战略。"十五"以来的超高速经济增长，也给持续发展带来了困难。未来20年左右时期内，社会经济发展不能按照目前的区域格局均衡地延伸。

### 2.2 对地域空间开发实施导向和约束

由于未来经济增长和社会发展不可能、不应该是现阶段态势的自然延伸，因此，必须进行功能区划，发挥各地区的主体功能。根据我国自然地理基础和经济增长与不平衡之间的倒 U 型的相关规律，"空间集聚"将是我国未来很长时期内社会经济空间结构演变的基本趋势。一些特殊类型的地区大都是生态脆弱的区域，有些是水土资源严重缺乏的区域。这些区域不可能实施大规模的工业化和城市化。在这种情况下，未来经济增长和进一步城市化的重点区域必然是气候、地形及水土资源条件比较适宜和优越的区域。这些区域主要是沿海地带和中西部地带的平原和盆地。当然，这些区域已经集聚了大规模的工业和城市人口。但无论从国际发展经验、社会经济空间组织的程度，以及国际化、信息化所带来的高度开放的发展系统的可能，这些区域在现代化支撑体系的保障下，都可以建成"高密度、高效率、节约型、现代化"的发展空间。我国沿海地带正在形成珠江三角洲地区、长江三角洲地区和京津冀地区三个大都市经济区。同时，在全国范围内还有十多个城市和产业集聚区（带）。未来几十年，我国经济增长和城市人口的集聚主要发生在这些区域。

## 2.3 逐步缩小各地区社会发展水平的差距

将基本公共服务均等化作为区域均衡发展的核心目标，途径是按照功能区的财政转移支付，发展优势产业，加强人力资源开发，提高人口素质。

## 2.4 逐步建设发达的支撑体系

目标是使各种类型区域的交通通信、能源供应、水源供应、环境治理等基础设施的支撑体系与人口、产业的空间格局相适应。

## 2.5 实现全国各区域的可持续发展

通过使区域发展规模、发展水平与自然基础和生态承载力间实现有机的耦合，使区域获得可持续发展的能力。

## 2.6 区域发展方面的体制和机制创新

在政府力量和市场力量的共同作用下，营造区域发展的"造血"机制、创新能力和增长动力。在区域互补中实现互惠，在区域合作中达到共同发展。配套适度的政策支持，形成分类管理的区域政策体系。

# 3 按照功能区实施对地域空间的管制

## 3.1 对地域空间进行管制的背景与意义

今后15~20年，我国经济发展仍然保持在较高的水平上，经济和社会发展对资源和环境的压力持续加大。我国及各地区的自然结构和社会经济结构将继续演变，社会经济与自然基础之间的匹配和适应关系很可能趋于恶化，可能面临更为严峻的国土安全和资源保障问题．这些问题体现在我国日益庞大的经济总量和社会总量如何在全国地域上合理布局？如何使那些生态脆弱和环境恶化的地区不至于发生崩溃？如何使那些大都市经济区、人口及产业集聚带能够得到可持续发展的能力？这些严峻的问题关系着国家和民族的国土安全和长期生存的资源保障。

我国环境污染越来越严重，原因是多方面的。其中，以邻为壑是导致环境污染、环境冲突和危机的一个重要原因。为了保护地区利益和部门利益，追求本地区GDP的大发展，在上下游之间、左岸和右岸之间、这部分流域范围和那部分流域范围之间，"你污染我，我污染他"已经成为灰色的环保潜规则。行政分割和以邻为壑，损害了流域水、气环境的整体性，引发了社会矛盾和冲突。这种情况遍及我国主要的河流流域及城市人口集聚区。因此,要将生态保护和生态补偿纳入政府的宏观调控和协调职能中。随着大都市经济区和人口产业集聚区规模的迅速增加,周围区域的环境和生态问题对其发展所造成的影响越来越突出。它们的发展需要更大范围内的生态服务功能的支撑。因此,城市与周围广大的区域构成了以生态服务和生态补偿为纽带的整体(一体化区域)。

## 3.2 通过区域规划(国土规划)实施对地域空间的管制

在经历了30年的改革开放和高速经济增长的大背景下,针对已经和正在出现的国土开发和地域空间管制方面十分严峻的态势,必须加强区域规划,并通过区域规划制定必要的区域政策和措施,实施对地域空间的管制。对于我们这样的自然结构复杂和人口、产业大国来说,地域空间的管制和规划将是永恒的主题。

在全国的尺度上,国家需要对未来的国土开发和区域发展战略做出宏观决策。未来进行功能区的划分及按照各类功能区进行空间管制,成为我国发展的必然趋势。地域空间管制的目标就是通过国土开发的评价、承载力的评估等划分各类功能区,确定它们的科学定位,并制定相应的政策,以实现地域空间上的合理部署和科学发展。

在区域的尺度上,特别是针对跨省(区、市)的重点地区,需要进行区域规划(在全国进行功能区划的情况下,区域规划的对象也就是功能区)。在目前国家已经启动了"长江三角洲地区"和"京津冀都市圈地区"区域规划的情况下,需要逐步启动其他一些大都市地区和重点产业带的区域规划,对跨行政区的建设项目和区域性的资源环境问题进行区域协调。在进行全国尺度上重点区域的区域规划(国土规划)的同时,各省(区、市)也必须逐步开展其行政区域范围内的跨地区的区域规划。

通过区域规划制定针对区域发展目标和方向的区域政策和措施,并根据这些区域政策和措施对区域进行管制,是现代国家的政府和社会都非常重视和关注的理念和行为。

什么是地域空间的管制?其基本的解释如下:政府通过区域规划及制定的区域政策和措施,对一定范围的地域空间及其社会经济客体的职能、空间扩张及相互作用、资源、环境进行导向、约束、调配,以使地域空间可持续利用和社会经济可持续发展的行为和过程。

在实践中,地域空间管制的行为可以分成两种类型:其一,属于导向性的,包括导向、促进、诱发和刺激等;其二,属于约束性的,包括强迫(命令)、禁止(命令)、限制等。第一种,例如,为了促进"问题地区"的发展:有时间性的全部减免或部分减免税收,提供劳动力培训和补贴的优惠措施,提供(低息)贷款和补贴,以优惠价格提供由政府控制的公共资源(水、电、气等),提供经济和市场信息,优惠的运价政策,基础设施投资的优惠政策,社会订货与委托,政府投资建设社会性基础设施等。第二种,例如,在规划中对今后工业企业及其他设施的用地进行选择时,科学地划出或预留出一定的范围,不许超越;关于污染性企业区位选择的禁止区域;具体地点废水、废气的排放规定不许违反;一定期限内基础设施供应能力的上限和下限规定;生态保护区域的产业和城镇发展限制;等等。

## 4  如何看待各地区经济发展水平和发展实力的差距

经过了半个多世纪,特别是近30年的发展,我国各地区经济发展的实力和增长率的差距大幅度扩大。这个问题已经成为政府和社会十分关注的重大问题。

如何看待中国区域发展的不平衡?在我们这样幅员辽阔且各地区发展基础和发展潜力差异巨大的国家中,从区域发展不平衡到较为平衡的发展,需要经历什么样的过程?半个多世纪以来,中国区域发展的实践非常丰富。认真体察和总结这些经验,对于回答这个重大问题是很有帮助的。

经济地理和区域经济学者及社会各方面人士都非常重视区域发展不平衡的问题。在面对这个重大的理论和实际问题时,学者们既要具有坚实的理论知识,也要有丰富的关于国内外发展的实践知识。

### 4.1  我国各地区自然基础和自然资源的巨大差异

中国各地区自然基础存在巨大差异。这种差异对于社会经济发展的重大影响不是人的力量所能改变的。我国的自然基础如何不同程度地影响各地区的发展?应该认识到,我国的三大自然区和地势的三大阶梯基本上决定了我国经济和社会发展的基本空间格局。这种空间格局不是人的因素所能大幅度改变的。早在20世纪30年代提出的"胡焕庸线"(从黑龙江省的黑河至云南省的腾冲的一条直线,是我国著名老一辈地理学家胡焕庸先生发现、提出并给予科学解释的),将我国分成东南和西北两大部分,其人口和经济密度完全不同。80年后的今天,这两大部分的人口和经济总量分布的相对格局仍然没有发生明显的变化,应该可以说明问题了。

### 4.2  中国发展所处的阶段是区域发展不平衡的重要背景

我国发展正处在工业化发展的中期阶段。这个阶段的基本特点是高速经济增长及较低的人均经济总量。国际上大量的发展实践及理论成果都表明,区域间发展不平衡是高速经济增长难以避免的副作用。对于我国这样一个幅员大国来说,从不平衡到较为平衡的发展是一个长期的过程。

### 4.3  经济全球化和信息化的发展加剧地区之间的不平衡

经济全球化将造就"强者越强,弱者越弱"的力量。经济全球化使区域直接暴露在全球竞争之下。区域在经济意义上不再是国家的区域而是全球的区域。据统计分析,进出口和外资对中国省际 GDP 差异的贡献程度超过 20%。这些因素与经济区位相关性很大,是难以改变的。信息,已经成为越来越重要的生产因子和区位因子。时间成本越来越重要。信息化促进了知识的扩散、应用和创新。信息化导致经济和社会的空间重组,同时也促进了我国各地区经济发展实力差距的扩大。

## 4.4 大都市经济区（全球城市、国家城市和区域性门户城市）的形成和发展也促进了地区发展的不平衡

世界经济的"地点空间"（space of place）正在被"流的空间"（space of flow）所代替。当前世界体系的空间结构是建立在"流"、连接、网络和节点的逻辑基础之上的（管理框架从垂直分层即金字塔形变为扁平化即流的管理），其导致经济活动高度密集和在空间上的压缩，一个重要结果就是塑造了对于世界经济发展至关重要的"门户城市"（gateway city），即各种"流"的汇集地、连接区域和世界的节点、经济体系的控制中心。在经济全球化趋势下，由"门户城市"及其腹地组成的、具有明确劳动分工的"城市区域"（city-region）正在成为全球或国家内区域经济竞争的基本单元。信息经济会不断强化经济和社会的空间极化现象。"数字鸿沟""数字分化"等新的区域分化现象的产生和区域发展宏观差异的扩大，三大地带及各地区之间，信息化发展的差异，特别是对于信息的掌握、传播、利用的能力差异很大，由此给经济增长的地区差异带来明显影响。

## 4.5 关于欠发达地区发展的长期目标

我国多数欠发达地区需要科学地确定自己的发展目标，提高基础设施水平、就业能力、社会保障能力等，逐步使这些欠发达地区人们的饮食条件、出行条件、受教育条件、医疗卫生条件、环境条件等达到全国的平均水平。不能普遍实行以缩差为目标的追赶式发展，多数欠发达地区要立足自身特点的可持续发展。因此，富民目标需要放在极为重要的位置。

# 5 我国区域发展研究的若干任务

在中长期尺度上，我国社会经济发展有以下基本趋势：1990~2010年为经济高速增长期，之后进入稳定期和低增长期。我国的第三步战略目标是在2050年前后达到世界中等发达国家水平，基本实现现代化。2050年的现代化对于中国的区域发展意味着什么？中国的生态与环境状况将受到保护和控制，资源节约型经济和社会基本建成。在这个态势出现之前，中国存在着日趋严重的资源短缺和今后10~20年的环境危机。因此，我国资源节约型国民经济体系的区域化将成为重要问题之一。经济全球化的过程将会是曲折的，但发展趋势仍对我国经济格局发生着巨大影响，人口和经济更加集中于沿海地带。经济中心和大都市经济区的作用将更加突出。大都市经济区和大城市集聚带在数量和规模上将如何发展？信息化在不远的将来会有突破性的技术进步，带动全球走入一个可持续发展的新时代。这些新技术对于中国的区域可持续发展将起着突出的作用。

当然，在上述大趋势方面都有不确定因素和变化的过程。一些重要的问题在未来50年内的发展尚不可能给予确定的回答。经济地理学家可以通过区域发展领域的研究，参与重大理论问题和实际问题的解决。在这个过程中，我们将要扩大空间分析和区域模拟方法的运用，充分参与国家的和区域的空间管制及规划。同时，要着实进行关于国家大

型区域发展（基础、态势、趋势）适时监测、预报系统的建设。

（1）"三维目标空间"中的区域发展。经济增长、社会保障、生态环境三个目标之间相互作用下的发展，将不仅是经济增长，而且是人的全面需求的满足和发展。在这个过程中，生态环境受到的压力越来越大而后逐渐减弱。我们需要研究"三维目标空间"中区域经济增长理论和经济增长、社会发展、生态环境之间的目标协调和分析模拟方法。

（2）在理论上，人地关系地域系统也就是"环境-社会动力学"研究是区域发展主要的理论方向。将经济增长、城镇化、能源、水源、土地、食物等相互关系作为大的地域系统，研究的一个重要途径是区域模拟与预警。

（3）由于公共服务均等化的发展及科学的区域发展方针的实施，我国人地关系地域系统的科学合理格局将形成。需要研究这种科学格局形成的过程和特点。近10多年来，经济全球化和信息化强烈地引起了社会经济要素的空间重组，进而导致全球经济地图，即经济格局的变化。同时，经济全球化和信息化的发展，也使我国各个区域获得了有差异的发展环境，是我国区域经济发展差距扩大的重要原因。解析这种变化和预测未来，需要很深入的机理论证。

（4）信息技术，特别是网络和虚拟空间在区域规划（国土规划）、城镇化研究等领域的运用。跟踪、预测大都市经济区和大城市集聚带在数量和规模上的发展。

（5）海洋区域的大规模开发及其保护的目标和方向的研究。

（6）在经济全球化和区域化的大背景下，跨国区域的研究将是新任务。在经济全球化的大背景下，中国和周边地区的合作会不断扩大和深化，其也是国家决策的重要问题。为了适应这种趋势，应对地缘政治和地缘经济上的合作和斗争，我国需要不断推进各种范畴的区域合作，建立国际性的区域经济合作体，具体包括以下区域：东北亚合作区域、中亚合作区域、澜沧江-湄公河合作区域、中亚合作区域、中印尼合作区域、东亚东南亚与澳新合作区域等。对这些需要促进和可能建立的合作区域，需要对它们的经济合作基础、经济合作的框架、经济中心，以及重大基础设施等进行前瞻性研究。未来我国与周边国家的区域合作的一个重点是能源经济。加强国际交流与合作，可以开拓我们区域研究的视野。重视我国对外投资的研究，特别是从海外获取战略资源途径的研究，已经具有迫切的客观需求。

## 6  关于区域发展研究和规划的方法论发展

我们在区域发展和区域规划领域，广泛运用各种统计分析方法，今后还会长期运用下去，并不能认为这种方法不高级。在数据库和图形库基础上的空间分析，是我们经济地理这一学科在区域发展和规划领域的近年来方法论和科学性发展的重要标志。经济地理、城市地理等学科的这种科学性的表现，不像某些自然科学领域的决定论而是或然论，即表现为对"事物"发展的方向、概率、幅度等的科学分析和发展建议。在区域发展和规划的领域内，如各个学科和研究领域一样，其对象都是具有一定组织结构和特定功能的体系（系统）。但是，这种"体系"所表现出来的特征却很不同于自然科学领域的许多对象"体系"。也就由于这些特点，经济地理科学和区域经济科学的入门门槛可能并不高，但进入后若要在实践中能够中肯地阐述观点和提出方案，在理论上能够揭示事物的原理和解释实际"世界"的格局，那可是很困难的。我国经济地理学者的许多著作和区域规划成果等可以说明和印证这一点。

在区域发展研究和规划领域，未来更需要同时具备自然科学（自然地理学及生态与环境科学、地理信息科学）和社会经济科学（区域经济学、发展经济学等）的知识结构，整个工作体现了学科交叉的优势和特点。

## 参考文献

[1] 中华人民共和国国民经济和社会发展第十一个五年规划纲要[M]. 北京: 人民出版社, 2006.
[2] 陆大道, 等. 中国区域发展报告(1997、1999、2000、2002)[M]. 北京: 商务印书馆, 1997-2002.
[3] 刘卫东, 等. 中国区域发展报告(2007)[M]. 北京: 商务印书馆, 2007.
[4] 陆大道. 中国区域发展的新因素与新格局[J]. 地理研究, 2003, 22(3): 261-271.

# Objective and Framework for Territorial Development in China[*]

**Abstract:** This paper analyzes the present situation of China's territorial development and holds that the spatial framework for socio-economic development can not be naturally extended under the present conditions. Hence it is necessary to strengthen rationally spatial agglomeration. The basic concept and framework for future territorial development are raised based on the elaboration of factors affecting the territorial development of China.

## 1 Introduction

The territorial development in different countries and regions possesses different characteristics. In developed countries but with relative limited territory, the target of their territorial development and corresponding regional policy is mainly to solve the problems of unbalanced development and promote the development of relatively under developed areas. According to the demand of such a kind of target, it is necessary to make corresponding territorial type division, establish corresponding indicator system and formulate relevant policies. However, in terms of China's development stage and practical problems in territorial development, the target of territorial development and the division of territorial types have different characteristics in China from those developed countries.

In order to build a macroscopic framework with efficient, economical and rational territorial development and allocation of economy, the future development of China needs to be prospected: up to the year 2020, China's gross domestic product (GDP) will reach over $4 \times 10^{12}$ yuan (RMB) per year. Estimated according to the annual increase of urbanization rate at 0.6–0.7 percentage point, Chinese urban population then will reach around $6.0 \times 10^8$. The scale of China's industrial development will be largened by a big margin comparatively over the present case. The occupation of resources and space for socio-economic development will be further expanded and the pressure further enhanced accordingly.

The concentration of various problems on the regional scale makes China's future territorial development and utilization as well as relevant development issues one of the keys to follow the view of science development and to solve a series of major problems.

---

[*] Lu Dadao. 2009. Objective and Framework for Territorial Development in China. Chinese Geographical Science, 19(3): 195-202.

To clarify the issues on how to realize rational utilization of China's resources and space and what kind of territorial framework should be built to maintain an increasingly huge economic and social aggregation, it is necessary to answer several strategic problems concerning national territorial exploitation, protection and development. The problems are as follows. What kind of functions should be performed at the national scale in different regions? What kind of spatial pattern will be constituted by these regions with different functions? What is the form of this pattern? Why?

## 2    Strategic Choice of China's Territorial Development and Socio-Economic Allocation

Dramatic changes have taken place in natural and socio-economic structures in China as a result of long-term rapid economic growth and large-scaled urbanization. Such a kind of changes will continue to occur in the case of increasing pressure brought by socio-economic development on resources and environment. In recent years, most of the per capita GDP calculated in province, autonomous region and municipality exceeded 8000 yuan. Although it is considered that the mid- and long-term economic growth rate will be declined markedly over the previous years, the present figure will be doubled every 10 years. Is it possible to make such economic indicator doubled at the same rate for each region considering the intensified difference of natural basis and industrial development level in various regions?

What will be the result if such a double is planned to be achieved? Natural conditions in various regions of China differ greatly. And the various kinds of ecological vulnerable areas exist extensively. Since reform and opening-up in the late 1980s, the rapid socio-economic development in various regions has induced drastic changes in natural structure. We can say that in the future development, the spatial framework of socio-economic development will be unable to extend in a balanced way following the present one. Importantly, the continuous economic growth in doubles is impossible at the same rate in all the regions of the country. China needs to build a relative concentrated socio-economic territorial space, meanwhile to practice the restricted development and strict protection to different degrees in regions with considerable vast territorial area.

In the "Eleventh Five-Year Plan" of China it has been proposed to define the direction and demand of the nation's territorial development according to functional zones. It is indeed a major measure to harmonize the man-land relationship and implement the "Five Overall Planning" and sustainable development, and also an important reform to make planning work in the new period adaptable to the national development demand (The 5th Plenary Session of the 16th Central Committee of the Communist Party of China, 2001)

The natural basis, development stage, population and economic characteristics of developed countries differ greatly from China. Their targets of spatial governance and planning are quite different from China's case. Over a long period of time, the target of China's territorial governance and planning is to design and build a rational territorial space and form a spatial structure adaptable to natural structure and environmental carrying capacity and tallying with other relevant elements well. This target is determined by China's special national conditions.

## 2.1  Problems on China's territorial development

Protection under the background that spatial framework of socio-economic development can no longer develop in a balanced way like the present one and construction distribution is out of control, at the same time, urban sprawl can not continue to extend, how can China's socio-economic development keep going and what kind of social and economic spatial structure should be built?

The rapid socio-economic development is the main cause to induce senous resources shortage and eco-environmental problems. In other words, China's development problem is closely related with land resources and eco-environmental problems. On the one hand, to solve China's resources and eco-environmental problems, it is important to understand and analyze the development scale, speed, structure and level of various regions, and analyze the causes of these development characteristics and their effects on eco-environment in China. On the other, it is necessary to consider how to make socio-economic development more adaptable to the ecological and environmental demands.

### 2.1.1  Strategic problems concerning China's territorial development protection and regional development

(1) Overall strategy for China's future territorial development. This overall strategy considered the key problem: should China's socio-economic development in the future tend generally to be more scattered than present stage or to be more concentrated? That is, is the layout of social and economic elements in China's territory agglomeration or dispersion? Such a basic strategy is affected by both China's natural basic framework and economic globalization and informationization. As China has a vast territory, the direction and type of further concentrated development as well as the direction and regions of further dispersed development are also multiple, furthermore, the agglomeration and diffusion direction also varies for different social and economic elements.

Therefore, the whole strategy for territorial development and outlines for policy implementation should be the overall strategies of China (Messerli et al., 2000).

(2) Rational framework for regional development. The rational framework for regional development means the division of the territories concerning layout of social and economic

elements, and the macroscopic distribution of these regions, such as the allocation of social and economic elements in various regions, the "pole-axis system" framework formed by agglomeration in territorial space, distribution pattern of economic metropolitan zones, etc.

(3) Potential population, urban and industrial agglomerated areas. Since reform and opening-up massive population movement has constantly taken place in rural China. In the nationwide scope, population flows mainly from rural area to capital cities of provinces (autonomous regions). Meanwhile, agglomeration of industrial belts is also apparent. The spatial migration of population and industries will continue in the future, for example, population will continuously agglomerate towards economic metropolitan zones and industrial agglomerated belts possessing potential in development.

(4) Regions requiring measures dominated by protection and management. In order to guarantee nationwide sustainable development, protection and management measures should be primarily adopted in some eco-environmental sensitive areas of China, which are severely related to the security of economic metropolitan zones, population and industrial agglomerated belts. However, suitable choice and control are necessary in economic development.

### 2.1.2 Overall spatial arrangement

The answer of the above questions is actually to make an overall arrangement of society and economy and their respective elements in space. How can the overall arrangement be realized spatially?

(1) The basic guiding principle should be the realization of regional harmony in man-land relationship. The occurrence of the above-mentioned situation and problems in China indicates that the factor inducing environmental change is shifting from the natural one to the human one (Messerli et al., 2000). Presently, "it is man rather than land that determines whether man-land relationship is harmomous or contradictive" (Wu, 1991). Therefore, "man should positively get know of 'land' and consciously use and change it following the law of 'land', so as to realize its goal of serving the people better. This is the objective of man-land relationship." (Wu, 1991).

(2) The basic strategic measure is to practice functional zoning by which territorial development orientation and development restriction can be realized.

(3) In order to implement the macroscopic regional development strategy and a series of policies and measures for the master functional zoning formulated by the central government, it is necessary to increase more and more participation of the public and social community (group) under the guidance of the government.

## 2.2 Oriented control of territory development-orientation and restriction

The state and governments control over the whole country and large regions are the core to formulate and implement overall strategies of territorial development. "Territory" or "territorial space" is an organic body. All the organic bodies have certain functions. In other words, with characteristic types and features, an individual region has its specific function. Such a kind of specific function aims at sustainable development in China and reflects the master function of development orientation and restriction. We can disintegrate these master function zone info: 1）metropolitan group and economic metropolitan zone, 2）vulnerable eco-environmental protected area, 3）urban and industrial agglomerated belts under-taking large-scale urbanization and population/industrial agglomerations in the future, 4）economic metropolitan zones undertaking and participating in the global competition, key high-tech industrial development and offering higher-level service, 5）agricultural complex development areas, 6）ecological protected areas, 7）geopolitical security regions, and 8）nature reserves. The master functional zones are not completely the same as the agricultural areas, industrial districts, metropolitan groups, economic zones, flood traveling and retarding basins, soil and water conservation areas, infrastructure packages and the routes they passed. However, the above-mentioned master functions and master functional zones are also composed of those functional elements.

It is of extremely significance for the nation's sustainable development to emphasize regional development orientation and restriction at nationwide scale according to regional function and master functions. It is also a general practice of the developed market economic countries.

The necessity for orientation and restriction lies in the inharmonious of various functions in a regional scale, that is, the conflicts among various functions and targets, for an instance of the conflicts between rapid economic growth and eco-service functions in vulnerable eco-environmental area.

To implement the view of science development, it is necessary to strengthen government management and control over territory. The main tasks include tore-mould territory to a certain degree, to work out planning and restrictions to the regional framework for territorial development and allocation of construction, tocoordinate man-land contradictions occurred in the transitional period of market economic system, to make overall arrangement of the major construction projects concerning the long-term development of the country, and to explore and utilize natural resources and ecological asset of China in a scientific way. Meanwhile, efforts should be made to avoid the presence of the grimsituation endangering territorial security of the existence and development of China.

The oriented control of territorial development is specifically to determine the regional development direction, development principle and support system. The function orientation of territorial development is a reflection of the types and direction of territorial oriented control（governance）in the light of orientation and restriction of development.

The basis of territorial oriented control is to conduct various types of regionalization, including regionalization of physical geography, regionalization of ecological geography, economic regionalization, division of economic metropolitan zones, etc. On the basis of the above-mentioned regionalization, the functional zoning at national and regional scales is the basis of the realization of territorial oriented control.

The development orientation and restriction for different types of functional zones needs to raise development demands of a certain period based on the consideration of its special conditions and development target, such as the industrial policy and the direction of the industrial structure adjustment, utilization policy for energy and water/land resources, and investment policy serving for industrial structure adjustment.

## 2.3 Readjustment of territorial development with resources controlled by government

The developed countries attach great importance to the governance of territory, i.e. the intensity, process and spatial framework of territorial development in the oriented control region, so as to orient and restrict the general trend of socio-economic development and spatial allocation of various elements. In order to gain such a target, almost all the countries try to use the resources controlled by government to formulate and implement corresponding spatial policies and measures.

Here the "resources" include funds (means of revenue, e.g. financial shifting payment, bank lending controlled by government, loan interest), examination and approval of major items and projects (including infrastructure projects) that are all important to the national economy and the people's livelihood, special freight rate policy, the provision (adjustment and allocation between territorial spaces) and price of state-controlled energy, land/water resources and other important resources, human training measures and implementation of specific prohibition, etc.

The key for controlling and using those "resources" to carry out territorial development is to conduct corresponding functional zoning, based upon which regional planning is conducted for the corresponding functional zones and corresponding regional policies and measures are formulated. However, in practice, to perform financial shifting payment and ecological compensation, particularly using means of revenue, needs to formulate specific indicator system to conduct detailed balance among regions and to realize the coordination between specific regions in functional zoning system. This issue extensively existed among regions in terms of very complicated ecological compensation. In developed countries, a variety of financial shifting means, policies and measures related to economy are extensively used in practicing regulation and control on development.

# 3 Major Factors Influencing Overall Strategies of Chinese Future Territorial Development

Mineral resources, water resources and transportation were once important factors in national industrialization and national development in most of the countries including China. Those factors affected even determined the basic framework of China's regional development and allocation of productivity. After reform and opening-up, especially structural adjustment in recent years, the role of those conventional factors is declining. In formationization and economic globalization have become the leading factors for the development of the regions with rapid economic growth. Over a long period, economic geography elaborated spatial layout and development characteristics of economic bodies and economic activities, studied how economy grew at the fastest rate or how to optimally utilize growth factors, based on the analysis on economic factors of transportation, resources and economic basis. Economic globalization will exert great impact on socio-economic development in various regions of China. Such an impact is an important strength for the formation of China's territorial development framework. Informationization leads to the spatial reformation of social and economic elements.

## 3.1 Natural structure and its characteristics

The essential foundation for the formation of socio-economic spatial structure of China is its special natural structure and its characteristics. This is mainly reflected in regional differentiation of physical geography of China, i.e., three natural zones and three great topographic steps. They determine the great regional disparities in economic development of China. In other words, the pattern of China's natural structure determines the basic framework of spatial pattern of China's future economic development to a great degree. China's natural condition varies tremendously, and the basic embodiment of such a kind of great disparities is that the principal share of both economic aggregate and economic growth concentrates inevitably in the coastal zones. Such a kind of pattern can not be changed fundamentally by human strength, and natural condition is an important foundation of the formation of functional zones. China's natural structure and its characteristics affect and even determine the basic setup of territorial development of China.

## 3.2 Economic globalization

Economic globalization will continue to remold territorial spatial development pattern of China. Generally speaking, economic globalization will make coastal zones and some metropolitan groups in central and western China vitalize their economic growth and urbanization. Particularly, it will not only intensify China's "T-shaped" spatial framework of territorial development（Lu, 2002）, but also promote the formation of several economic metropolitan zones which are of international competitiveness in this framework.

## 3.3 Ecological and environmental status

Ecological and environmental status has exerted more and more important impacts on the socio-economic spatial pattern. The ecological vulnerable area in China will be the essential foundation of the future functional zone pattern. China will still maintain higher socio-economic development level in the next 15 to 20 years, so the natural structure and socio-economic structure of the country and its various regions will continue to evolve. The matching relationship between socio-economy and natural condition will possibly tend to be worse, even induce more rigorous territorial security and resources security problems. It concerns the national territorial security and resources security in the long-term to protect those vulnerable ecological and environmental deteriorated areas from declining, and make those economic metropolitan zones, and population and industrial agglomerated belts be sustainable for development.

The vulnerable ecogeographic unit is the major target area in need of restricted and prohibited development. In the next 15 to 20 years China will face a multiple pressure of resources shortage, ecological damage and environmental pollution. This results from the resources shortage and environmental vulnerability on the one hand, while on the other it is caused by the impact of huge population and demands of rapid economic growth on resources, ecology and environment. Resources deficiency is of rigid restriction to the territorial development. Hence it is required to establish a national economic system featuring with resources-saving so as to form an intensive, high efficient and high dense territorial development pattern.

## 3.4 Spatial pattern of transportation, resources and energy supply system

Transportation, resources and energy supply system is currently and will be the basis for the formation and development of economic metropolitan zones and population and industrial agglomerated belts in the future, so it is the controlling factor to the basic arrangement of national functional zones. Especially it will exert a great influence on the location of economic metropolitan zones, population and industrial agglomerated belts. Concretely, the main line of communication and the major energy and resources supply direction determine the orientation and trend of some functional zones. That is the specific role.

# 4 Basic Trend and Overall Framework of China's Territorial Development

## 4.1 Spatial agglomeration-basic trend of territorial development and arrangement of economy and population in China

### 4.1.1 Reversed "U-shaped" correlation between economic growth and unbalanced regional development

Over a long period many countries took regional balanced development as an important development target. However, it is proved that 1) balanced development is a long-term process; 2) balanced development is also relative because of different natural conditions, geographic positions, historical and economic development bases of various regions; 3) the bigger the difference of the stable factors among regions, the bigger the disparity of regional development. In the early and middle stages of industrialization development in a country, industrialization and urbanization are usually developed first in some regions so that advantages of those regions can be fully utilized. That is to say that the difference in the development among regions increases. Only in the later period of industrialization when massive over-expansion occurred in the early developed regions and resulted in a series of serious problems, may a gradual diffusion in economic development be formed, leading to a gradual shrinkage in the spatial difference of development. That is the law of reversed "U-shaped" correlation between economic growth and unbalanced regional development. It has been verified by the process of many developed countries. In China, such a law is also playing an evident role. It also inevitably dominates the government and academic community's theoretic conception and practical selection of spatial pattern for regional development.

### 4.1.2 Different economic growth rates in regions

It is impossible for various regions to double the economic growth at the same rate. Since the 1990s, China has achieved sustainable economic growth at high and super high speed. An important feature is that all regions have achieved successive economic doubling. However, with the regulation and control of macroscopic structure of economic development and rigorous eco-environmental status in some regions of China, it is impossible for various regions to gain economic doubling at the same rate. During the periods of "Ninth Five-Year Plan" and "Tenth Five-Year Plan", some regions achieved consecutively a two-digit GDP increase. But such a kind of high and super high speed growth has caused more and more difficulties in present and future sustainable development.

Evident changes are taking place in macroscopic strategies of Chinese development and the implementation of the view of science development will accelerate this process. The "extensive" rapid growth over years has paid a high price. The high consumption of energy and resources, the consequent environmental pollution and ecological deterioration have become key problems restricting socio-economic harmonious development. The impetus for regional development has changed substantially, and traditional industries are becoming saturated. To effectively change the pattern from rapid growth to "better and faster" economic growth should be taken into account as one of the core issues concerning regional development strategy. Hence it is necessary to reexamine the strategic location and development trend of different regions so as to formulate and implement a sustainable integrated development strategy.

### 4.1.3 Sea attraction for human socio-econornic activities

In the end of the 19th century, a geo-economist, A.T. Mahan, called seas and oceans as "great road" in his book *The Influence of Sea Power upon History*（Mahan, 1890）, and regarded them as the dominant component of history and the basic decisive factors for the prosperous of a country. Up to the 1920s-1930s, such a kind of geopolitical and geoeconomic thought still had a great influence. Nowadays, more than 60% of the world economic aggregate concentrate in a scope of around 100km along the coastal zone. Due to the first development and the corresponding opening-up policy, economic metropolitan zones and large population and industrial agglomerated belts will form in coastal zones in the positioning of functional zones. As a consequence ,the coastal zones are bound to occupy increasingly great proportion in the aspects of national GDP increase rate, economic aggregate and industrial structural hierarchy, and economic internationalization degree（international competitiveness）. Under the background of present economic globalization and informationization, such a kind of thought and concept has gradually been accepted.

## 4.2 Pole-axis system-most effective territorial development model in China

China has once formulated several important territorial development strategies at the first 30 years after the founding of the People's Republic of China in 1949. The common point of these spatial strategies is macroscopic regional division including coastal zones and hinterland, or the three major parts of the eastern, central and western China. This key and non-key point's model reflecting territorial development though it is simple and clear, yet it is not a scientific policy regional division in national macroscopic hierarchy. The reason is that the spatial organization of socio-economic elements does not take such a kind of divided region as differentiated law.The most fundamental model or the most fundamental law of organization for the socio-economic elements in the space is controlled by the "pole-axis system" in China.

The "pole-axis system" theory is one of the theories concerning socio-economic spatial structure（organization）, and a theoretic mode for allocation of productivity, territorial development and regional development. The socio-economic objects are always in an interactive state in the scope of region or space. This is also similar to the basic principle of spatial substance interaction, having two trends of spatial agglomeration and spatial diffusion. In the national and regional development process, most socio-economic elements agglomerate at "points" which are linked up by linear infrastructure to form an "axis".

The "pole" here refers to residential areas of various levels and central cities and the "axis" refers to the "infrastructure bunch" linking up by trunk lines of transportation and communication as well as energy and water source channels. With further regional socio-economic development, "pole-axis" mevitably develops into "pole-axis-agglomerated areas". Here the "agglomerated areas" are also "points", referring to metropolitan groups and economic metropolitan zones.

The "pole-axis system" theory was developed based on the "central place theory" raised by German geographer Walter Christaller. But "pole-axis system" theory is a theoretical system different from the "central place theory" in content and also in applied objectives. Briefly speaking, the "central place theory" is the doctrine on urban scale-hierarchical law and the theoretical model on urban planning and urban construction. The core of "pole-axis system" theory is the summary of theoretical mode relating to regional "optimum structure and optimum development".

The "pole-axis system" reflects the objective law of socio-economic spatial organization and is the most effective spatial structure model for territorial exploitation and regional development.

The China's "T-shaped" pattern of macroscopic strategy of territorial development and allocation of economy was put forward according to "pole-axis system" theory, and based on the analysis of China's natural conditions, particularly the characteristics of the country's allocation of economy and integrated national strength. That is to say, taking coastal zones and areas along rivers as key strategic areas for China's regional development and allocation of economy ("T-shaped" structure) is for the purpose of forming a macroscopic arrangement for territorial development in a long period of future.

Early in the mid 1980s, some scholars and leaders advocated to carry out "Grand Strategic Transfer" for China's regional development, which is to allocate most population and economic resources in coastal area. Present facts proves that if China had carried out this policy, the opening up in coastal zones and the resulting superiorities in economic development would be suspended and there would be no large-scale development in western regions of China with the involvement of powerful strength from the state. The Yangtze (Changjiang) River connects the three parts of the eastern, central and western China, and the areas along the Yangtze River and the Yangtze River Basin have great potential for development. If the great potential had not been brought into play along the Yangtze River over the past 20 years, the enhancement of China's integrated national strengthwould be affected substantially.

In rebuilding territorial development pattern of China, the economic globalization will continue to work. On the one hand, it will intensify the "T-shaped" spatial framework of territorial development, on the other hand, it will form several economic metropolitan zones with international competitiveness on the framework.

The western China has a vast territory with extensive area that is not feasible to be developed economically and inhabited by human beings. The spatial model for the western China development is a major issue concerning the implementation of the development strategies. The western China development should" line up poles to radiate area", and establish model of economic zones (State Council of China, 2000). This is the specific application of the "pole-axis system" to the Chinese economic development.

## 4.3 Metropolitan zones, key cities and industrial agglomerated belts

Building economic metropolitan zones and industrial agglomerated belts is an essential component of national and regional development strategies. The theory of metropolitan economic zone holds that economic globalization made the fastest economic developed areas concentrate in a few "economic metropolitan zones" in the nearly past 20 years (Lu et al., 2003). The core areas (cities) of the economic metropolitan zones are generally the financial center, hub of communications, talent aggregated area and most convenient channels for entering the international market of a country or a region, namely, the point of intersection of capital flow, information flow and technological flow, while manufacturing and storage enterprises with high demand for land disperse and aggregate around the core area, forming huge rural-urban interlocking zone. An extremely close linear relationship of industries exists between the core area and surrounding area. The role of core area is to present evidently production and service function (e.g. banking, media, security, product design and packaging, marketing, advertising, financial and accounting service, logistics allocation and delivery, technique service, information service, and personnel training) while the surrounding area presents the function of manufacturing base. The economic metropolitan zones that have such a kind of vertical division of labor and spatial structure are the core economic regions with the greatest competitiveness in the world.

The core cities under globalization are economically command and control centers (to take the role by such carners as high-grade producers service and general headquarters of transnational corporations), key nodal points of global urban networks in spatial structure, local gateways diffused globally at regional scale, and they have a good cultural variety and tolerance. Building regional competitiveness with spatial form of "urban regions" to meet global competition is an important target of regional development and spatial planning. Spatially metropolitan area is the presentation of a huge multi-core and multi-layer metropolitan group connected by massive high-speed passageways. In such a space, because of agglomerated scale economy and regional economy, plus shortened distance between cities and economic activities by high-speed passageways, as well as substantial decrease of transaction cost, operation cost and management cost of production and service, the rate of return on investment and earning rate of elements increased apparently.

However, the development of metropolitan areas will also accelerate the regional disparity and be confronted with such problems as urban excessive investment and expansion, conflicts of resources supply and demand and aggravation of environmental pollution of the cities. In order to promote the formation of rational framework on territorial development, it is necessary to work out functional zoning scheme for development and management in the future 15 to 20 years according to the natural conditions, the present socio-economic development target and numerous regional problems induced by the long-term high speed growth and in light of the scientific principle and indicator, to determine the principal function and development principle of various major functional zones, and to propose the supporting conditions for promoting sustainable development of different functional zones.

## References

Lu Dadao et al. 2003. The Theory and Practice on China's Regional Development. Beijing: The Commercial Press, 456-520. (in Chinese).

Lu Dadao. 2002. Formation and dynamics of the "pole-axis" spatial system. Scientia Geographica Sinica, 22(1): 1-6. (in Chinese).

Mahan A T. 1890. The Influence of Sea Power upon History, 1660—1783. Boston: Little, Brown and Company.

Messerli B, Martin G, Thomas H, et al. 2000. From nature-dominated to human-dominated environmental changes. IGU Bulletin, 50(1): 23-38.

State Council of China. 2000. Notice on the implementation of several policies and measures for western development. People's Daily, December 28, 2000. (in Chinese).

The 5th Plenary Session of the 16th Central Committee of the Communist Party of China. 2001. The Outlines of l0th Five- Year Plan for National Economy and Social Development of Peoples Republic of China. Beijing: People's Publishing House. (in Chinese).

Wu Chuanjun. 1991. On the research core in geography. Economic Geography, 11(3): 1-5. (in Chinese).

# 建设经济带是经济发展布局的最佳选择*

## ——长江经济带经济发展的巨大潜力

**摘　要**：自1984年"点-轴开发"理论和中国国土开发、经济布局的"T"字型宏观战略提出以来，"T"字型空间结构战略在20世纪80～90年代得到大规模实施。海岸经济带和长江经济带两个一级重点经济带构成"T"字型，长江经济带将内地两个最发达的核心地区（成渝地区和武汉地区）与海岸经济带联系起来，其腹地几乎包括半个中国，其范围内资源丰富，农业、经济和技术基础雄厚，已经形成世界上最大的以水运为主的，包括铁路、高速公路、管道以及超高压输电等组成的具有超大能力的综合运输通道，其巨大的发展潜力是除海岸经济带以外的其他经济带所不能比拟的。"点-轴开发"理论和中国国土开发、经济布局的"T"字型宏观战略（海岸带和长江沿线作为全国的一级发展轴线）已经得到国内诸多知名学者和有关部门领导的认同，符合中国国土开发和经济布局合理化的要求，以海岸地带和长江沿岸作为今后几十年中国国土开发和经济布局的一级轴线的战略将是长期的。

2013年10月，中国国家发展和改革委员会等13个委部的司局级领导组成调查组，对长江经济带进行了考察研究。在中国经济发展进入"稳增长、调结构"的重要时期，启动长江经济带的建设，具有极其重要的意义。长江经济带就其经济基础和发展潜力，仅次于中国海岸经济带。

海岸经济带和长江经济带两个一级重点经济带构成"T"字型。两个经济带在经济最发达的长江三角洲交会。长江经济带将内地两个最发达的核心地区（成渝地区和武汉地区）与海岸经济带联系起来。这种空间结构准确地反映中国国土资源、经济实力及开发潜力的分布框架"[1]。将这两个经济带进一步发展建设好，就可奠定国民经济持续发展和实现2020年经济总量较2010年翻一番的基础，并促进与之相联结的二级、三级经济带的发展，从而带动全国经济的持续发展。

建设经济带的空间布局理念和模式完全符合中国国土开发和经济布局合理化的要求。这种空间布局的理论基础是空间结构理论范畴的"点-轴系统"理论。

（1）"点-轴系统"理论及中国国土开发、经济布局的"T"字型宏观战略（海岸带和长江沿线作为全国的一级发展轴线）是陆大道在1984年吸取区位论和空间结构理论的精华，在分析中国自然基础，特别是中国经济布局特点和综合国力的基础上提出的[1]。以经济带的模式进行国土开发和发展区域经济，是"点-轴系统"理论的应用核心。

自1985年5月至1987年，当时的国家计划委员会组织编制了《全国国土总体规划纲要》（以下简称《纲要》）。作为未来15年中国国土开发和经济布局基本框架的"T"字型

---

* 原载于：地理科学，第34卷第7期，2014年7月出版。

战略明确被写进了《纲要》。《纲要》经多次修改和1986年的省长会议讨论，1987年3月25日发到全国试行。1999年由国家发展和改革委员会原副主任刘江主编的《中国地区发展回顾与展望》（综合卷）写道："《全国国土总体规划纲要》（草案）提出由沿海和沿江组成全国"T"字型布局的主轴线构想，在大力发展外向型经济的大背景下，得到了逐步完善和发展。"[2]

"点-轴系统"理论的基本要点和意义如下：①经济和社会客体在区域或空间范畴总是处于相互作用之中，由此导致空间集聚和空间扩散两种倾向。②在国家和区域发展过程中，大部分社会经济要素（客体）在"点"上集聚，并由线状基础设施联系在一起而形成"轴"。③"轴"对附近区域有很强的经济吸引力和凝聚力。轴线上集中的社会经济设施通过产品、信息、技术、人员、金融等，对附近区域有扩散作用。扩散的物质要素和非物质要素作用于附近区域，形成新的生产力。在国家和区域发展中，在"基础设施束"上一定会形成产业聚集带，即经济带。④随着社会经济的进一步发展，"点-轴"必然发展到"点-轴-集聚区"。这里的"集聚区"也是"点"，是规模和对外作用力更大的"点"。在实践中表现为城市集聚区和城市群。同时，社会经济要素（客体）将由高等级的"点"和"轴"向较低级别的"点"和"轴"扩散，实现从区域间不平衡向较为平衡的发展。

"点-轴系统"是区域发展的最佳的空间结构；要使区域最佳发展，必然要求以"点-轴系统"模式对社会经济客体进行组织，因而也就是最有效的国土开发和区域发展的空间结构模式"[3]。

按照"点-轴系统"模式进行区域开发和经济与社会布局，可以使经济和社会要素（客体）与区域性基础设施之间实现有机结合，即经济和社会设施的布局在宏观、中观、微观都与交通、水、土资源等实现最佳的空间结合。这样就会产生空间集聚效果；可以充分发挥各级中心城市的作用，有利于城市之间、区域之间、城乡之间便捷的联系。客观上有利于实现地区间、城市间的专业化与协作，形成有机的地域经济网络；可以使全国战略和地区战略较好地结合起来，使各地区、各部门有明确统一的地域开发方向，有利于提高建设投资效果和管理水平；随着国家和区域经济网络的逐步形成，可以实现从区域间的不平衡到较为平衡的发展。

（2）长江经济带经济发展具有巨大潜力。这种强大的发展潜力是中国除海岸经济带以外的其他经济带所不能比拟的。长江是中国东西向的运输大动脉。南京以下的长江下游航运发展和经济发展潜力相当于两条海岸带。

① 长江流域具有丰富的天然资源，包括以亚热带和暖温带为主的气候资源，降水丰沛，流域有耕地2460多万公顷，占全国耕地总面积的1/4，而农业生产值占全国农业总产值的40%，由此造就了强大的农业基础。长江上游和中游具有大规模的水能资源，为工业和大规模的城市发展提供了优越的条件。

② 已经发展起来雄厚的工业，特别是重工业基础和高级制造业基础，其中原材料工业和以交通运输工具、机电设备和电器产品、重型和精密机械、航空航天及国防军工等为主的制造业占据全国突出的地位。

③ 已经形成世界上最大的以水运为主的、包括铁路、高速公路、管道以及超高压输

电等组成的综合性运输通道。2010 年长江流域内河港口的货物吞吐量为 20.94 亿 t（2010年中国沿海主要规模以上的港口吞吐量完成为 54.85 亿 t），占全国包括沿海港口总吞吐量在内的水运货物吞吐量的 28%（占到沿海港口总吞吐量的 38.2%）。其中，上海（内河）港至南京港（含）吞吐量达到 13.83 亿 t，占全部内河港口吞吐量的 66%。其中，万吨级以上港口有 5 个，吞吐量为 7.27 亿 t，占整个长江流域的 35%。滨江一带有大量的适宜于工业、交通设施建设的土地。

特别需要强调的是，2010 年长江流域港口完成 8.92 亿 t 的货运量，占全国铁路（6.6×10$^4$km）完成的运输量的 1/4，超过同年全国十大铁路干线（京广、京沪、京九、陇海、兰新、京包、包兰、京哈、沪昆、胶济）货运量之和的 30%[①]。

④ 包括以上海为核心城市的长江三角洲城市群、以成渝为核心城市的城市群及武汉城市群，组成长江经济带的 3 个核心，依靠这三大城市群连接更多的大中型城市和区域。长江经济带的腹地几乎包括半个中国。在这个范围内，现有经济和技术基础已经很强大，矿产和水能资源丰富，大农业基础雄厚。长江经济带将可以成为一个以超大能力的综合运输通道为支撑的、潜力极其巨大经济带。

（3）"点-轴开发"理论和中国国土开发、经济布局的"T"字型观战略（海岸带和长江沿线作为全国的一级发展轴线）是通过总结国内外国家发展和区域发展实践，吸取德国学者区位论和空间结构理论的部分理念，同时在分析了中国自然基础，特别是 20 世纪 80 年代中国经济布局特点和综合国力的基础上提出的。

20 世纪 90 年代以来，对于以海岸地带和长江沿岸作为中国国土开发和经济布局的一级轴线的战略，国内著名学者及有关部门的领导孙尚清、王梦奎、王慧炯、李善同、陈栋生、白和金、林兆木、刘江、魏后凯等给予了充分的认同。他们强调，21 世纪初中国应该继续实施"T"字型宏观结构战略的重要性。文献如下：

① 1987 年 3 月 25 日《全国国土总体规划纲要》（草案）中明确强调："在生产力总体布局方面，以东部沿海地带和横贯东西的长江沿岸相结合的'T'字型结构为主轴线，以其他交通干线为二级轴线，按照点、线、面逐步扩展的方式展开生产力布局。""我国东部沿海地带和横贯东西的长江形成密切结合的'T'字型态势，是 2000 年或更长时期内进行重点开发和布局的两条最主要的轴线""我们认为，作为国土开发和经济建设的一级主轴线，应当突出重点，因此以'T'字型轴线为宜"。1988 年以"草案"的形式发到全国试行。

② 时任国家计划委员会副主任和秘书长的桂世镛、魏礼群当时写道："总的设想是：强化发展沿海地区，……着手开发长江黄金水道，建设沿江经济走廊，逐步使沿海、沿江形成'T'字型的一级开发轴线。"[4]

③ 国务院发展研究中心原主任，著名经济学家孙尚清强调："在'九五'期间乃至下个世纪，……要建设一个辐射和支撑全国开发开放架构。这个架构就是以沿海开放地区为横轴，以长江流域为纵轴的'T'字型开发开放战略""'T'字型经济增长格局发展

---

① 这里需要说明的是：这样就运输量衡量只是非常近似的比较。因为铁路和水运的货物构成、时效性不同。另外，铁路在承当货运的同时，在客运方面的意义也比水运更加重要。

后劲强而有力，对我国经济的长远发展举足轻重，意义重大，……"[5]

④ 国务院发展研究中心原主任、著名经济学家王梦奎和国务院发展研究中心原学术委员会主任、著名经济学家王慧炯等认为："从宏观布局看沿江开放地带与沿海开放地带组成我国"T"字型开放主干架构，使我国最主要的两条经济带在开放的洗礼中增强国际竞争力，支援国民经济加快发展，同时把开放效应传递到广大的内地。"[6]

⑤ 2000 年，王梦奎和王慧炯又强调："加快长江经济带的综合开发，建成继沿海之后的又一经济发展先行区。……长江经济带都将是我国今后经济增长潜力最大的地区，也将是支持 21 世纪中国经济成长的重要区域增长轴线"[7]。

⑥ 2000 年，国家计委宏观研究院原院长、著名经济学家白和金和国家计委宏观研究院原副院长，著名经济学家林兆木、刘福垣和王一鸣也认为："长江经济带对我国经济发展的战略意义是其他经济地带不能代替的，……从我国经济发展由沿海向内地推进的趋势和长江经济带综合开发的条件来看，长江经济带已经具备了综合开发的条件。……经过 20～30 年或者更长一些时间的努力，建成与沿海经济带相辅相成的、具有强大经济实力的国家一级经济轴线。"[7]

（4）进一步发展长江经济带应该作为中国国土开发和经济布局的宏观战略的重要组成部分。但不同于"西部大开发"、"东北振兴"及"十二五"规划中提到的长江三角洲、珠江三角洲、京津冀及跨省区的经济区、城市群以及"新区"等，这些区域单元是国家一个时期的"政策区"，国家和地方政府对一些项目的投资和运作给予用地、税收、因素价格等方面的优惠。长江经济带是国家发展的战略性和导向性的重点区域，国家将在交通、信息、能源、城市发展，以及对内对外贸易平台等方面予以能力上的保障和科学的空间组织，以保障经济带的整体性和高水平的产业竞争力。除此之外，将不需要给以经济上的优惠。因此，长江经济带的地域范围不需要明确划定。

## 参考文献

[1] 陆大道. 2000 年我国工业生产力布局总图的科学基础[J]. 地理科学, 1986, 6(2): 375-384.
[2] 刘江. 中国地区发展回顾与展望(综合卷)[C]. 北京：中国物价出版社, 1999.
[3] 陆大道. 我国区域开发的宏观战略[J]. 地理学报, 1987, 43(2): 97-105.
[4] 桂世镛, 魏礼群. 关于到本世纪末经济和社会发展战略的若干构想[J]. 计划经济研究, 1987, (21): 2-17.
[5] 孙尚清. 长江开发开放[M]. 北京: 中国发展出版社, 1996.
[6] 王梦奎. 中国经济发展的回顾与前瞻(1979～2020)[M]. 北京: 中国财政经济出版社, 1999.
[7] 王梦奎. 中国地区社会经济发展不平衡问题研究[M]. 北京: 商务印书馆, 2000.
[8] 白和金. 21 世纪初期中国经济和社会发展战略[M]. 北京: 中国计划出版社, 2000.

# 中国区域发展的新因素与新格局*

**摘　要**：本文阐述了国民经济战略性结构调整在区域层面上的反应，分析了影响我国区域发展的新因素及所形成的新格局。自 20 世纪 90 年代初期起，影响我国区域发展的矿产资源、水资源、交通等传统因素的作用逐渐下降。经济国际化在促进我国经济持续快速发展的同时，也在明显改变着我国的区域发展格局。信息、科技、生态环境、体制创新等都成为影响我国区域发展的新因素。在上述因素的综合作用下，近年来，我国地区间的经济发展差距全面扩大，工业化水平的地区性和地带性差异更为明显。几十年在计划经济体制下形成的我国产业布局，特别是工业布局，近年来发生了较大尺度的空间转移。在区域发展新格局形成过程中，我国区域发展也出现了值得注意的严重倾向：大多数地区应该重视基础产业的发展及其现代化一些地区不适宜大规模发展高新技术产业，部分高速增长地区的环境状况严重恶化。

20 世纪 90 年代初，我国社会经济进入一个重要的转型期。自 1997 年开始，中央政府在全国范围内实施了国民经济战略性结构调整。各地区也分析了各自的特点与优势，制定产业发展的战略和措施。这个过程也是在经济全球化和我国加入 WTO（前后）背景下，使我国经济融入全球经济系统的过程。在这个调整过程中，形成了一系列新的经济生长点，同时也使我国区域发展的格局产生了新的变化，形成了一系列新的产业空间[1]。

全国区域发展的新格局，包括经济总量（经济实力、人均经济指标等）的地带性差距继续扩大，省、区、市之间的产业结构特色更加区域化，市场经济条件下的区域分工显现端倪。与产业集聚和发展水平相适应，出现了大城市集聚区，人口城市化出现了新格局。另外，基础设施的装备水平也出现了新的区域性差异。

## 1　我国区域发展影响因素的变化

近年来，我国区域发展态势的重大变化及部分产业的布局大尺度转移，是在国内外各种因素的综合影响下形成的。其中，一些新因素的影响起着关键的作用。

### 1.1　传统因素的影响正在下降

矿产资源、水资源、交通等曾经是中外大多数国家工业化和发展中的重要因素。这些因素曾经影响甚至决定了我国的区域发展和生产力布局的基本格局[2]。但是，经过改革开放以来，特别是近年来的结构调整，这些传统因素的作用正在下降。这种下降主要

---

\* 原载于：地理研究，第 22 卷第 3 期，2003 年 5 月出版。

是由于：第一，以消耗大量矿产资源、水资源和能源为特征的资源型产业在我国国民经济中的比重出现下降趋势。尽管我国的基础产业还有很长一段时间的发展，这些产业需要有大量的自然资源和交通运输条件作为前提。但是，就对经济增长率的贡献而言，资源型产业的衰减趋势已经在我国出现。作为基础产业的钢铁工业、石油及石油化学工业、有色金属工业等，对矿产资源的依赖程度很大。20世纪90年代以前的40年间形成的布局，其形成因素是国内的资源产地、交通条件、水资源条件等。第二，由于我国经济国际化程度的提高，利用国内外两种资源的战略正在实施，相当部分资源型产业越来越多地利用国外资源。以影响钢铁、有色金属工业发展和布局的金属矿石为例，我国进口规模迅速增加：1990年为3450万吨，1995为年8595万吨，2001年达到14606万吨。因此，国内资源作为影响这些产业及其布局的因素已经在很大程度上改变了。全球化、经济和科学技术基础、人才和管理，以及反映进入国际经济循环难易程度的区位等，成为这些产业发展和产业布局的重要因素。

## 1.2 经济国际化成为高速增长地区发展的主导因素

我国改革开放的过程也就是经济国际化的过程。这种过程在20世纪90年代的中后期发展特别迅速。经济国际化在大大促进我国经济持续快速发展的同时，也在明显改变着我国的区域发展格局。

国际化的基本内涵是资本在全球范围内的流动，跨国公司投资的大规模增加，跨国公司对全球和国家、地区的经济影响力大大加强。与此相适应的是，国际贸易大幅度增长。国际化的发展是与国际范围内的产业转移相伴随而发展的[①]。因此，国际化的发展已经和正在强烈地导致全球范围和国家层面上的经济空间重组。这种重组在我国的作用是通过以下途径实现的：大量的资本进入我国，使我国利用外资大幅度增加。"九五"期间我国实际利用外资2898亿美元，是"七五"期间的6.3倍和"八五"期间的1.8倍。这部分资金的投放区位在很大程度上影响了我国产业布局和区域发展的格局；开拓了境外市场，使我国的对外贸易额和出口大幅度上升。"九五"（1996~2000年）期间我国进出口贸易总额为17739亿美元 是"七五"期间的3.65倍和"八五"期间的1.75倍。2000年我国已成为世界第七大贸易国；提高了我国生产的技术水平；在大量的资本和产业进入我国的同时，大量的关于国际贸易和市场、技术、管理等方面的信息也进入我国。全球化背景下跨国公司在产业布局转移和新的产业空间形成中起了极为重要的作用。

2000年全国平均外贸依赖度已经达到40.4%，最高的广东省为150%，上海、天津和北京分别为100%、87%和81%，江苏、浙江和福建为40%~50%。其他省（自治区、直辖市）除辽宁（36%）和山东（22%）外都在20%以下。1997~2000年，上海、天津、北京、江苏和浙江仍是外贸依赖度增长最快的省份，增长幅度基本上都在10个百分点以

---

① 外贸依赖度，又称外贸依存度，是W. A. Brown在1946年出版的《对1914~1943年间国际金本位制度的再解释》一书中提出的，反映的是一国经济对他国经济或对世界经济相互依赖的程度。计算方法：一国（或地区）进出口额占其国内生产总值的比重。

上。而广东省的外贸依赖度保持最高的水平。内蒙古、安徽、山东、宁夏和新疆也有较大程度的增长，其他省份变化较小。

综合地区利用外资、外贸以及"三资"企业在地区经济发展中的作用，得出全球化指数①。相对于1997年，2000年经济全球化程度增长最快的省（区、市）是上海、江苏、北京、天津和浙江，增加幅度超过8个百分点，是全国平均水平的1.75倍以上。有较明显增长的是内蒙古、吉林、安徽、江西、宁夏和新疆。海南、黑龙江、福建、四川、贵州和甘肃有不同程度的下降，其他地区有增长但不明显（图略）。这些特征说明，经济国际化是影响我国各地区经济增长的主要因素之一。

## 1.3 信息化发展促使我国地区发展差距扩大

信息，已经成为越来越重要的生产因子和区位因子。信息和通信技术的广泛应用，特别是互联网的普及，导致信息和知识传递的时空阻碍性大幅度减低。信息化对社会经济发展的核心作用在于它促进了知识的扩散、应用和创新[4]。知识是生产力和经济增长的推动力，即知识的生产、传递、学习和应用成为经济增长的核心[5]。2000年江泽民主席在世界计算机大会上指出，我国要"在完成工业化的过程中注意运用信息技术提高工业化的水准……注意运用信息技术改造传统产业，以信息化带动工业化，发挥后发优势，努力实现技术的跨越式发展"。近年来的发展实践证明，信息化已经成为促进工业化和整个社会经济发展越来越重要的因素。信息化的发展导致对信息依赖性大的产业、部门、机构在空间上集中。这些产业，如金融、信息、商业、旅游服务、部分制造业、大公司的首脑部门、科研设计部门等。这些产业是区域发展的重要组成部分，也是推动地区发展最具有活力的因素。

信息化对地区发展的影响，是与其他因素结合在一起而起作用的。经济发展水平、教育发展水平的差异，对于信息化的发展（信息的传播、接受和推广应用）关系甚大。经济较不发达地区，信息的传播、接受和推广应用遇到的困难大，以至于大量的生产和产品销售得不到及时的必要的信息，研究和开发由于缺乏信息资源的支持而难以进行，特别是难以进入国内外的经济循环系统。这种差异及由此带来的恶性循环会引起较不发达地区与发达地区的差距一步一步扩大。

"九五"期间是我国通信能力建设和服务水平提高最快的时期。在信息网络能力方面，已建成以光缆为主，微波和卫星综合利用，固定电话、移动通信、数据通信、多媒体通信等多网并存，覆盖全国城乡、通达世界各地，大容量、高速率的电信网。其中，长途传输网由29万km光缆干线、12万km微波干线和40座大型卫星地球站组成。我国通信设施和服务的普及率已经进入高速增长时期。但是，东、中、西三个地带之间、各地区之间，信息化发展的差异很大。由此给经济增长的地区差异以明显的影响。

---

① 全球化指数是外贸依赖度、"三资"企业出口额占地区出口额的比重、"三资"企业工业总产值占地区工业总产值的比重、利用外资占地区固定资产投资的比重4项指标的平均值。

## 1.4 科学技术发展和创新能力成为极为重要的发展因素

这个因素对区域发展的影响主要有三个方面：一是，由于产业结构水平与各类产业和服务业中技术含量的增加，我国高新技术产业占国民经济中的比重逐步上升；二是，科学技术在改造传统产业和提高整个社会经济生活水平的作用越来越显著；三是，高新技术产业在一定区域的集聚，成为带动地区整个经济发展的创新空间。这种创新空间，即高新技术企业、相关的 R&D 机构和必要的信息设施、金融机构及其他一系列服务设施等构成的产业群（广东称其为"蔟群"）。这样的创新空间可以不断研发新的产品，同时又将创新过程和新的技术等扩散到周围地区，促进区域经济的发展[6]。

科学技术在我国区域发展中的作用越来越突出。其结果是使各地区经济发展出现日益明显的技术梯度。在这种技术梯度的格局中，居高位者多是经济增长快的省（区、市）。这些地区在工业领域里，通过工业结构调整与优化升级、开发新产业及大规模增加进出口，使工业结构出现新的格局，而这种新格局又是整个国民经济区域新格局的主体。也有一些地区重点将科技成果用于农业的发展，打造了高效优质的农业产业区，通过进一步的产业化，促进这个区域经济的发展。

## 1.5 生态和环境因素成为区域可持续发展的重要因素

我国经济的长期高速增长是我国生态与环境状况在总体上不断恶化的基本背景，而受到破坏的生态和环境不可避免地要阻碍地区的经济发展[7]。近年来，我国生态和环境特征与社会经济发展在区域上相互交织，表现出三种关系：其一，经济高速和超高速增长，人口密集，大中城市迅速膨胀。其主要环境问题是工业污染，部分大中城市的大气污染和主要农业区水体的富营养化等。这种情况主要发生在我国的东部沿海和中西部大城市及周边地区。其二，经济高速增长主要依靠大规模开发资源和对资源进行大规模加工的地区。在开采和加工过程中，技术水平和使用的原材料质量差等导致大量浪费资源和排放大量"三废"，使环境受到污染和破坏。这种情况主要发生在我国的中部和少数西部地区。其三，在生态基础本来就很脆弱的地区，为加快经济增长，大量采伐森林、陡坡开荒、超采地下水源等。在干旱地区的河流上游大量超额利用河流的水源，使中下游地区得不到必要的水源，引起土地荒漠化等严重的生态环境问题。这种情况主要发生在西部地区。由于可持续发展观念的逐步确立，第一种类型的地区，基础产业规模正在受到控制，能源结构必须改善；第二种类型的地区，工艺落后的资源型产业也受到控制，曾经推动地区经济增长的"五小"企业大量淘汰；第三种类型的地区，正在通过"退耕还林"等政策的实施而制约地区产业结构的发展趋向。生态和环境因素对城市化发展产生越来越大的影响。

## 1.6 体制创新是近年来区域发展差距扩大的原因之一

全国经济的持续高速发展，在相当大的程度上得益于多种经济成分的发展，特别是大量的外资企业和民营企业的发展。2001年GDP构成中，国有经济、混合经济、民营经济各占1/3。这种经济结构特色有益于未来我国经济的整体推进与发展，有利于促进经济持续增长，但各地区的差异很大。一些发达地区（广东、江苏、浙江等）的中小企业，体制上和企业组织上都有重要的创新，实现了以体制调整带动经济，特别是工业经济发展的目标。而一些经济欠发达地区，经济增长的活力不足，与国有经济占主导地位而在改革方面又缺乏进展关系很密切。

在实践中，上述各种影响因素相互作用，特别是传统的因素和新的因素交织在一起，共同决定了我国区域发展和产业布局的格局。有些新因素通常是通过传统因素而发挥作用的。例如，一些地区由于国际化的发展而从国外取得了大量的资源和能源供应，信息化、科学技术等因素的作用，通常要求发达的交通通信等基础设施的配合。区位，可以说既是传统因素，也是新因素。在一些具备有利区位的地区，科技条件和国际化条件等多种因素相互结合，更能促进区域经济的发展。

我们在阐述新因素对于我国及各地区发展的重要影响的同时，也应该明确，我国及各地区的自然基础仍然是发展的重要基础和影响因素，特别是大地带性的差异，根本的原因是我国存在三大自然区和地势的三大阶梯。我国长期形成的地区发展差异有些是人的因素无法克服的。我国各地区产业结构的调整也是科学地利用各地区的水、土、气和热量资源的结果。近年来，我国农业结构调整迈出了实质性的步伐，是充分利用自然基础影响因素的重要体现。

## 2 我国区域发展的新格局

### 2.1 地区间的经济发展差距全面扩大

与20世纪90年代中期相比，各省（区、市）之间的经济总量、人均GDP和GDP平均增长速度等的差距明显扩大（表1）。1997~2001年GDP平均增长率[①]东部地区12个省（区、市）9个超过9%，其中6个超过10%（北京、天津、上海、江苏、浙江、山东）。中部地区9个省（区）只有2个超过9%。西北地区9个省（区、市）只有2个（青海和宁夏）超过9%。进出口贸易更是集中在沿海部分地区。2000年外商直接投资，沿海12个省（区、市）总计占全国的89%。其中，广东省占全国的28%。加上江苏、上海、福建、山东、辽宁、北京，沿海7个省（市）共占80.9%。外贸出口额的分布也呈同样的趋势。

经济增长方式的变化也存在着明显的地区差异。大部分省（区、市）的经济增长仍然依靠投资的拉动。也就是说，大多数地区，特别是中西部地区的省（区、市）的经济增长主要依靠增加投资。这种侧重依靠资本要素积累的经济增长，随着市场化的扩大和竞争的加剧，经济的持续增长会遇到越来越大的困难。

---

① 这里是根据各地区统计数据计算的，与国家统计局公布的数据不同。例如，2000~2001年全国的GDP增长率为9.3%，而根据国家统计局的计算为7.3%。

表1 全国各省（区、市）人均GDP变化（1995～2000年） （单位：元）

| 省（区、市） | 1995 | 2000 | 增加量 | 省（区、市） | 1995 | 2000 | 增加量 |
|---|---|---|---|---|---|---|---|
| 北京 | 10165 | 21460 | 12195 | 湖北 | 3341 | 7188 | 3847 |
| 天津 | 8164 | 17993 | 9829 | 湖南 | 1701 | 5639 | 2938 |
| 河北 | 3376 | 7663 | 4287 | 广东 | 6380 | 11885 | 6505 |
| 山西 | 1819 | 5137 | 2318 | 广西 | 1771 | 4319 | 1547 |
| 内蒙古 | 3013 | 5872 | 2859 | 海南 | 4820 | 6894 | 2074 |
| 辽宁 | 6103 | 11226 | 5123 | 重庆 |  | 5157 |  |
| 吉林 | 3703 | 6847 | 3144 | 四川 | 1516 | 4784 | 2268 |
| 黑龙江 | 4427 | 8562 | 4135 | 贵州 | 1553 | 2662 | 1109 |
| 上海 | 15104 | 34547 | 19343 | 云南 | 1490 | 4673 | 2183 |
| 江苏 | 5785 | 11773 | 5988 | 西藏 | 1984 | 4559 | 2575 |
| 浙江 | 6149 | 13461 | 7312 | 陕西 | 1344 | 4549 | 2205 |
| 安徽 | 2521 | 4867 | 2346 | 甘肃 | 1925 | 3838 | 1913 |
| 福建 | 5386 | 11601 | 6215 | 青海 | 1910 | 5087 | 2177 |
| 江西 | 1376 | 4851 | 2475 | 宁夏 | 2685 | 4893 | 2208 |
| 广东 | 4473 | 9555 | 5082 | 新疆 | 3953 | 7470 | 3517 |
| 河南 | 2475 | 5444 | 1969 | | | | |

资料来源：《中国统计年鉴》相关年份数据计算。表中香港、澳门和台湾资料暂缺。

## 2.2 工业化发展阶段的差异

通过近年来的结构调整，我国工业化水平的地区性和地带性差异明显了。部分发达地区已经进入工业化中期阶段。这部分地区主要位于沿海地区，其发展水平高于全国平均水平，处于工业化中期开始向工业化后期过渡的时期[8]。而中西部地区总体上还处于工业化的初期阶段。首先，以人均 GDP 衡量，沿海地区 2000 年为 10722 元，比工业化中期阶段 8832 元的标准高出 21.4%，比全国平均高出 51.5%。其次，以就业结构衡量，沿海地区第一产业的就业比重为 44.7%，已经低于 50%，也低于全国 50.0%的水平。非农产业为沿海地区大部分劳动力创造了就业机会。如果考虑内地到沿海打工的状况，这一比重还将大大提高。再次，以产业结构衡量，沿海地区的非农产业的比重达到 88%农业比重仅为 12%。最后，2000 年沿海地区重工业占 56.9% 轻工业占 43.1%。在重工业内部结构中，深加工工业又占 74.1%，基本上建立了以深加工工业为主的产业结构。因此，沿海地区具备了工业化中期阶段的基本特征。中部地区处于初期阶段的中后期，西部地区则基本上完成了由农业社会向工业社会的过渡，刚刚进入到工业化的初期阶段。

## 2.3 全国范围内的经济和技术发展梯度

在全国战略性结构调整中，通过高新技术产业的发展、传统产业的改造升级及基础设施和管理的现代化等,在全国范围内形成了以经济发展水平,特别是经济发展的技术含量为标志的经济技术梯度。这种经济技术梯度集中反映了各地区经济增长方式的差异。根据国家统计局对全国科技进步状况的统计监测,对全国内地 31 个省(自治区、直辖市) 2000 年的科技进步基础、科技活动投入、科技活动产出和科技促进经济社会发展 4 个方面的指标、利用加权综合和系统聚类方法进行综合评价后,形成 6 组区域①(图略)。这种划分经济增长对科技支撑的依赖程度,在一定程度上反映出地区的经济技术发展水平。

1999 年,广东、江苏、上海、北京高技术产业增加值占到全国高技术产业增加值的 57%。高新技术的空间集聚形成了推动国民经济发展的创新空间。其中,一种是近年来开发建设全新的高新技术园区、高新技术产业带及新城镇及相应的基础设施,形成了技术经济的创新空间组织;另一种是在原有的高新技术园区的基础上发展的创新空间组织[9]。目前,在全国范围内,这些创新空间主要在以下地区得到发育:北京市以中关村为核心的高新区、上海市高新区、江苏浙江的环太湖城市圈高新技术产业带、广东的珠江东岸的"电子信息业走廊"("簇群经济"创新空间)、四川盆地的成都-绵阳科技城、陕西省关中高新技术产业开发带,以及一些大中城市的高新区等。

## 2.4 基础产业区域布局产生了重大变化

几十年在计划经济体制下形成的我国产业布局特别是工业布局,近年来发生了相当程度的变化。其中,一些主要工业部门布局发生了较大尺度的空间转移。其主要原因是大规模引进外资及在全球化发展背景下跨国公司大量进入我国。这在近年来沿海及内地部分地区产业布局转移和新的产业空间形成中起了重要作用。另外一个重要原因是利用国内国外两种资源的方针的实施。各地区在结构调整和优化过程中,对依靠当地资源但已不具备比较优势的产业进行限制。例如,内地一些黑色和有色金属工业、化学工业等所依靠的矿山资源枯竭,使得生产不得不缩小甚至转产。

(1) 基础原材料工业进一步向沿海地区集聚。

作为基础产业的钢铁工业、石油及石油化学工业、有色金属工业等对矿产资源依赖程度很大的地区,20 世纪 90 年代以前的 40 年间形成了原有的布局,其形成因素是资源产地、交通条件、水源条件等。现在影响因素已经在很大程度上改变了。全球化、经济和科学技术基础,人才和管理,以及反映进入国际经济循环难易程度的区位等,成为产业发展和产业布局的重要因素。在这些因素作用下,我国许多产业的布局发生大尺度的转移。

在基础产业中,钢铁工业、石油加工和石油化学工业,以及装备工业中的机械制造(特别是电气机械制造)工业、交通运输工具制造业等,由于利用国内国外两种资源、引进外资及体制上的创新等,江苏、浙江、山东、福建、广东等地区发展了这些行业的生产,建设了若干大中型企业,在相当程度上正在改变原有的布局。西部发展这些产业虽具有资源的基础,但由于资源以外的因素起了更重要的作用,使这些产业的重点仍然转

---

① 中国科技统计信息中心. 2000. 全国科技进步统计监测及综合评价(一). 资料来源: http://www.sts.org.cn

移到东部地区。1994年东部地带的黑色金属冶炼与延压加工业的产值占全国62.7%,至2000年上升到65.1%,西部比重下降了2个百分点。长江三角洲早就是我国的基础原材料工业(钢铁工业、石油化学工业、基本化学工业、建筑材料工业等)基地。但是,近年来又有了大规模的发展。1990～2000年,生铁由700万吨增加到1900万吨;钢产量由1200万吨增加到2600万吨;成品钢材产量在长江三角洲和珠江三角洲地区都增加了两倍以上。石油加工及炼焦业更是越来越集中于沿海地区。1997～2000年,广东和山东两省的这两个大行业的产值占全国的比重上升了10.6个百分点。石油化工、基本化工生产等同样如此。有色金属工业中,1994～2000年铜产量占全国的比重西部地区下降了4.5个百分点,铅产量下降了3个百分点。西部地区由于具有廉价水电的优势,金属产量比重增加了,但是铝材加工和铝制品的生产大部分在环渤海、珠江三角洲地区。也就是说,这些产业更加集中于沿海部分地区,形成了新的产业集聚区或集聚带。近年来,东部沿海地带多数省(市)大部分工业产值比重都处于上升状态。其中,高附加值、高技术含量的交通运输设备制造业、电气机械器材制造业、电子与通信设备制造业,沿海地带多数省(市)的产值占全国的比重上升尤快。这三个产业产值占全国的比重在1989～2000年中分别约上升了8个百分点、15个百分点、17个百分点,2000年电气机械器材制造业、电子及通信设备制造业的产值分别占全国的85.01%、90.23%。

(2)能源工业特别是电力工业向西部地区转移。

20世纪80～90年代初期,由于经济的持续高速增长,电力消费增长很快,我国最主要的能源消费区——长江三角洲、珠江三角洲及京津地区、山东半岛等主要依靠本地区或附近区域建设了一批火电站,在珠江三角洲还建设了为数众多的燃油小电站。随着这些工业城市集聚区环境问题越来越严重,改变这些工业城市集聚区的能源消费结构成为国家和地区重要的能源政策。因此,国家决定大规模开发西部地区的能源资源,特别是水电资源,实现电能在全国跨大区的输送。近年来,二滩水电站等已投入运行,同时加快了广西红水河流域、贵州南盘江流域、云南澜沧江流域及金沙江支流的水电开发。2010年全国水电装机容量将达到100GW,其中西部地区将占到70%左右(尚不包括红水河和三峡)。为了扩大西部地区具有比较优势资源的开发,国家加大了西北地区,包括新疆塔里木、青海柴达木和陕甘宁地区天然气的勘探和开发,形成了一系列的能源生产地带。与此同时,贵州至广东直流输电、交流输变电等大型超高压输变电线路建成或在建。

(3)特色农业和高效优质农业的发展及新的农业产业区的形成。

农业(种植业)内部结构调整中,产品和品种结构的调整进展较快。一是经济作物种植面积扩大,2000年占农作物总播种面积的比重上升到30%以上,其中蔬菜生产增长快,品种结构不断优化名优、新特和精细品种持续增加。二是产品优质化取得了较为迅速的发展,传统农业向现代农业转变的趋势增强,如全国优质早稻面积已占早稻总面积的50%左右,优质专用小麦面积和优质专用玉米面积分别约占小麦总面积和玉米总面积的20%,优质油菜面积占油菜总面积的比重超过了50%。仅2000年,全国优质稻、优质专用小麦和专用玉米面积就分别扩大 3 700 万亩、2 900 万亩和 1 700 万亩[①]，优质油菜子扩大 1 900 万亩，并且优质农产品开始向区域化、专业化和产业化经营的方向发展。在全国农业结构调整和特色农业发展中，形成了一系列具有高效优质特征的农业区域，以及包括农业产业化、贸工农一体化乃至包括农业科研及技术推广在内的新的产业区。

除上述四方面的变化外，我国区域发展新格局还表现在基础设施建设及其现代化的地区差异和城市化、城镇发展的新格局方面。自战略性结构调整以来，仅仅中央政府就花了几千亿元用于交通通信基础设施建设。全国范围内基础设施供应的改善非常显著。目前，中远程的干线建设重点已经转移到中西部地区。但沿海地区和部分中西部地区的发达地区，在建设综合性的高效能的以城市为中心的运输体系方面明显走在前头，由此形成的区域可达性大为提高。基础设施的装备水平出现了新的区域性差异。近年来，在国民经济战略性结构调整过程中，各地区对城市产业结构和空间结构进行了调整和优化。部分省（区、市）由于宏观经济环境的改善和经济的高速增长，城镇化水平迅速提高。与产业集聚和发展水平相适应，大城市集聚区增加，范围扩展。人口城市化出现了新格局。

## 3 值得注意的严重倾向

### 3.1 大多数地区应该重视基础产业的发展及其现代化

我国处于工业化的中期阶段。在以往几年里，第二产业的比重大幅度上升。多数省（区、市）主要依赖于基础产业的发展和量的扩张，特别是依靠第二产业的增长。在第二产业中，经济增长明显地具有重化工业为主导的特征，能源、钢铁、机械、汽车、造船、化工、电子、建材等成为国民经济成长的主要动力。这种以重工业为主的经济增长，改变了 20 世纪 80 年代以来重工业增长始终低于轻工业增长的局面，说明一系列传统工业部门的产品在我国还有很大需求。但是，我国第二产业，特别是工业"大"而不"强"，参与国际竞争的能力有待进一步提高[10]。一些地区在基础产业，特别是在原材料工业方面具有优势，但是，没有将其作为重点加以发展，技术水平和产品没有升级，结果国家还要进口大量的同类产品。我国经济发展处于工业化中期阶段。80 年代中期以来，我国的工业生产规模开始进入世界前列，工业增加值在国内生产总值中的地位大大上升。同时，工业生产水平也有明显提高。学术界普遍认为，我国已经进入了工业化的中期阶段[11]。这个阶段的基本特征之一是要求基础产业继续大规模发展。但是，现在有些地区不将具有优势的基础产业部门作为发展的重点，而是在高新技术产业上下功夫。结果是高新技术产业难以发展，传统产业的改造升级也没有取得进展。另外，资源型产业有些地区不重视了。长期以来 我国有色金属和黑色金属产品大量进口，非常需要对现有的工业企业进行技术改造和工艺的革新，只有在此基础上，才能扩大生产的规模。

一些老工业基地和工业力量强的地区应该大力发展装备工业。我国重大成套技术装

---

① 1 亩 ≈ 666.7 m²，下同。

备的自主开发和系统集成的能力要加强,具体包括数控机床及加工中心、高效能的电站设备、输变电设备和百万千瓦的核电站设备、高速铁路和城市轨道交通设备、大型石油化工设备、冶金设备、环保设备、现代化农业机械等的生产。近年来,其只是在辽宁、黑龙江、四川等有一定的发展。

### 3.2 一些地区不适宜大规模发展高新技术产业

近 10 多年来,我国高新技术产业发展的实践说明,高新技术产业发展需要大量资金,特别是需要高素质、有较强的吸收消化和研究、开发能力的科学技术人才,同时需要传统制造业的支持和具有大量熟练技术工人,以及高级管理人才和经验的配合。具备这种条件的一般是在科学技术研究机构、大学等教育机构集中的大中城市区域。因此,不是每个地区都可以大规模发展高新技术产业的。但各地区"十五"计划确定重点发展的产业中,有 29 个地区选择生物工程和新医药,大部分为发展基因药物和现代药物;27 个地区选择电子信息,基本上确定重点发展微电子、光电子、集成电路、通信产品、网络产品、信息家电产品、新型元器件和电子材料;26 个地区选择新材料,重点发展纳米材料、新型高分子材料、复合材料等;13 个地区选择环保产业;11 个地区选择光机电一体化;10 个地区选择新能源等。如此只能是分散投资,相互竞争[12]。有些地区具有很强的基础产业基础和发展条件,没有高新技术产业的基础,但却邻近高新技术发达的大城市。在这种情况下,它们也试图大规模发展高新技术产业,而没有将基础产业的现代化置于重要地位。

### 3.3 部分高速增长地区的环境状况严重恶化

在我国沿海部分地区,主要在珠江三角洲、长江三角洲等,经历了长期的高速和超高速经济增长及大规模城市化、国际化过程。在取得令人鼓舞的巨大成就的同时,环境状况及水土资源利用状况令人担忧。大部分水体,特别是两个三角洲的水网地区,基本上为 IV~V 类水,富营养化严重,不能满足功能的要求;大气污染严重,二氧化硫的排放量不断增加。在煤烟污染未见缓解的同时,由于汽车的大幅度增加,大气的石油型污染明显加重,臭氧和细粒子增加。海水富营养化的结果,使附近海域的赤潮频繁发生,近年来有增无减。大量污染物的排放,使大部分地区的土壤硝酸盐、重金属和有机污染物积累,土壤中残留的农药不断增加,土壤的质量受到严重影响,大量的优质耕地迅速消失。各种污染物,包括污水、固体废弃物、二氧化硫、耗氧的有机物等通过多种途径进入环境,并大量积累,对生态系统和人体的危害已有初步迹象,食物安全存在隐患;水资源质量受到破坏,水质性缺水现象普遍来临。

造成这种严重的环境态势,主要是能源消费结构不合理,产业结构有突出缺陷,污染治理和环境管理不力,缺乏科学的城市规划和工业布局等。但是,关键的是许多城市在处理发展与环境之间的关系方面出现严重的不良倾向。

在沿海经济发达地区,以实现现代化为目标和口号,谋求 GDP 的高速增长和超高速增长,是政府工作的核心。发展现代化,加强现代化的意识,是完全必要的。但是,不能片面追求现代化。一些地区和城市的政府领导人的现代化心态，实际上是在"率先"上搞竞赛。"发展是硬道理"，成为片面追求GDP而不顾生态环境、不顾水土资源保护的借口。这些地区在大力发展经济的同时，更应该要求更高的社会发展水平。为此，需要提高发展与环境关系的认识。建设"生态城市"和"国际花园城市"的口号很响，但是实实在在的环境和资源保护工作却相当滞后。在加强城市化的过程中，没有城市强调节约用地。社会事业的发展是可持续发展的重要组成部分。要使医疗、卫生事业的发展与经济发展水平相适应；要提倡全面理解现代化的含义，以可持续发展的观点去搞现代化。这些年许多地区经济高速和超高速增长，但这种增长很可能为今后的持续发展带来困难。

论文修改过程中，博士生张晓平协助完成了有关资料整理分析和图件编绘等工作，特此致谢。

## 参考文献

[1] 陆大道, 等. 2002中国区域发展报告. 北京: 商务印书馆, 2003.
[2] 陆大道, 等. 中国工业布局的理论与实践. 北京: 科学出版社, 1990.
[3] Dicken P. Global Shift: Transformation the World Economg. London: Paul Chapman Publishing Ltd. 1998.
[4] 庄逢甘, 陈述彭. 遥感与新世纪. 北京: 气象出版社, 1999.
[5] 葛洛蒂, 张国治. 革命时代: 第五次浪潮. 北京: 电子工业出版社, 1999. 12-56.
[6] Kevin Morgan. The learning region institutions innovation an regional renewal. Regional Studies, 1997, 31(5): 491.
[7] 赵景柱, 等. 社会-经济-自然复合生态系统可持续发展研究. 北京: 中国环境科学出版社, 1999.
[8] 张敦富, 叶裕民. 产业结构与区域发展. //陆大道等, 中国区域发展的理论与实践. 北京: 科学出版社, 2003.
[9] 王缉慈. 创新的空间: 企业集群与区域发展. 北京: 北京大学出版社, 2001.
[10] 国家统计局. "九五"系列报告: 产业结构调整取得实质性进展. 2001.
[11] 白和金, 林兆木. 21世纪初期中国经济和社会发展战略. 北京: 中国计划出版社, 2000.
[12] 张汉亚. 各地"十五"计划纲要比较研究. 宏观经济研究, 2002, (4): 33-37.

# 科学发展观及我国的可持续发展问题*

**摘　要**：本文回顾了我国经济长期高速增长的巨大成就及所带来的严重生态和环境问题，并结合全球变化及我国的实际，阐述了科学发展观的基本内涵，同时提出了我国实施可持续发展战略的目标和具体途径。

## 1　科学发展观——实现我国可持续发展的根本理念

### 1.1　自然的概念及人与自然的相互作用

关于自然的概念，地质学家黄鼎成做了如下的论述："自然，或称自然界、环境，是指统一的客观物质世界，是在意识之外、不依赖于意识而存在的客观实在，它由地球表层的大气圈、水圈、岩石圈和生物圈构成。自然界是一个复杂的系统，它具有自己的结构和功能，并按照一定的规律进行演化。"根据达尔文的进化论，人是自然演化的产物，人类的进化与自然的演化密切相关[1]。

人类长期生产和生活的历史告诉我们，自然环境是人类赖以生存的基本条件。但是，自然为人类提供的条件是不均衡的，这种不均衡主要表现为时空的不均衡。与此同时，人类对自然的依赖也是发展变化的。这种变化可以归纳为：随着社会经济的发展和科学技术水平的提高，人类对于自然的依赖在规模和深度上越来越大，而人类对地球表层的改变，主要表现在影响自然系统的物质流动、能量平衡及资源消耗等。

回顾在长期实践中形成的关于人与自然相互关系的基本认识和基本观点，对于认识科学发展观是非常重要的。在我国，天人关系是古代哲学的重要命题，包括天与人、天道与人道、自然与人为的相互关系。其观点是既有天人相分，又有天人合一。关于天人关系的思想是相当丰富的，其中包括儒家的效法自然说，强调效法自然规律，达到"天人合一"；老庄的因任自然说，强调消除一切人为，返璞归真；荀子的征服自然说，强调利用和改造自然，"明于天人之分""制天命而用之"。

与中国天人关系讨论相对应，在西方是关于"人地关系"的观点。也就是关于人与自然的关系。其典型学说有环境决定论，认为地理环境因素决定社会历史状况、国家的发展程度、民族性格等；环境可能论，认为地理环境为人类社会发展提供了多种可能，人们在一定范围内可以自由选择和利用它们；人类决定论，即征服论，即人类中心论，强调人通过与自然界的斗争，通过不断的科技进步创造"没有极限的增长"。这种理论过分强调了人的能动性，忽视了时空条件的局限，忘记了人是自然的一部分；人与自然协调论，提倡人类发展与自然演化保持协调关系。人与自然协调论就是现阶段全球主导的发展观——可持续的发展观。

---

*　原载于：安徽师范大学学报（自然科学版），第 27 卷第 3 期，2004 年 9 月出版。

## 1.2 新自然观的形成与可持续发展

西方工业革命以来，特别是第二次世界大战后，社会经济的迅速发展和强大技术手段的运用正在剧烈地改变着自然结构和社会经济结构。

在人类以往数千年的文明史中，人口与经济发展基本上是逐期加速的。公元后的第一个一千年，是一段罕见的发展停滞期，世界人口与 GDP 增幅均极微。刚刚过去的 20 世纪在人类漫长的历史中无疑是一个伟大的世纪，人类的社会经济以史无前例的高速度向前跃进，其发展水平达到了崭新的历史高度。2000 年世界人口总量为 60.57 亿人，比 1900 年增长了 2.7 倍；世界 GDP 为 34.6 万亿美元，增幅更高达 16.5 倍。人均 GDP 超过 5700 美元，也增长了 3.7 倍之多。特别是 20 世纪后半期世界人口和 GDP 分别增长了 1.4 倍和 8 倍，人类在短短几十年里创造出的财富超过了以往一切世代的总和[2]。

然而，令人鼓舞的经济增长也付出了巨大的代价。在经济工业化和社会城市化大规模发展的同时，环境和生态状况恶化也日趋严重，即"三废"污染、臭氧层破坏、温室效应、酸雨、森林破坏与水土流失、资源耗竭、沙漠化、海洋污染等越来越严重。环境危机正威胁着人类的生存和发展。这种危机正在引起全球的、国家的和各类区域的重大变化[3]。

地理环境与地理生态变化：全球和部分地区的气候变化、荒漠化、水土流失、海平面上升等。这些变化及其引发的自然灾害正在威胁着人类的生存环境和赖以生存的资源供给。

资源地理的变化：出现国家和地区性资源严重短缺乃至全球性的资源危机，生态环境破坏与资源短缺问题互相交织在一起。全球许多地区的自然灾害比历史时期严重得多，造成非常突出的资源和生态安全问题。

经济地理的变化：这主要表现在经济全球化的发展，全球范围内国家和地区间经济和社会发展差距扩大。国家之间由于经济利益冲突而导致的矛盾与对立日趋普遍。超国家的经济集团力量不断增长，国家的经济不安全问题突出。

社会地理和政治地理的变化：由贫困、宗教、文化差异而引起的国家、地区的社会不稳定有越来越严重的趋势。

上述情况表明，20 世纪的这些变化都是由地球表层系统范围内要素及其相互作用的变化引起的。这些变化的性质表明，由自然因素引发的环境变化正在转变为由人类因素引发的环境变化[4]，这些变化的结果提出了严峻的可持续发展问题。

环境和持续发展问题引起了联合国和许多国家政府的极大重视。"走出困境""拯救地球"，实现"保护环境、持续发展"成为政治家和科学家的共同呼声，这也是 20 世纪 90 年代和进入 21 世纪人类社会面临的重大主题之一。

人类不断膨胀的需求和科学技术的迅速发展导致人与自然的严重冲突。20 世纪 60～70 年代，在西方发达国家出现了声势浩大的环境运动。1968 年非正式组织"罗马俱乐部"建立，1972 年发表第一个报告《增长的极限》，开始了人类前途悲观派和乐观派的大辩论。1972年斯德哥尔摩的联合国人类环境会议发布了《只有一个地球》的非正式报告。在人类前途悲观派和乐观派的大辩论中，今天逐步形成共识。这就是：增长是必要的，问题是如何增长，如何避免不惜代价的增长，而实现全面的发展，这种全面的发展就是"可持续发展"。1987年联合国环境与发展委员会（WCED）通过了划时代纲领性文件《我们共同的未来》。WCED将可持续发展定义为"可持续发展是既满足当代人的需要，又不对后代人满足其需要能力构成危害的发展"（世界环境与发展委员会[布伦特兰委员会]，1987），可以看出其中以人为本的科学内涵。

根据可持续发展的基本理念，"发展"的内涵是逐渐发生变化的，在国家发展和工业化的初期，"发展"单纯意味着经济增长，并且表现为谋求国民生产总值的最大化。这个阶段一般是由经济高速增长转入稳定增长的时期，发展的主要作用力是经济效益，即公司主要谋求的是降低成本、增加利润和扩大生产规模，政府谋求的是税收增加、就业增加等。到了工业化的中后期，社会因素（如地区竞争中的公正原则、发展机会均等原则、边远和少数民族地区要保证得到相应发展等原则）会起到比以往明显大得多的作用。在这种情况下，在决策权重组合中，经济因素作用下降，社会经济区位决策可能偏离经济上的最优方案，这时的"发展"意味着经济和社会的全面发展。在经济技术达到高度发展阶段，一般认为即后工业化阶段民人类以强大的技术手段作用于自然，强烈地改变着自然结构和生态环境结构。环境保护和维护生态平衡成为重要的决策因素，该因素越来越明显地影响国家和地区资源开发方向、产业选择和空间布局。在这种情况下，社会经济空间区位抉择同时受到经济、社会、环境三个因素的作用，即人类的社会经济活动在三维空间中进行。三维空间中的经济增长，既受到经济利益因素的制约，同时还受到社会公正和控制生态环境恶化因素的制约，因此，增长速度低于二维空间，更低于一维空间的结构状态。但是，从人与自然及人口-资源-环境相互协调的角度看，却是一种比较协调的高度发展的状态[5]。

## 2 我国长期高速经济增长及付出的资源环境代价

### 2.1 我国社会经济的巨大发展

改革开放以来，我国经济长期获得了高速和超高速增长。1978～2002年，我国GDP年平均增长9.4%，即1978年我国国内生产总值3600亿元，2003年达到为11.6万亿元（按可比价格计算）。与此同时，我国许多主要工业产品的产量已经占到全球很大的比重。2003年我国的钢产量超过2亿吨，汽车生产超过400万辆。在经济高速增长的同时，城市化发展非常迅速。1980～1995年的这15年间，我国城市人口从1.9亿人增加到3.5亿人，一系列城市和产业积聚带与若干大都市经济区开始形成。高速度工业化和大规模城市化给我国的资源环境带来巨大的压力。

### 2.2 近年来我国可持续发展的基本态势

以上提到的全球生态与环境问题在我国表现得相当突出，我国面临促进发展与保护环境的双重压力。也就是说，我国面临着需要发展的巨大压力，同时又陷入深刻的环境危机之中。

### 2.2.1 令人担忧的资源短缺

我国是资源总量大国，但却是人均资源小国。我国人口总量大，经济规模大，加之处于工业化的初中期阶段，产业结构明显地以消耗资源强度大的部门和产品为主。在经济总量迅速增长情况下，资源被加速消耗，有些资源正趋于耗竭。对人类生存和国家发展具有重要意义的资源，如耕地及草场、淡水、能源等，都存在严重的不足。全国人均耕地虽然仍有 1.6 亩，但一些人口和经济大省的人均耕地都很少，在 1 亩以下。1996 年年底到 2003 年，7 年间中国耕地减少了 1 亿亩，人均耕地不到世界人均水平的 40%。上海、北京、福建、天津及广东等均已低于联合国粮农组织所确定的人均 0.8 亩耕地警戒线，在全国 2800 多个县市旗区中，低于此警戒线的有 666 个。由于土地的大量占用，我国今后粮食供求态势将相当严峻。我国能源资源结构有致命的弱点，煤占一次能源总消耗中的 70%左右，高效优质能源（石油、天然气等）资源少。但是，我国目前单位 GDP 的能源消耗却为世界平均的 2.6 倍，比发达国家高出更多。中国是一个干旱、缺水严重的国家，淡水资源总量为 28 000 亿 $m^3$，占全球水资源的 6%，仅次于巴西、俄罗斯和加拿大，居世界第四位，但人均只有 2 300$m^3$，仅为世界平均水平的 1/4、美国的 1/5，在世界上名列 121 位，是全球 13 个人均水资源最贫乏的国家之一。北方干旱严重，华北平均缺水已达到 100 亿～150 亿 $m^3$。我国有相当部分矿产资源可以满足国内之需，但确实有一部分不能满足所需。资源短缺在我国将越来越严重。据预测，45 种主要矿产中（含能源矿产），国内现有探明储量能满足今后十年需求的可能只有一半，特别是石油、天然气、铜、金、富铁矿等大宗矿产资源严重不足届时我国许多大油气田和大型矿山因资源耗竭将关闭，这不仅将极大地制约我国经济的持续快速发展和影响国家的安全，而且还会带来严重的社会就业问题。

### 2.2.2 环境恶化和生态破坏相当严重

全国水土流失面积达到 367 万 $km^2$，每年新增 1 万 $km^2$；全国荒漠化土地面积 262 万 $km^2$，每年以 2 万 $km^2$ 的速度增加，趋势严重。环境恶化日趋严重，城市化和工业化速度的不断增长导致了污水和废气排放量的持续上升。最近 20 年中国快速的工业化进程主要是在东部沿海及内陆部分人口密集地区展开的。水体、大气、土壤和生境严重污染（如 90%以上城市水污染严重，全国粮食基地农药检 60.1%），农田、森林、草原、湿地的生态破坏（如北方农牧交错带近 10 年荒漠化土地增长 2.48 万 $km^2$，南方丘陵山区近 30 年荒漠化土地从占该地区面积的 8.2%发展到 22.9%），环境事故、生态灾难、生态难民及自然灾害频率的不断增加（如洞庭湖水灾在公元 295～1868 年平均 41 年一次，最近 40 年平均 5 年一次），生物多样性、水源涵养能力及生态系统服务功能的持续下降给人民身心健康、国家环境安全和经济的持续发展造成了严重威胁。环境污染、生态破坏表象的后面是国有生态资产的流失和生态服务功能的退化等。

## 3 落实科学发展观，实现我国的可持续发展

我国是一个人口众多的发展中国家，相对于许多国家来说，发展和环境的双重压力更为突出。我国是世界上人口最多的发展中国家，约占世界总人口的21%，人口数量将在较长时期内继续增长，预计未来十几年每年平均净增1000万人以上，待到2020年人口约15亿，我国经济规模越来越大，在20世纪90年代内我国国民生产总值翻了一番以上，2000年GDP近9万亿元。如果按7%的年平均增长率计，2020年经济总量将为2000年的4倍，加之正处于工业化的中期阶段，产业结构明显地以消耗资源强度大的部门和产品为主。庞大的人口数量不仅带来教育、就业、老化等一系列难题，而且形成对农业、资源和环境的持久压力。我国有限的资源和相当脆弱的生态系统如何能维持如此日益增加的经济总量和人口总量？如何能够维系中华民族的永续发展？环境、资源、人类生存和经济增长之间存在着相互促进和制约的关系，一旦中华民族赖以生存的自然基础和生态环境遭到全面破坏，必然会严重阻碍经济发展，影响社会发展。这将是对国家稳定的一种威胁。

### 3.1 我国可持续发展的目标和基本点

为了走符合我国国情的可持续发展之路，实现我国可持续发展具有三个基本目标：第一，促进经济效率水平的提高，也就是说，要求保持经济的持续发展，生活水平与质量提高；第二，实现资源和环境利用的代际公平，即充分考虑资源的代际分配，使环境可恢复；第三，按照生态整体性的要求，改善生态的保障与支持系统。根据这个目标，实现我国可持续发展战略的基本点应该是：其一，控制人口，包括控制数量增长和提高人口素质；其二，全面节约利用和保护资源，包括单要素的节约，即节约利用水、土、能源、生物资源等和降低整个国民经济的资源消耗，提高资源利用的投入效率，特别是提高能源、水资源、土地资源的综合利用效率；其三，保护环境，即加强水、土、大气污染的治理，以及生态保护与建设。

为了实现上述三个目标，一个重要的途径是建立中国的资源节约型社会经济体系。

### 3.2 资源节约型社会经济体系的框架

建立我国未来资源节约型的社会经济体系，需要全面衡量我国发展的前景与我国资源和环境的基本特点，其基本框架如下。

根据国家和各地区资源及资源结构的优势与劣势，确定全国生产产业群体和相应的规模；建设以经济长期稳定增长为基础的积累消费体制；改善就业结构，大力发展第三产业；加强交通运输和邮电通信，增加空间机动性；调整社会经济的空间结构，把更多的资源、空间吸引到社会经济循环中来；重点发展中等城市；建设资源和环境保护的管理、监测、工程规划设计体系；提高人口素质，增强改造利用和保护自然的能力。实施以上具体目标，最终要求各地区建立起一个节约和集约利用土地、水、能源、生物、矿

产等自然资源的产业结构、农业种植结构、城镇居民点规模结构、技术结构、外贸结构、消费结构和社会经济的空间结构，实现国民经济持续发展，使我国人民生活质量在大的时间尺度和各种空间尺度上逐步提高，协调好人与自然的相互关系。

建立地区资源节约型社会经济体系的基本途径包括：将我国经济增长由高速增长逐步调整为稳定增长；确定投资规模与投资方向，注意合理安排积累与消费的关系；重视资源消耗强度小的产业；科学地确定人口城市化的速度和合理的城镇规模结构；提倡节约的消费观；调整社会经济的空间结构，逐步解决国土开发与经济发展的区域不平衡问题；继续调整进出口贸易结构，扩大利用全球和其他地区的资源；建设发达的交通和信息系统，提高空间和资源的利用效率。

## 3.3 观念转变

### 3.3.1 价值观与消费观念的转变

影响社会结构和经济结构的决定性因素是社会的消费结构。从长期发展观点来看，我国人民谋求什么样的消费结构将从根本上决定我国及各地区的资源和环境状况，而消费结构又受人们的价值取向的直接影响。要为每一个社会成员谋求一个满足人的生活需要和发展需要的吃、住、行、社会交往等条件，但不应追求超越实际需要的资源和财富的占有。当然，这一价值观是对全社会而言的。大大超越实际需要的消费，就是对资源和空间的浪费。人们价值观是指人对各种社会实践，当然包括对生活方式评价。人为了生存和发展，需要占有、利用一定的物质、资源和空间。随着经济和科学技术水平的提高，人们不仅要求物质生活上的满足，而且要求享受精神生活。从生理上讲，人类对物质的需要是可以有不同标准的。也是有限的，价值观受地理环境和社会文化历史的影响。我们中华民族有勤俭、朴素的优良传统，我们可以考虑：怎样的消费与水平不值得也不能去努力争取。例如，是否把像美国那样每两个人一辆小汽车作为追求的目标，是否一人要占上百平方米的住房，耐用消费品的更新淘汰升级是否要那么快等。

### 3.3.2 必要的责任感和危机感

中华民族将主要依靠现在的国土永远生存与发展，然而，今天的成就很可能意味明天的困难。我们无论如何不能短视，要为子孙后代着想。如果破坏了我国人民生存和发展的自然基础，那就意味着国家安全受到威胁。因为一旦重要的资源耗尽，生态系统压力过大，就不能保证经济的稳定发展，当然也就不能保证国家的安全，这是一种必要的危机感。

## 3.4 以新的指标体系来衡量社会经济的发展、干部政绩和采用节制资源浪费的核算制度

20世纪90年代，我国开始采用国际上的普通做法，以国民生产总值、国民收入和社会总产值作为衡量社会经济发展的主要指标。然而，从节约资源消耗、建立节约型的

社会与经济来说,这些指标仍不能完全符合要求。它们主要表现的是社会经济发展水平、规模、速度、效益等,是"人-地"关系的一个侧面。以这类指标指导发展,必然使政府和舆论千方百计地增加 GNP 以取得富裕和繁荣,但不注重资源的永续利用和保护,忽视人的全面发展。如果按照满足人类基本需要的目标,就应增加一些反映社会全面发展的指标,如就业率、期望寿命、婴儿死亡率、GNP 平均增长率等。另外,要逐步采用节制资源浪费的核算制度,即在计算产值、GNP 时,要同时计算资源的耗用相当于今后多少钱的损失,补偿生态破坏需要多少资金,并将此纳入产值的成本核算中。同样地,以既反映经济增长绩效也反映资源环境代价的一组指标来代替唯一的指标(GDP),来衡量各地区发展的成就,并评价党政领导人的工作绩效,其也是实施可持续发展国策的重要措施。

## 参考文献

[1] 黄鼎成. 人与自然关系导论. 武汉: 湖北科学技术出版社, 1997.
[2] 张善余, 陈暄. 20 世纪世界人口与经济发展回眸[J]. 世纪地理研究, 2001, (4): 1-7.
[3] 陆大道. 关于地理学的"人-地系统"理论研究[J]. 地理研究, 2002, 21(3): 135-145.
[4] Messerli B, Martin C, Thomas H. et al. From nature-dominated to human-dominated environmental changes[A]. IGU Bulletin. 2000, 50(1): 23-38.
[5] 陆大道. 区域发展及其空间结构[M]. 北京: 科学出版社, 1995.

# 我国的城镇化进程与空间扩张[*]

**提　要**　在过去十年中，我国城镇化进程脱离了循序渐进的原则，出现了冒进态势。过高的城镇化增长速率和蔓延式空间扩张，给我国城镇化健康发展、资源的合理利用与保护以及社会稳定等带来严重的危害。笔者分析了问题形成的原因，提出了我国实施循序渐进和资源节约型城镇化的目标和政策建议。

城镇化是一个国家经济结构、社会结构和生产方式、生活方式的根本性转变，涉及产业的转型和新产业的成长、城乡社会结构的全面调整，以及庞大的基础设施的建设，资源、环境的支撑，以及大量的立法、管理，国民素质提高等方面，它必然是长期的积累和长期发展的渐进式过程。

改革开放以来，我国国民经济持续高速增长及经济全球化等因素带动了我国城镇化快速发展。城镇化推动了我国经济和社会的发展，在一定程度上改善了居民的生活条件。然而，近10年来（"九五"和"十五"期间），我国城镇化脱离了循序渐进的原则，超出了正常的城镇化发展轨道。

西方发达国家的城镇化率从20%发展到40%用了几十年至上百年，自40%的城镇化率到今天的80%左右的城镇化率又经历了50~100年。在制定城镇化方针、政策时，需要清晰地考虑，我国有没有条件在城镇化速度方面大幅度超过西方发达国家的历史进程。

自20世纪90年代以来，在我国城镇化的背景、进程方面，主流的观点和主张如下：①大多数发展中国家是过度城镇化，而我国是"工业化超过了城镇化，城镇化滞后了"。②我国"农村人口太多，需要尽快解决城乡不合理的二元结构问题"。我国需要实行"快速城镇化"方针。③国际经验，城镇化水平在30%~60%是城镇化加速发展阶段。中国，2000年城镇化率达到36%，正好处在需要"加速"和可以"加速"的时期。

正在这个时候，应邀来华参加城镇化高级论坛的诺贝尔经济学奖获得者、美国人斯蒂格列茨（J. E. Stiglitz）把中国的城镇化与美国的高科技并列为影响21世纪人类发展进程的两大关键因素的说法传开了。这位不很了解中国国情的学者的一句话，几乎成了我国不断加速城镇化进程的依据，成为毫不怀疑我国城镇化进程中出现种种严重偏向的"定心丸"。令人费解的是，这句话竟能够给人们带来如此巨大的鼓舞。

## 1　"九五"和"十五"城镇化进程的不断加速

"九五"时期是我国城镇化高速发展时期。但进入"十五"时期，快速行驶中的城镇化列车又一次被"加速"。

---

[*] 原载于：城市规划学刊，2007年第4期，总第170期。

## 1.1 全国大规模增加设市带有明显的人为拉动因素

20世纪80年代末至90年代初,全国范围内开展了"地改市""县改市"的"设市"政策,到了90年代中后期,全国设市达到了高潮。1984~1996年,全国城市数量由289个增至666个,年平均新设城市29个。其中,1993~1996年的三年中,全国设市城市由570个增加到666个,年平均增加32个城市,尤以县级市增加最快,由1984年与地级城市数量相当,到1996年数量已达到地级市的一倍以上。建制镇数量也由1984年的2786个增至1996年的17998个,12年中增加了15000多个建制镇,增长了5.5倍。

20世纪90年代初,民政部曾经组织城镇化"预测与规划组"。"预测与规划组"所到各地("地"和"县"的所在地)均受到热烈欢迎。在一个经济并不发达的自治区的一个县城,政府组织了几乎是"万人空巷"般的欢迎。这其中的内涵显然并不表明城镇化进程的客观动力的作用。

## 1.2 在实施国民经济"软着陆"背景下仍开足马力前进的城镇化

"九五"(1996~2000年)和"十五"期间,各地区几乎都制定了加速城镇化发展的战略。大部分省(区、市)已经将大幅度提高城镇化率作为发展战略方向。在全国范围内,正常的发展和人为的拉动,使我国城镇化率迅速上升,从此竞赛、攀比和大规划、大圈地之风越刮越大。全国突击搞城镇化!除了城镇化率出现明显虚高外,"大××市"规划和"大新城"及数量巨大的各类"开发区",以及大马路、大立交、大绿地和豪华的会展中心建设之风盛行。近年来,在上述现象尚未得到控制的情况下,政府办公区大搬家和豪华办公楼的建设从省、市一直到地(市)、县(市)、镇愈演愈烈;以科教兴国和大学扩招的名义规划和兴建大气派的"大学城"(其中,相当部分是以此为名义进行大规模的"圈地运动"和房地产开发)。这些行为导致城镇周围的空间严重失控,土地和农田一批一批地被毁掉,制造出大量的失地农民与城市边缘人群。农村人口急速、大规模地向城镇迁移或转移,远远超出了城镇的就业吸纳能力和基础设施承载能力。

20世纪80年代至90年代初,我国城镇化以每年0.6个百分点以上的速度在增长。也就是说,当时每年城镇人口增加在1 000万人左右。1993年,全国设市城市达到570个。应该说,这是大发展的结果,也是大发展的态势。90年代中期,在大规模增加开发区和开发区建设空间失控的同时,大量增加了设市的数量。1993~1996年是全国设市高潮。

1993~1996年我国经济出现了快速增长,GDP增长幅度很大,同时也出现一系列结构性失衡问题。十四届五中全会提出两个具有战略意义的转变——经济体制和经济增长方式的转变,将继续抑制通货膨胀作为实现1996年宏观调控的目标。中央政府实行国民经济的"软着陆"。1998年发生了亚洲金融危机。"九五"后几年及新世纪开始,我国GDP增长率明显下降:1997年8.8%、1998年7.8%、1999年7.1%、2000年8%、2001年7.5%、2002年8.0%。

但是,1996~2000年这个阶段的城镇化仍在迅速发展。在"九五"计划中,部分省

（区、市）已经将大幅度提高城镇化率作为发展战略方向之一了。如果按照国家统计局 2003 年修订后的数据，1990~1995 年，我国的城镇化水平每年提高 0.52~0.53 个百分点，而 1996~2001 年，我国的城镇化水平每年提高 1.43~1.44 个百分点。其中，1995 年全国城镇化水平为 29%，1998 年城镇化水平接近 34%。这三年每年增加 1.7 个百分点以上，也就是说，每年全国城镇人口增加 2100 万人以上。这样的规模给城镇就业、产业支撑、城镇基础设施供应，以及资源环境有关因素等带来了巨大压力。2000 年全国市镇人口达到 4.56 亿人，城镇化水平达到 36.2%。修订后的数据虽然存在争议，但是 20 世纪 90 年代后半期的城镇化速度应该是明显快于前半期的。

2001 年开始的"十五"计划却又强调："随着农业生产力水平的提高和工业化进程的加快，我国推进城镇化的条件已经成熟，要不失时机地实施城镇化战略。"使本来已经高速行驶中的城镇化列车进一步"加速"[1]。

"十五"计划的"不失时机"从何而来？从 20 世纪 90 年代中期起就已经是"不失时机"地高速推进城镇化了！

在"不失时机"战略的指引下，2000~2005 年 5 年间，城镇人口又由 4.56 亿人增加到 5.62 亿人，增加了 1.06 亿人，每年增加 2100 多万人（这五年的统计口径是一致的）。

"加速"已经高速发展中的城镇化进程，使近 10 年来，特别是"十五"期间，我国城镇化出现了冒进态势。

## 2 出现相当程度的虚假城镇化和贫困城镇化

我国 1 亿多农民工和他们的家属没有获得真正意义上的城镇化。根据 2000 年的"五普"和 2005 年的全国 1%人口抽样调数据，我国流动人口分别高达 1.21 亿人和 1.47 亿人，占总人口的 9.55% 和 11.26%。我国现阶段的人口流动以进城务工的农村人口或农民工为主体，约占 85%。据此推算，2005 年我国进城务工的农民工数量已高达 1.3 亿人，约占全国总人口的 10%。这群规模巨大的农民工虽然在统计上已被计算为城镇人口或被城市化了，但他们在户籍上仍是农业人口，也不能享受政府为当地城镇居民所提供的就业、教育、社会保障、医疗卫生等公共服务，显然尚不能算是真正的市民或城镇人口，更不用提他们仍在农村老家的家属了。因而从城镇化质量的角度来看，我国目前的城镇化水平含有较大的虚假成分。

除了上述提到的 1.3 亿"农民工"和他们的家属没有被城镇化外，43%的城镇化率也是由行政区划调整（大量的撤乡并镇）、城镇辖区面积扩大而带来的结果。这些"城镇区域"的产业结构并未转型，缺乏产业支撑力，也基本上没有城镇的基础设施供应，实际上仍然是农村。

城市化水平应该由经济发展水平和就业岗位的增加来决定。超出经济发展与就业增长能力的过快、过高的城市化，并不是由工业化来推动的，而是由大量失去土地的农民和人口的失业所造成的，是虚假的城市化和贫困的城市化。

在阿根廷等拉美国家，4.98 亿人的总人口中有 3.8 亿人居住在城市，城镇化率高达 75% 以上，与经济发达国家相差无几；但是其经济水平只及发达国家的 1/4，失业和从事非正规经济的人约占全部劳动力的 1/2，超过 1/3 为贫困人口，其中相当一部分住在贫民窟中，有约 2000 万人流浪街头，出现虚假城市化的"拉美病"。

目前，我国农民工一般以非正规就业为主，收入水平低，居住条件简陋，存在"贫困化"现象。据 2004 年在武汉的典型调查，农民工月收入在 400 元以下的约占 37%，在 401～800 元的约占 45%，高于 800 元的仅占 17%；而同期武汉市城镇居民每月平均可支配收入约为 795 元。农民工一般是在工资较低、工作条件较差、就业不稳定、无医疗保险、无社会保障、无升迁机会的城市非正规部门就业，以从事城里人不屑干的"脏、累、苦"的工作为主。如在加工制造业、建筑业、采掘业及环卫、家政、餐饮等服务业中，农民工已占从业人员半数以上。农民工大多居住在城市边缘地区的"城中村"、简易房、建筑工棚或地下室等，居住环境简陋恶劣，与"贫民窟"相差无几。根据北京市 2003 年外来人口动态监测调查公报，在 409.5 万人口外来人口中，租住平房的占 38.8%，住工棚、工作场所的占 14.3%，租住地下室的占 2.7%。在其他一些发达的城市，例如南京、杭州，外来人口或农民工有 45%的人住在低矮阴暗的工棚或简易房内，在城市郊区边缘地区形成了新的"贫民窟"。这在相当的程度上表明了我国的城镇化已出现了"虚假化"和"贫困化"。

这就是说，在我国也出现了相当规模的过度城镇化。这是现阶段需要努力逐步解决的，更需要防止这种态势的进一步扩大。

## 3  城镇化的蔓延式发展和空间失控

近年来，在我国城镇化发展过程中，与"人口城镇化"出现大量水分因而城镇化发展质量差形成鲜明对比的是"土地城镇化"的速度过快，城镇发展空间严重失控。这是"冒进式"城镇化的重要表现之一。

改革开放 20 多年来，与三次城镇化快速发展相对应，城镇建设用地也出现三次大规模扩张。自 2001 年开始的第三次过度扩张到了空间失控的严重地步。根据建设部门专家的数据，1991～2000 年全国城市建设用地，每年平均增加 1 000 km$^2$，2001 年在 2 000 km$^2$ 以上，2002 年上升到 3 334 km$^2$ 左右。沿海各省（市）2010 年的土地指标在 2001 年已经用完。根据国土资源部门的数据，在 1997～2000 年，平均每年建设占用耕地为 1 800 km$^2$；而在 2001～2005 年，该数量已增加至 2 187 km$^2$。因此，在过去 10 年间，我国各类建设滥占耕地呈现愈演愈烈之势。

冒进式城镇化导致城镇建设用地盲目扩张和无序蔓延，过度侵占了大量的优质耕地。各类建设占用的大多是优质耕地，而开发整理补充的耕地质量大多较差，占优补劣的现象极为严重。2004 年各项建设占用的耕地中，有灌溉设施的占 72%；补充耕地中有灌溉设施的仅占 34%。建设占用的耕地大多数是平原地区或居民点周围的优质高产良田，有一半以上集中在上海市、北京市、天津市、浙江省、广东省、江苏省、福建省、辽宁省、山东省等 9 个东部经济发展较快的省（市）地区；而补充的耕地主要多来自对未利用地的开发，其中大部分是交换机旱地。我国光热水土条件好的地区耕地后备资源缺乏，再加上开发受生态保护的限制，补充耕地尤其是优质耕地的难度越来越大。耕地面积大幅缩减,将会引起我国粮食产量与消费量的缺口逐渐加大,对我国粮食安全构成潜在威胁。

我国城市人均占地曾经长时期偏低,但10多年来城市人均占地已经很快达到110~130 m$^2$。这是大多数人均耕地资源比我国多几倍乃至十多倍的欧美发达国家的水平。我国不能按照这个标准进行城镇化。然而,由于城镇土地利用结构的不合理,这个高指标并没有给大部分市民带来生活空间的明显改善。

## 4 就业岗位的增加与资源和环境的支撑能力不能适应冒进式城镇化

城镇化进程需要与产业结构及其转型的进程相适应。我国这样发展中的大国,取得了20多年的高速和超高速经济增长。今天,我国基础原材料生产规模和部分制造业生产规模已经超过或大幅度超过10多年前世界上的生产大国,这是世界上没有过的奇迹。即使这样,近10年来我国城市的就业形势还是越来越严峻。其原因很简单:产业发展规模无法支撑这种冒进式城镇化对就业岗位极其巨大的需求,即城镇化大大超出了现阶段经济发展和产业的支撑能力。

我国处在工业化的中期阶段,已经拥有庞大的基础原材料产业。经过若干年的快速增长,依靠这些产业的继续扩张来吸纳农村劳动力和农村人口,空间已经不大。这些产业的调整与重构将是一个长期的过程。城镇化和就业岗位的增加越来越依赖第三产业的发展。但是,由于人口基数巨大,每年提高一个百分点的城镇化率,就业岗位就要求增加800万~1000万个。第三产业的发展空间也很难持续提供这么多的就业岗位。近年来,我国城市就业问题突出,表明城镇化速度和规模已经超出了产业发展及其规模的支撑能力。

众多的资源型城市的存在是我国产业结构长期的特点之一。据2002年的初步统计,全国有110个资源型城市,估计2030年将达到200个左右。这些资源型城市多数是有生命周期的,在今后某个时期将出现资源枯竭,城市规模不但不可能大幅度扩大,且会逐步缩小,少数还会衰亡。而人口城镇化的过程一般是不能逆转的。

经济全球化对城镇化过程的推动作用也将会逐步减弱。过去这些年,我国经济国际化的发展过程十分迅猛,特别是外商投资的大量进入成为许多地区快速城镇化的一个主要因素。然而,今后外资不可能持续地成为城镇化发展的主要动力,外部市场对于城镇化的作用会下降。

近年来出现的城镇就业问题,表明城镇化速度和规模超出了产业发展及其规模的支撑能力。有人以为"工业化超过了城镇化,城镇化滞后了"的主要理由是我国三次产业的产值比重中第一产业已经下降到10%左右。但是,在评价我国工业化发展进程时,不应该做出过高的估计,因为从三次产业的就业比重来看,第一产业仍然占45%。这表明我国的工业化程度仍然有限,实现产业结构的根本转型还需要很长的时间。虽然从主观上希望尽快解决城乡不合理的"二元结构",城镇化速度越快越好,但快速大规模城镇化的实际障碍已经突显。

城镇基础设施供应及资源、环境等,无法适应和匹配。城市要求大规模的电力、优质的能源和大型的集中水源作为支撑,人均能耗、水耗及垃圾集中排放量都要比农村大得多。目前,我国大部分城市缺水,大部分饮用水源受到污染。垃圾围城现象突出,无害化处理率很低。近 10 年来,虽然各级政府在给排水、环保等城市基础设施方面的投资逐年增加,但资源和环境的缺口并没有相应缩小。这从另一个角度表明,我国城镇化的速度过快,背离了循序渐进的原则。

## 5 各国城镇化大都经历了漫长的历史进程

各国城镇化大都经历了漫长的历史过程。根据我国的国情、城镇化人口总量,以及产业支撑等条件来分析判断,我国有没有条件大幅度超过发达国家城镇化进程的速度?

城镇化率从 20% 提高到 40%,英国经历了 120 年(1720~1840 年),法国经历了 100 年(1800~1900 年),德国经历了 80 年(1785~1865 年),美国经历了 40 年(1860~1900 年),苏联经历了 30 年(1920~1950 年),日本经历了 30 年(1925~1955 年),中国经历了 22 年(1981~2003 年)[2]。苏联和日本在城镇化率增加方面是比较快的,除了在城镇化从 20% 发展到 40% 这个期间的总人口比我们国家现阶段少很多以外,他们都不是传统的农业大国也是一个重要因素。发达国家在达到 40% 的城镇化率后,又经历了 50 多年、100 多年的发展和积累,到今天达到 70%~80% 的城镇化水平(率)。

上述国家在城镇化的快速发展阶段,总人口规模小,而我国现阶段有 13 亿人口。城镇化率提高所要求的新增就业岗位比发达国家相应进程的要求高出十多倍到几十倍。城镇化率达到 40% 的主要发达国家,他们当时全国的人口数如下:英国 0.267 亿人(1840年),法国 0.4068 亿人(1900 年),德国 0.4315 亿人(1865 年),美国 0.7599 亿人(1900),苏联 1.1209 亿人(1950 年),日本 0.8831 亿人(1955 年)。我国 2003 年城镇化率达到 40%,全国人口 12.84 亿人。也就是说,如果各国都在这个基础上增加一个百分点,那么城镇人口的增加规模:中国是英国的 48 倍、法国的 32 倍、德国的 30 倍、美国的 17 倍、苏联的 11 倍、日本的 15 倍。它们当时每增加一个百分点城镇化率需要提供就业岗位量仅仅是我国今天的几分之一、几十分之一。

欧美主要资本主义国家城市化水平(城市化率)的起步阶段平均每年增加只有 0.16~0.24 个百分点,加速阶段每年增加也仅达 0.30~0.52 个百分点。欧美各国城镇化的进程值得人们认真地总结。了解它们这些国家城镇化的背景、驱动因素和进程,再比照我国今天的具体国情,可以清楚大大超过它们的发展速度是不可能的。

## 6 中国需要循序渐进和资源节约型的城镇化

### 6.1 城镇化速度不能很快

上述已经强调,城镇化是一个国家经济结构、社会结构和生产方式、生活方式的根本性转变,必然是长期的积累和长期发展的渐进式过程。何谓渐进式发展城镇化?就是根据城镇产业的吸纳能力、基础设施的支撑能力、资源环境的承载能力、城镇管理水平提高的程度，逐步提高我国的城镇化水平。

总结以往城镇化进程的问题，有利于人们确定今后合理的城镇化率。城镇化发展质量的提高需要长时期的努力。体现社会财富的城市在公用设施，以及"软件"建设各方面要赶上发达国家的程度，对于人口特别众多的我国，难度是可以想象的。

根据前几年有关专家的计算，今后城镇化率按年均增长1个百分点预测，2020年将达到57%，城镇总人口8.28亿人。年均增加城镇人口1811万人，农村人口只有6.22亿人了。他们还计算了在每年增加一个百分点的城镇化率下城市发展的巨大压力。根据上述分析和总结，年均增长一个百分点已经不是"压力"问题，而是不可能了。

根据我国各个发展时期，特别是20世纪80年代初至90年代中期的经验，参考国际上的经验，今后城镇化率每年提高一般只能考虑0.6~0.7个百分点。与此同时，不同区域的城镇化发展速度应该有所差异。各地区在编制国民经济和社会发展规划，以及土地利用规划、城镇体系规划和城市总体规划时，应因地制宜，制定符合各地实际的发展目标，不能在城镇化率和有关城镇发展指标方面进行盲目攀比。

## 6.2 城镇人均占地必须实行低指标

我国城镇人均综合用地标准应该符合国情。我国不能走美国和澳大利亚等国那样蔓延式城镇化发展道路。2000年，中国的人均耕地只有世界平均水平的47%，是澳大利亚的1/30，加拿大的1/19、俄罗斯的1/9、美国的1/8。近年来，这个比例在进一步下降。

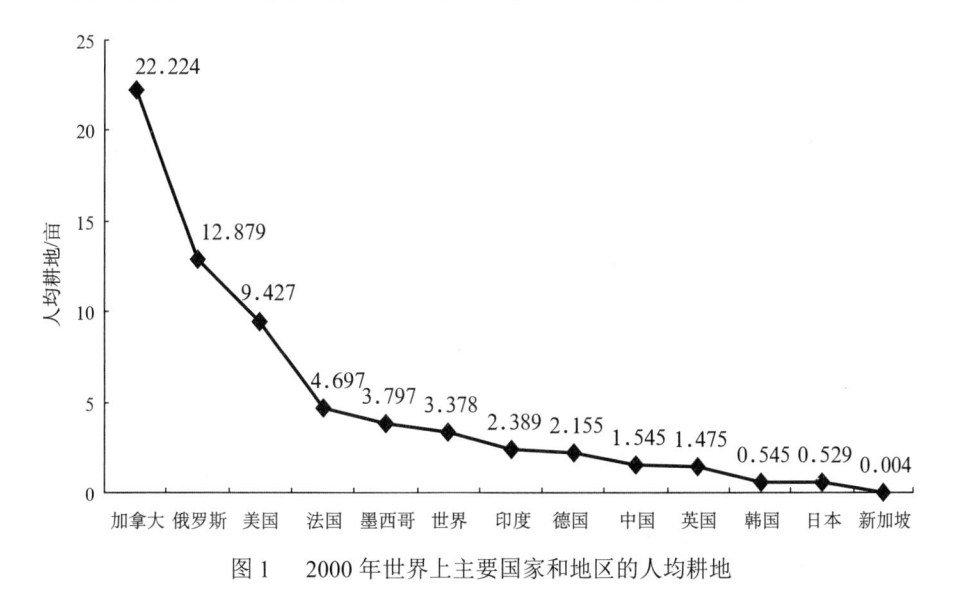

图1　2000年世界上主要国家和地区的人均耕地

20世纪80年代末，我国人均可持续发展财富（衡量可持续发展能力）为下列国家的比例：澳大利亚的不到1%，日本的1.2%，美国的1.6%，韩国的5.4%，巴西的14.0%。"财富"包含3个因子：人力资本、物质资本和自然资源，这是世界银行当时的数据。当然，现在中国人均可持续发展财富呈十倍的增加了。即便如此，我国可持续发展能力还是相对处于较低水平。当然这个计算指标能够在多大程度上说明对城镇化进程的影响，还需要深入分析研究。

东京、香港等城市的经验值得人们宣传和参考。东京、香港均采用高密度、集约型发展道路。东京，作为日本的首都和国际大都市，虽然承担国家政治功能和国际性机构服务的功能，其人均用地也才只有 78.7 m²。香港特别行政区的土地总面积 1 068 km²，760 多万人，地形多山，城市建设用地大约 210 m²，人均建设用地才 35 km²。而在这样的标准下，它们依然保持了很高的生活质量和居住环境水平，是世界上最有竞争力的城市。那种认为用地不气派，城市就没有竞争力，就不能改善居民的生活条件的决策者和规划者，需要转变理念和标准。

建议以人均 60~100 m² 作为我国城镇综合用地的适宜区间。

### 6.3 一定要实行资源节约型的城镇化原则

在城镇化的资源占用和人均资源消耗方面，中国永远无法效仿西方发达国家！也就是说，在我国，在社会发展的资源占用方面，相对于当今发达的西方国家，永远要过相对节俭的日子，即使到了高度现代化之时。当然，这里不包括少数富人。

各个不同区域还应该有很大的区别。考虑这种差别，划分大区域的原则是产业规模和产业结构演进的速度，经济全球化的规模和发展潜力，以及在全国功能区划中的地位（是否优化开发或者重点开发，或者是限制开发及禁止开发）。那些产业规模大且演进升级快的地区，或是优化开发或者重点开发的地区，城镇化发展的速度和规模当然可以比较快。

我国的城镇化需要严格按照循序渐进的原则，采取资源节约型的发展模式，走一条"高密度、高效率、节约型、现代化"的城镇化道路。为了实施这样的发展道路，需要对我国城镇化的进程、标准、指标体系、规模结构、区域差异、城乡关系等方面进行进一步长期的跟踪和研究。

## 7 渴望规划师了解国情，"向权力阐述真理"

"城市规划既是规划师关于城市发展的科学理念和分析过程的结果，又是用于实际操作的政府行为。……规划师能不能保持一定的独立人格，坚守职业道德，坚持科学规划、科学预测？规划师能否象仇部长所说'融入决策程序，向权力阐述真理？'"实在是非常重要[4]。

目前，一方面是存在规划人员不足的问题。有"资质"的规划单位，涉及的学科、领域很多，承担的任务往往太多，难以精心规划。另一方面，部分规划设计人员对于我国的国情和城市化道路认识不深刻。在规划工作中，较多地按照领导意图办事，缺乏独立的科学精神。有些规划人员对于明显不合理和不可能实现的畅想也随声附和，甚至充当了鼓吹手。

大量的城镇规划工作"使规划师拥有前所未有的机遇和能力去改善现状和创造未来"。但是，一些规划师不了解我国的国情，较多地效仿美国等西方国家的经验；有些城市规划师也有冒进式思想,"一开口就是全球化、国际化,一出手就是高起点、大气派"。他们根据委托方的要求,不经过严格论证就搞出超前的、铺张的大规划。这些规划"为领导者营造了大气派的政绩工程,却没有营造老百姓可以享受的城市公共空间"[5]。那么多的城市都搞超豪华的办公大楼、超级的大广场以及大绿地、大立交、会展中心,难道不是超出我国的国情吗?2000年以来,有24个城市搞了城市发展战略"概念规划"。所谓城市发展战略"概念规划"实际上成了只"强调发展理想和塑造未来"而无需经过严密论证的大气派规划的代名词。我国的第一个"概念规划"的结果是催生了珠海市大规划中的新机场[6]。76亿元投资的珠海国际机场的运力长期闲置,造成了巨大的浪费。如果当时稍作具体分析就会知道,当时在珠三角、港澳等直径100多千米的范围内,已有、在建、扩建和计划建设的空港旅客吞吐能力已经达到年2.0亿人次左右。珠海完全处在深圳机场和白云机场的覆盖范围之内。珠海国际机场这种超大型项目的重复建设理应是可以避免的。

中国科学院学部咨询项目组成员有:中国科学院院士,陆大道;中国科学院院士,叶大年;中国科学院研究员,姚士谋;中国科学院研究员,刘盛和;中国科学院研究员,刘慧;中国科学院研究员,高晓路;北京大学教授,李国平;苏州大学副教授,段进军;中国科学院博士,陈明星等。

## 注释

① 1999年7月23日J. E. Sfiglifz教授在北京召开的"城市发展高级圆桌会议"上的讲话。

② "中国设市预测与规划"(1995~2010年),P.121,《中国设市预测与规划》课题组,1995年3月。

## 参考文献

[1] 中华人民共和国国民经济和社会发展第十个五年计划纲要,2001年3月15日第九届全国人民代表大会第四次会议批准[M]. 北京:人民出版社.
[2] 叶耀先. 新中国城镇化的回顾和启示[J]. 中国人口、资源与环境,2006,15(2): 1-7.
[3] 黄小黎. 关于"极速"城市化的理性思考[J]. 热带地理. 2006,26(4): 335.
[4] 周一星. 土地失控谁之过[J]. 城市规划,2006,3(11).
[5] 杨保军. 城市公共空间的失落和新生[J]. 城市规划学刊,2006,(6).
[6] 朱介鸣. 中国城市规划面临的两大挑战[J]. 城市规划学刊,2006,(6).

# 关于《国家新型城镇化规划（2014～2020）》编制大背景的几点认识[*]

**摘　要：**《国家新型城镇化规划（2014～2020）》标志着中国城镇化发展的重大转型，核心是强调了人的城镇化，总体要求是"稳中求进"。本文着重从发展速度和发展质量方面阐述了对这个规划产生背景的初步认识。城镇化发展水平应当与城镇产业结构转型和新增就业岗位、城镇实际吸纳农村人口的能力，以及水土资源和环境承载力等保持一致。中国大规模高速发展的城镇化，付出的环境污染代价巨大，基础设施不堪重负，自然资源的支撑力面临严重的困难。城镇化是具有明显交叉学科特性的重要前沿科学问题，是一个复杂系统。人文经济地理学的跨学科性质在城镇化研究领域具有突出优势和较为扎实的研究基础，面向国家新型城镇化的重大现实需求，还非常需要对这一重大领域进行深入的跟踪和研究。

2013年12月11日召开的中央关于城镇化工作会议，习近平总书记和李克强总理分别作了重要报告。会议提出了推进城镇化的主要任务，强调了中国城镇化发展的"稳中求进"、努力实现"人的城镇化"等方针。之后，《国家新型城镇化规划（2014～2020）》（以下简称"城镇化规划"）正式出台。这标志着中国城镇化发展的重大转型。

"城镇化规划"开宗明义指出[1]："按照走中国特色新型城镇化道路、全面提高城镇化质量的新要求，明确未来城镇化的发展路径、主要目标和战略任务，统筹相关领域制度和政策创新，是指导全国城镇化健康发展的宏观性、战略性、基础性规划。"

什么是中国特色？为什么要发展中国特色的城镇化？那是由中国国情所决定的。中国国情和中国特色如何影响乃至决定中国城镇化的目标、路径及其一系列方针政策？在理解和贯彻国家新型城镇化规划过程中，需要明确以往多年里中国城镇化所走过的道路及所取得的成就及出现的问题。只有这样，才能够深刻理解中国城镇化发展需要做出深刻的转型。

针对"十五"期间中国城镇化出现"冒进"态势及出现的诸多问题，"十一五"计划"要积极稳妥推进城镇化"。可是，一些地方政府仍在快速推进城镇化。"十二五"规划国家再次强调"统筹城乡发展，积极稳妥推进城镇化"，但一些地方还是不听。直到前几年，中国城镇化率年均增长仍保持在1.3个百分点以上，说明高速城镇化发展态势仍未得到有效遏制。

---

[*] 原载于：地理学报，第70卷第2期，2015年2月出版。

# 1 关于中国大规模城镇化发展的驱动力

城镇化，是人口向城镇集中并由此推动城镇发展的过程。伴随着这一过程的是国家的经济结构、社会结构和生产方式、生活方式的重大转变。城镇化是一个巨大的系统工程。城镇化发展关系到中国现代化的全局。

社会经济发展是城镇化发展的内在动力。自然基础和生态环境对于城镇化发展具有重要的基础作用。城镇化格局是社会经济空间结构的重要组成部分。城乡关系是国家和区域内最为重要的相互依赖关系[2]。

十八大及中央城镇化工作会议及其后的深刻的背景体现了城镇化发展的客观规律。推进农业转移人口市民化，解决好人的问题是推进新型城镇化的关键。核心是强调了"人"的城镇化，在进程上要稳中求进。之所以这样明确地强调，是因为近10多年来城镇化出现一系列突出的问题。

在长时期内，高速经济增长导致了大规模城镇化的发展。其中，外向型经济对沿海地区城镇化的推动作用巨大，特别是对大城市、特大城市、超级大都市的发展作用突出。过去30年，中国工业化和服务业发展支撑了城市化。但近10年来工业支撑的持续能力已显不足。原因是在很长时期内，中国实行的是"低端产品"生产的发展模式，在很大程度上是投资拉动经济增长，而这两点都难以为继。两次大规模经济刺激计划的实施带来了日益严重的结构性问题。城镇化继续快速发展，连续保持在每年增长1.4个百分点的高位运行。近年来，国民经济终于迎来了"稳增长、调结构"的新阶段。但2011~2013年上半年，中国城镇化又面临着大跃进的风险。

在以往10多年期间中国城镇化速度过快，城镇化率虚高。"九五"期间，有三年的城镇化率每年增加1.7个百分点，"十五"期间年平均增长1.4%。"十一五"以来城镇化速度仍然居高不下，年平均增长1.3个百分点，即每年城镇新增人口在1800万人以上。2012年中国城镇化率达到52.6%。但是，实际的人口城镇化率只是35%。全国2.6亿农民工没有市民化，他们的居住等生活条件很差，是谓"半城市化"。中小城市发展缓慢，部分中小城市衰落。农村空心化严重。目前农村的留守儿童达到9700万人。综合相关研究成果，2005年时，中国失地或部分失地农民的数量约5000万人；目前在6500万左右。过去10年，年均建设占用耕地355万亩①；以人均耕地1.39亩算，年均新增失地农民约260万人。照此速度，在未来20~30年的时间里，中国失地农民将会增至1亿人以上。

在高速城镇化过程中，大批农民进入城市。但是，农民工有相当一部分是在工资低、工作条件差、就业不稳定、医疗保险社会保障低、无升迁机会的城市非正规部门就业，从事以城里人不屑干的"脏、累、苦"的工作。农民工大多居住在城市边缘地区的"城中村"、简易房、建筑工棚或地下室等，居住环境简陋恶劣。直到"十一五"期间，南京、杭州等沿海大城市的外来人口或农民工还约有45%的人住在城市郊区的边缘地带低矮阴暗的工棚或简易房内。

---

① 1亩≈666.7 m²。

经济增长和产业支撑与高速城镇化不能相适应。中国国民经济的高速增长和大规模的工业化推动了城镇化的高速发展[3]。但近年来，国民经济增速放缓，工业结构调整面临着越来越大的压力，就业岗位的增加满足不了城镇化的需要。按照近年来的城镇化速率，城镇人口每年增加了约 1800 万人，相应地，需要增加 1200 万以上的就业岗位。城镇就业人口的增加目前已越来越依赖于第三产业的发展。但是，由于人口基数巨大，第三产业的发展空间也很难持续提供所需要的就业岗位规模。近年来，各类城市的就业问题都非常严峻。虽然每年的就业岗位增加都在 800 万个以上，但是，其中一些就业岗位的稳定性很差。

大量事实清楚表明，城镇化进程必须与经济增长，特别是与工业化发展之间相协调。"十五"以来中国城镇化高速发展得到一个重要的教训：在如此大规模城镇化发展中更应当关注的是质量而不是速度。2011～2013 年，有一种强大的舆论：要保持高速经济增长，唯一的着力点就是继续大搞城镇化。如果这种认识变成了现实，中国几百万平方千米的广大农村就会变成为一个城镇化的"建筑工地"。我们认为，在大力推进经济结构转型的阶段，也要同时推进城镇化的转型，这是非常合乎逻辑的结论。如果不是这样，继续大规模推进城镇化的"大跃进"，则其结果就将不堪设想。所以，城镇化健康发展与否，关系到中国现代化的成败。

"城镇化规划"强调了"强化城市产业就业支撑"。这一点告诉我们，规划未来城镇化的合理进程，最重要的是科学地评估产业支撑能力。要根据产业发展的支撑能力和就业岗位的增加可能，引领城镇化的进程。没有产业支撑的城镇化是不可持续的，缺乏强劲产业发展支撑的城镇化发展也会趋缓。

中国国民经济经历了长时期的高速增长，正在进入以"稳增长、调结构"的发展阶段。在结构调整中，能源重化工和传统的制造业将很难有很大的规模扩张，新的具有竞争力的品牌和大型产业还需要一个形成过程。多种因素的作用将使经济增长率有所下降。还有，结构调整和创新的发展还会使就业增加的弹性系数发生变化。所有这些都使就业岗位的增加将变得趋缓。中国已经拥有庞大的基础原材料产业。依靠这些产业的继续扩张来吸纳农村劳动力和农村人口，空间已经不大。同时，能源、原材料和设备制造业的技术进步将使劳动生产率得到提高，以轻纺产品为主的中小企业劳动力成本的上升将驱使用工强度缩减。根据上述分析，每增加一个百分点城市化率，需要比以往更多的就业岗位，进而需要更大的经济增长规模。根据历次人口普查数据，中国城镇化平均每提高 1 个百分点所需要的非农业从业人口增长量为 600 万～1000 万人。但随着发展水平的提高，城镇化水平增长所需的非农业从业人口增长量呈不断增长之势。未来中国城镇化水平每提高 1 个百分点将需要新增 1000 万人以上的非农就业岗位来支撑。

从上述关于中国高速大规模城镇化的驱动因素的变化及出现的问题分析，可以非常明显地看出，中国的城镇化必须遵循循序渐进的原则。城镇化发展水平应当与城镇产业结构转型和新增就业岗位的能力保持一致，与城镇实际吸纳农村人口的能力保持一致，与水土资源和环境承载力保持一致。要根据城镇产业的吸纳能力、基础设施的支撑能力、资源环境的承载能力，城镇管理水平提高的程度等逐步提高中国城镇化水平"[4-5]。因此，中国城镇化速度不能过快。

## 2 大规模高速发展的城镇化已使自然资源的支撑力面临严重的困难

"城镇化规划"强调了"把生态文明全面融入城镇化进程""集约节约利用土地、水、能源等资源，强化环境保护和生态修复"，这样的城镇化要求具有强烈的针对性，是保障中国健康城镇化的重要前提。

近10多年，伴随着大规模高速发展的城镇化，出现了持续不断的大规模占地和圈地，从而使耕地资源消耗过多。在人口"半城镇化"的同时，近10年来每年征地失去耕地的农民平均有260万人。"十五"期间，各地大搞所谓"国际大都市"、大广场、大马路等。近10年来，许多城市以大搞各种类型的"新区""新城""开发区"等而进行大规模圈地，一规划就是几十平方千米甚至上千平方千米。城市建设占地迅速大规模扩张，使城市人均占地很快达到110~130 m²的高水平。这个占地指标是大多数人均耕地资源比中国多几倍乃至10多倍的发达国家水平"[6]。

大规模工业化和城镇化使中国北方15个省（区、市）的水资源供应出现了全面的紧张，在南方地区的许多城镇也常有严重的水质性供水问题，在局部地区出现过水危机。用水问题最为严重的是中国北方地区。北方地区15个省（区、市）国土面积占全国的60.4%，2011年人口和GDP分别占全国的41.9%和42.8%。北方地区多年平均年水资源总量为5259亿m³，只占全国的18.6%。2011年总用水量达到2434亿m³，约占当年全国用水的40%。经过半个多世纪以来的大规模水资源开发，北方地区依赖"开源"解决缺水问题面临着极限挑战"[7]。

因此，未来要十分强调实行"资源节约型和环境友好型"的城镇化。中国人均占有的资源非常有限，尤其是耕地资源和淡水资源短缺。各类城市的规划建设，要充分考虑到中国的这一基本国情。即使到了现代化之时，中国人民也要过着"节俭"的日子。城市人均占地、人均生活能源消耗和淡水资源的消耗等不能仿效西方世界特别是美国人的人均指标。城镇人均占地和人均生活耗能必须实行较低的指标：20世纪90年代以来，中国城市的人均综合占地增加很快达到了110~130 m²。大部分小城镇的人均综合占地指标高达200~300 m²。中国不能走美国和澳大利亚等国那样蔓延式城镇化发展道路。建议以人均70~100 m²作为中国城镇综合用地的适宜区间。由于中小城市一般没有大型的公共设施（体育场、交通枢纽、市政广场等），未来的规划建设完全可以进一步缩小占地规模。一般特大城市（少数国际化大城市可例外）人均生活能耗每年应该为2t左右标准煤，中小城市要明显少于这个指标。

## 3 环境污染、生态服务功能的沉重负担

中国大规模高速发展的城镇化，付出的环境污染代价巨大，基础设施不堪重负。这也是"城镇化规划"产生的背景之一。

1996年以来，大规模的城镇化是越来越严重的环境污染的主要原因之一，沿海地区

的大中城市规模迅速扩张,加上低端产品生产的"世界工厂",引起了突出的环境问题。中西部中小城市由于大规模开发资源和对资源进行加工而成为许多地区的污染源。

大约自"九五"以来,中国环境污染逐步出现了新的特点:在传统的有机污染日趋严重的同时,有毒有害物的污染开始显现;越来越严重的环境污染,导致生态系统严重退化,生态灾害事件频繁发生;对农村环境问题的忽视使得中国农村地区成为"藏垢纳污"的主要场所,农业和农村环境问题广泛而突出;中国环境污染已经开始从周边环境进入生态系统并进一步侵入食物链开始影响到人体健康;环境污染的区域范围遍及全国主要的人口、产业集聚带和城市群。这些新的特点与以往高速城镇化有密切的关系。

生态脆弱区域对都市区和产业人口密集区域发展所造成的影响越来越突出。中国一系列的产业和城市集聚区域,特别是大城市群区域的发展需要更大范围内的生态服务功能的支撑。因此,大城市与周围广大的区域构成了以生态服务和生态补偿为纽带的整体;城镇化的规模受到生态和环境承载力的制约。

## 4 高速发展的城镇化与广大农村的"空心化"

作为最大的发展中国家,中国突出的特点之一是具有广阔的农村和大规模的农业人口。在积极稳妥推进城镇化发展的同时,下大力气建设好广大的农村,是中国社会经济发展的一项长期战略选择,也是最适宜的选择。党的十六大明确提出了统筹城乡发展的方针,一些地区已取得明显成效,农村面貌有明显改变。但是,很多地区政府未能认真贯彻,仍然在追求高速城镇化,导致城市无序扩张、耕地过度流失,土地快速非农化,失地农民增多、农村空心化严重。这些问题背离了统筹城乡发展的方针。"城镇化规划"科学地总结了多年来的实践,提出了"推动城乡发展一体化"的方针,强调要实现城乡规划、基础设施和公共服务一体化的要求及一系列重要的政策和措施。

城镇等级体系和规模结构出现严重失衡。特大城市和大城市的数量及人口比重不断增加;中等城市和小城市则发展缓慢,甚至逐渐萎缩。加快中小城市和小城镇建设,优化城镇体系空间格局。从长远角度,需要构建"大和特大城市—中等城市—小城市(包括县城)—小城镇—农村新型社区"为框架的城镇居民点等级体系,特别是中小城市、小城镇在城乡统筹发展中发挥着重要的枢纽作用。要加强县城及建制镇的城镇建设投入,以县域城镇化作为未来10~15年中国城镇化发展的重要环节。

发展多样化的城镇化模式。传统理念总是将城镇化理解为"农民进城"。这种理念上的守旧,导致了城乡统筹的困难。现代社会经济发展的今天,实践中已经产生了新的模式。美国等发达国家已经具有大量的人口分布在"不城不乡"的小镇,中国部分发达地区也出现这种情况,可以根据具体条件灵活地发展城镇化,建设生活方式逐步"城镇化"的新农村将是许多地区进行城乡统筹的重要模式,经济繁荣的新农村是中国社会安定的"稳定装置"[8]。

## 5 关于城镇化的国际经验与教训

根据中国各个时期城镇化发展的历程,充分考虑产业支撑能力和资源环境承载能力,并参考国际上的经验,在今后一段时期内城镇化率年均增长保持在 1.0 个百分点以下、在中长期范围内以 0.8~0.6 个百分点为宜。这既是从中国国情和城镇化发展实际出发的判断,也是参考国际上发达国家的城镇化发展历程而得出的结论。

西方发达的国家的城镇化率从 20%发展到 40%用了几十年至上百年,自 40%的城镇化率到今天的 80%左右的城镇化率又经历了几十年。我们要考虑,中国有没有条件在城镇化速度方面持续大幅度超过西方发达国家的历史进程。

各国城镇化大都经历了漫长的历史过程。欧美主要资本主义国家城市化水平(城市化率)的起步阶段平均每年增加只有 0.16~0.24 个百分点,加速阶段每年增加也仅达 0.30~0.52 个百分点。城镇化率从 20%提高到 40%,英国经历了 120 年(1720~1840 年),法国 100 年(1800~1900 年),德国 80 年(1785~1865 年),美国 40 年(1860~1900 年),苏联 30 年(1920~1950 年),日本 30 年(1925~1955 年)。此后,它们又经过了几十年到近百年的发展,城镇化率达到 70%~80%或以上。

在阿根廷等拉美国家,4.98 亿总人口中有 3.8 亿人居住在城市,城镇化率高达 75%以上,与经济发达国家相差无几"[9]。但是其经济水平只及发达国家的 1/4,失业和从事非正规经济的人约占全部劳动力的 1/2。超过 1/3 为贫困人口,其中相当一部分住在贫民窟中,有约 2000 万人流浪街头,出现虚假城市化和贫困城市化的"拉美病"。超出经济发展与就业增长能力的过快、过高的城市化,并不是由于工业化来推动的,而是由大量的失去土地的农民和人口的失业所造成的。这样的城市化是拉美部分国家政治不稳定、社会动乱时有发生的重要原因之一。

鉴于中国农村人口基数很大、城镇化与耕地保护矛盾突出,城镇人口就业压力大,资源环境承载力已接近饱和的基本国情,城镇化率的长远目标不一定非要像发达国家一样达到 70%~80%或更高的水平。

## 6 关于继续深入研究的思考

"城镇化规划"是全国城镇化健康发展的宏观性、战略性规划,含有丰富的科学内容和政策措施。本文只是涉及很少的方面,远远不能对这个重要规划产生的大背景做全面深入的解释。作为地理学者,还非常需要对这一重大领域进行深入的跟踪和研究。

城镇化发展进程和发展模式具有其客观基础和要求。人类影响下的环境变化已经成为一系列地学和环境科学的主要研究对象,揭示本质就要求将人类社会经济的要素与自然因素综合在一起进行研究。因此,认识和揭示城镇化发展进程和评价城镇化发展规律,要求同时考察影响城镇化发展的社会经济要素和自然因素及其相互之间的作用"[10]。

城镇化是国家发展和区域发展的重大实际问题和理论问题。在理论层面,一国一地区的城镇化进程和发展模式,是由社会经济要素和自然因素相互作用而决定的。也就是说，城镇化是一个跨学科即交叉学科的研究领域。这个交叉学科领域的科学问题是一个"环境-社会"动力系统。在这个系统内，事物的发展不是受决定论支配的，不像水面蒸发量（与水面温度和表面风速相关）的规律和线性特征。这种线性特征，还如宇宙飞船在太空的对接要求（可以）精确到百万分之一秒。一台机器，会严格地按照输入的参数去运转。在交叉科学领域内，没有这种决定性的规律。例如，人口预测、城镇化预测等。但是，在这些领域中，因素作用和事物发展具有方向、幅度、概率等规律。

美国国家科学基金会（CHNS）在有关的研究计划中，强调了"人与自然耦合系统的集成研究可以揭示新的、复杂的格局和过程，而单独的自然科学或者社会科学的研究不能揭示这种规律。"因此，他们重视组织跨学科研究，揭示城镇化过程的规律就是属于这种类型的研究。这样的研究理念和思路，可能是因为英国和美国的国家基金会是不分自然科学和人文科学的。它们对交叉领域的重视以及资助方式值得效仿。

根据长时期从事区域发展和城市地理的研究，认为城镇化领域的研究需要抓住以下理论问题。

（1）城镇化发展的驱动因素及其作用特点，城镇化与工业化、信息化和农业现代化的协同发展，城镇化与经济发展之间互动互促的规律研究，以及城镇化的就业支撑能力与加快市民化进程。

（2）城镇化的水、土等资源保障和环境（生态承载能力）支撑能力的科学评价。

（3）城镇化进程、规模结构模式的区域分异规律及其各地区差异化城镇化道路。

（4）城镇化各阶段的城乡统筹的意义和科学内涵。城镇化与农村发展及现代化之间的相互依赖关系。

（5）关于城镇化的模型模拟应该引起高度关注。人们可能设想将影响城镇化发展的各种因素加以量化，应用数值模拟方法和物理学方法来一揽子科学地测量和规划城镇化（进程、规模、规模等级等）。但是，经济发展和自然结构、地理环境极其复杂多变，很多因素难以计量，人们对于任何一种宏大理论和构想都会存在分歧。这种分歧涉及模型结构、前提假设、参数判断等方面。因此，要想在这种宏大理论和构想之上建造丰富、大型、复杂的模型来预测和规划出未来城镇化进程和规模，无疑是很困难的。希望学者们在以下模型模拟方面做出深入的探索：城镇化进程和城镇规模结构变化的预测、城镇化发展态势的评价、城市群内部产业空间组织优化、城镇化支撑系统的保障程度评价及城乡统筹等。

## 参考文献（References）

[1] The CPC Central Committee. The State Council. National New Urbanization Plan (2014～2020). Xinhua News Agency, 2014-03-16. [中共中央、国务院. 国家新型城镇化规划(2014-2020). 新华社, 2014-03-16.]

[2] Yao Shimou. Zhang Pingyu, Yu Cheng, et al. The theory and practice of new urbanization in China. Scientia Geographica Sinica. 2014, 34(6): 641-647. [姚士谋, 张平宇, 余成, 等. 中国新型城镇化理论与实践问题. 地理科学, 2014, 34(6): 641-647.]

[3] Chen Mingxing, Lu Dadao. Liu Hui. The provincial pattern of the relationship between China's urbanization and economic development. Acta Geographica Sinica, 2010, 65(12): 1443-1453. [陈明星, 陆大道, 刘慧. 中国城市化与经济发展水平关系的省际格局. 地理学报, 2010, 65(12): 1443-1453.]

[4] Chou Baoxing. New urbanization: Move from conceptualizing to operationalizing. Administration Reform, 2012, (11): 11-18. [仇保兴. 新型城镇化: 从概念到行动. 行政管理改革, 2012, (11): 11-18.]

[5] Wu Liangyong, Wu Tinahai. From strategy plan to action plan. City Planning Review, 2003, (12): 13-17. [吴良镛, 武廷海. 从战略规划到行动计划: 中国城市规划体制初论. 城市规划, 2003, (12): 13-17.]

[6] Lu Dadao. Urbanization process and spatial sprawl in China. Urban Planning Forum, 2007, (4): 47-52. [陆大道. 我国的城镇化进程与空间扩张. 城市规划学刊, 2007, (4): 47-52.]

[7] Lu Dadao. Jia Shaofeng, Bai Yongping. Study on the necessity and possibility of water use decrease in northern China. Geographical Research. 2014. 33(2): 203-213. [陆大道, 贾绍凤, 白永平. 中国北方地区用水进入低增长和微增长阶段的必要性和可能性. 地理研究, 2014, 33(2): 203-213.]

[8] Long Hualou. Li Yurui, Liu Yansui. Analysis of evolutive characteristics and their driving mechanism of hollowing villages in China. Acta Geographica Sinica. 2009, 64(10): 1203-1213. [龙花楼, 李裕瑞, 刘彦随. 中国空心化村庄演化特征及其动力机制. 地理学报, 2009, 64(10): 1203-1213.]

[9] Chen Mingxing, Zhang Hua, Liu Weidong, Zhang Wenzhong. The global pattern urbanization and economic growth: Evidence from the last three decades. PIoS ONE. 2014, 9(8): e103799.

[10] Lu Dadao. Urbanization research content framework based on geography. Scientia Geographica Sinica. 2013, 33(8): 897-901. [陆大道. 地理学关于城镇化领域的研究内容框架. 地理科学, 2013, 33(8): 897-901.]

# 中部地区在我国区域发展战略中的地位*

研究中国区域发展问题，编制《中国区域发展报告》，是中国科学院经济地理学、城市地理学等领域学者的长期任务。《中国区域发展报告》的编制是从20世纪90年代中期开始的，每一期报告都根据国家发展及区域发展的主要趋势和问题确定一个主题，这个主题可以是关于国家区域发展的某一个方面或者领域，也可能是国家某一个区域的发展。《2007中国区域发展报告》的主题是关于我国中部地区的发展。

1999年国家实施"西部大开发"战略，2002年国家正式启动"振兴东北老工业基地"计划，也就是"东北振兴"战略。在这种背景下，中部各省加快社会经济发展的意愿不断高涨，是可以理解的。关于中部地区发展政策问题成为一部分领导、学者和社会舆论非常关注的"热点"。有的学者提出，中部地区是我国的"经济塌陷区"；也有的学者认为，中部地区不仅仅是经济塌陷，而且是"政策塌陷区""中部地区在国家发展中的地位不明确"等。其中，有些意见是对改革开放以来国家区域发展战略和方针缺乏理性的批评。在这种情况下，我们觉得需要对区域发展有关理论问题，特别是中部地区发展问题提出我们的观察和认识。这些认识涉及以下方面：如何理解中部地区的战略位置？如何看待近十年来中部地区的发展态势？中部地区是不是"问题区域"？现阶段中部地区的发展目标和方向如何？中部地区的资源和产业优势如何进一步发挥？在城市群、产业集聚带和大都市经济区建设方面中部地区应该确立什么样的目标？等等。这里发表的《2007中国区域发展报告》以具体的分析和阐述了这些重要的观点。我本人只是根据自己的了解和认识，作如下简单阐述。

## 一、如何看待中部地区的发展态势？

近10多年来，中部地区的经济增长和城市化进程都很快。90年代初，我国开始提出并逐步实施地区协调发展战略。特别是1997年以来，国家加大了实施地区协调发展战略的力度，增加了对中西部地区发展的支持。包括大型基础设施工程、金融贷款和外资的利用、扶贫开发、进出口贸易等，采取了一系列有利于中西部地区发展的政策和措施。从1998年，国家采取了"扩大内需"的积极的财政政策，中西部地区也是明显的受益者。在"九五"期间，中部各省利用各自的资源优势和产业优势，集中发展各自的主导产业，各省普遍实现了经济的高速增长，按照各地区的统计GDP年增长率在8%~11%。与发达地区间经济增长速度的差异缩小到改革开放以来的最小值，因而是我国地区发展差距扩大趋势明显得到缓解、地区发展格局产生变化的阶段。进入21世纪以来的6年，各省

---

\* 原载于：2007中国区域发展报告——中部地区发展的基础、态势与战略方向. 刘卫东等著，商务印书馆2008年7月出版。

统计的 GDP 年增长率平均超过 10%。

在这个过程中，中部地区各省的结构性调整也取得明显进展。特别是在国家投入的支持下，中部许多农业大省的优势得到了发挥，特色优质农牧业产品生产有了很大的发展，成为带动地区经济增长和出口增长的重要因素。10 年来，中部地区产业结构调整是经济增长和使出口继续增加的重要原因。各地区产业结构调整的总趋势是结构水平有了明显的提高，制造业产品结构有所优化。第二产业规模明显扩大，电力、冶金、石油化工、机械等有了很大加强。第三产业发展加快。同时，克服结构雷同现象有实质性进展。部分省（区）的家电生产企业在激烈竞争中被大量淘汰。对环境影响很大的小煤炭和小造纸等生产大幅度压产或者淘汰。进入 21 世纪以来，在我国的经济国际化和信息化程度不断升高的带动下，中部地区产业结构调整步伐加大。在能源原材料生产有明显的加强的同时，集中表现在汽车工业、农产品加工工业、冶金和化工中的新材料工业、建筑材料工业、工业设备制造、通信设备制造等，获得了大幅度的扩大和加强，使中部地区制造业产品结构优化获得明显的成绩。

基础设施条件明显改善。在全国性和大区性的基础设施工程建设中，中部地区的基础设施水平同样得到了提高。西部大开发过程中的许多工程，如高速公路、铁路、航线开辟等，横跨中部地区或延伸到中部地区，受益的不只西部地区。基础设施条件的改善是近年来中部地区经济增长保持了良好势头的主要原因之一。三峡工程是超大型的生态环境工程、能源建设工程和交通建设工程，与西部大开发中的生态建设和能源工程、交通工程没有区别。

中部地区在 20 世纪 90 年代时期也存在一系列发展中的问题。这些问题主要表现在：其一，中部地区的一些大中城市，也确实存在"东北现象"，即国有大中型企业比重大。这些企业设备老化，产品竞争力差，社会负担重等，使一些城市的产业结构的调整和支柱产业的发展很困难，结构升级步履缓慢，国民经济发展缺乏有活力的经济增长点。其二，在东部地区产业结构调整乃至进入国际市场方面逐步取得突出进展的情况下，中部地区诸多的生产部门和行业在与东部地区同行的竞争中受到了很大压力。其三，我国农业大省主要在中部地区，"三农"问题在中部地区表现更为突出一些。其四，中部地区从来不是一个完整的经济区域，没有一个或者两个大的大都市区作为经济中心，而是分布属于珠江三角洲、长江三角洲、京津冀等集聚区的腹地和相应经济区的一部分，这种格局也影响了中部地区的竞争力。中部地区高速经济增长付出了很高的资源和环境代价，同样带来了严重的资源环境问题。但是，没有珠江三角洲和长江三角洲地区那么严重。

我们的基本认识是国家区域战略方针的对象是特定的"问题区域"，如结构性危机区域、发展严重停滞区域或受到严重破坏的区域。中部地区不是"问题区域"。

鉴于近年来中部地区高速经济增长和结构调整的明显进展，认为"中部塌陷"是不客观的。全国性的扶贫政策、农业政策、基础设施发展方针以及生态建设方针等都是惠及中部地区的。中部地区也不是政策的"塌陷区"。

针对中部地区存在的问题，建议按照"老工业基地城市"的标准，对中部地区若干"老工业基地"比照东北振兴的若干政策予以支持。国家通过加强对农业基地县和"三农"问题的支持，使中部地区较多地受益。

## 二、发挥资源和产业优势，增强未来的独特地位

中部地区具有丰富的自然资源和可以起到承东启西作用的战略区位。中部地区位于东部沿海地区和西部山地高原之间，由于地质因素的作用和自然地理的特征，中部地区的自然资源是非常丰富的。在这些资源中，煤炭、铝、铁矿、铜、铅、锌等占有重要地位，特别值得强调的，这些都是对于国民经济发展具有关键意义和重要意义的矿种。中部地区占有广阔的平原、河谷，土地资源的数量和质量仍有很大的开发利用潜力。是我国粮食、经济作物及农业产业化发展最主要的地区。由于居于东西之间的有利区位，沿海地区率先发展和西部开发的战略，中部是受惠者。中西部地区之间有着非常密切的联系，西部开发在进一步加强中西部地区间联系的同时，必然会促进中部地区的发展。

中部地区具有强大的基础产业。中部地区由于具有丰富的能源、矿产资源和水土资源，交通运输条件优越，新中国成立以来，中部地区的部分省份曾经作为我国几个五年计划的重点建设区域。奠定我国工业化基础的第一个五年计划，中部地区占有较多的重点项目。70年代至80年代初建设的引进重大成套项目，就资金规模和项目数量，中部地区与沿海地带几乎是一样的。90年代以来，在能源原材料建设方面，中部地区一直是国家的重点。农业方面主要体现在水利工程和商品粮基地建设，中部地区也是国家的战略重点。在这样的背景下，中部地区是我国强大的基础原材料生产主要地区，这也是中部地区的优势之所在。

最近几年，中部各省在发展经济、利用自身优势方面制定了卓有成效的政策。经济发展速度比较快，特别是河南、湖北、安徽、江西，增长速度基本与全国持平。究其原因，主要是这些省份利用资源优势，在全国的分工格局中科学地确立了自己的位置，根据自己的优势发展自己的主导产业。如河南省发展了大农业，在大农业的基础上又发展农区畜牧业，进而发展加工业和畜产品贸易。在基础产业方面，发展了能源工业、钢铁工业，利用郑州作为交通枢纽的优势，发展了商业、交通运输业。从90年代中期到1997年，河南的经济增长是比较快的。湖北省发展也很快，其基础工业在质量上有了很大提高，尤其是汽车制造业上了一个新台阶。安徽省利用其靠近长江三角洲的优势，加快发展轻型加工制造业，农业产业化发展也较快。

在上述很有特色的优势产业中，继续进行产品结构和技术结构的升级，提高在国内外的竞争力，是未来发展的基本方向。

## 三、按照功能区的理念，实现可持续发展

我和学术界及管理部门的许多同行都认为，我国幅员辽阔，各地区在发展条件和发展基础等方面的差异很大。地区之间的发展实力和发展水平的差异将长期存在。由于人类社会经济活动受海洋的吸引是长期趋势，特别是由于经济全球化的客观要求，我国沿海地区在未来的发展中将凝聚愈来愈强大的增长潜力和实力。其中，以香港和广州为中心的珠江三角洲地区、以上海为中心的长江三角洲地区和以北京、天津为中心的京津冀

地区，将逐步成为具有较强国际竞争力的"门户"和大都市经济区。为此目标，这些区域需要加以优化开发。也就是将集聚优化产业结构和发展水平的要素，使其逐步成为高级服务业和高新技术产业集聚的核心区。当然，国家会继续加强对中西部地区发展的支持，减缓经济发展差距扩大的趋势，逐步缩小社会发展水平的差距。我认为这是完全符合国家的整体利益和长远利益的。

确定中部地区的发展定位或者说发展方向，当然需要从中部地区的发展条件和发展特点出发，同时，也要基于对全国今后10~15年发展趋势的分析和判断。除此之外，还应该考虑到今后经济国际化的发展趋势。中部地区需要继续推进能源原材料工业的发展，大力发展机械制造业，发展以优质高效的种植业、农区养畜业以及深加工和内外贸的大农业产业链等。

中部地区还没有出现具有成为全球竞争力的城市，即具有全球意义的大经济中心城市。但在未来的全国功能区划和主体功能区规划时，在国家层面将会出现若干个重点开发地区。对于这些重点开发地区即城市和产业集聚区（带）要求规划好和建设好。在现代区域经济发展中，各级经济中心起着核心和带动作用。相对于我国东部地区和发达国家而言，中部地区的中心城市的功能比较薄弱，多数省区的城镇体系不发育。要集中力量，建设好各省的一级和二级经济中心城市。在此基础上，建设好重点产业带，以增长极和"点-轴系统"模式发展合理的社会经济空间结构。这些重点开发地区将可能是以郑州为中心的中原城市群、以武汉为中心的长江中游城市群、以长沙为中心的湖南中部城市群等。它们的产业发展方向需要考虑中部地区的产业结构优势，并且应该与沿海地区具有密切合作。

城镇化的积极稳妥发展是今后的长期趋势和客观要求。然而，城镇化是一个国家和区域的经济结构、社会结构和生产方式、生活方式的根本性转变，涉及产业转型和新产业的成长、城乡社会结构的全面调整以及庞大的基础设施的建设、资源和环境的支撑以及大量的立法、管理、国民素质提高等方面，其必然是长期的积累和长期渐进式发展的过程。在过去10年的城镇化发展过程中，中部地区也在"做大做强"的理念下，纷纷提出和规划建设"国际大都市"，以人为的拉动，搞"大武汉""大郑州""大合肥""大南昌""大长沙"等。有的省也曾经提出了不切实际的高速度发展城镇化指标和目标。"大马路""大广场"、豪华的政府办公区、办公楼、"大学城"规划建设之风盛行。速度冒进，空间失控，给这些地区的资源、环境和可持续发展带来了无可挽回的巨大损失，这种情况应该不能继续下去了。

中部地区的水土资源合理利用、生态保护及环境治理是长期任务。其主要原因也在于中部地区的山西、河南、安徽等省的能源资源丰富，河南、湖南、江西及湖北的部分地区具有金属矿产资源和非金属矿产资源。近年来的大规模开发已经带来部分地区的水体、大气和土壤的污染，环境事件时有发生。中部地区的环境问题，不仅严重危害中部地区优势的持续发挥，进而削弱其在全国的战略地位，而且还会危害下游地区，即京津冀、山东半岛、淮海中下游区域、长江三角洲地区的发展和安全。

10年来，中部地区各省都取得了年10%乃至10%以上的超高速的经济增长率。但是，近年来一些省和众多的地区（市、县）大张旗鼓地动员和规划，要求在今后（或"十一五")进一步"加快发展""加速发展"。进一步"加速"和"加快"是否符合科学发展观和中央政府宏观调控的要求？能不能进一步"加速"和"加快"？

## 四、关于国家区域发展战略和区域政策

区域发展战略是国家关于在一定阶段国内各（类型）区域的发展方向和总体格局的指导思想和基本方针的概括。中华人民共和国成立后，20世纪50~60年代中期，国家将全国划分为沿海和内地，而将战略重点置于内地的战略，当时的指导思想主要考虑国防安全。"三线建设"时期国家的区域发展战略是将全国划分为一、二、三线地区，而将国家的战略重点置于"三线地区"。"六五"期间（1981~1985年），实施沿海地区发展战略，沿海地区成为国家发展的战略重点。"七五"期间（1986~1990年），国家划分3个地带，而将战略重点置于沿海地区同时部分基础设施和产业的发展重点工程转移到中部地带，西部地带基本上处于准备开发状态。自1992年中央政府开始考虑"地区协调发展战略"，在"九五"期间正式实施这一战略。在这一战略的大背景下，1999年国家实施"西部大开发"，2002年实施振兴东北老工业基地的"东北振兴"。这里的"西部大开发"和"东北振兴"，都只是国家的区域发展方针，不能说成区域发展战略。2005年国务院正式确定将"中部崛起"作为我国的区域发展方针之一。这些就构成了今天我国区域发展战略的全部。

"西部大开发""东北振兴""中部崛起"组成我国现阶段区域发展战略的整体构架。但是，我国现阶段区域发展的战略（重点）到底是什么，反而变得有些模糊了。我认为，我国区域发展的战略重点自改革开放以来就置于沿海地区，现在和未来很长时期内也都在沿海地区。沿海地区的率先现代化和大规模地进入国际经济循环，无论在国家政策层面或者在经济发展水平、产业结构升级、大规模基础设施建设，以及国际大都市的发展等等方面，都是不争的事实，这是完全符合全中国人民的整体利益和长远利益的。海洋，早在十九世纪就被认为是"伟大的公路"。人类的社会经济活动受海洋的吸引是长期趋势。在经济全球化和信息化迅速发展的今天，沿海地区的发展优势进一步加强了。我国的区域发展战略和方针，科学地反映了客观规律的要求。

"西部大开发""东北振兴""中部崛起"方针所针对的"西部""东北"和"中部"，它们在总体上并不是"问题区域"。但是，根据这些方针所制定的政策和措施，是针对"问题"的。

## 五、关于区域发展问题研究

我们编制的《中国区域发展报告》并不是经济地理学和区域经济学的理论著作，也不是这方面的专著，而是向政府和社会提交的关于区域发展方针、政策的实施、区域发展态势的评价和建议的报告。

随着我国经济高速增长和社会主义市场经济的逐步建立，区域发展问题特别是区域经济发展问题成为各级党和政府决策的核心问题之一，也成为学术界和社会所关注的重

大实际问题和理论问题。在地理学家、经济学界都认为区域发展研究的极端重要性，纷纷投入到这个领域中来的时候，深刻了解这其中的科学问题和实践问题是非常重要的。

近年来在我国，许多方面的人士都在研究区域问题和区域经济发展问题。不管什么人也都可以谈论区域经济发展问题。其中有许多不了解区域经济的人士，也发表诸多区域经济发展战略、区域发展规划及理论问题的文章。但是，真正的分析、评价、建议需要学者们作实质性的工作。也就是说，区域发展领域的深入研究工作主要需要由学者们做，这是学者们的责任。

无论区域经济学者或者经济地理学者，都非常重视区域发展不平衡问题。在面对这个重大的理论问题和实际问题时，学者们既要具有坚实的理论知识，也要有丰富的关于国内外发展的实践知识。如何看待中国区域发展的不平衡？在我们这样幅员辽阔且各地区发展基础和发展潜力差异巨大的国家中，从区域发展不平衡到较为平衡的发展，需要经历什么样的过程？半个世纪以来，中国区域发展的实践非常丰富。认真体察和总结这些经验，对于回答这两个重大范畴的问题是很有帮助的。

我们强烈地感到，我国研究区域发展问题的有关学科如经济地理学、城市地理学和区域经济学等的学者都需要学习理论著作，了解我们学科理论思想的发展前沿，提高对实际区域问题的分析能力。十多年来我国在经济地理学、区域经济学、区域发展研究、产业集群研究、城市体系及大城市都市区研究、区域可持续发展研究等等方面，已经出版了大量的著作。我们处在经济全球化、信息化及中国经济高速增长的大背景下，剧烈的社会经济变革，使全球的和国家的以及区域的发展问题层出不穷。我们应该适应时代发展的客观需要。区域发展领域的各个学科发展的空间极为广阔。

※　※　※　※　※

编制《中国区域发展报告》是中国科学院知识创新工程的方向之一，旨在中国科学院长期研究积累基础上，连续跟踪全国及各地区经济和社会发展决策和态势，做出相应的评价和提出建议。期望能够满足国家和地区政府决策部门的需要，并向社会和教学、科研单位提供有用的分析资料。十年来，我们的《中国区域发展报告》已经出版了六期。现在看来，在各方面的大力支持下，算是基本达到了当初的愿望。六份《中国区域发展报告》都编写了简要报告。简要报告都经中国科学院路甬祥院长或分管副院长签发报送到国务院，得到了国务院领导批示和许多部门的好评，部分分析观点和建议在国家制定科学的区域发展政策过程中得到了采纳和实施。

编制《中国区域发展报告》得到科技部社会发展司（原国家科委社会发展司）的长期支持。科技部刘燕华副部长和中国 21 世纪议程管理中心的领导都对这项工作十分重视，给予很多的指导。同时得到过国家自然科学基金委员会重点基金的资金支持。这项工作得到了国家发展和改革委员会（发展计划委员会）地区经济司、国务院西部开发办公室综合规划组、国家计委宏观经济研究院地区经济研究所领导的支持，他们在指导思想和编写要求等方面给了我们指导，对于保证我们报告的质量、符合政府决策和社会的需要方面起到了重要作用。

在这里，我们课题组全体研究人员向支持、帮助我们开展区域发展理论和实践问题研究、编制《中国区域发展报告》工作的机构、领导同志和科学家再次表示衷心的感谢！

陆大道

2007 年 11 月 12 日

# 关于珠江三角洲大城市群与泛珠三角经济合作区的发展问题[*]

**摘　要**：在全球化与信息化的大背景下，我国区域经济的大格局正在形成。以香港和广州为核心城市的珠江三角洲正在发展成为我国的世界级大城市群之一，成为我国南部区域进入世界（特别是进入"一带一路"）的枢纽（区）及世界进入中国南部的门户。本文阐述了珠江三角洲大城市群的优化发展及其各部分的功能定位，认为以珠江三角洲为平台所统领起来的泛珠三角经济合作区范围包括长江流域以南广阔的区域，指出该经济合作区运作中应当注意的几个问题。

## 1　世界级的经济控制中心与中国的三大城市群

大城市群，是当今世界上最具竞争力的核心区。三大城市群将成为我国与世界间的"门户"和"枢纽"。

大城市群是指以1~2个特大型城市为核心，包括周围若干个城市所组成的内部具有垂直的和横向的经济联系、并具有发达的一体化管理的基础设施系统给以支撑的经济区域。大城市群往往是一国或一个大区域进入世界的枢纽，是世界进入该区域的门户，是一个国家或区域的增长极，也是最具发展活力和竞争力的地区。

全球大城市群发展的主要背景如下：在全球化和新的信息技术支撑下，世界经济的"地点空间"正在被"流的空间"所代替。世界经济体系的空间结构已经逐步建立在"流"、连接、网络和节点的逻辑基础上。其一个重要结果就是塑造了对于世界经济发展至关重要的"门户城市"，即各种"流"的汇集地、连接区域和世界经济体系的节点，即控制中心。

大城市群空间结构的一般特征：大城市群中的核心城市是国家或大区域的金融中心、交通通信枢纽、人才聚集地和进入国际市场最便捷的通道，即资金流、信息流、物流、技术流、人才流的交汇点；土地需求强度较高的制造业和仓储等行业则扩散和聚集在核心区的周围，形成庞大的都市经济区。核心城市与周围地区存在密切的垂直和横向产业联系。核心城市的作用突出地表现为生产服务业功能（如金融、中介、保险、产品设计与包装、市场营销、广告、财会服务、物流配送、技术服务、信息服务、人才培育等），而周围地区则体现为制造业和加工业基地，以及交通、农业、环境、供排水等基础设施的功能。

在当今全球化和信息化迅速发展的时代，大城市群的核心城市往往是跨国公司区域性（国家、国家集团、大洲）总部的首选地。大城市群在经济上是命令和控制中心（通

---

[*] 原载于：经济地理，第37卷第4期，2017年4月出版。

过高级生产者服务业和跨国公司总部等载体来实现）、在空间结构上是全球城市网络重要的节点、在文化上是多元的和具有包容性的、在区域层面是全球化扩散到地方（大区域、国家集团、国家）的"门户"。具有上述垂直和横向产业分工和空间结构的大城市群是当今世界上最具竞争力的经济核心区域，如以纽约、伦敦、巴黎、东京等为核心的大城市群。

传统的观点是将城市化与制造业及支撑制造业的自然资源相联系。但是，在全球化和信息化背景下世界大城市群的发展过程中，城市增长的动力和财富的源泉已经转移到服务业上面。"这种新型城镇化出现在一个完全不同的经济基础上，即一个以信息业为基础的服务业经济，而不是以商品为基础的制造业经济"。因此，这种类型大城市群的发展，人力资源和城市之间及城市群与其广阔腹地之间的联系和相互依赖是中心，这样就成为"将国家与国际经济联系起来的枢纽"。

处于世界性"流"节点上的以高端服务业为主体的"门户城市"，其对于国家乃至世界经济发展的意义和地位比相同级别的制造业大城市重要得多。

在当今世界上，要维护国家利益，增强国家的影响力，最最重要的是要占有世界金融体系的制高点（之一）。金融对于中国，犹如战略核武器和战略空军。今天美国之所以仍然强大，最主要的不在于F22和视窗软件，而是占据了世界金融体系的制高点和控制权。在信息化和全球化下，纽约成为最大的世界性"流"的节点，是控制世界经济体系的首位节点和中心。

这样的世界级城市群和核心城市，在全球范围内也只是集中在少数国家和地区。

中国经济创造了世界奇迹，反映了中国人民和中国政府巨大的财富创造力。中国已经是世界第二大经济体，第一大贸易国、出口国以及位居前列的债权国，具有强大的实体经济。中国经济总量将赶上并超过美国已经不容置疑。无论从实际影响还是从保护中国的国家利益考量，在世界级最主要节点城市中应该具有中国的席位。

我国三大都市群，即以北京为核心城市的京津冀、以上海为核心城市的长江三角洲、以香港（广州）为核心城市的珠江三角洲等已经具备条件逐步建设成为对东亚、对世界经济有明显影响的全球性大城市群。三个大城市群中的核心城市，即北京、上海和香港（+广州）正在成为全球性"流"的交汇地、连接国家和世界经济体系的节点和控制中心，中国进入世界的枢纽，世界进入中国的门户。也将要成为世界上最具竞争力的经济核心之一。

我国区域发展的战略重点长时期置于沿海地带，完全符合全中国人民的整体利益和长远利益，也科学地反映了客观规律的要求。海洋，早在19世纪就被认为是"伟大的公路"。150多年前，德国学者拉采尔就认为"只有海洋才能造就真正的世界强国。跨过海洋这一步在任何民族的历史上都是一个重大事件"。人类社会经济发展受海洋的吸引是长期趋势。在经济全球化和信息化迅速发展的今天，沿海地区的发展优势进一步加强了。因此，我国三大城市群的明确定位和优化发展是国家发展战略的重要组成部分。

以三大城市群及其所直接影响的经济区域构建应对全球竞争的国家竞争力，是国家发展规划的重要目标。三大城市群的明确定位及其优化发展应当成为"十三五"及此后一个较长时期内国家发展战略的重要组成部分。三大城市群的战略定位和优化发展完全符合全中国的整体利益和长远利益。

## 2 珠江三角洲大城市群的优化发展

**发展目标**：珠江三角洲大城市群规划发展目标应该是全球性的大城市群之一，对东亚乃至全球性的经济活动具有重要的影响力。

**基本理念**：为达此目标，城市群及其一体化发展（规划）的基本理念有以下几点：把握世界大城市群发展的大趋势，以高水平高效率规划建设具有较强竞争力的全球性的经济核心区。根据国家利益的需要和各自发展优势和特点，对珠三角大城市群各部分做出科学定位，并制定能够发挥各自优势和特点的总体规划。城市群地域结构符合地域有机体发展的客观要求，并使在地域分异基础上的整体性。控制并逐步减轻城市群对生态环境的压力（规模）。

**主要任务**：关于三大城市的功能定位。根据地缘经济和已经形成的优势及特点，对香港、广州和深圳的功能作如下定位。

**广州的发展具有巨大的优势**：其腹地广阔，是南部中国广大地区进入世界和中国北方地区的主要枢纽，也是世界进入中国南方的主要门户；为经济实力强大的广东省省会，已经成为我国南方最主要的商贸中心、综合性交通运输枢纽、客流聚集地；凝聚了佛山、东莞、中山、江门等一批制造业重要城市的国家大型制造业基地区，拥有若干竞争力强的产业集群与产业链。这些主要优势具备于其发展成为珠江三角洲大城市群的核心城市之一，中国的"世界城市"。进一步加强广州服务于国内外的金融、商贸、信息服务、中介、保险、财会服务、物流配送等高端服务业的发展及其基础设施建设。发展服务于华南地区的生产性服务业，并使生产性服务业和制造业实现融合。

以香港＋广州为核心城市的珠三角大城市群，香港已经是具有国际影响力的以高端服务业为主体的核心城市。从香港在全球地缘经济及作为强大经济实力中国的一个特区，进一步发展以金融为主体的服务业经济的方向：在不断加强作为东亚最主要金融中心和世界级金融中心之一的现有功能的同时，加强为金融及其安全服务的相关机构的建设，如金融研发、综合性的信息中心与专业化的信息机构、危机分析和监测机构、市场监测机构、与中央政府及国家各有关政府部门及智库、媒体等的联络机构的建设；加强香港有关金融企业之间及与中央政府和国家金融企业在管理理念、合作和竞争策略、危机应对策略等隐性知识的传播与交流，时刻监测、应付着全球瞬息万变的市场情况、利率和汇率变动情况、投资风险情况、债务违约情况，以至于地缘政治、局部战争、军事政变等情况。通过高效精密的协同运行，迅速做出应对各种变化乃至危机的决策。

深圳已经被定位为我国南方的金融中心（之一）。从发展基础和地缘经济考虑，深圳以进一步发展高端制造业为宜。其制造业的主要方向是高端、轻型、与信息化融合发展。

珠江三角洲大城市群要在实施创新驱动发展，即以技术创新为经济发展的主要驱动力方面做出率先和示范作用。要突出珠三角地区的特色，特别注重和投资高新技术产品的研发，并把科技成果转化为商品作为努力目标。瞄准国际趋势，发挥科技资源和研发力量较强的优势，信息技术与产业相结合，发展新型的高端制造。建立若干个有重要影响力的产业聚集区，发展具有强大竞争力的产业体系和重点产业链。在制造业领域和电子信息系统领域成为国家级新型工业化产业示范基地。

促进空间重组和整合，形成合理的生产空间、生活空间和生态空间的格局，落实关于产业集聚区的发展规划。

大力治污。按照世界级大城市群和世界级经济核心区的要求，大幅度改善水环境、大气环境和土壤环境。不以 GDP 的规模为主要发展目标。优化城乡土地利用结构，严格保护耕地。

加强区域性基础设施（有多种运输方式组成的交通运输，能源供应，供排水，环境保护等系统）的统一规划建设和一体化管理。为此，必须逐步跨越现行体制（各城市对基础设施行业的分块管理）的"门槛"。

## 3 泛珠江三角洲经济合作区：意义与性质

（1）以珠江三角洲大城市群为核心的经济合作区是我国正在形成中的三大经济合作区之一。

在实施新时期国家发展战略的背景下，我国经济地域组织将逐步形成新的格局，即将逐步形成以沿海几个大城市群为核心、包括各自的直接腹地及重复腹地（间接腹地）的（以东西向为主）经济合作区。这些经济合作区在全国范围内将组成为彼此交叉并具有多重结构的综合性地域体系。这些经济合作区将分别与世界广大地域范围成相应的合作平台和网络系统。

以珠江三角洲大城市群为核心的经济区，包括南部中国的广大区域和长江上中游一些省（市）的部分范围。全国各地区在未来发展中都要以多种方式、多种路径走出去。

信息化、国际化的发展，使湘、赣、川、渝、滇、黔、桂等省（区、市）成为珠江三角洲大城市群的经济腹地。但这些地区同时也是上海及长江三角洲大城市群的经济腹地。这些地区的对外电信（呼出）流量，反映了这些省（区、市）同时与长江三角洲与珠江三角洲两大城市群之间均具有大量的资金流、物流、金融流、客流等。

以珠江三角洲大城市群为核心的经济合作区，将可以构建一个体现大城市群和腹地之间在投资、产业与技术、物流、进出口贸易等方面进行合作的诸多平台。

加强泛珠三角经济合作区的组建并争取早日制定相应的机制以投入运行，符合国家利益和相关区域发展的客观要求。

（2）经济合作区不同于经济区，经济区的组织在我国已经过时。

在当今国际化信息化及在"一带一路"倡议的情况下，正在使我国宏观区域经济形成以沿海大城市群为中心、以其广阔的内陆为腹地的"东-西"向（东北地区是"南-北"向）的大经济合作区，成为我国经济发展的（区域）大格局。这种大经济合作区的经济合作对象是当今世界上的近 200 个国家和地区。"东-西"向实力强大的经济合作区的发展，使传统意义上的经济区已经没有必要，也不可能建立起来，即（传统的）经济区的观念已经过时。

在这种大背景下，在规划和运作泛珠三角经济合作区时，需要注意以下几点。

在我国国内，再搞若干个地区组成的区域的经济一体化，已不符合当今国际化发展的需要，而且也是不合适的。当然也就不能强调要使泛珠三角经济合作区实现"经济一体化"和区域"统一市场"。

相应地，在泛珠三角范围内，也不宜强调要强化该经济合作区域独立的交通运输系统的建设，而要在全国大的交通运输大格局下，完善区域性的交通运输体系。

（3）关于是否可以建设"统一的要素市场"和"区域信用合作体系"等方面，我认为也不应该有任何"排他性"条款。

在腹地范围内，各地区、各企业将可以根据自己的对外不同国家和地区合作的需要，选择自己的合作伙伴，以顺应进出口的最适宜方向，以最佳的路径和熟悉的渠道实现自己走出去的战略，即长江流域各省（区）及其各地区、各企业，既可以通过长江三角洲（核心城市是上海），也可通过珠江三角洲开展与国内外进行商贸与金融、技术等方面的交流与合作。

# 中国北方地区用水进入低增长和微增长阶段的必要性和可能性[*]

**摘　要**：水资源如何能够得到长期和可持续的供应和利用，已成为全社会十分关注的重大问题。中国用水问题突出的是在北方地区，而北方地区依赖"开源"解决水问题已面临极限挑战。本文论证了中国北方地区未来进入用水微增长乃至零增长阶段的可能性和必要性。其主要依据是近年来的用水增长态势是进入稳定低增长阶段的前兆；农业用水量增长态势呈波动状态，效率有所提高；工业年耗水量在波动中有所下降；生活用水，特别是城镇生活用水上升，但占全部用水的比重小。在政府管理和用水理念方面，需要在用水需求、用水观念、节水措施、制度建设上做出与时俱进的调整。

## 1　引　言

近10多年来，中国国民经济保持了长期高速增长，与此同时实行了大规模城镇化，由此使中国的自然资源和生态环境承受了空前压力。其中之一就是出现了全面的水资源供应紧张和危机。在正常发展的情况下，到2020年中国的GDP将达到60万亿元以上，城镇人口将比目前增加1.5亿人，达到7.5亿人以上。几十年来，中国通过大规模的水资源开发和供水工程建设保障了高速经济增长和城镇化。面对中国社会经济总量越来越大，诸多地区和部门的用水需求（规划）仍如同以往那样大幅度攀高，有关部门也仍在竭尽全力谋求进一步开源和进行长距离调水等方面的规划。有限的水资源如何能够保障中国日益庞大的经济总量和社会总量的需要，水资源如何能够得到长期和可持续的供应和利用，成为全社会十分关注的重大问题[1~3]。

用水问题最为严重的是中国北方地区。北方地区15个省（区、市）国土面积占全国的60.4%，2011年人口和GDP分别占全国的41.9%和42.8%。据水利部2011年中国水资源公报数据显示，北方地区多年平均年水资源总量为5259亿 $m^3$，只占全国的18.6%。2011年总用水量达到2434亿 $m^3$，约占当年全国用水的40%。经过半个多世纪以来的大规模水资源开发，北方地区依赖"开源"解决缺水问题面临着极限的挑战。

中国水资源开发利用中的巨大浪费和大规模的水污染，已经成为供水问题始终得不到"解决"的根本原因。从中长期考虑，根本解决中国社会经济发展的水资源制约瓶颈，必须从多种角度加强管理和节水，逐步建设成为节水型社会。而从"十二五"时期就需要使北方地区进入用水低增长（用水的弹性系数在0.1以下），并且使一些地区进入用水"微增长"（用水的弹性系数在0.05以下）乃至零增长，这不仅非常必要，而且可能。

---

[*] 原载于：地理研究，第33卷第2期，2014年2月出版。主要合作者有：贾绍凤、白永平。

达到这个目标，需要转换思维，调整理念，根据水资源、供水和用水的变化趋势，针对现阶段和未来供水不足的各种原因制定方针和政策。如果不这样做，供水永远不够。本文对中国北方地区水资源进一步大规模开发的可能及代价、用水需求及节水潜力、国外水资源开发利用趋势和经验等各方面进行了分析和评价，在此基础上，论证了在北方地区建设节水型社会的基本途径和政策。

## 2 中国北方地区依赖"开源"解决水问题已面临极限挑战

北方地区的海河、黄河、淮河、辽河区的辽河、浑太河，以及西北诸河的石羊河、黑河、塔里木河等水资源长时期过度开发，引发河流断流、地下水严重超采、河流及河口生态与环境恶化。多年平均水资源量和2009~2011年中国水资源公报用水量数据计算显示，在各大流域中，2009~2011年平均水资源开发利用率（平供水量/当地多年平均水资源量）中最高的是海河区，达100%；淮河流域达到71%，黄河流域达到55%，辽河流域为42%。河西走廊的水资源开发利用率曾超过100%。与此相伴的是，长期大规模超量开发地下水资源。1990~2000年北方平原区浅层地下水开采率，海河区最高，为113%；辽河区也已为74%。海河南系、海河北系、山东半岛浅层地下水开采率超过100%。海河流域浅层地下水已累计超采1 200亿 m³。

而部分华北和东北的大城市和产业集聚区几乎已经没有进一步"开源"的可能。例如，京津冀地区水资源开发利用程度达到80%~85%，辽中南达到75%~80%，山东半岛80%。

人们期望在实现现有规划南水北调的基础上，再由长江甚至由雅鲁藏布江和西南其他河流长距离跨流域调水解决华北乃至西北地区的水资源短缺。但其工程浩大，运营代价太大，经济上难以"过关"[4]。

## 3 浪费和低效用水已成为中国供水危机的最主要原因

根据2002年修订的《中华人民共和国水法》的要求，原国家经济贸易委员会与国家标准化管理委员会等联合发布了《GB/T 18820—2002工业企业产品取水定额编制通则》，以及火电、钢铁、造纸、石油等大耗水行业的定额标准。在节水方面已经采取了若干政策和措施，并取得了一定的效果。各地区和重点行业在"十一五"规划中也制定了节水目标。在农业用水方面，收取水资源费的工作也逐步推广，在一定程度上缓解了水资源供应的紧张状态。但是，中国的节水工作刚刚开始。由于长时期计划经济和落后的供水体制的影响、福利性用水观念，以及多数地区节水管理工作的不到位等，浪费和低效用水仍然非常普遍，其成为中国现阶段供水危机的最主要原因。

### 3.1 落后的供水制度

中国北方地区水资源的稀缺性越来越突出，但是浪费惊人。工农业用水指标大大高于发达国家水平,输水管网的损失率过高,中水利用难以开展,城市公共设施用水浪费。全国管网的漏水率达20%,高出国际水平的一倍以上。农田灌溉大水漫灌及灌渠利用系数很低的现象广泛存在。大量的中小机组(10万kW及以下)的发电厂、中小高炉(500 m³及以下)的钢铁厂、中小造纸厂、皮革厂、小型纺织厂等,单位产品的用水量都高出国际行业标准和国内先进标准的5~10倍。长期以来,"以需定供"的工作模式使人们习惯于把水资源当作天赐之物,认为水资源"取之不尽、用之不竭",用水是一种福利。这种观念主导着人们的日常行为,甚至也影响到管理部门的决策,这主要是由落后的供水制度引起的,这种制度的一个基本特点是水价极低。

世界银行估算,中国有2.3%的GDP因水危机而消耗。其原因是中国的供水制度极为落后。建议对用水制度进行根本性的改革:推广节水行为,调高水价,明确界定水资源所有权,严格环保立法。中国面临着巨大挑战:如何有效地管理稀缺的水资源,以维持经济增长和城镇化的挑战?

### 3.2 水资源的"无偿使用""按需供水"

国内外的实践都充分证明,由于市场经济改革,由此带来的供水事业企业化、水资源商品化和供水价格成本化,改变了水资源在各地域、各部门间的供需关系。水价等因素对水资源供需具有重大的调节作用[5]。按计划经济模式建设的"引黄济青"工程,其建成投产刚好赶上水利工程运行成本与投资分摊体制改革,使得本想喝国家"大锅水"的青岛市明智地选择了节约用水(当地节约用水的成本比"引黄济青"工程的调水成本低得多)。这表明了由国家包办的"福利供水"变成"商品水"对水资源供需关系的极大影响。在较高的供水价格影响下,原来的缺水大户变成了不缺水。

### 3.3 水资源利用效率最低的地区也是严重缺乏水资源的地区

水资源利用效率的提高取决于产业结构水平、用水的技术结构水平、用水部门的规模经济,以及管理水平(包括立法和法治)、政策体系等。长期以来,西北和华北部分地区是中国最为缺水的地区,但是这些地区也是水资源利用效率低的地区。根据2011年中国水资源公报,2011年中国东、中、西三个地带的人均综合用水量分别为402 m³、465 m³和531 m³,万元GDP用水量分别为76 m³、154 m³和191 m³,农田灌溉亩均用水量分别为383 m³、365 m³和522 m³。人均综合用水量大于600 m³的有新疆、宁夏、西藏、黑龙江、内蒙古、广西、江苏7个省(区、市)。其中,新疆超过2000 m³,宁夏和西藏超过1000 m³。万元国内生产总值用水量大于300 m³的有新疆、宁夏、西藏等省区,大多位于缺水的西部地区;其中,新疆大于700 m³。这其中的原因有气候干旱和蒸发量大的因素,但是管理水平导致的各地区水资源利用效率差距大也是其重要原因。

虽然西北地区水资源紧缺,但依然存在单位GDP用水量高、农田灌溉用水定额高、人均用水量高等问题。平均每亩农田实灌溉定额为522 m³,比全国平均高25%;万元GDP耗水1 736 m³,比全国平均高1.85倍。石羊河流域长期以来用水紧张并引起下游植被破坏,但2006年万元GDP用水量达2 078 m³,为全国平均水平的4倍;万元工业产值用水量为 105 m³，水资源重复利用率仅为 40%。在石羊河流域中游各灌区中，河灌区综合净灌溉定额为 370 m³/亩，井灌区为 399 m³/亩，下游民勤地区为 385 m³/亩，净灌溉定额偏高。现状河灌区灌溉水利用系数为 0.40~0.54，井灌区灌溉水利用系数为 0.55~0.60。根据甘肃省水利厅 2008 年甘肃省水资源公报，农业单方水平均生产粮食 0.41 kg，远低于全国平均水平。

以色列全国有淡水资源 20 亿 m³ 左右，人均占有量不足 370 m³。甘肃河西地区的水资源总量约 61.29 亿 m³，人均占有量约 1333 m³，高出全国平均水平的 60%。如果按照目前的官方汇率将河西地区和以色列相比，单位 GDP 的用水量河西地区是以色列的 80 倍。这种巨大的差异当然是由很多因素造成的，包括经济和技术发展水平、优质农产品市场的国际化等。但是，管理水平和用水观念的差距无疑是相当重要的因素"[9,10]。

### 3.4 水污染日益严重导致水质性缺水的影响范围越来越大

解决水污染对于北方的水资源制约具有巨大的改善空间。而这一点将取决于对环境污染的有效治理与控制力度，以及政府高层和全社会对于环境与发展两者关系的决心和认识。近年来，每年流入黄河的污水已达 60 亿~80 亿 t，海河、辽河水质仍在恶化。海河 50%以上长度的河流水质低于劣Ⅴ类。在 2006 年，63 个地表水国控监测断面的监测结果中，22%为Ⅰ~Ⅲ类，21%为Ⅳ、Ⅴ类，57%为劣Ⅴ类。西北地区，甘肃境内及渭河（陕西段污染尤为严重）、北洛河、涑水河、湟水河和汾河的水质为Ⅴ类或劣Ⅴ类。水污染不仅使湖泊、水库水质不断下降，也导致了越来越广泛的富营养化问题。特别是在各大、中城市，以及城市群周围地区的湖泊，大多已处于重富营养或异常富营养状态，大量湖（库）已丧失其供水、水产等基本服务功能。中国已成为世界上湖泊富营养化问题最为严重的国家之一。水库一般位于山区，但许多水库也出现了富营养化。这些情况在北方许多地区表现得日益严重。越来越广泛和严重的水污染破坏了珍贵的水资源，使越来越多的水体正在丧失供水功能。水污染也已经成为长距离调水的重大障碍之一了。

### 3.5 西北干旱区需要有切合实际的生态环境保护目标

严重缺水地区主要在西北干旱区，需要以人类社会、经济发展为核心，合理安排生态用水和社会经济发展用水。不切实际的生态环境保护目标会使水资源合理利用问题更加复杂化"[3,6]。一个例子是，2001 年国务院第 94 次总理办公会议提出了"维护现有绿洲不再退化，使干涸的居延海再现碧波荡漾、天水一色的美景"的生态恢复与建设目标，并以此制定了黑河中下游的分水方案。按照这个分水方案，在莺落峡来水 15.8 亿 m³（多年平均来水量）时，正义峡要向下游放水 9.5 亿 m³。也就是说，黑河中游每年的耗水量只有 6.3 亿 m³。但是，黑河中游（在张掖市范围内）集中了全流域 95%的耕地、91%的人口和 80%以上的国内生产总值[7]。自 2000 年实施黑河分水至 2011 年，正义峡累计向下游输水 120.91 亿 m³，占莺落峡来水总量 210.17 亿 m³ 的 57.5%，东居延海出现了"碧波荡漾、天水一色的美景"。但是，中游张掖地区的生态恶化问题突出：人工生态林中濒死面积 26.53 万亩，湿地面积累计减少 22 万亩；沙化面积增加 90.6 万亩，草地总覆盖度下降 25%～35%。工农业供水已经严重不足。因此，黑河下游的"生态改善"在很明显的程度上是以中游的用水不足和生态破坏为代价的。2000 年以来中游的节水工程等已经投入近 40 亿元的巨额资金，难道就是为了片面追求下游荒漠的"原生态"保护而任凭宝贵的水资源无效蒸发、白白浪费了！这样"奢侈的"生态恢复目标是否必要和科学？

中国西北内陆区一些较长的河流，由于中、下游河床整治不足，在很宽且分叉又多的河道中，宝贵的水在漫流，进而导致水资源蒸发、渗漏损失都很大。在石羊河，从蔡旗到红崖山水库段，蒸发量达到输水量的 15%～20%，尽管这一段河道长只有 200 km 左右。由此可以得出，同样的人均生活、生产用水量，如果距离在 400～500km，而河道状态与目前的石羊河、塔里木河等相同，上游可以比下游多承载 20%～25%的人类生活、生产活动。由此可知，对于内陆河而言，水资源在上中下游统一优化配置中应优先分配给水资源利用效率高的中游地区。此外，在干旱地区，人口及经济总量的增长，使得部分人口因得不到水资源而由下游迁移至中、上游，这是生态移民，而非"生态难民"。在宁夏南部，由于水土流失严重、耕地不足，几万人也迁移到黄灌区，两者是一样的性质。

西北内陆区水资源十分宝贵。在人口压力各地普遍较高的情况下，保证人的生存和发展是第一位的，因此生态保护的目标短期不宜过高，生态用水的比例不宜过高。也就是说，在严重缺水地区，需以人类社会、经济发展为中心，有效安排生态用水和社会、经济发展用水。在这种情况下，"优先保证生态用水"的原则是不适宜的。不切实际的生态环境保护目标会使水资源合理利用问题更加复杂化[3]。

# 4 近年来中国北方地区用水增长态势

## 4.1 近年来的用水增长态势是进入稳定低增长阶段的前兆

20 世纪 90 年代，全国总用水弹性系数约为 0.1。其中，工业用水弹性系数为 0.3～0.5，生活用水弹性系数为 0.2～0.3，农业用水弹性系数为 0.03～0.05。这种高的用水弹性系数（特别是工业用水）是无法持续的。近年来，中国一些地区国民经济和社会发展用水增长已经开始出现了波动和下降的态势。20 世纪 90 年代中期以来北方地区经历了几年明显高升，近年来出现向下的趋势：1994 年为 2133 亿 m³，1999 年达到 2365 亿 m³，而后于 2003 年下降到 2120（2154）亿 m³。虽然 2006 年上升到 2262（2312）亿 m³，但 2007 年又下降至 2287 亿 m³。1994～2007 年的 14 年间，北方地区地区生产总值（GDP）增长 3.4 倍，年总用水量约增加了 150 亿 m³，用水弹性系数为 0.04 左右。单位 GDP 用水量明显下降，这是实际的用水低增长。

但是，如何解释这个态势出现的内在因素？显然主要有三方面：其一，一些局部地区由于缺乏水资源或没有供水能力而不得不以供定需，使国民经济和社会发展用水得不到满足。其二，几年来开始实施的节水措施取得了一定效果，即逐渐推行了水资源费制度肯定是重要原因。尽管这方面的政策措施刚刚开始，作用的潜力还很巨大。其三，北方地区的产业结构演变和城市化发展阶段开始进入调整而使用水增长幅度下降的客观趋势。由此认为，供水不能满足是用水增长波动和基本稳定的原因之一，但主导作用的是第二和第三方面的原因。也就是说，近年来北方地区用水增长趋势可以进一步稳定下来，逐步进入一种稳定的用水低增长（包括微增长和零增长）阶段。

值得注意的一个现象是2008年后北方地区的用水又呈增长态势，至2011年，用水量增加至2434亿 m³。但这种增长是不正常、不真实的。原因如下：第一，近几年北方地区在4万亿刺激下煤炭、冶金等重化工行业畸形发展，增加了部分行业的用水；第二，各地在国家制定三条红线取水控制指标过程中为争取更多取水指标而高报用水数据，这两者都使得用水数据偏大。

## 4.2 农业用水量增长态势呈波动状态，效率有所提高

根据近年来水利部中国水资源公报资料，过去10多年，北方地区的有效灌溉面积由1994年的3.71亿亩[①]增加到2011年的5.19亿亩，平均每年增加822万亩。粮食产量由1999年的4137亿斤[②]增加到2000年的4220亿斤，再到2007年的5249亿斤。但农业用水呈现波动的趋势：1994年北方地区农业用水为1707亿 m³，2003年下降到1629亿 m³，2011年为1786亿 m³。相应地，亩均用水由1994年的460 m³，下降到2000年404 m³，2007年364 m³，2011年344 m³。每生产一吨粮食的用水量由1994年的825 m³，下降到2007年的655 m³。其中，农业节水措施发挥了重要作用。

## 4.3 工业年耗水量在波动中有所下降

1994年以来，北方地区工业用水量在波动中有所下降。根据各省（区、市）的水资源公报公布的数据，1994~2000年北方地区工业用水量由272亿 m³/a上升到342亿 m³/a，平均每年增长超过10亿 m³。此后4年工业用水量呈下降趋势，2004年降到265亿 m³。2004~2007年，工业年用水量再次上升，每年约增加8亿 m³。至2011年，北方地区工业用水已超过300亿 m³。

这种波动变化，一方面与"十五"以来加大推行工业节水有关；另一方面与"十五"后期以来中国（及北方地区）新一轮重工业化有关。今后工业用水的变化趋势也与这两个主要因素有关。工业用水主要集中在火电、冶金、化学、食品、造纸等大耗水行业。以2006年为例，北方地区这五大耗水行业占工业总用水量的69%。在一些省份，这个比例更高达85%以上，如河北、山西、内蒙古、山东、河南等。这几个部门的规模扩张是工业用水增加的主要贡献因素。

1994年以来，北方地区这几个部门占工业总产值的比重经历了先下降、再上升的过程。1994~2000年，这5个部门的比例由43.8%下降到39.7%。2000年之后，特别是加入WTO后，中国经历了新一轮重工业化，电力、冶金、化工等能源原材料部门高速扩张。在这一轮重工业化过程中，北方地区的火电、冶金、化学、食品、造纸等五大耗水行业占工业总产值的比重显著上升，2004年达到41.6%。2007年到44.9%（已超过1994

---

① 1亩≈666.7 m²。

② 1斤=500 g。

年的比重）。这一阶段中国实行的是低端产品"世界工厂"模式，这正是 2004 年后北方地区工业用水再次上升的主要原因，但是这种模式已经无法持续下去了。

## 4.4 生活用水特别是城镇生活用水上升，但占全部用水的比重小

根据国家统计局 2003～2011 年的《中国统计年鉴》资料显示，过去 10 多年是中国城镇化率和人民生活水平迅速提高的时期。与此相应，北方地区生活用水量也呈快速增长态势。1994 年，北方地区的城镇化率只有 32.04%；2000 年上升到 37.12%；2007 年进一步到 45.78%；2011 年北方地区城镇化率为 51.0%。1994～2000 年，城镇化率平均每年提高 0.84 个百分点；2000～2007 年，平均每年提高 1.24 个百分点；2007～2011 年，平均每年也提高 1.24 个百分点。同期，北方地区居民收入水平增长 3 倍左右。伴随高速城镇化和生活水平的提高，北方地区生活用水量从 1994 年的 153.5 亿 $m^3$ 上升到 2000 年的 196.4 亿 $m^3$，再到 2007 年的 226.3 亿 $m^3$，2010 年北方地区生活用水已达到 260 亿 $m^3$。但是，生活用水总量占全部用水的比重只占到 8.56%～9.89%，而且年增长速度已经趋缓。1994～2000 年增长率为 4.19%，2000～2007 年为 2.05%。1994～2004 年，人均生活用水年均增长率为 2.73%；而 2004～2007 年已经降低为 1.28%。

## 4.5 发达国家用水增长的过程显示了低增长的趋势

随着经济社会发展和人民生活水平的提高，一个国家或地区的总用水量在一定时期内会不断增加，但这种增加趋势不会一直持续下去。发达国家在工业化和城镇化过程中，一般都经历了总用水量由急剧增加到基本平稳的变化过程。在工业化的后期及后工业化时期，则出现用水的微增长乃至零增长的稳定状态。例如，在经济合作与发展组织（OECD）的成员国中，多数国家在 20 世纪 70～90 年代都进入了总用水量零增长，甚至下降的时代。美国自 50 年代开始，用水需求一直处于增长期，但到 80 年代初开始出现零增长。日本在 70 年代之前用水需求一直处于增长态势，到 70 年代末开始出现水需求零增长。瑞典自第二次世界大战后到 60 年代中期，用水量急剧增加，但 60 年代末以来总用水量出现明显的下降趋势[8]。

这些发达国家的经验表明，当社会经济发展到一定水平后，由于产业结构转变、大耗水工业空间转移、生产工艺改进、环保法规建立、节水意识加强、人口增长趋于稳定等，社会经济发展不再以大量消耗水资源为前提，用水将进入微 / 零增长时期。

## 4.6 对未来用水变化趋势的基本认识

上述 14 年来北方地区用水波动中呈现了平稳和低增长的总趋势。关于北方地区用水低增长和零增长的必要性和可能性，已经有一些论述[8,9]。从上述分析判断出发，可对未来用水变化做进一步的论证，阐述北方地区进入用水微增长乃至零增长阶段的可能性。

第一，今后北方地区大耗水的能源重化工行业总体上必将进入巩固调整期，由外延式扩张转向内涵式发展。这种结构性变化将使北方地区年工业用水量进入平稳期。工业

用水量近期为 250 亿～260 亿 m³/a，远期将可以保持在 240 亿～250 亿 m³/a。

第二，城镇化规模的扩大和人口的增加，城市供水需要增加。但城市节水的潜力也很大，加上城市用水在总用水量中较小的比重，所以城市用水的增长不会引起供水的大幅度上升。当一个国家城镇化率超过 40%后，尽管城镇化率仍会提高，但提高的速度呈下降趋势，城镇化率提高对生活用水需求增长的作用强度将下降。总体上，北方地区生活用水仍将呈增长态势，但增长将趋于平缓。实际上，过去 5 年北方地区人均生活用水量的增长趋势已经大大放缓，包括农村地区在内，整个生活用水量将呈缓慢增长，到 2015 年后进入微增长阶段。2010 年生活用水需求为 236.3 亿 m³，2015 年达到 242.4 亿 m³，2020 年为 245.3 亿 m³。2030 年为 247.3 亿 m³。

第三，今后北方地区多年平均农业用水将不会出现明显的增长，将保持在 1750 亿～1770 亿 m³ 左右。当然，由于降水的年际变化，年度波动（增长/下降）在所难免。

总之，北方地区总用水量很可能进入一个低增长、局部地区的微增长乃至零增长的时代，估计在相当长的时期内，总用水量上限在 2500 亿 m³ 左右。为了促使和适应这样一个时代的到来，需要在用水观念上做出根本性改变，也需要在管理模式上做出相应的调整。

## 5 政府管理和用水理念需要做出与时俱进的调整

这些年中国国民经济和社会发展用水实践经验和国际经验度非常清楚地证明，节水意识的提高和节水措施的推广（如中水利用），以及提高水价，对节约用水建设节水型社会具有极大作用。应该说，管理部门除了重视工程建设外，在管理理念方面也强调了中国要实行最严格的水资源管理制度，要从供水管理向需水管理转变。但是，在工作中实质上变化不明显。以"节水"来保增长还没有成为基本理念，仍然在千方百计以"开源"保增长。为了使北方地区总用水量进入并长期保持在以（2010 年）2250 亿 m³ 为基础的低增长（及微增长和零增长）时代，需要在用水观念上做出根本性改变，在管理模式上做出相应的调整，才能跨越制度门槛，实现工作重点由千方百计开源到合理控制需求的转变，这不仅仅是特别需要的，而且也是可能的。各级政府制定明确的目标和方针，管理部门实施系统而有效的管制，社会各方面在行动中响应。这样就可以对需求起到合理的抑制作用。

### 5.1 改变用水需求预测高估和规划高指标的惯性

长时期内，中国水资源需求预测方法基本上依据各地区和各部门的经济发展和社会发展（如城镇化、城镇人口等）计划或规划指标，运用指数法、定额法、弹性系数法等对未来用水进行推算。以国家计划（分）给水为实际指导思想，以国民经济和社会发展的主要指标作依据，往往使用水规划出现偏差。这些常用方法只能反映一种平稳几何的增长过程，而不能反映结构变化和技术进步等因素的作用。另外，这些方法也不能正确判断政策和价格等因素对需求的抑制作用。也就是说，照搬计划的"高指标"必然加大水资源需求预测值。就是近年来的水资源供需预测还普遍偏高。另外，无偿使用水资源，使各部门、各地区均多报水资源需求，要求无偿获得更多的水资源，从而使政府主管部门和规划部门受到压力。这也在相当程度上增加了主管部门的用水预测值和规划值。

钱正英在 2007 年 3 月甘肃省节水会议上指出："我们有的同志尤其是水利部门的同志认为，供水越多就能保证经济社会的可持续增长。"这非常准确地揭示了为什么总是在开源和制定大规划上使力气，在如何节水推进整个社会在节水方面实施转型而表现不力。过高的用水预测和规划指标，就必然持续地将大规模开源置于特别优先的地位。

## 5.2 改变用水是福利的传统观念

长期以来，"以需定供"的模式使人们习惯于把水资源当作天赐之物，认为水资源"取之不尽、用之不竭"，用水是一种福利。这种思想主导着有关用水的决策和人们的日常行为，导致掠夺性开发和巨大的用水浪费，应当通过宣传、教育、管理等途径，告诉全体国民，特别是与管理、使用水资源有关的社会人群，了解中国特别是北方地区人多水少、亩均水少的严酷事实。在可利用量之内，水是可再生资源，当超越可利用量时，水就是不可再生资源了。只有改变用水观念，消除长期形成的"水是公共资源，取不尽用不竭"的传统认识，逐步转向水是宝贵的、不可替代的稀缺资源，才能使人们珍视水的价值，从根本上提高全民节水的意识。

## 5.3 以需求管理为目标加强制度建设与节水措施

解决中国北方地区面临的水危机，要由过去千方百计开源供水的工作方式转向水资源的需求管理，逐步建立新的管理模式。这种模式的目标一方面严格进行需求管理和总量控制；另一方面提高用水效率。通过结构调整、技术措施、优化配置和科学管理等措施来合理控制用水需求。在进行严格的用水需求管理中，要以总量控制为核心进行水资源的配置，以提高利用效率为核心建设节水型社会。

进行用水需求管理，需要更加明晰的法律和强有力的执法来保障。如果法律过于原则性，不够明确，就起不到应有的约束作用。发达国家的经验已经证明，严格的法律法规是这些国家在 20 世纪 70 年代后进入用水零增长乃至负增长的重要促进因素之一。例如，1980 年开始，美国用水量在减少，主要原因是该国 1977 年通过了严厉的环境法规。从 1966 年开始，瑞典总用水量在减少，主要原因也是该国当年通过了严格的环境立法。中国虽然在 2002 年修订了《水法》，加强了用水定额管理，但仍没有明确行政区域管理与流域统一管理的结合问题，流域机构的地位与作用问题，以及相关配套法律的制订问题等。另外，在监督实施中，由于缺乏强有力的监督机构，普遍存在有法不依、执法不严等情况。

加强用水终端节水管理、计划管理，按用水定额供水（节水管理机构通过对用水单位进行水平衡测试，将连续 3 年企业单位的用水平均值作为供水量的基础，并考虑产量或规模的增加，确定新的供水量）、一水多用（重复利用）和海水淡化等。采用经济杠杆，鼓励减少供水管网的滴漏；降低漏水率；要求加强城市用水的集中监管。自来水公司既然是供水部门,就不应该同时管理各用水单位用水额度的测试和监管。

推广水权登记确认工作,通过水权交易促进用水结构的调整。在许多国家里水资源为全社会公有。中国《水法》规定:"国家对水资源实行统一管理与分级、分部门管理相结合的制度"。但水资源的公有制度与其稀缺性之间存在着矛盾。在公有制度下,用水方普遍存在"我不用别人也会用"的思想,很难从根本上树立节约意识。因此,仅有观念的转变是不够的,需要在机制上促进节水意识的形成。国内外的经验表明,水权登记确认制度是解决这个矛盾的有效措施。

中国的水资源产权关系不清晰,责、权、利不明确,未清晰明确国家作为水资源所有者的法律地位。各利益主体间的经济利益关系未能有效协调,权益纠纷问题常有发生。在水资源开发利用中,由于产权关系的不明确,所有权常常被使用权挤压,所有者的权益被使用者的权益挤占,国家利益被地方或部门利益挤占。为了自身利益,各行为主体盲目开发、一哄而上,严重浪费了水资源。实行水权登记制度,可以起到类似"包产到户"的效果,使用水方改变长期以来任意取水和用水的历史习惯,合理统筹利用权属范围内的水资源配置,实现节约用水和计划用水。中国黑河流域进行的水权确认试点工作已经取得了一定的成效。通过对制度建设、配置水权、水票运行、建立用水者协会、水资源统一管理等方面的探索和实践,初步形成了水权改革、结构调整、总量控制、社会参与的节水型社会构架,缓解了黑河流域的用水矛盾。这些成功经验应该在其他用水问题突出的地区进行推广。水权制度的确立要以多方参与为前提,确保公平性,保护弱势群体的利益。

节水型社会的建设需要全社会的参与,使政府决策透明,实行水资源决策信息的社会化,让公众更多参与讨论用水管理决策,宣传中国的国情,使公众能够对水务部门进行监督,普遍实行听证制度等。

## 5.4 依靠经济杠杆,提高水资源价格和供水价格

承认水资源的商品属性,用水也必须是有偿的。水价是水资源有偿使用的具体表现,体现了使用者与所有者之间的经济关系。应该通过市场机制来体现其稀缺程度,依靠价格杠杆促进其节约和保护。从过去 10 多年北方一些地区的经验来看,价格机制对于节水起到了明显的促进作用,但是,进一步完善经济杠杆还有很大空间。

必须使水价提高到能够反映稀缺价值的水平。水价应该包括水资源价格、生产成本、环境成本和正常的利润,要使水费和排污费达到供水企业和污水处理企业的资金平衡。一些地区为了维护社会稳定,不愿上调生活水价。但是,很低的水价实际上付出的是环境代价和人们的健康代价。因为水务企业在很低水价情况下,不可能有积极性改善水质和服务质量。北京、天津、青岛等北方大城市和很多大中城市区域的政府部门、企业和事业单位、各种团体等,已经基本不用自来水作饮用水了,而是广泛消费桶装水和瓶装水。这说明,这些人群已经失去了对自来水水质的信任,而宁愿花几十倍甚至几百倍的代价换取优质的、合格的饮用水(的生态服务功能)。

如果实行阶梯式水价的价格体系,用水多的就要支付更高的价格,而对低收入人群

实行适当的补贴，完全可以在维护稳定的前提下体现水资源的稀缺性，促进人们节水意识的提高。水价提升之后，水务企业就要相应的供水水质，提高水质指标，以及提升服务质量。政府的监管也要求加强。

## 5.5 控制和治理污染是建设节水型社会的根本保证之一

节水型社会实际上要求节水和防污同时并举。在中国，水污染正在从单一污染到复合型污染、从局部河段到较大流域和区域、从地表水到地下水的快速扩展中。几乎所有的大中城市周围和产业及人口密集区的地表和地下水体都受到严重污染。水污染引起缺水范围迅速扩大。从节水和可持续发展的角度，需要在发展和环境的关系上做出重大转折。要下决心调整中国特别是严重缺水地区的产业结构，加强水污染的综合治理，严格执法，保障中国特别是北方地区节水型社会的建设。

**致　谢**　本文是中国科学院关于中国水问题咨询项目研究成果的一部分。课题组研究成员有陆大道、刘卫东、刘慧、贾绍凤、郭晓东、陈明星、唐志鹏、高菠阳。本文由陆大道执笔，贾绍凤、白永平作了修改补充，特此致谢。

## 参考文献（References）

[1] 陆大道. 中国地理学的发展与全球变化研究. 地理学报, 2011, 66(2): 147-156. [Lu Dadao. Development of geographical sciences and research on globd change in China. Acta Geographica Sinca, 2011, 66(2): 147-156. ]

[2] 姚治君, 王建华, 江东, 等. 区域水资源承载力的研究进展及其理论探析. 水科学进展, 2002, 13(1): 111-115. [Yao Zhijun, Wang Jianhua, Jiang Dong, et al. Advances in study on regional water resources carrying capacity and research on its theory. Advances in Water Science, 2002, 13(1): 111-115. ]

[3] 陆大道. 用"调适"的观点处理好经济社会发展用水和生态系统用水. 中国水利, 2009, (19): 26-27. [Lu Dadao. Deal with the economic and social development water use and ecological system water use on perspective of "adjust". China Water Resources, 2009, (19): 26-27.]

[4] 贾绍凤. 必须深入进行南水北调工程的经济可行性论证. 科技导报, 2001, (7): 17-20. [Jia Shaofeng. The economic feasibility proof of the South-to-North Water Transfer Project must be thoroughly carried out. Science & Technology Review, 2001, (7): 17-20.]

[5] 钱正英. 西部大开发中的甘肃水资源问题. 中国水利, 2000, (6): 5-6. [Qian Zhengying. Gansu water resources problems in the development of the western region. China Water Resources, 2000, (6): 5-6.]

[6] 陆大道. 西部发展新战略：富民及发挥主体功能应为主干. 资源环境与发展, 2011, (1): 1-2. [Lu Dadao. New strategy of western region development: enrich people and play main function role should be the core. Resources Environment and Development, 2011, (1): 1-2. ]

[7] 李启森, 赵文智, 冯起, 等. 黑河流域及绿洲水资源可持续利用理念及对策. 自然资源学报, 2005, 20(3): 370-377. [Li Qisen, Zhao Wenzhi, Fang Qi, et al. Conception and countermeasures about sustainable utilization of water resource in the oasis of Heihe river basin. Journal of Natural Resources, 2005, 20(3): 370-377.]

[8] 贾绍凤. 工业用水零增长的条件分析：发达国家的经验. 地理科学进展, 2001, 20(1): 51-59. [Jia Shaofeng. The linkage between industrial water use decrease and industrial structural upgrade: Experience of developed countries. Progress in Geography, 2001, 20(1): 51-59. ]

[9] 贾绍凤, 张士锋. 中国的用水何时达到顶峰. 水科学进展, 2000, 11(4): 470-477. [Jia Shaofeng, Zhang Shifeng. When will fresh water use in China reach the Climax. Advances in Water Science, 2000, 11(4): 470-477. ]

# 关于"胡焕庸线能否突破"的学术争鸣*

**摘　要**：著名地理学家胡焕庸先生于1935年提出中国人口地理的重要分界线（简称"胡焕庸线"），并被广泛认可和引用，其是中国地理学发展的重要成果。2014年年底，李克强总理参观人居科学研究展时高度关注胡焕庸线，并提出胡焕庸线能否突破的问题。因此，胡焕庸线再度引起争论和热议。据此，组织了一些地理学者围绕该问题进行学术讨论，力图从不同层面展现学者们对胡焕庸线的理解与反思，从而深化胡焕庸线的科学价值和现实意义，进而指导中国新型城镇化战略的实施和区域实践。

## 主题解析：胡焕庸线能否突破引起广泛热议

1935年，胡焕庸先生在《地理学报》发表了"中国人口之分布"论文，搜集整理了全国各地区的人口数据，将人口数据精确落到县级单元尺度，绘制出了中国第一张人口分布图和人口密度图，第一次定量刻画了中国人口分布不均的事实，并提出了著名的黑龙江瑷珲（现爱辉）-云南腾冲的人口地理分界线[1]。线东南方36%的国土居住着96%的人口，以平原、水网、丘陵、喀斯特和丹霞地貌为主要地理结构，自古以农耕为经济基础；线西北方64%的国土居住着4%的人口，人口密度极低。因而，划出两个迥然不同自然和人文地域，这也就是现在广为人知的胡焕庸线。胡焕庸线的提出具有重要意义：首次定量刻画了中国人口的空间特征，揭示了东南半壁和西北半壁人口密度存在巨大悬殊的事实，被称为"Hu line"[2]。胡焕庸线不仅是一条人口地理分界线，也是一条综合的生态环境界线，充分体现了地理学的综合性、区域差异和空间格局研究的特色，胡焕庸线被赋予更为广泛内涵，其影响超出了人文地理学，甚至地理学的范围。2009年，由《中国国家地理》杂志社与中国地理学会发起"中国地理百年大发现"评选活动，胡焕庸线当选为30项重大成果之一。

2014年11月27日，中共中央政治局常委、国务院总理李克强来到北京国家博物馆参观人居科学研究展，指着中国地图上的"胡焕庸线"说，中国94%的人口居住在东部43%的土地上。新型城镇化核心就是写好"人"字，说到底就是让人民群众生活得更美好，要研究如何打破这个规律，统筹规划、协调发展，让中西部百姓在家门口也能分享现代化。很多媒体据此归结为李克强总理之问[3]，即"胡焕庸线怎么破"？李克强总理对胡焕庸线的关注，使其迅速成为学术界"[4,7]、社会媒体和政府高度关注的一个热词，胡焕庸线提出80年后引发了广泛热议。不同看法被提出来，甚至是突破的不同方案和情景都已被提出。实际上，早在一年多以前，胡焕庸线问题就引起了李克强总理的关注。

---

\* 原载于：地理研究，第35卷第5期，2016年5月出版。

　合作者有：王铮、封志明、曾刚、方创琳、董晓峰、刘盛和、贾绍凤、方一平、孟广文、邓祥征、叶超、曹广忠、杜宏茹、张华、马海涛、陈明星。

2013年8月31日,在中南海第一会议室李克强总理组织召开两院城镇化成果汇报会,陆大道院士代表中国科学院组做了半个多小时的汇报,汇报题目是"关于走符合中国国情的城镇化道路的认知和建议",强调了一定要牢固树立走符合中国国情的理念,走具有中国特色城镇化道路,指出未来城镇化速度不宜过快。李克强总理在总结讲话中指出:"城镇化关系到中国现代化的成败,胡焕庸线是个经济地理问题,应不应该打破?能不能打破?请你们帮着研究。"

因此,组织了地理学领域的知名专家和中青年学者就此问题开展学术争鸣,将学者观点原汁原味地呈现出来,从不同角度诠释胡焕庸线的科学价值与现实意义,期望能加深对胡焕庸线的理解,促进学术界对该问题讨论并增进共识,从地理学视角研究城市化的若干重大问题,有助于国家新型城镇化实施和区域实践[8, 9]。

**陆大道**

中国科学院地理科学与资源研究所研究员,中国科学院院士,著名经济地理学家,主要从事生产力布局、国土开发、区域发展和城镇化问题研究。

核心观点:胡焕庸线的稳定性将长期存在。

# 一、"胡焕庸线"突破意味着什么?

1935年著名的胡焕庸线被提出至现在已经过去了80年。这期间,中国的人口总量增加了一倍多,经济总量的增加更是不可比拟的。但是,胡焕庸线两侧总人口、经济总值的比例始终没有发生明显的变化。以该线东南半壁、西北半壁分别占43%和56.4%的国土面积(暂不包括港、澳、台),它们的人口和经济总值比例始终保持94:6的大数特征。80年前,胡焕庸先生在他的"中国人口之分布"一文中指出,这种人口分布格局与地形、雨量作比较"具有十分密切的关系"。

胡焕庸线能不能突破?如何突破?长期以来就受到政府和社会的关注。诸多人士认为,胡焕庸线能否突破,事关缓解乃至消除地区发展不平衡,促进少数民族地区和边疆地区发展,以及加强国家安全建设等重大问题。

如何理解这里的"突破"?胡焕庸线两侧人口分布在过去约30年中,西北半壁占全国的比例提高了0.55个百分点,即额外增加了约700万人(西北半壁人口总数约8480万人)。如果将未来30年西北半壁人口占全国的比例提高1.0个百分点可以谓之"突破",则需要额外增加约1400万人。那么,到21世纪中叶,西北半壁的人口总数将比目前增加约2000万人。这个数据,是否能意味着在某种程度上减轻东南半壁的人口负担并改善西北半壁的人口构成呢?如果没有,其意义又有多大?所以,问题是能不能促使人口由东南半壁迁入。而判断这一点,主要看经济发展。

胡焕庸线突破,经济意义当然很大。1990~2010年,全国GDP平均年增速约10%。如果未来30年,全国GDP平均增速约为4.0%计,到2040年,全国GDP约150万亿元(以2010年的现价考虑),如果西北半壁占全国的比例较2010年提高1.0个百分点(达到6.7%),要求达到10.05万亿元,是2010年的4.1倍;如果西北半壁较2010年提高

2.0个百分点（达到7.7%），则需要达到11.6万亿元，是2010年的4.7倍。这样的数据才可谓之"有所突破"。也就是说，实现这种两种尺度的"突破"，未来30年西北半壁GDP增长速度需要超过全国经济增速平均值的50%左右。

最近10多年来，在"西部大开发"的方针下，西北半壁各地区通过大规模投资和发展能源重化工，使经济实现了高速和超高速增长。但这已经带来了结构性的困境，能源重化工这些可以导致地区经济大幅度增长的行业，在西北半壁成为需要控制规模的对象。那么，要达到上述长时期高速增长，什么样的产业可以支持？高科技产业、大农业、高端服务业等。从现在看，很难想象这些产业未来在西北半壁能够取得远超过全国平均值的增速。

## 二、"胡焕庸线"稳定性长期存在的几点理由

（1）中国陆地国土分三大自然区，即东部季风气候区、西北干旱及半干旱区和青藏高寒区。青藏高原平均海拔在4000 m以上，除少量河谷地带以外，一般不适宜于人类日常的社会经济活动。"胡焕庸线"西北半壁几乎包括了干旱及半干旱区和青藏高寒区。这种自然结构特点对人类社会经济活动的影响巨大，在很大程度上决定了"胡焕庸线"的稳定性，这不是人的力量所能明显改变的。

人类社会经济活动受海洋的吸引是长期趋势。早在19世纪初，海洋就被认为是"伟大的公路"。今天，世界科学技术的进步及全球化、信息化的发展，更加强了沿海地区发展的优势。世界上主要国家的经济，无不在全球范围内进行广泛的交流。全球的经济总量就像钉子一样密集地倒插在各主要经济大国的沿海地带（美国的东西两洋的沿岸、欧洲的大西洋沿岸、地中海沿岸、日本各岛、中国沿海地带等）。中国经济，不管是以往的30年还是未来，都将在相当大程度上（有些领域及行业将在越来越大的程度上）依赖国际市场和资源。

还要强调的是，胡焕庸线的西北半壁并不等于"三大地带"中的西部地带。西部地带中的发达地区有关中、四川盆地（重庆在内）及人口密度及经济密度较高的云贵地区等都基本不在胡焕庸线的西北半壁。

（2）胡焕庸线西北半壁缩小与东南半壁人口和经济规模的差距所遇到的困难，主要不在于水资源及交通运输等问题，主要在于距国内外市场距离远、运输成本高的严重制约。运输能力可以提高，甚至是没有限制的，但运输距离长及引起的运输成本高这个因素的影响是难以改变的。也就这一点，无论是今天还是来来，胡焕庸线西北半壁的许多部门和行业，其产品和服务难以在经过长距离和超长距离（陆路）运到国内外市场后仍然具有很强的竞争力。

人们通常强调西部资源丰富，但这并不一定就意味着经济发展潜力巨大。中国西部地区矿产资源种类很多，有些矿种的地质储量都占全国80%以上。但如果考虑到矿产资源的开发条件、洗选（分离）条件、运输条件等因素，就对中国国民经济的实际价值给以赋权，东、中、西三大地带矿产资源的潜在经济价值分别为32：43：25。这就是说，西部地区矿产资源对国民经济发展并不存在很大优势。这里"西部地带"的地理范围比

胡焕庸线西北半壁更大一些。

（3）除了上述自然结构、运输距离两个难以改变的影响经济发展的因素外，教育和文化水平也是制约西北半壁经济发展的因素，这个因素是可以逐步改变的，但是需要较长时期才能实现这种改变，是一个渐进的过程。另外，沿海地区由于科学技术基础及易于接收全球信息和革新的传播，会具有大得多的区域创新优势。

西北半壁的6个省（区）（内蒙古、新疆、甘肃、青海、西藏、宁夏）2013年财政收入计4 082亿元，支出12 227亿元，收支相差8 145亿元。财政自给率仅为25%，但这还不是中央政府对这些省份财政转移支付的全部。今后，中央政府对这些地区财政转移支付额度肯定还要像往常的速度增加，这无疑是中央政府的巨大负担，也是各省份政府的巨大压力。如果要采取不寻常的措施实现西北半壁的超常规经济发展，以突破胡焕庸线，中央政府的财政转移支付规模可能会相对减少。但是，在投资与投资成本、生产效益、运输与消费支出、生态环境治理等方面，额外付出的经济代价可能要大得多。

以上只是根据几十年来发展实践情况和数据做的简单分析和判断。需要说明的是，胡焕庸线两侧基本公共服务存在明显落差的"稳定性"将长期存在。中国在第八、第九及第十个五年规划中都曾经强调要缩小东中西部之间的经济发展差距，但是执行的结果这种差距并没有缩小。从第十一个五年规划开始，只强调要使欠发达地区和发达地区之间公共服务逐步实现均等化。实践证明，这个目标是切合实际的，在中央政府和省（区、市）级政府的努力下可以逐步实现。

# 后 记

我为什么要编辑出版一本文集？

其一，近十多年来，国家发展及其对我们地理学提出的重大实际问题与理论问题与以往几十年有所不同。我国经济高速增长、大规模城镇化及其所带来的资源环境问题，至 21 世纪初年已经相当突出。中央为此提出了"科学发展观"。但是，在实践中，经济增长方式仍然没有得到有效的转型，环境污染及国土资源的过度消耗得不到遏制。这引起了我对冒进式城镇化、长期的超高速经济增长及其带来的日益严重的环境污染问题的强烈担忧。与此同时，科技界也发生了重大的政策性变化，一律十分强调"国际前沿"及以 SCI 论文为核心的考评标准，而大大淡化了国家情怀。我认为，这对于地理学特别是人文与经济地理学的影响是非常负面的。

其二，我从 1963 年大学经济地理专业毕业至 20 世纪 80 年代初，主要进行理论学习及实际调查研究。从 20 世纪 80 年代至 90 年代我就着手进行生产力布局与区域发展领域的系统理论工作，至新世纪初大致已告一阶段。

其三，2011 年年初，我的人生发生了一大变化：脊髓损伤引起了下肢瘫痪，这使我难能频繁地外出进行考察与学术交流事务。考虑到这三方面的因素，近十多年来，我根据人文与经济地理学的基本理念，以人-地关系为宗旨，并从区域的角度进行分析，对国土开发及可持续发展领域直面说"不"字，组织并起草了十多份报告送上了政府高层。同时，针对地理学领域的方向、价值观、人才问题，强烈有感且到了不得不发的地步，以致多次写文作方向的阐述与辨析。现将这两方面工作的部分成果汇集在这本文集中。我仍然希望，有关的观点与建议能够引起学术界的关注与评说。

2003 年以前的工作及近年来的某些学科理论发展的内容，将包括在今后几年计划完成的一本专著中。

考虑出版文集及具体准备只是近几个月的事。在这个过程中，科学出版社彭胜潮腾出时间及时安排了编辑出版事项，我所刘爱心女士给了许多编辑上的帮助。在这里，我谨表示衷心的感谢。

陆大道

2017 年 11 月 16 日

# 附录　关于中国国情与发展的报告（目录）

## ——陆大道牵头并起草的上报咨询报告集

1. "点-轴系统"理论与"T"字型国土开发、经济布局构架的提出、建议及在政府决策中被采纳
   为全国国土规划纲要编制办公室提供的报告的说明，1985 年 7 月

2. 中国沿海地区持续发展若干重大问题的分析与思考
   中国科学院上报，科发协调字（1994）0104 号，1994 年 8 月 1 日

3. 未来 1/4 世纪我国的环境危机及对策
   内部参阅，第 19 期（总第 258 期），人民日报编辑部，1995 年 5 月 15 日

4. 我国能否保持经济的长期高速增长
   内部参阅，第 20 期（总第 259 期），人民日报编辑部，1995 年 5 月 22 日

5. 正确看待东西部间经济发展差距的不断扩大
   《求是》编辑工作简讯，增刊（123），1995 年 5 月 25 日

6. 我国区域政策实施效果与区域发展态势分析报告
   中国科学院上报，科发资字[1998]0163 号，1998 年 4 月 20 日

7. 我国区域持续发展的态势、问题与建议
   中国科学院上报，科发资字[2000]0099 号，2000 年 3 月 8 日

8. 关于西部地区开发中几个重大关系问题
   中国科学院院长上报，2001 年 3 月 13 日

9. 为巩固西部国防需要增加西部铁路通道
   中国科学院院士建议，第 1 期（总第 87 期），2002 年 2 月 5 日

10. 全国功能区域的划分及其发展的支撑条件
    国家发展改革委托咨询项目——报告之二，2004 年 4 月 8 日

11. 关于东北振兴与可持续发展的若干建议（摘要）
2005 年 4 月 4 日

12. 关于我国大规模城市化和区域发展问题的认识和建议
中国科学院院士建议，2006 年第 1 期（总第 138 期），2006 年 2 月 15 日

13. 关于协调地域（空间）规划及编制全国国土规划的建议
中国科学院院士建议，2006 年第 2 期（总第 139 期），2006 年 2 月 15 日

14. 关于着手编制功能区规划及理顺我国规划体制的建议
国办专报信息，第 692 期，2006 年 6 月 15 日

15. 关于遏制冒进城镇化和空间失控的建议
中国科学院院长上报，学部咨询评议项目，2007 年 2 月 25 日

16. 应对环境危机，保障国民健康与生存
中国科学院上报，科发学部字[2008]258 号，2008 年 10 月 10 日

17. 北京具备建成为大型国际性金融中心的优越条件
中国科学院院士建议，2009 年第 4 期（总第 198 期），2009 年 3 月 31 日

18. 警惕借各类"新区"建设规划实施大规模"造城"
中国科学院专报信息，2009 年 8 月 18 日

19. 关于避免我国交通建设过度超前的建议
中国科学院上报，科发学部字[2010]109 号，2010 年 9 月 28 日

20. 十五位院士专家关于在喀什及霍尔果斯建设特殊经济开发区的初步研究和建议（简要报告）
中国科学院院士建议，2010 年第 10 期（总第 220 期），2010 年 12 月 15 日

21. 关于黄河黑山峡河段开发方案分歧的认识和建议
中国科学院院士建议，2012 年第 7 期（总第 238 期），2012 年 7 月 19 日

22. 关于城乡统筹方针下我国城镇化合理进程的建议
中国科学院上报，科发学部字[2012]142 号，2012 年 10 月 10 日

23. 科学引领我国城镇化健康发展的建议

中国科学院上报，科发学部字[2013]85号，2013年7月12日

24. 关于走符合我国国情的城镇化道路的认知和建议
中国科学院上报，2013年8月26日

25. 关于进一步推进独立工矿区改造搬迁工作的建议
中国科学院院士建议，2013年第8期（总第250期），2013年12月20日

26. 陆大道院士建议将长江经济带作为我国国土与经济布局战略的重要组成部分
中国科学院专报信息，(42)，2014年4月15日

27. 建设经济带是经济发展布局的最佳选择
中国科学院院士建议，2014年第3期（总第253期），2014年5月8日

28. 关于京津冀大城市群各部分功能定位及协同发展的建议
中国科学院上报，科发学部字[2014]162号，2014年10月31日

29. "一带一路"倡议实施的地缘政治与地缘经济环境的几点分析
中国科学院上报，科发学部字[2015]173号，2015年12月28日

30. 关于我国经济增长（速度）支撑系统的分析与建议
中国科学院上报，科发学部字[2015]80号，2015年6月5日

31. 中国科学院院士对《京津冀协同发展规划纲要》重大意义的理解和建设
中国科学院专报信息，(12)，2016年1月20日

32. 渤海海峡隧道工程建设必要性分析与建议
中国科学院上报，科发学部字[2017]21号，2017年2月9日

关于此目录的说明：咨询报告集中的报告虽然是我组织研究与编写的，但大都是在综合课题组成员的调查、讨论、部分初稿等成果基础上写成的，少数报告是与部分成员共同写作的，个别报告几乎全是合作者编写的，我只是署名而已。这些，在咨询报告文集中的每一篇报告的"提示"或开始页的脚注中都作了说明。这里仅仅是咨询报告的目录。